국가를 흐르는 삶

지은이 김예림(金艾琳, Kim Ye-rim) 연세대학교 국어국문학과와 같은 학교 대학원을 졸업했다. 성공회대학교 동아시아연구소 HK교수를 거쳐 현재 연세대학교 학부대학에 교수로 재직중이며, 연세대학교 국학연구원 산하 비교사회문화연구소 운영에 참여하고 있다. 한일관계에 초점을 맞춰 동아시아 역사, 문화, 문학을 연구하고 있다. 저서로는 『1930년대 후반 근대인식의 틀과 미의식』(소명출판, 2004), 『문학풍경, 문화환경』(문학과지성사, 2007)이 있으며 공저로는 *Alterities in Asia*(Routledge, 2010), 『냉전과 혁명의 시대 그리고 사상계』(소명출판, 2012), 『전후의 탄생』(그린비, 2013)이 있다.

국가를 흐르는 삶

초판 인쇄 2015년 5월 20일 **초판 발행** 2015년 5월 30일
지은이 김예림 **펴낸이** 박성모 **펴낸곳** 소명출판 **출판등록** 제13-522호
주소 서울시 서초구 서초중앙로6길 15, 1층
전화 02-585-7840 **팩스** 02-585-7848 **전자우편** somyong@korea.com **홈페이지** www.somyong.co.kr

값 26,000원
ISBN 979-11-85877-94-5 93810

국가를 흐르는 삶

THE LIFE FLOWING ACROSS THE BORDER OF NATIONS

김예림

소명출판

책머리에

'국가를 흐르는 삶'이라는, 조금은 어색하게 들릴지도 모를 이 문구가 국가 체제의 역사성과 그 체제에서 사는 일의 곤혹을 낯설게 환기시켜주길 바란다. 또 그것으로부터 벗어나(려)는 일에 대해서도 생각하게 해주면 좋겠다. 말할 것도 없이 국가라는 문제는 학계의 오랜 관심사였다. 한국의 경우에는 민족주의에 대한 비판적 접근이 조성되고 본격화된 1990년대 이래 주요 논제로 함께 부상한 것으로 보인다. 알튀세르 이론의 수용과 연동하여 국가(기구)에 대한 논의가 사회학, 역사학 분야에서 제출되기 시작했고 이어 푸코와 아감벤 논의에 자극받은 통치성 분석의 시도들이 폭넓게 전개됐다. 이 작업이 지금도 활발하게 진행중임은 최근의 실감에 기대어 볼 때 굳이 강조할 필요가 없을 듯하다.

이 책에 실린 글들의 문제의식도 깊게 보면 국가와 통치를 둘러싼 기존의 이론에 닿아 있다. 중층적인 해석과 발견의 언어는 내게로 오면서 거칠어지고 단순해지며 또 오해도 겪었겠지만, 나름의 번역과 변용을 가하면서 제국 및 국민국가 권력 실천의 정치성을 사유해 볼 수 있었다.

이 과정은 동아시아라는 지역성과 한국이라는 장소성에 민감해질 것을 요구했다. 제국주의와 냉전의 경험은 '강한 국가'를 향한 열망으로 이어졌고 이를 실현하기 위해 국가가 구사하는 온갖 방법을 정당화했다. 이러한 열망과 수행의 긴밀한 연쇄는 제국을 경영했던 일본에서도, 제국 세력과 충돌했던 중국에서도, 식민화를 겪은 남북한에서도 모두 나타났고 오늘도 여전히 지속되고 있다. 피통치 집단에 내면화된 '강한 국가'에의 꿈이 비참한 까닭은 바로 그 꿈이 사람들로 하여금 자기에게 가해지는 폭력을 용인하거나 수락하게 한다는 데 있을 것이다. 폭력에 기대어 안전을 확보하려는 욕망, 폭력에 의탁해 공포를 해소하려는 의지가 '국민'의 것으로 미분, 공유, 육화되어온 상황을 우리는 어렵지 않게 떠올릴 수 있다.

물론 역사는 이런 모습으로만 전개되지는 않았다. 게오르그 옐리네크가 『일반국가학』에서 언급했듯이 국가는 "능력의 한계"를 갖는다. 즉 국가가 사회의 진행이나 변화를 어느 정도 변경하고 전환시킬 수는 있지만, 움직임이나 흐름 전반을 완전히 결정하거나 장악할 수는 없다는 것이다. 옐리네크는 '사회'라는 지평을 상정하면서 "국가 능력의 한계"를 설명했는데, 사회를 구성하는 존재가 다양한 성격의 개인과 소집단이라면 이들을 국가 능력의 한계가 예감되는 혹은 성사되는 장소로 파악해도 좋을 것이다. 이런 맥락에서 많은 논자들이 시민, 민중, 인민, 다중 등의 개념으로 가능성의 장소를 탐문했다.

국가를 문제삼는다는 것, 통치를 되묻는다는 것은 국가(체제)에서 통치받고 사는 자들의 행로를 살펴본다는 것이기도 하다. 국가의 통치기술과 피통치 집단의 현실 어느 편에 논의의 방점을 찍든 궁극적으로 나는 주어진 환경에 불편을 느끼며 자기를 구성하고 실천한 주체의 잘 보이지 않는 사정에 가까이 다가가고 싶었다. '사정'이라는 단어는 생각보다 두터운 뉘앙스를 품고 있다. 잘 알려지지 않거나 알려질 수 없는, 간단명료하게 정리하기 어려운 복잡하고 내밀한 정황에의 고려가 이 말에는 담겨 있다. 그리고 주관적인 느낌일지도 모르겠고 표현이 적절한지도 모르겠지만, 어딘가 '따뜻한' 기운도 띠고 있는 듯하다. 일상에서 사정이라는 단어를 쓸 때, 발화자와 청자 사이에는 그 누군가가 처해 있는 사태에 대한 이해나 공감에의 요구가 살짝 교환되고 있는 게 아닐까. '그의 사정은 그러했어'라고 말할 때는, 그냥 '그의 상황은 그러했어'라고 말할 때와는 다른 울림이 있는 것 같다.

통치의 역사와 피통치자의 역사를 짚어 올라가면서 이해하고 재구성하려 했던 것은 주체가 국가에 닿기까지의 혹은 닿을 때의 곡절이었다. 여러 연유로 누군가는 영토나 체제 내 안착을 원하기도 하고 또다른 누군가는 일탈을 원하기도 한다. 그리고 보다 중요하게는 대부분 애초 원한대로 되지는 않는 삶을 산다. 흐르다가 멈추거나 고이거나 아니면 계속 흘러 넘어나가는 형상. '국가를 흐른다'는 표현은 이같은 근대적 생(生)의 혼잡한 형세를 염두에 둔 것이었다. 특정한 마음, 이념, 실행의 풍경이 이 지형에서 생겨나 펼쳐졌다.

나를 포함하여 적지 않은 '문학연구자'들이 종종 접하곤 하는 말이 있다. 다루는 영역이 '문학을 벗어나(고) 있다는 게 그것이다. 개인적으로는 이런 평에 큰 의미를 두지 않는 편이지만 그래도 들을 때마다 나의 문제의식이나 방법론 자체를 되짚어보게 되는 게 사실이다. 일반적으로 '문학연구자'로 범주화되는 그룹이 지닌 좀 다른 기질과 능력이 있다면 그것은 세계와 인간의 '결'을 인지하려는 의지에서 나오는 게 아닐까 싶다. 여기에 좀더 덧붙인다면 '결'에 대해 말하거나 말할 수 있는 나름의 문법을 갖고 있다는 것 정도일 듯하다. '결'은 형태나 구조와는 달라서 섬세하게 보지 않으면 놓치기 쉬운 어떤 것이다. 분석 대상을 무엇으로 취하든 우선은 세계와 인간의 결 또는 결이 생겨나거나 흐트러지거나 달라지는 면면을 살피고자 노력했다.

한나 아렌트는 『과거와 미래 사이』를 엮으면서 "논문집의 통일성은 어떤 총체로서의 통일성이 아니라 음악의 모음곡에서처럼 동일한 혹은 관련된 조(調)로 쓰인 악장들이 보여주는 배열 순서상의 통일성"이며 "순서 자체는 내용에 의해 결정"되는 것이라고 했다. 이런 문맥에서 책의 구성에 대해 간단히 적어보면, 우선 1부 '저변'은 거대한 제국의 음습한 저지대를 살펴본 글들로 묶었다. 시대의 깊은 주름을 펼 때 드러나는 노동자 무리 그리고 전쟁에 쓰이기 위해 호출된 피식민자를 다뤄보았다. 2부 '변경'에서는 1945년 이후 국민국가의 분할선을 넘어 물리적, 심정적 이동을 했던 자들의 흔적을 좇았다. 귀환자, 밀항자 그리고 당시로서는 드문 형식의 연애를 했던 연인이 그들이다. 3부 '한계'는 통치의 말과 법이 자기 충돌을 일으키거나 불편한 자극에 의해 경련을 일으키는 현장을 담고자 했다. 통치의 균열선은 그 역장으로 깨끗이 환수되지 않는 것들로 인해 곳곳에서 나타난다. 여기서는 문화검열의 자체 분열, 미시통제망의 작은 구멍, 국가 = 자본이 맞닥뜨린 '의외'의 장애물에 대해 검토했다.

1부의 첫 번째 글과 3부의 마지막 글은 다루는 시기는 다르지만 대상이나 문제의식 면에서는 서로 만난다. 들릴 수도, 남겨질 수도 없어서 철저하게 대상화될 수밖에 없었던 존재들이 수십 년 후에는 스스로 소리를 내면서 자기를 표현하게 되는 변화가 목차를 통해 반영될 수 있을까. 하지만 이러한 배치를 빌어 구성해 보이고 싶었던 것은 실은 변화의 서사이기보다는 반복의 서사였다. 누군가의 고통과 비참은 되풀이 된다는 것, 이런 식으로 되풀이되도록 방기하는 구조가 있다는 것, 따라서 되풀이당하는 자의 삶은 오랫동안 기억되어야 한다는, 다소 답답하고 암울한 이야기다. "논문집의 통일성"이란 것이, ― 아렌트는 이 통일성이 논문을 책의 형태로 출판하는 일을 정당화한다고 했다 ― 반복되고 있는 역사와 반복하고 있는 역사를 향한 이 책의 거듭되는 질문을 통해 조금이라도 구현될 수 있다면 다행이겠다.

여기 실린 글들의 일부는 성공회대학교 동아시아연구소에 재직하던 시기에 썼다. 나머지는 연세대학교로 자리를 옮긴 후에 작업한 것들이다. 모아 놓고 보니 감사드릴 분이 많다. 하고 싶은 것도 많고 할 수 있는 것도 많다고 믿던 시절을 동아시아연구소에서 보냈다. 이 때 시작하여 지금까지 이어지고 있는 '일본사상사연구' 모임의 권혁태, 김인수, 이정은, 장세진, 조경희, 차승기, 한혜인 선생님께 먼저 감사드린다. 연구회에서 정말 많은 것을 배우고 함께 했다. 일본과 한일관계에 대한 관심이나 이해의 안목은 이들이 아니었다면 얻기 힘들었을 것이다.

연세대학교 국학연구원(HK사업단)의 김항, 김현주, 서은주 선생님, 비교사회문화연구소의 송은영 선생님에게도 같은 마음이다. 함께할 자리를 내준 덕분에 1960~1970년대 지성사와 문화사로 시야를 넓힐 수 있었고 공공성이라는 중요한 문제도 한 곁에서 공유하는 뜻깊은 기회를 가질 수 있었다. '아래로부터의 글쓰기' 연구팀의 김대성, 김성환,

김원, 박철현, 이혜령, 장성규, 정종현, 천정환 선생님과 한영인 군에게도 고마움을 전한다. 대단치 못한 책을 두고 여러 이름을 적는 것은 이들에게서 받은 직접적인 도움으로 생각의 씨앗이 생겨나 자랄 수 있었기 때문이다. 일본어에 도움이 필요할 때마다 가르쳐주신 타지마 테츠오 선생님께도 이 자리를 빌어 인사드린다. 오랫동안 이 일 저 일 챙겨준 박재익 군에게도 고맙다. 마지막으로 박권수에게 마음을 전한다. 그리고 무엇보다도, 흩어져 있던 원고를 한자리에 모을 수 있게 배려해 준 소명출판과 계속 늦어지는 원고를 기다려준 친절하고 꼼꼼한 편집진의 수고에 감사드린다.

2015년 5월 김예림

제2부/ 변경

제3부/ 한계

제1부_저변

1. '노동'의 제국
—경계 관리와 하층 노동자 에스노그라피의 정치학

1. 경계화의 역학과 제국의 하류(下流)
2. 내부/국경의 작동과 하층 노동자의 존재론
3. 다종족 노동자의 신체와 제국의 에스노그라피
4. '위험', '무용', '가용' 사이의 생(生)

2. 치안, 범법, 탈주 그리고 이 모든 사태의 전후
—학병로망으로서의 『청춘극장』과 『아로운』

1. 식민지 청년의 삶과 '학병'이라는 장소
2. 전시 식민지 청년의 인구사회학적 편성과 학병
3. 학병로망의 구조와 의미코드—통치 장치와 도주
4. 생략과 단절의 기억술

'노동'의 제국

경계 관리와 하층 노동자 에스노그라피의 정치학

1. 경계화의 역학과 제국의 하류(下流)

제국은 경계를 지우며 팽창하고, 경계를 만들어내며 존속한다. '경계'라 할 때 이것이 지시하는 바는 하나가 아니다. 물리적이며 가시적인 층위와 구조적이며 상징적인 층위가 함께 있기 때문이다. 물론 둘은 별개가 아니라 유관하며 연동한다. 이 맥락에서 생각하면, 제국이란 곧 영토 경계를 넘어 바깥을 전유함으로써 생겨나고 이러한 월경적 구조가 동반하는 종족적·계층적 경계의 혼선(混線)을 효과적으로 처리함으로써 자기를 유지하는 체제다. 영토의 침범과 확장, 종족적 조우와 충돌, 대규모 성층화의 상호 동반 양상은 제국의 지평에서 전개되는 지리정치학(geopolitics)과 생정치학(biopolitics)을 연계지어 파악해야 하는 근거가 된다.

관련하여 기타가와 신야[北川眞也]의 비판지정학적 연구는 시사적이다. 그는 근대 국민국가 및 최근의 지구화 국면의 통치성에 초점을 맞춰 지(地)·생권력(혹은 지(地)·생정치)의 문제를 규명한 바 있다.[1] '지리정치학-생정치학' 넥서스가 제기하는 핵심 사안은 '경계 관리'로 압축할 수 있다. '관리'에는 경계의 생성, 유지, 조절, 전환 등이 모두 포함된다. 나는 경계 관리라는 용어를 통해 제국의 영토, 종족, 계층을 가로지르면서 그어졌던 현실적이고 상징적인 분할선의 작동과 작용을 포착하고자 한다. 식민주의 체제에서 경계화의 대권한을 전유하고 있는 것은 당연히 식민자 쪽이다. 제국의 공간적·권력적 편제는 '중심'과 중심이 확보한 (혹은 확보하고자 하는) '주변부'라는 뚜렷한 편차를 바탕으로 짜인다. 이 구조에서 주변부는 중심이 행하는 공고한 경계화 작업의 대상으로 존재한다. 그러나 주변부는 고정되어 있지도 않고 외부에만 머물러 있지도 않는다. 그렇기 때문에 주변부는 제국의 중심부에 늘 자극적이다. 결국 제국의 경계 관리란 이 불편한 자극을 적절한 수준에서 통어하는 일이 된다.

제국 판도에서 경계화는 복잡하게 일어난다. 경계는 단지 국가들 혹은 속지(屬地)들 사이의 지리적 분할선만으로 설명될 수 없다. 지리적 분할의 경계선을 따라 종족 경계선이 발현한다. 제국을 횡단하면서 흘러들어오거나 나가는 다종족 인구 및 외국인 무리가 이 겹치는 선들의 작용을 반영한다. 그리고 다시 한 번, 종족 경계는 거대한 제국 안팎에

---

1 통치성과 주권성 그리고 예외공간으로서의 수용소에 대한 논의로는 北川眞也, 「現代の地政學における例外空間としての收容所－イタリアの不法移民收容所へ「歡待」する生權力」, 『人文地理』 59(2), 2007. 그리고 생정치와 지(地)정치에 대해서는 北川眞也, 「'帝國'の地－生政治/地－生權力についての覺え書」, 『人文論究』 55, 2005.

걸쳐 형성되는 계층 경계선과 얽혀 들어간다. 영토, 종족, 계층 경계가 복합 연동하면서 이러저러한 상징적 경계선 또한 줄곧 파생되어 왔음은 주지의 사실이다. 광대한 제국과 인접 국가들이 함께 펼쳐져 있는 공간에서 분주하게 경계화가 진행되고 있다면, 이 경관의 가장 궁벽하고 낮은 지점으로 눈을 돌려보자. 여기에서 발견하게 되는 것은 바로 '빛나는' 제국의 바닥을 훑으면서 이동하는 다종족 하층 노동자의 흔적이다. 조선인 노동자 그리고 '쿨리[苦力]'라고 불렀던 중국인 노동자가 이 무리를 구성하는 우점종이었다. 이후에 살펴보겠지만 제국의 경계관리는 이동하는 하층의 흐름을 조절하고 조율하는 데 주파수를 맞추고 있다. 이들은 여러 의미에서의 위험성과 비천함으로 인해 비/가시적 통제의 중요한 표적이 되었다.

물론 조선인과 중국인이 제국 체제에서 갖는 법적 지위는 같지 않았고 또 하급 이동 노동자로 정체화된 역사나 양상이 다르기 때문에 두 집단을 기계적으로 동일화할 수는 없을 것이다. 하지만 이들이 동아시아 식민화 과정에서 대규모로 (재)생산되었고 제국의 비대화에 깊이 연루되었던 노동 유랑집단이었다는 점에서 연계론적 호출은 충분히 가능하며 또 필요하다. 이들을 공통의 지평에 두는 해석적 각도 조절은 제국의 정치경제적 구조를 트랜스내셔널한 관점에서 접근하기 위해서도 요구된다. 조선인·중국인 하층 노동자들은 식민 주체가 배태하고 필요로 했으며 또 동시에 기피하고 저어하기도 한, 애매하고 양가적인 존재였다. 제국주의 시대의 월경하는 다종족 하층 노동자는, 지그문트 바우만의 개념을 빌자면 "떠돌이"에 해당한다. 그는 지구화 과정에서 나타난 양극화 현상을 "여행자"와 "떠돌이"라는 대비로 설명한 바 있다. 떠돌이는 "여행자가 될 권리를 박탈당한 여행자들"로, "한곳에 머무는 것도, 더 좋은 장소를 찾는 것도 허용"되지 않는다. 자기 선택의 능력과 자유를 가진 "여행자"와는 달리 이들은 "비자발적인 여행자"들이고 이동지와 체류지 곳곳에서 적대감과 우려를 불러일으키는 "세계의 쓰레기들"[2]인 것이다.

나는 경계를 넘나드는 떠돌이의 식민주의적 형상을 제국의 경계 관리라는 문제와 연접시켜 살펴볼 것이다. 이 작업은 제국의 통치성이 유동성을 특징으로 갖는 다종족 하층 집단에 가닿는 양상을 되짚어 보기 위한 것이다. 다종족 떠돌이 집단도 성격이 다양하다. 국경을 넘어 만주나 '지나'로 건너간 룸펜 지식인, 각종 부랑자, 아편 밀매업이나 매춘업 등 당시 부정업이라 규정된 업종에 관계했던 자들도 이 떠돌이 집단에 포함된다. 하지만 이 글에서는 주로 제국의 광업, 공업, 토목업, 농업 방면에 저임금으로 고용되었던 조선인 및 중국인 비숙련 노동자 집단에 초점을 맞춘다. 이들은 당시 동아시아의 계층 판도에서 가장 낮은 자리를 점하는 빈곤층이었고, 장단기 고용을 통해 특정한 노동의 장소에 도착하기 전까지는 이농민, 잡다한 하위직 종사자, 난민 혹은 무직자의 처지를 전전해온 자들이다. 어떤 지점에 잠시 도착한 이후의 삶이 기존의 삶에서 크게 달라진 것도 아니었다는 점에서, 이들은 궁핍의 궤도를 단지 위치이동하면서 계속 순환했다고 하는 편이 옳을 듯하다. 말하자면 제국의 지하를 흘러다니는 말 그대로 '하류(下流)'를 형성하는 남루하고 이질적인 신체들로, 대부분 그냥 버려지거나 혹은 활용되고

2 Zygmunt Bauman, 김동택 역, 『지구화, 야누스의 두 얼굴』, 한길사, 2003, 182~183쪽.

버려지는 정도의 사회적 몫을 할당받은 존재인 것이다.

그렇다면 이와 같은 다종족 빈곤층의 월경 이동과 이에 대한 제국의 응대는 어떠했을까. 이 문제를 다룬 연구 가운데 마이클 김과 마크 드리스콜(Mark Driscoll)의 성과는 주목할 만하다. 마이클 김은 중국인 노동자의 입선(入鮮) 현상과 이것이 조선 및 일본에 미친 영향을 동아시아 권역적 차원에서 조망한 바 있다.[3] 마이클 김의 시도가 노동자 흐름의 양상과 중국인 노동 조직에 대한 실증적인 분석을 통해 이동 역학의 실제를 거시적으로 포착하고 있다면, 마크 드리스콜은 생정치학과 서발턴 스터디즈의 문제틀을 결합하여 제국의 자기기술(self-technology)을 규명하고 있다. 그는 19세기 말부터 1945년에 이르기까지의 일본의 기획을 삶의 정치(biopolitics), 신경감각의 정치(neuropolitics), 죽음의 정치(necropolitics)로 유형화하면서 아편정책, 매춘시스템, '쿨리' 및 조선 소작민 착취를 통해 생존을 획책한 제국의 '어두운 면(dark side)'을 드러낸다.[4] 이 논고들은 실상 횡으로 움직였던 제국사를 종으로 절단하여 민족사(national history)로 전환하는 시각을 생산적으로 극복하고 있다.

이들의 관점과 문제의식을 공유하면서 나는 제국을 '노동의 제국'으로, '통치'를 '노동자 통치'로 치환하고 그 운용의 관건을 경계 관리로 설정하여 입체화하려 한다. 경계관리의 정황을 제도적・담론적 측면에

---

3 Michael Kim, "Building Empire's Foundation : Chinese Migrant Laborers in Colonial Korea", 『이동의 아시아—식민, 냉전, 분단체제의 경계들과 민족의 공간들』(성공회대 동아시아연구소 국제컨퍼런스 자료집), 2012.4. 그 외, '노동시장'이라는 측면에서 식민지 조선과 중국인 노동 연관을 포착하고 있는 글로는, 김태웅, 「1920・30년대 한국인 대중의 화교 인식과 국내 민족주의 계열 지식인의 내면세계」, 『역사교육』 112, 2009; 조영윤, 「1920~30년대의 빈민실업문제와 조선총독부의 대응」, 숭실대 석사논문, 2011.

4 Mark Driscoll, *Absolute Erotic, Absolute Grotesque*, Duke University press, 2010. 제국의 쿨리 정책 및 소비에 대한 연구는 만주 지역을 중심으로 이루어지고 있다.

서 종합적으로 살펴보기 위해, 경계 관리의 핵심이라 할 (내부)국경 관리의 차원에서 월경 노동자 유출입 정책을 검토할 것이다. 이 정책은 (내부)국경의 개방이나 폐쇄의 강약을 조절하는 스위치 역할을 했다. 하지만 이 글의 관심이 경계 관리의 제도적 장치를 분석하는 데 그치는 것은 아니다. 관리 장치들이 겨냥했던 (잠재적) 이동주체가 제국의 표상-담론 정치 내에서 어떤 식으로 의미화되었는지도 함께 고찰할 것이다. 이를 위해서는 다종족 빈곤 노동자들이 제국의 시선에 어떻게 관찰되고 기록되었는지 그 담론적 구성의 측면을 검토한다. 통제하고 훈육하며 부려야 하는 떠돌이 노동자들의 분포, 생활, 습속, 신체, 기질, 역량은 제국의 카메라에 포착되어 특정한 이미지로 인화되었다. 이렇게 제출된 일련의 기록들을 여기서는 '하층 노동자 에스노그라피'라고 명명할 것이다. 이 문건들은 크게 보면 제국의 자본 축적 과정에서 발생한 빈곤층 에스노그라피라고 할 수 있지만, 무엇보다도 '노동자'로서의 종족성과 쓸모에 무게중심을 둔 관찰기라는 점에서 특히나 정치적이다.

동아시아 하층의 이동의 역사와 노동의 노선은 매우 길고 복잡하다. 따라서 그 양상을 면밀하게 좇기 위해서는 로컬적 특수성에 관한 조사가 바탕이 되어야 할 것이다. 이동 주체의 복수성, 이동 지역의 다방향성, 이동 시점의 동시다발성은 그야말로 다초점의 복합적인 비교분석을 요한다. 이 글은 동아시아인의 유구한 이주의 통사를 구성하거나 방대한 노동인구 분포의 전모를 파악하는 데 목적을 두고 있지는 않다. 이보다는 식민화와 전쟁을 배경으로 일어난, 유동적인 '하류(下流)'의 상호 교차와 교착 그리고 이들의 이동을 처리하고 관리하는 제국의 움직임을 파악하는 데 집중하게 될 것이다. 논의의 대상은 1920년대~

1940년대로, 특히 1920년대는 내가 주목하고 있는 빈곤, 유랑, 이동, 노동자화라는 이후로 장기 지속될 일련의 사태가 표면화되기 시작한 시점이다. 환언하자면 이러한 현상들에 대응하는 법규나 담론이 본격적으로 작동한 시기였다는 의미가 될 것이다.

분석은 주로 조선의 경우에 맞춰지겠지만 중요한 몇몇 부분에서는 중국인 노동자를 함께 놓고 논한다. 조선에 방점을 찍어 살펴본다 해도 가능한한 대륙 전반에 걸친 이동사슬을 최대한 고려하면서 진행할 것이다. 그리고 종족 경계를 관통하며 구성된 동아시아 다중의 성층화 전도(全圖)를 배경으로 하여 관계론적이고 맥락적인 견지에서 고찰할 것이다. 이 글이 분석 대상으로 삼고 있는 자료는 주로 주변부 타자를 향한 일본의 시선을 보여주는 저널, 보고서, 단행본들이다. 조선인 및 중국인 노동자를 양적 · 질적 차원에서 다루고 있는 여러 유형의 문서들을 조사하고 이 가운데 관련 법제와 담론화 메커니즘을 보여주는 문헌들을 선별하였다. 특히 두텁게 읽기가 가능한 경우를 의미론적 매듭으로 설정하여 배치하면서 해석의 지면(地面)을 구성하고자 했다. 조선 내부의 상황을 검토하기 위해서는 잡지와 신문에 실린 다양한 형식의 텍스트를 참조했다.

2. 내부/국경의 작동과 하층 노동자의 존재론

경계 혹은 경계 관리의 문제를 고찰할 때 제일의적인 사안은 '국경'(혹은 국경 관리)이 될 것이다. 에티엔 발리바르에 따르면 국경이란 "전통적으로 국경에 관한 법률적 통념 및 국민적 상상계에 통합된 '지리적' 표상에 맞춰 영토의 끝에 위치해서 영토가 영토로 존재하기를 그치는 지점"[5]이다. 국경의 통상적인 의미는 이렇게 정의해도 큰 무리가 없겠지만, 그가 강조하고 있듯이 국경이 파생시키는 여러 가지 문제는 영토의 '가장자리'나 '끝'에 머물러 그치는 것이 아니라 국경 내부 사회를 침윤한다. 그렇기 때문에 외치와 내치가 교접하고 내통하는 국경이란 것의 관리는 경계 관리의 결정적인 계기일 수밖에 없는 것이다. 이 점에서는 국민국가나 제국 모두 마찬가지다. 하지만 두 체제 사이의 차이 역시 고려하지 않을 수 없다. 제국의 경계 관리의 기제나 성격은 주권을 확보하고 있는 독립적인 국민국가의 경계관리와는 다른 메커니즘을 가질 것이다.

국민국가와는 구별되는 제국의 경계 관리의 특수성은 제국이 두 층위의 국경을 동시에 갖는다는 데 있다. 먼저, 아직 '침범'하지 않은 이웃 국가와는 주권의 한계를 명시하는 실선(實線)의 경계를 취한다. 여기에는 군사-외교적 장치들이 깊이 관여하고 있다. 이를 대문자 국경이라 한다면 또 한편으로 식민지의 보유라는 구조적 조건에서 발생하는, 점선의 내부 국경이란 것을 설정할 수 있을 것이다. 제국 지평 내부의 내지와 외지 혹은 외지와 외지들 사이를 절합하는 점선은 대문자 국경과는 다른 성질의 것으로, 소문자 국경이라 부를 수도 있다. 소문자 국경의 논리와 효과가 대문자 국경의 그것과 반드시 일치하는 것은 아니다. 일본 제국의 판도에서 서로 연관되면서도 달리 정위되었던 조선,

5 Étienne Balibar, 진태원 역, 『우리, 유럽의 시민들?』, 후마니타스, 2010, 219쪽.

만주, '내지'의 관계를 생각해 볼 때, 특히 내부 국경은 경계관리를 통해 실행되는 식민주의적 통치성의 면면과 피통치자의 경계 감각을 파악하는 데 중요한 의미를 지닌다.

이광수는 1936년 9월 『조광』에 「동경구경기」라는 제목의 에세이를 싣는다. 이 글에는 내지 여행을 위한 도항증명서 얻기가 꽤나 까다롭고 어려운 일임을 알려주는 장면이 있다. 그의 상세한 기록에 따르면, 도항증명서를 받기까지는 여러 단계의 행정적, 감정적 절차를 거쳐야 한다.

> 조선 사람이 하관을 건너가는데에는 도항증명서가 절대로 필요하다. 관리라도 조선 사람이면 도항증명서를 가지는 것이 편하다고 한다. 도항증명서를 얻는 것은 그렇게 간단한 일은 아니다. 나는 사진관에 가서 명자형(名刺形) 사진 두 장을 박어야 한다. 경성성에 호적등본 일통을 얻어야 한다. 대서소에 가서 도항증명서 하촌원(下村願)을 써달내야 한다. 이것이 다 준비가 되면 그것을 가지고 소관 경찰서 고등계에 가서 그것을 제출하고 가기는 무슨 일로 가며 어느 지방 어느 집에 가며 얼마동안 있으며 언제 떠나며 이런 것을 자세히 말하고 부득이 아니갈 수 없는 사정을 누누이 하소연하여야 한다. 그래서 만일 고등계 주임이 나를 보낼 만하다고 인정하면 떠날 날 다시 경계서에 출두하라고 명한다. 그날 가서 증명서를 받어들면 여간한 기쁨이 아니다. 나는 진정으로 고맙다는 절을 수없이 아니할 수 없게 된다.[6]

---

6 이광수, 「동경구경기」, 『조광』, 1936.9, 242쪽.

조선의 엘리트에게도 도항증명서는 마음을 졸이며 허가를 기다려야 하는, 말하자면 '외지인'의 처지를 새삼 알려주는 일종의 신분 증명서였다. '사회 인사'에게도 이러했다면, (내부)국경 근방을 떠도는 무수한 빈곤층의 경우에는 어떠했을까. 제국의 심부를 향해 밀려 들어오는 식민지 하류 집단 혹은 외국인 하류 집단은 제국의 (내부)국경 관리 체제에서 어떤 존재였을까.

국경은 "정치적 참여가 치안의 지배에 밀려나는 지점"[7]이다. 국경은 주어지거나 정해진 자리를 바꾸고자 하는, 몰국경적으로 요동치는 다중의 에너지를 적절하게 한계 짓고 안정화시켜 체제 붕괴의 위험으로부터 안전을 유지할 것을 표하고 명하는 선이다. 즉 국가의 대내외적 정상성의 한계를 강제하는, 군사-외교 기구와 치안-경찰 기구가 합작하여 사수해야 하는 일종의 필수방위선인 것이다. 그렇다면 국경의 문제를 빈곤 노동층이라는 메스로 잘라 그 단면을 확대해보면 어떨까? 흘러다니는 이종(異種)의 빈곤 노동층을 걸러내는 것이 국경 관리의 유일한 사명은 아님에도 불구하고, 이 일이 실제의 경계 관리에서 얼마나 결정적이며 중대한 임무였는지는 뚜렷하게 드러난다. 대문자 국경의 '절대성'에 비하면 상대적으로 느슨하게 막혀있거나 뚫려있는 내부 국경의 경우에는 교묘하게 그러했던 것으로 보인다.

1차 대전 발발 후 세계 각국은 입국관리규칙을 제정하고 여권제도를 채용한다. 이에 따라 일본도 1918년 내무성령 제1호 '외국인 입국의 건'을 시행하는데, 이로써 1894년에 체결한 일영통상조약 이래 자

7 Étienne Balibar, 앞의 책, 219쪽.

유롭게 이루어지던 외국인 입국에 처음으로 규제가 가해진다. 내무성령 1호가 규정하고 있는 상륙 금지 대상은 ① 여권 또는 국적증명서를 소지하지 않은 자 ② 제국의 이익에 반하는 행동을 하거나 적국의 이익을 도모할 우려가 있는 자 ③ 공안을 해치거나 풍속을 저해할 우려가 있는 자 ④ 부랑 또는 걸식을 상습하는 자 ⑤ 각종 전염환자, 기타 공중위생상 위험한 질환자 ⑥ 심신상실자, 심신모약자, 빈곤자, 기타 구조(救助)를 요할 우려가 있는 자로 분류되어 있다.[8] 내무성령 제1호는 상륙 금지와 퇴거명령 조항을 포함한 근대 일본의 최초의 출입국 관련 법령으로, 이동 노동자 집단을 특화하여 겨냥하고 있지는 않지만 당연히 이들의 통제 근거로 적용되었다. 이 '외국인 입국의 건'에 앞서 "외국인 노동자"를 직접적인 대상으로 한 칙령 제352호가 1899년(명치 32년, 7월 28일)에 이미 발효되어 있었다.[9] 이것은 "외국인 노동자를 무제한으로 아국에 입국시키는 것은 필연적으로 각종의 사회문제를 일으켜 국책상 저지할 필요가 있다"[10]는 전제하에 발효된 법령이다. 중국인 노동자의 경우에는 내무성령 1조 1항 6호의 "구조를 요할

---

8 山脇啓造, 『近代日本と外國人勞働者』, 明石書店, 1994, 119~120쪽.

9 개항으로 외국인 거류지가 처음으로 조성된 1859년부터 1945년까지 일본에서 외국인은 대략 세 집단으로 나뉜다. 19세기 후반 '고용된 외국인' 신분이나 무역상으로 외국인 거주지에 체재한 구미인 집단(이들은 19세기말부터는 내지잡거가 인정된다), 개항 이래로부터 1910년대까지의 중국인 그리고 1910년대 후반부터 급증하여 중국인을 대신한 조선인 집단이 그것이다. 이에 대해서는 위의 책 참고. 중국인의 경우, 1871년 청일수호조규에 의해 무역과 거주의 권리가 공식적으로 허용되었다. 1899년에 치외법권이 철폐되고 잡거령이 공포되면서 상인이나 무역상이 아닌 잡업 노동자가 일본으로 진출한다. 이에 따라 비숙련공 이주에 제한이 가해지게 된 것이다. 이에 대해서는 박상수, 「근대 동아시아 공간의 중국인 이주」, 『史叢』 75, 2012 참고.

10 『朝鮮人勞働者一般事情』, 南滿洲鐵道株式會社, 1933, 36쪽. 그 1조는 다음과 같다. "외국인은 조약 혹은 관행에 의해 거주의 자유를 갖지 않은 자라도 거주지 이외에서 거주이전 영업 기타의 행위를 할 수 있다. 단 노동자는 특히 행정관청의 허가를 받지 않으면 종래의 거류지와 잡거지 이외에서 거주하거나 그 의무를 행할 수 없다."

우려가 있는 자"의 확대 해석과 352호 칙령을 종합하여 엄격하게 이루어졌다.[11]

그러나 일본으로서는 중국인 노동자의 일본으로의 유입뿐만 아니라 조선으로의 유입 역시 문제일 수밖에 없었다. 1933년 남만주철도주식회사가 편한 『조선인노동자일반사정(朝鮮人勞働者一般事情)』에도 이 점은 분명하게 표명되어 있다. 이 보고서는 "조선의 노동자들의 일반사정을 서술하기 위"한 것으로, 특히 중국인의 거주 및 취로에 관한 현행 제한 내규와 조선인의 내지도항 저지 방법 등 "공표를 피해야 할 성질을 가진" 내용을 담은 "비급(秘扱)" 문건이다. "지나인의 입선"에 대한 입장을 요약하면 이러하다. 즉 '지나인 노동자'를 무제한으로 입국시켜 취로의 기회를 주는 것은 조선인 노동자의 실업이라는 중대 사회문제를 초래한다는 것 따라서 총독부가 중국인 노동자의 입선, 거주, 취로에 각종 제한을 가하고 조선인 노동자 보호에 노력해 오고 있다는 것이다.

중국인 노동자의 '입선' 제한은 대정 7년(1918) 2월의 부령 제14호 '외국인 도래에 관한 건'에 근거하고 있다. 이 부령을 앞의 내무성령 제1호와 비교해 보면, 동일한 6개호의 제한 조건을 그대로 공유한다. 단, 법 효력의 공간적 범위를 내무성령의 "我邦"과는 달리 "조선"으로 설정하여 "조선에 도래하는 외국인에 대해 좌기 각호의 하나에 해당한다고 인정되는 경우는 도지사에서 상륙 또는 입경을 금지할 수 있"음을 공표한 것이다. 그러나 제한 법령이 현실에 그대로 적용된 것은 아니어서, 중국인의 조선 입국은 사실상 거의 무제한적으로 허용되고 있었다.[12]

---

11 山脇啓造, 앞의 책, 121쪽.

12 南滿洲鐵道株式會社, 『朝鮮人勞働者一般事情』, 17~18쪽.

수많은 중국인 노동자의 입국을 둘러싸고 조선에서 상당한 우려와 불만이 제기되고 두 집단 사이의 갈등이 지대했던 사실은 당시 신문 기사들을 통해서도 쉽게 확인되는 바다.[13] 상황이 심각했던 만큼 "지나인 노동자를 사역하는 것이 조선인 노동자의 실업문제에 하등 악영향을 끼치지 않는다고 인정될 경우에만 인가"(통감부령 제52호)한다는 방침을 세워[14] 조선 노동시장 내부의 종족적 갈등을 완화하려 했던 것으로 보인다. 그러나 중국인 노동자로 인해 조선의 노동자가 극심한 고통을 겪고 있다는 당시의 많은 지적이 증명하듯이, 제한 법규는 실제로 종종 무효화되었다.[15]

지금까지 일본과 조선에서 운용되었던 중국인 노동자 유입 제한책의 양상을 개략적으로 정리해 보았다. 하지만 제국의 경계 관리 법제가 단지 중국인 노동자만 겨냥하고 있었던 것은 아니다. 내지가 중국인 노동자 못지않게 꺼린 존재가 바로 외지 노동자였음은 주지의 사실이다. 극심한 빈곤으로 인해 이농민과 유랑자로 전락한 조선의 하층민은 반도의 노동시장 내부에 착근하지 못하고 반도 바깥으로 흘러나갔다. 대륙과 반도를 가로질러 열도로 이어지는 다종족 하층민의 와해와 범람은 마이클 김이 지적한대로 일본이 가장 피하고 싶어한 사태였다. 조선인 노동자를 조사한 『조선인 노동자 일반 사정』이 "지

13 이러한 상황에 대한 지적으로는 마이클 김, 앞의 글 참조. 그리고 거주 제한 규정 및 취로 제한 규정에 대한 자세한 제시로는 위의 책, 22~34쪽 참고.

14 이러한 방침에 의거하여 예를 들어 석공 등과 같은 특수기술공의 경우에는 필요에 따라 어느 정도의 지나인 고용을 허용한 반면 토공인부는 허가를 쉽게 내주지 않는 방향을 취했다. 南滿洲鐵道株式會社, 앞의 책, 32쪽.

15 1920년대에 중국인 노동자의 본격적인 대량 입선이 시작되었다. 조선의 일본인 자본가는 임금이 싼 중국인 노동자 고용을 선호했고 이런 현실적 이유로 중국인 노동자 입국 및 고용은 계속될 수밖에 없었다. 이에 대해서는 김태웅, 앞의 글 참고.

나인의 입선"과 "조선인의 내지도항"을 주요 논제로 병렬해 분석한 것은 이런 까닭에서다. 조선인의 도항이 내지인 실업자의 취로 기회를 빼앗아 사회문제를 일으킬 것이라는 진단은 확고했다. "조선인 노동자의 내지이주"는 곧 "실업의 수입"[16]을 의미한다는 견해가 이를 명쾌하게 압축하고 있다. 따라서 중국인 노동자와 마찬가지로 조선인 노동자의 이동 역시 일본 내부의 정치경제적 상황에 맞춰 통제되었다. 이 점에서 두 집단은 법적 신분이나 해당 정책상의 차이에도 불구하고 전체적으로 유사한 배제의 환경에 놓여 있었다고 볼 수 있다. 1899년의 칙령 발효부터 전시체제기 이전까지의 짧지 않은 기간을 관통한 외국인 노동자 관리의 기본틀을 야마와키 게이조[山脇啓造]는 "중국인 노동자 배제와 조선인 노동자 허용의 이중구조"로 요약한 바 있지만,[17] 조선인 노동자 입국에 대한 상대적 유연이라는 것도 보다 정치하게 따져 봐야 할 문제다.

한일합방 이전까지 '외국인'이었던 조선인은 1910년 이후 '외지인'이 되면서 외국인 출입국 법령이나 외국인 노동자 관리 체계에서는 제도적, 형식적으로 제외된다. 그러나 이는 국경 관리로부터 자유로워졌음을 뜻하는 게 아니라, 기존의 국경 관리와는 좀 다른 내부국경 관리

---

16 東京府社會課, 『在京朝鮮人勞動者の現況』(社會調査資料第二十五輯), 東京府學務部社會課, 1936.3.

17 개항 이후 1945년에 이르기까지의 일본 정부의 외국인 노동자 이입규제정책은 크게 세 단계로 나뉜다. 거류지체제기, 1899체제기, 전시체제기가 그것이다. 거류지체제기(1859~1899)는 개국한 일본이 외국인 거류지를 조성하고 제한적으로 외국인의 거주 영업을 인정한 시기이다. 가장 긴 기간에 해당하는 1899체제기(1899~1939)는 내지잡거가 인정된 1899년에 외국인 노동자 정책의 기본으로 만든 일련의 법령이 장기 유지된 기간이다. 기본적으로 이 틀은 1939년까지 지속되었다. 1939년부터 1945년까지의 전시체제기에는 기존의 규제와는 다른 차원에서 대규모의 노동자 동원 정책이 시작되었다. 山脇啓造, 앞의 책 참고.

라는 변형된 규율 체제에 새롭게 진입하게 되었음을 의미한다. 내부국경은 국경과는 달리 애매하게 열려 있거나 막혀 있다. 이러한 상황은 제국 반경 내부의 하속자들에게는 심각한 '부당성'의 감각을 불러일으킨다. '외국인' 아닌 식민지 '외지인'이 가질 수밖에 없는 독특한 입장이나 법감정은 이러한 점선 긋기와 권리 침해 감각에 기인한 것이다. 거듭되는 전쟁으로 일본이 다량의 인력을 필요로 하기 전까지는, 노동자 집단을 향한 문은 일관되게 닫혀 있었다고 하는 편이 타당할 듯하다.

조선(인)을 상대로 한 내부국경 관리의 실상을 파악하기 위해서는 1919년 이후 몇 차례 실시와 폐지를 거듭했던 여행증명제도를 포함한 일련의 도항 정책을 추적해야 한다. 여행증명제 실시의 직접적인 계기는 조선이나 일본의 정치사회적 환경에서 찾을 수 있다. 즉 외지인의 유입을 저지하는 내부국경 관리는 정치적 소요나 불안이 전이되는 것을 막기 위해 물리적으로 인적 이동을 차단하는 조치다. 그러나 애초 특정한 정치적 분규의 해소나 치안의 회복을 목적으로 임시방편격으로 실시된 이 방책의 기능과 효과는 탄력적이고 다면적이었다. 그래서 치안 대상의 외연을 위험한 불특정 다수 즉 흘러다니는 하층민으로 언제든 넓힘으로써 외지의 (잠재적) 이동 노동자들을 걸러내는 역할을 했다. 나중에 검토하겠지만 내부국경을 둘러싼 피식민자의 반응은 그래서 차별받지 않을 권리를 주장하는, "국경의 민주화"[18]라 할 수 있을 요

18 "국경의 민주화"에 관한 에티엔 발리바르의 논고는 이런 점에서 주목해야 할 것이다. 국경의 민주화는 수많은 이주자들이 국경을 넘어 왕래하고 있는 오늘날 중차대한 과제이기도 하다. 그에 의하면 "국가들의 존재에 본질적이지만 그 자체로는 반민주주의적인 제도인 국경을 민주화하는 것은 국경통과와 국경보호의 조직화에서 상호성이 진전을 이룰 경우에만 이루어질 수 있다." 이런 점에서 그는 국경을 '치안' 공간에서 '정치' 공간으로 바꿔내야 하는 이유를 역설하고 변화의 가능성을 모색하고 있는 것이다.

구를 담은 것이었다. 물론 그 목소리는 통치의 중심부에 전달되거나 수용되지 못했다.

여행증명제도가 처음으로 시행된 것은 3·1운동이 일어난 1919년이다. 사건 발발 후 곧(4월) 경령(警令) 제3호 '조선인 여행취체에 관한 건'에 의거, 경찰력이 이동 소관을 장악하게 된다. 이후 조선의 정치적 상황이 안정되어 단속이 더 이상 필요하지 않다는 판단 하에 1922년에 폐지되었다가, 관동대지진이 발발한 1923년에 다시 부활한다. 마침 1920년대 초반 일본 내부의 노동 시장은 중국인 및 조선인 노동자의 계속되는 유입으로 집단적 불안과 불만이 팽배해 있었다. 특히 1923년에는 일본인 노동자와 중국인 노동자 사이에 충돌이 일어나고 이를 두고 각종 항의표시가 발생하는 등 노동자 종족집단간의 마찰은 극대화되고 있었다. 같은 해 가을에 일어난 관동대지진으로 갈등은 격하게 분출했고 다종족 노동자 사회는 길항의 소용돌이에 휩싸여 들어갔다.[19] 내지 도항 극력 저지를 위한 여행 단속은 이 혼란 속에서 다시 시행된 것이었고, 1924년 6월에 최종적으로 해제된다.

주목해야 할 것은 그때그때의 정치적 정황에 따라 발효되었던 여행단속이 1924년에 폐지되면서 곧 조선인 노동자를 직접적인 대상으로 삼는 규제 정책이 구축되었다는 점이다. 이는 구조화된 만연 도항을 저지하기 위한 것으로 총독부는 중앙정부와의 교섭을 거쳐 도항 저지 대상을 규정했다. 구체적으로 나열해보면 ① 무허가 노동모집에 응해 도

19 관동대지진과 중국인 피살 관련 기사로는, 「중국인피살사건」, 『동아일보』, 1923.11.10; 「이재한 중국인 전부 송환」, 『동아일보』, 1923.9.20; 「중국인 참살사건과 중국 특파원의 진술서」, 『동아일보』, 1923.12.23.

항하는 자 ② 내지에서의 취직처가 불확실한 자 ③ 국어를 해독하지 못하는 자 ④ 필요한 여비 이외의 소지금이 십 원 이하인 자 ⑤ 모루히네 중독자, 이렇게 총 다섯 가지 경우가 해당된다.[20] 1928년에는 이 방침에 다소간의 제도적 갱신이 더해져 ① 취직처가 확실한 자 ② 선차임금 기타 필요한 여비를 제하고 십 원 이상의 여유를 가진 자 ③ 모루히네 주사 상습자가 아닌 자 ④ 노동브로커 모집에 응해 도항하는 자 아닌 자의 경우에만 일련의 증명, 허가 절차를 거쳐 도항을 허용하는 것으로 했다.[21]

적어도 전시체제 이전까지의 도항 저지는 일본이 외래 하층 노동자를 향해 취한 불변의 원칙이었다. 그렇다면 공고했던 내부 국경에 대해 조선인은 어떤 입장을 취했을까. 내부국경 관리는 제국의 종족 경계와 계층 경계 절합 구조에서 가장 취약한 존재를 다루기 위한 것이었던 만큼, 대부분 빈곤층 뜨내기 노동자로 존재할 수밖에 없었던 다수의 조선인에게는 삶의 곤혹과 비참을 환기시키는 진원이었다. 여행증명제도에 대한 일관된 비판, 증명제도 폐지의 환영 그리고 폐지 이후에 계속되는 각종 통제에 관한 문제제기를 종합해보면 국경의 불평등성과 폭력성을 둘러싼 조선(인)의 실감은 뚜렷하게 드러난다. 여행증명제도에 대한 논리정연하고 심도 깊은 항의는 1921년 『동아일보』에 두 번에 걸쳐 실린 「여행증명의 폐지를 주장하노라」를 통해 확인할 수 있다. 이 사설은 여행증명제도의 문제점을 "사회생활의 입

20 南滿洲鐵道株式會社, 앞의 책, 38~39쪽.
21 위의 글, 같은 곳. 前田一, 『特殊勞務者の勞務管理』, 山海堂, 1943, 6~7쪽(민족문제연구소 편, 『일제하 전시체제기 정책자료총서』 88, 2001).

지"와 "경제적 지위" 두 측면에서 제기한다. 특히 흥미로운 지점은 여행증명제도가 제한하는 경제적 권리에 대한 지적이다. 필자는 조선과 만주가 "경제적 일단위를 구성하는 과정"에 있고 이에 따라 국경무역과 다양한 이주개척 사업이 진행되는 상황에서 조선인의 자유교통을 금지하는 것이 얼마나 시대착오적이고 차별주의적인 정책인지를 역설한다.

> 세계의 대세에 순응하야 조선의 경제생활을 풍부히하고자 할 진대 맛당히 경제적 자유교통에 대한 재래의 모든 장해를 일소하고 각방면으로 노력하야 그 편리를 도모함이 가하거늘 이제 오히려 번쇄한 법령을 제정하야 자유의 활동을 구속하고 일종의 쇄국주의를 취하야 관문교통에 다대한 장해를 가하니 그 엇지 시대에 모순함이 아니며 또한 오인의 생활에 불행을 가함이 아니리오. 그뿐 아니라 현대경제조직하에 재하야는 경제적 활동은 일종의 경쟁이라 함이 사실이니 경쟁에는 기회의 균등이 필요한지라 그러나 조선인은 해외여행에 대하야 증명수속을 요구하고 일본인은 그러하지 아니하니 기민◯시일을 쟁(爭)하는 경제적 활동에 대하야 이와갓흔 불공평의 제도를 의연히 존속함이 엇지 또한 조선인의 복리를 모도함이라 하리오. 일본인을 편애하고 조선인을 고증(故憎)하는 결과를 생하는 법령은 그 제정 당시의 사정과 제정자의 심리여하는 고사하고 여하간 "악법"이라 단정할 수밧게 적당한 평언(評言)이 무하도다.[22]

22 『동아일보』, 1921.7.10.

국제적인 측면에서 볼 때 시대착오적이고 경제공동체적 측면에서 볼 때 일본인 중심주의에 불과한 여행증명제도는 결국 "악법"으로 평가되고 있다. 그래서 그간 "조선사람의 철천의 한이 되얏던 려행증명"[23]의 폐지를 놓고 조선의 여론은 한결같이 '환호'를 표했다. 불필요하고 불평등한 제도로 인해 조선인은 이동의 자유를 침해받고 "혹 상업의 관계로 혹 노동의 목적으로 혹 농업의 경영으로 국경을 통과하여 래래왕왕하는 일반 행여(行旅)로 하여금 지혹(至酷)한 고통과 지대한 손해"를[24] 겪게 했다는 것이 당시의 공통된 입장이었다. 하지만 여행규칙 폐지 이후 조선의 신문지상에서 줄곧 기사화되고 있는 것은 취체가 여전하며 어떤 점에서는 폐지 전보다 더 심하다는 불만이다. 무리한 단속으로 국경 출입은 여전히 곤란하다는 것이다.

> 과연 그 제도의 폐지를 실행한 후에 국경에 있는 경관이 국경으로 출입하는 조선인에 대하야 려행증명제도가 잇을 때보다도 단속이 엄중하야 려행하는 사람은 증명제도가 있을 때에 증명을 맛는 고통이나 일반이오 도로혀 증명을 마틀때보다도 오히려 괴로움이 많은 일도 적지아니하야 못된 제도는 폐지되얏스나 이것은 결국 형식뿐이오 실상 인민의 밧는 편리는 변변치 안타는 말도 본보에 소개한 바어니와 (…중략…) 그 려행증명제도를 폐지한 이상에는 폐지한 본의를 일반사람이 알만큼 상당한 성의로써 려행하는 사람의 편리를 도모하여 주도록 이전보다도 힘쓰는 것이 당연한 일이어늘 사실이 그와 반대로 나간다하면 증명제도를 폐지한 당국자의 본의를 해석

23 『조선일보』, 1922.12.12.
24 『조선일보』, 1922.12.14.

키가 곤란하며 (…중략…) 다수한 려행자로 하야금 손해와 고통을 밧게 하는 것은 매우 부당하다고 그 방면에는 당국을 공격하는 사람이 매우 만흔 모양이더라[25]

실제로 여행취체규칙이 없어질 것임을 전하는 시점에도, "일본에 가는 로동자들은 신원증명이 필요"함을 고지하는 마루야마 국장의 전언(談)이 함께 실렸었다. 즉 여행취체는 "특별한 사정에 의하야 특별히 만든 것이라 이로 인하야 일반려행자에게 불편됨이 업지 안이하얏"던 법인 만큼 지금은 폐지해도 무방하지만, "일본에 품팔너가는 사람으로 명확한 신원증명이 업는 자는 신빙할 ◯이 없을뿐안이라 이러한 로동자는 글자도 몰으는 사람이 적지안이한고로 모쳐럼가서도 직업을 붓들기가 심히 곤난한즉 민적등본을 가지고 가거나 또는 소관경찰관서에 원출하야 신원증명을 받는 것이 가장 편의할"[26] 것임을 알린 것이다. 신원을 알 수 없는 빈곤층, 국경을 넘어 '노동자'로 전환될 가능성이 농후한 자들을 향한 특별한 제한은 변함없이 공고하게 존속되고 있었다. 이런 집단이 도항증명서를 얻기란 현실적으로 어렵다는 점 그래서 도항증명서를 둘러싼 범죄가 빈번하게 일어났고 밀항 사건도 적지 않았다는 점은 당시 내부국경의 실상을 전해주는 기사들을 통해 확인 가능하다. "정도를 넘는 가혹한 도항증명"을 비판하는 논조는 1930년대 후반까지도 계속된다. 전시체제로의 돌입과 함께 강약 완급을 조절하려는 시도가 없었던 것은 아니지만 그렇다 해도 늘 노동자는 "일반인"과는

25 『동아일보』, 1923.1.10; 그 외 『조선일보』, 1923.1.19.
26 『조선일보』, 1922.12.12.

구별되어, 완화 조치의 예외 대상으로 명시되고 있다.[27] "직장도 없이 만연히 건너가려는 노동자"는 어떤 경우든 고려에서 제외된 것이다. 중일전쟁 이후의 기사를 잠시 보도록 하자.

> 대정 십오년이래 조선사람이 내지로 가는데는 특수한 사람을 제하고는 모두 거주지 소관 경찰서에서 작성한 도항증명을 필요로 하든 것이 지난 십오일을 기하야 이 제도의 원측에 큰 개정을 하야 직장도 업시 만연히 건너가려는 노동자 이외에는 증명서 업시라도 도항할 있게 되었다. 도대체 이런 제도가 생긴 리유로는 조선안에서 일자리가 업는 노동자가 내지로 물밀 듯 건너가게 되어서 내지의 노동시장을 압박하는 관계로 내지인 노동자의 불평이 되는 것과 그 외의 만연도항자를 금지하려는 목적으로 내무성과 경무국이 협의하야 만든 내구적 제도로 (…중략…) 근년 의회에서도 그 철폐는 자주 문제가 되어 오든 것인데 이제 이 제도를 원칙적으로 페지하게 된 것은 이번 사변을 게기로 하야 더욱더욱 강조되고 있는 내선일체의 한 산물로 볼 수 있다. 그러나 이번 개정에 잇서서도 노동자만은 의연히 증명서를 필요로 하며 그 외의 일반 도항자도 전과가티 반듯이 증명서를 필요로 하지 안는다는 정도로서 (…중략…) 도항증명서 문제는 실제에 잇서 어떠케 처리될 것인가 주목되고 잇다.[28]

27 『조선일보』, 1936년 2월 5일 기사를 참조하면 다음과 같다. "최초 도항증명이 필요하게 된 것은 조선인 로동자의 일본 내지 도항을 제한함에 잇섯스나 그후 이것을 확대 비난이 만흠으로 경무국에서는 당분간 로동자 도항취체는 완화치 않으나 일반인의 도항에 대하야는 수속 또는 취체 방법을 간단히 하며 또는 완화하고저 방금 방법을 강구중이라 한다." 노동자 예외 원칙은 중국과 만주국 국민에 대해서도 마찬가지였다. 이들은 일본 입국시 여권휴대를 면제받았지만 1938년 5월에는 일반노동자, 행상인 등의 입국은 원칙적으로 금지되었다. 山脇啓造, 앞의 책.

28 인용은 『조선일보』, 1938.5.27; 그 외 『조선일보』, 1938.5.29.

이와 같은 기존의 도항증명 제도에 변화를 가져온 것은 법 운용상의 소소한 변경이라기 보다는 전쟁이라는 메타적 조건이었다. 국민징용령이 시행된 1939년, '조선노무자 내지 이주에 관한 건', '조선인노동자 내지이입에 관한 방침'에 의거하여 최초의 노동동원 계획에 의한 조선인 노동자 대량수입이 이루어졌다.[29] 그리고 중국인 노동자는 1942년 '화인 노동자 내지 이입에 관한 건'에 기반하여 동원되기에 이른다. 수많은 헐값의 외지 및 외국인 노동력 입수가 불가피해진 상황에서 조선인을 대상으로 한 도항증명제는 제국적 차원의 거시적인 동원 구조 내부로 들어와 착상했다. 이렇게 보면 도항증명은 다양한 방식의 노무자 모집제도 운용 과정에서 거쳐야 할 하위 절차로 위치지어진 측면이 있다. 그러나 도항증명제의 애초의 기능은 여전히 강력하게 유지되고 있었다. 이 시기에도 숱한 밀항자를 비롯하여 동원의 '합법성'의 수준에 '미달'하는 각종 경계 침범자들이 상존하고 있었고, 그런 점에서 도항증명제가 내부국경 관리의 기저로서 한결같이 작동하고 있었음은 물론이다.

하지만 제도의 언저리는 늘 지저분하고 소란스러웠다. 내지로의 공식적인 유입 체제는 그 망에 등록되지 않는, 즉 내지로 이동할 '자격'이 주어지지 않는 하층을 또 만들어냈다. 밀항은 이런 존재들이 취한 방식이었다. 내지의 노동력 수요 확대로 조선인 노동자를 환영하는 분위기

29 노무동원계획과 조선인 집단이입의 추이(모집, 관알선, 징용), 방법, 절차에 대한 자세한 논의는 前田 一, 앞의 책 참고. 그리고 총동원 체제 하 조선인 노무자 강제 연행의 법적, 제도적 장치들과 일본 정부 및 조선총독부, 조선 기업의 입장 차이에 대한 연구로는 한혜인, 「전시기(戰時期) 조선인 강제연행의 경로」, 『한일군사문화연구』 5, 2005; 「노동력 동원의 구조와 조선인의 협력」, 『친일반민족행위진상규명 보고서』 3-3 참고.

가 형성되었음에도 불구하고 "실지에 있어서 이 도항증명을 엇는 데에는 여러 가지 조건이 잇서서 보통 노동자로서는 엇기 어려운 사정에 있"[30]음을 지적하는 신문 사설은 앞선 시기와 별반 달라지지 않은 상황을 전해준다. 이 사설은 100여 명이 넘는 인명 피해를 낳은 밀항선 전복 사건을 다루고 있다. 전시 제국의 하층 이동자에게는 내지의 노동자가 되는 것 혹은 밀항자가 되는 것 외에는 별다른 삶의 선택지가 없었던 것으로 보인다. 어느 쪽이든, 헐벗은 삶은 제국의 관리 체계를 오염시키는 한편으로 강하게 갱신되도록 자극하고 있었다. 이러한 상황은 이동의 (무)질서도와 규율의 (불)안정도가 서로를 자극하며 동시에 상승하는 복잡한 정경을 보여준다.

3. 다종족 노동자의 신체와 제국의 에스노그라피

낭시에 의하면, 자본이란 "몸이 상품화되고 수송되고 이동되고 재배치되고 대치되고 하나의 자리와 자세에 처하는 그 과정을 마모될 때까지, 결국 실업의 상태에 빠져 기아에 이를 때까지 계속 밟는 것"[31]이다. 자본은 몸을 파고든다. 제국-자본에 결박된 바닥층 "근육노동자"는 제지받고 감시당하면서 소비되는 신체의 존재론을 그 어떤 경우보다도 여실히 보여주는 게 아닐까. 제국-자본의 막강한 활기와 몸-삶의 탈진 사이의 역학을 역사의 현장으로 가져와 보자. 여기서는 이 작업을 제국

---

30 『조선일보』, 1940.3.27.
31 Jean Luc Nancy, 김예령 역, 『코르푸스』, 문학과지성사, 2012, 109쪽.

체제 내에서 형성된 담론정치 및 표상정치의 망에서 "선인노동자"와 "쿨리"가 어떤 형상과 의미를 부여받았는지 규명함으로써 수행하려 한다. 형상과 의미의 (재)생산 메커니즘은 복잡하다. 누군가가 자기와는 다르다고 감지되는 타자를 보고 경험한다. 누가 형상과 의미의 생산자인가? 누가 형상과 의미를 부여받게 되는 자인가? 이때 '누가'에 해당하는 쪽도 하나가 아니다. 모든 경우의 수를 고려해보면 시선의 교차는 난반사에 가깝다. 제국의 주인인 일본인이 보는 복수의 타자들이 있고, 또 이 타자들이 서로 보는 타자들이 있다. 이 절의 논의는 주로 전자에 무게중심이 가 있다. 하지만 후자의 경우에 해당하는 징후적인 텍스트도 있는 바, 의미론적 스펙트럼을 넓히고 해석적 층을 두텁게 한다는 견지에서 이들에 대해서도 간단히 언급할 것이다.

빈곤층은 특정한 장소에 고정되어 있지 않고 국경이나 내부국경을 넘어 왕래한다. 노동자이기도 하고 부랑자이기도 한 모습으로 옮겨 다닌다. 예를 들어 만주나 '지나'에서 부랑자로 유랑하거나 부정업에 종사하는 조선인은 조선 자체에서도 문제시되고 있었다. 정책적인 농업 이주가 주를 이뤘던 만주와는 달리 대도시로의 개별적인 유입이 두드러졌던 '지나' 대륙에 대해서는 특히 불량 떠돌이들의 이동 현상이 여러 차례 지적되고 있었다.[32] 당시 만주의 "선계"[33] 혹은 "(지나의) 조선인 문제"라는 말이 단지 일반적인 지칭에 그치는 게 아니라 대륙을 떠도는 '나쁜' 조선인을 가리키는 정황적 의미를 담고 있었다는 점도 관련하여

32 만주의 조선인과 비교하여 '지나'의 조선인이 문제시되고 있던 상황에 대해서 김예림, 「전쟁 스펙터클과 전장 실감의 동력학」, 『동방학지』, 연세대 국학연구원, 2009 참고.
33 「선계 – 만주생활단상」, 『조광』, 1939.7.

떠올려 볼 수 있겠다. 그렇다면 조선 내부의 정황은 어떠했을까. 말할 것도 없이 조선 자체도 이미 다종족 노동자와 부랑자가 공존하는 하이브리드 사회였다. 노동도, 범죄도 탈경계화되고 있었다. 일본인 부랑자나 중국인 부랑자가 경성 본정통을 어슬렁거리며 구걸 행세를 하다가 단속에 걸리곤 했다.[34] 노동자 사회 내에서도 외입자 배척 움직임이 적지 않았고[35] 정치적인 이유로 그 여파가 커질 때는 중국인들의 조선 입출수 자체가 영향을 받기도 했다.[36]

이입자를 둘러싼 우려와 적대감은 이와 같은 환경에서 종종 가시화되었다. 한설야는 단편 「보복」(1939)을 통해 중국인 하층 이주자에 대해 조선인이 갖는 적의와 공포를 포착했다. 중국인과 조선인 이주자 사이의 갈등이 주로 만주를 배경으로 하는 서사들에서 다뤄졌음을 생각해 볼 때, 조선 내부의 상황을 보여주는 이 소설은 꽤 드문 기록에 속한다. 「보복」이 두 집단 사이에 일어난 물리적인 폭력 사건 같은 것을 다루고 있는 것은 아니다. 하지만 바로 그렇기 때문에 우리는 타자를 향한 적대감이 상상적으로 구성되어 실감으로 육박하게 되는 양상을 목격할 수 있다. 어린 딸이 실종되자 인물은 아이를 유괴해 간 범인이 지나인일 것이라는 생각에 사로잡힌다. 그래서 그는 지나인 거주 구역을 그 "어디보다도 제일 눈에 초롱을 달아가지고 밤낮으로 염탐"한다. 이들의 거주 지역은 이렇게 묘사되고 있다.

34 『중앙일보』, 1933.1.6; 『동아일보』, 1929.8.30. 간도의 "조선, 일본, 중국인 연합 국제적 대절도단"에 대한 기사는 『조선일보』, 1927.8.24. 그리고 중국인 노동자 입선 배척시 연동하는 만주 조선인 문제에 대한 논의로는 『동아일보』, 1927.10.26.

35 『동아일보』, 1924.3.11.

36 조선인과 중국인 노동자 사이의 충돌의 역사 그리고 특히 만보산사건 전후의 민족주의 계열의 중국인 인식에 대한 연구로는 김태웅, 앞의 글 참고.

> B루를 막 지나서 바루 왼손쪽으로 가는 실골목이 있다. 수없이 이 앞을 지나다니면서도 여직 눈에 띤 일이 없는 가는 골목이다. 건물과 건물의 어름같이 어듬침침한 골목이 검은 배아미처럼 행길에 주둥이를 내박고 틈을 타서 무엇을 감아드리는 것같이 종태에게는 생각되었다. 그 골목으로 들어서는 순간 종태는 또한번 머리털이 쭈빗이 일어서며 사꾸라 몽둥이를 잡은 손에 힘을 꽉 주었다. 그러나 제꼍에 가슴이 쩔렁하고 손바닥에 선땀이 섰다. 바루 그 꼬불꼬불한 골목 안켠에 징그러운 지나인이 들어있음직한 너마길고 음침한 낡은 집이 언뜻 보였던 것이다. 문짝 기둥 벽 처마 울타리 판자 할 것 없이 모조리 검엏게 삭고 뿌옇게 먼지가 끼였는데 꼭 닫힌 집안이 쥐죽은 듯 고요한 품이 되려 낮도개비라도 무중 툭 튀여나올 것 같다.[37]

그는 계속해서 지나인을 의심하면서 음산하고 몸서리쳐지는 이 구역을 수색하며 다닌다. 하지만 딸은 끝까지 나타나지 않고, 범인이 누구인지도 밝혀지지 않는다. 그러나 인물은 끝까지 "응당 되눔이 집어간 것"이라고 여긴다. 확신은 맹목에 가깝다. 딸을 찾을 가능성이 없어지자 절망과 광기에 사로잡힌 그는 결국 지나인이 저질렀다고 상상한 그 일, 즉 유괴라는 똑같은 범행을 저지른다. 이는 수색을 유도하기 위한 방법이었지만, 상황은 아무것도 바뀌지 않는다. 결말에 이르기까지, 해결되거나 해명되는 것은 아무 것도 없다. 미궁에 빠져버린 사건, 주인

37 한설야, 「보복」, 『조광』, 1939.5, 81쪽. 1933년 『조선중앙일보』(10.2) 보도에 의하면 중국인들의 조선소녀 유인 사건이 빈번히 발생하여, 중국인 룸펜(부랑자, 무직자, 무허가 노동자)을 단속하고 본국 추방 방침을 세웠다. 경기도 내에는 중국인 부랑자 및 무허가 노동자가 다수 있는 것으로 조사되고 있다. 한설야의 소설도 이러한 사건들을 모티프로 한 것일 수 있다.

공의 착란, 타자를 향한 절대적 적의, 알 수 없는 불안 그리고 최종적으로는 염오하는 타자와 동일해지는 주체의 내면만이 강렬하게 제시될 뿐이다. 아이의 실종이 누구에 의한 것인지는 밝혀지지 않는다. 이런 점에서 「보복」은 종족적 적대의 일상화 혹은 이타성(alterity)을 향한 공포에 관한 이야기라 할 수 있다.

대부분의 하층 이동자가 체류지나 경유지에서 흔히 그렇게 의미화되었듯이, 조선에서 중국인 하층 이주자는 노동자인 동시에 (잠재적) 범죄자이기도 했다.[38] 빈곤층은 이동과 정착 모두 환영받지 못하며 반감과 견제를 불어일으킬 뿐이다. 어떤 경우든, 사회경제적 경합과 길항을 초래하는 위험한 타자인 것이다. 이러한 상황을 식민 주체의 입장에서 재고해 보자. 제국의 확장은 유동적 빈곤층의 확대포괄을 피할 수 없다. 이 점에서 이 집단에 대한 주의와 분석은 체제 유지와 통치에 필수적이다. 경계 문란의 위험도가 높은 정체성 사슬, 즉 언제든 옆의 다른 것으로 변환될 수 있는 '빈민-유랑자-노동자' 계열체는 제국의 현실적이고 담론적인 운영에서 중대한 의미를 갖게 되는 것이다.[39] 가난과 질병에 시달리는 식민지 극빈층의 생태가 다양한 민관 조사의 대상이 되어 관찰된 것도 이런 경위에서였다. 제국의 인구학적 구성에서 이들은 치안과 '구제'가 함께 적용되어야 하는 층이다.[40]

---

38 재경 지나인의 상황을 전하는 1931년의 한 기사는 중국인의 입선 추이, '지나가(支那街)'의 형성, 거주자들의 직업 및 생활상태 등을 다루고 있는데 중국인의 기질적 특성과 대체적인 범죄 경향에 대해서도 언급하고 있다. "물질주의적인" 지나인은 대음모를 꾸미지는 않는 대신 아편흡입, 도박, 절도 등의 범죄를 저지르는 것으로 분석되고 있다. 「京城に於ける支那人」, 『朝鮮及滿洲』, 1931.11.

39 이 계열체의 매듭들의 호환성은 토막 생활인의 74%, 그리고 불량주택 생활자의 53%가 노동자라는 1930년대 초반의 조사를 통해서도 증명된다. 이에 대해서는, 남만주철도주식회사, 앞의 책, 101쪽.

그러나 이들의 누추한 신체, 방만한 정신, 처참한 생활, 정주(定住) 불가능성은 치안과 구제의 실현이 지난하리라는 사실 또한 너무도 명백하게 예고하고 있다.

제국의 눈에 비친 이들의 정체가 어떤 것이었는지를 보여주는 전형적인 자료로 경성제대 의학부 학생들이 실시한 조선 세민 조사서를 살펴보자. 『토막민의 생활과 위생』[41]이 그것으로, 이 보고서가 출간된 것은 1941년이고 조사가 시작된 것은 1940년 봄이다.[42] 세민 조사의 의의는 이렇게 기록되어 있다.

> "조선에 살고 조선에서 공부하는 우리는 무엇보다도 먼저 조선을 사랑하지 않으면 안된다. 그것은 우리들의 의무이기도 하고 또한 우리들의 특권이기도 하다. 기생의 긴 치마와 아리랑의 애수에서 왠지모를 감회를 느끼는 관광자적인 조선에 대한 사랑만으로는 조선에서 살며 공부하고 있는 우리들이 지금 여기에서 문제로 삼기에는 아쉬움이 있다. 냉정하게 있는 그대로의 조선을 보고 조선을 생각하고 그리고 냉정하게 대처해 가는 것이야말로 조선에서 공부하는 우리들의 조선에 대한 사랑이라고 단언함에 의심이 없다. 어떻게 해서 국민에게 생기가 나도록 할 것인가는 실제 시정의 근본이

---

40 일제시기 '치안'과 '구제'의 변증법을 규명하는 글로는 조경희, 「植民地朝鮮の治安對策と社會事業」, 『한일민족문제연구』 제19호, 한일민족문제학회, 2010; 조경희, 「'온정'과 '교화'의 식민주의」, 『역사문제연구』 통권25호, 역사문제연구소, 2011. 이에 따르면 조선의 빈민조사 필요성은 종종 거론되었지만 조사가 본격화된 것은 1920년대부터다. 1910년대의 빈민조사는 1916년에 '걸식 및 부랑자 취체에 관한 조사'의 형태로 이루어졌다.

41 인용은 번역본 경성제국대학 위생조사부, 박현숙 역, 『토막민의 생활과 위생』, 민속원, 2010 판본으로 한다.

42 후기에 따르면 조사는 1940년 4월 초순부터 7월 초순까지 약 3개월간 진행되었다. 20명의 경성제대 의학부 4학년 재학생으로 이루어진 조사단 가운데 조선인 학생도 있다. 이 조사는 조선은행, 식산은행, 동양척식, 경성전기의 기부로 이루어졌다.

고 우리 학생들이 함부로 얘기할 수 없지만 국민의 얼굴을 밝게 하고 그에 적절한 시설이 하루라도 빨리 갖추어지기를 바라는 것은 대륙발전 기지로서의 조선, 민족시련의 도장으로서의 조선의 건전한 발달을 바라는 학생의 작은 뜻이다."[43]

이 보고서는 토막민의 직업, 거주, 위생 및 건강상태, 생활습관 등을 상세하게 설명하고 분석하면서 도시 빈민의 실태와 그 발생의 사회적 조건을 조목조목 검토하고 있다. 이 가운데 특히 토막민의 직업조사 결과는 주목할 만한다. 남성의 경우만을 보면 토막민의 직업은 날품팔이, 운반인부, 행상 등을 포함하여 총 80가지로 세분되어 있다. "걸식"과 "불명"도 함께 항목에 올라와 있는데 전체적으로는 "날품팔이 노동자"가 조사대상 남성 유업자의 40퍼센트에 달하는 것으로 보고되고 있다. 직업 목록표는 경성의 몇 구역을 표본으로 하여 작성된 것이지만, 조선 빈곤층에 주어졌던 가능한 생계책의 거의 전부를 보여주고 있다 해도 과언이 아니다. 이 조사로 밝혀진 것은 "일일노동자, 인부, 직공, 행상 등 육체노동자가 절대다수를 차지하"는 토막민 집단과 비슷한 생활을 하는 자는 조선 농촌과 도시에 아주 많다는 점 그리고 극빈층은 "조금도 적극적 희망을 가지지 않고 극빈생활에 빠져 오직 하루하루 생활에 급급"[44]하다는 점이다. 이들은 "몰법자(沒法者)적 체관 아래 비참한 극빈생활에 빠져 적극적 의지를 잃"[45]어버린 족속이다.

---

43 경성제국대학 위생조사부, 앞의 책, 37쪽.
44 위의 책, 220쪽.
45 위의 책, 217쪽.

이 세민 조사서의 언급에 따르면 경성부 사회과에서는 토막민을 하숫물에 비유하고 있었다.[46] 그런데 통치의 곤란함이란 이 "하숫물"이 식민지 내부의 특정 지역에만 조용히 고여 있는 게 아니라는 데서 발생한다. 게다가 조선의 "하숫물"이 제국이 신경 쓰고 관리해야 할 "하숫물"의 다가 아니다. 조선의 "하숫물"을 포함하여, 제국의 더 넓은 지하를 흐르는 하숫물이라는 게 있는 것이다. 특정 지역의 하층이 문제시되는 것은 이들이 제국이 강구하는 여러 제재에도 불구하고 이곳저곳으로 불규칙하게 범람할 수 있기 때문이다. 조선 토막민에 대한 조사가 이동성을 염두에 두고 이루어졌다는 점도 이런 관점에서 파악해야 한다. 가난한 자들 가운데 "어떤 사람은 조선 내 각 도시의 노동력으로, 또다른 사람은 북부지방의 공업지대로, 어떤 사람은 일본 도항을, 또 어떤 사람은 농업이민으로서 만주로 그들이 지향하는 방면은 모두 같지 않지만 농촌에 머무르는 것이 불가능하다는 점"[47]은 몇 차례 계속 강조되고 있다.

비루한 신체와 혼탁한 정신으로 대륙과 열도를 넘나드는 하층 노동자를 향한 제국의 시선은 관찰과 규율의 의도를 복합적으로 담고 있는 특유의 에스노그라피를 낳았다. 에스노그라피에서는 제국의 개발 구조 최하층에서 일터를 찾아 떠도는 집단이 노동자로서 어떤 체질과 성격을 지니는지 그리고 어떤 생활 문화와 노동 문화를 갖는지 꼼꼼하게 다루어졌다. 이러한 종류의 문건들은 이 집단의 크기나 이동을 단지 양화

---

46 위의 책, 83쪽.

47 위의 책, 78쪽. 도쿄 및 오사카에 살고 있는 조선인 노동자의 일본 도항과 조선 농촌 생활의 곤궁을 연관지어 논하는 부분 또한 마찬가지다. 이에 대해서는 같은 책, 131쪽 참고.

하기보다는 종족문화와 계층문화를 종합적으로 기록해 둔다는 목적 하에 쓰여진 것이다. 조선인 노동자와 중국인 노동자가 제국이 작성한 다종족 하층 노동자 에스노그라피의 주요 대상이었음은 말할 것도 없다.

제국의 시야를 검토하기 전에 잠시 조선 내부의 담론장을 살펴보자. 입선(入鮮) 중국인 노동자는 조선에서 주로 배척과 우려의 대상이 되었지만 아주 가끔은 이들이 어떤 특징을 갖기에 조선 내 일자리의 많은 부분을 점할 수 있었는지가 논해지기도 했다. 『동아일보』의 한 기사는 "중국인들이 나날이 조선 안에서 우리의 직업을 침탈하고 나날이 그 활동이 왕성하는 것을 보건대 우리 금일의 피폐가 순전히 외부적 원인에만 잇는 것 갓지 아니하고 내부로 오인의 성격이나 습속상에도 그 원인이 불소(不少)하게 잇는 듯하다"고 하면서 중국인 노동자의 특징을 다음과 같이 언급하고 있다.

> 이제 중국인의 조선내에서 활동하는 것을 보면 경탄할만한 것이 많다. 첫째 어느 시가를 가서 보든지 포목상이나 요리업자는 반드시 그 대부분이 중국인이오 둘째 석공이나 건축노동자나 토목역부가튼 것은 또한 반드시 거의 전부가 중국인이며 셋째 채소업자도 도시에 접근하야 비교적 고가의 대금을 밧은 곳은 거의 그 과반수가 중국인이다 (…중략…) 슬프다 동포여 금일의 이 경우를 남의게만 죄책을 돌리지 말고 우리도 자경(自警)하고 자성하야 우리의게도 그 죄책이 불소하게 잇는 것을 맹연히 깨닷고 살필지어다.[48]

48 『동아일보』, 1924.9.22. 그 외 유사한 입장에서 중국인의 근면과 노력을 배울만한 것으로 들고 있는 기사로는, 『동아일보』, 1924.8.3.

"일본인 본위" 노동 정책과 중국인 노동자 대량 유입이라는 현실 사이에서 위기에 빠진 조선인이 중국인과 경쟁하여 뒤진다면 그 이유는 조선인의 "부정직과 태타(怠惰)"에 있다. 전체 노동 구조 내에서 절대적으로 유리한 위치를 점하고 있는 일본인과 달리[49] 중국인은 오직 "신용과 근면"만으로 오늘의 상태에 이를 수 있었다는 것이다. 중국인 노동자의 비교우위와 특장이 조선에서 흔히 언급된 것은 아니지만, 이러한 담론적 정황은 노동과 고용 시장을 둘러싼 종족적 분계가 피식민 집단에 의해서도 뚜렷하게 인지되고 있음을 말해준다. 동아시아 노동 시장에서 불리하고 불안한 위치에 있던 조선인에게 중국인 노동자는 생계를 놓고 치열하게 경쟁해야 하는 상대였다.[50] "조선인 노동자와 지나 쿨리의 노동전(勞動戰)"[51]이라는 표현이 나올 만큼 그러했다.

그러나 일본의 관점에서 보면, 조선인 노동자와 중국인 노동자는 제국 체제 내에서 그 위치와 역할이 유사하여 함께 묶을 수 있는 값싼 노동 자원이었다. 물론 두 집단의 단순 비교가 곤란하다는 점은 의식되고 있었지만 말이다.[52] 조선인 노동자에 대한 조사는 1920년대 초중반 조선인의 내지 이주가 급증하면서 본격적으로 실시되기 시작한다. 1924년 오사카 사회부조사과[大阪市 社會部調査課]가 편한 『조선인 노동자 문제(朝鮮人勞動者問題)』는 조선인의 도항이 늘어나면서 내지 각 도

49 일본인 이주자와 중국인 노동자의 성격에 대해서는 『동아일보』, 1929.4.27.

50 이런 상황은 "조선인 노동자의 참상"으로 인식되었다. 『조선일보』, 1924.4.22.

51 『매일신보』, 1926.5.29.

52 『朝鮮人勞動者一般事情』의 경우 "내지인의 거의 전부가 조선인 노동자의 지도적 위치에 있고 조선인과 나란히 취로하지 않기 때문에" 내지인과의 기계적 비교는 곤란하다고 밝히고 있다. 그리고 "지나인은 절대수에 있어 적고 취로의 기회에 제한이 있으며 특수 작업에 주로 종사하기 때문에 역시 비교가 어렵다는 점도 전제하고 있다.

시에 조선인 노동자가 보이지 않는 곳이 없을 정도가 되었다고 하면서 이를 하나의 중대한 사회문제로 파악하여 조사 연구할 필요가 있음[53]을 강조한다. 도항의 자유화와 문화정치의 보급 그리고 선인 동화정책이라는 조건이 맞물리면서 "조선하층민=소작농부의 왕래"가 격증했는데, 이렇게 넘어 들어온 조선인이 문제적인 이유는 이들의 "수(數)"에 있기보다는 "질"에 있다고 파악하고 있다.[54] 조선인 노동자의 악덕으로는 염치심 결여, 자기 노동에 대한 책임감 결여 등이 지적되고 있다. 이와 같은 특질과 무관치 않을 노동 능력이나 능률상의 취약으로 인해, 조선인 노동자는 일본인과는 달리 단순 노동에 고용하는 것이 적합하다는 게 대략적인 입장이다.

1933년에 나온 에스노그라피 『조선인 노동자 일반 사정』(남만주철도주식회사)에서도 유사한 파악이 지속되고 있다. 이 문건은 조선인 전체의 성격 및 기질에 대한 분석과 조선인 노동자 집단을 특화한 분석을 함께 소개하고 있는데, 간추리면 다음과 같다. 우선 노동자로서 조선인은 어떤 종류의 노동에도 적합하다. 하지만 이 말은 환언하면 특별히 조선인에게 적합한 노동은 없다는 의미다. 동시에 조선인 노동자는 숙련노동자로서의 요소를 결여하고 있다는 뜻이기도 하다. 이러한 면면은 하층 노동자가 공통되게 지니는 특징에 해당할 것이다. 더불어 조선인은 내지인이 종사하기를 원치 않는 불결하거나 불쾌한 노동, 격한 노동을 개의치 않고 수행한다는 점을 들고 있다. 앞서 살펴본 『조선인 노동자 문제』를 포함하여 기존의 몇몇 조사들을 참조

53 大阪市社會部調査課, 『朝鮮人勞動者問題』, 弘文堂書房, 1924, 1쪽 참고.
54 위의 책, 1쪽.

하고 있는 이 자료의 결론에 따르면, 조선인 노동자는 지시하는 일을 충실히 하고 손 조작이 필요한 일을 잘 한다는 장점을 갖는 반면 허세, 부화뇌동, 이합집산, 도벽 등의 습성이 강하다는 단점을 갖는다.[55] 1936년의 『재경 조선인 노동자의 현황[在京朝鮮人勞動者の現況]』(東京府社會科) 역시 유사한 패턴으로 조선인 노동자의 장점과 단점을 근속상태, 생산량, 노동 내구력, 취로 상태, 단체 또는 공동 생활, 위생 상태로 항목화하여 평가한다. "동작 불활발"과 "책임관념 결핍", "태타"가 약점이라면 "박직종순(朴直從順)" 등이 미덕으로 꼽히고 있다.

조선인 노동자의 특성이 이렇게 경계화되고 있었다면 중국인 노동자의 경우는 어떠했을까. 『대련의 중국인 노동자 생활 상태[大連に於ける中國人勞働者の生活相態]』(1928)와 『만주의 쿨리[滿洲の苦力]』(1934)를 사례로 검토해 보자. 비교적 순화되어 '객관적'으로 정보화되고 있긴 하지만, 중국인 노동자 '쿨리'는 일본인에게 충격에 가까운 거대한 '야만'으로 비친 듯하다. 물론 이 야만이 반드시 열등성이나 부정성을 의미하는 것은 아니었다. 제국의 주체라 하더라도 보는 자가 누구인가에 따라 달랐는데, 예를 들어 적어도 좌파 문학인에게는 그러했던 듯하다. 막강한 힘과 끝없이 노동하는 신체는 압도적인 경이에 가까운 것이었는지도 모른다. 분명 인간이지만, 그들에게는 언제나 동물의 이미지가 겹쳐 있다. 반인반수의 원시성, 강렬한 기괴함이 한 작가의 정신을 사로잡은 것은 그리 놀라운 일이 아니다. '쿨리'가 거동하고 노동하는 풍경은 하층 노동자의 고통스러운 삶과 강한 생명력을 동시에 보여주는

55 남만주철도주식회사, 앞의 책, 6장 1절, 특히 64~70쪽 참고. 장점은 3가지, 단점은 11가지로 항목화되어 있다. 그리고 노동 능률에 대한 평가로는 같은 책, 86~88쪽을 참고할 것.

장대한 장면이기도 했다. "움직이는 그대로의 모습의 지금의 지나", "유전(流轉)하는 지나, 대과정을 지나는 중인(과정중인) 지나"[56]를 보기 위해 대륙으로 온 마에다코 히로이치로[前田河廣一郎]의 에세이는 이 점을 흥미롭게 드러낸다.[57]

그는 『악한과 풍경[惡漢と風景]』에서 온갖 종류의 인간, 신문물, 범죄, 노동으로 들끓는 근대 도시의 면면을 크로키했다. 이것은 어둡기도 하고 역동적이기도 하며, 하드보일드하기도 하고 정념에 가득 차 있기도 한 생생한 고현학이다. '쿨리'에 관한 부분은 '지나' 대륙 경관의 한 절을 차지하고 있다. "쿨리는 인간으로, 개와 말을 겸한다. 동시에 그들의 무절제한 무조직 노동상태는 부불노동(不拂勞動) 기타에 의한 일반적 착취의 좋은 표적이 되고 있다"로 시작하는 이 글에서 필자는 상하이 도심을 내달리는 인력차부들을 바라보고 있다. "말"과 같은 신체가 내뿜는 "질주력", 자기 존재를 알리는 "유일한 전달기관인" 큰 목소리 그리고 특유의 "낙천주의"에 그는 매혹된다. 쿨리는 "강인한 생명력의 왕성한 익스팬션"이 뿜어내는 "쾌미"의 상징이다. 하지만 관찰자는 이들이 처해 있는 노예적 상태 또한 뚜렷이 목격한다. 착취당하는 '쿨리'는 "룸펜성 프롤레타리아의 최악의 표본"인 것이다. 그는 "과연 쿨리는 그 정도로 무자각 상태일까. 개와 말만의 특성에 만족하고 있는 것일까?" 라는 질문을 던지면서 그들에게도 "자연발생적인" "반항의식"이 싹트고 있음을 확신한다. '착취당하고 저항하며 투쟁하는 노동자'를 향한

56 前田河廣一郎, 『惡漢と風景』, 改造社, 1929, 206쪽.
57 마에다코 히로이치로[前田河廣一郎]에 대해서는 오황선, 「前田河廣一郎의 「화전(火田)」론」, 『일본학』 13권, 동국대 일본학연구소, 1994 참고.

사회주의적 전망이 뜨거웠던 시기에, 쿨리의 반(半)인간적 형상과 비인간적 삶의 상태는 이렇게 포착되고 있었다.

이국의 노동자를 연민이나 연대의 대상으로 놓는 상상력은 특히 1920년대 조선과 일본의 몇몇 작가들에게서 나타난 것으로 보인다.[58] 그러나 노동자를 둘러싼 이와 같은 정치적 전망은 쿨리를 비추는 표상적, 담론적 조명들 가운데 특별한 각도를 취했던 하나일 뿐이다. 제국과 그 주변 전체를 샅샅이 밝히는 권력기술의 조명 아래서라면, 중국인 하층 노동자는 그 생활 행태와 습관 그리고 체질 등이 조사되고 분석되어야 하는 특수한 종족일 뿐이다. 이들에게는 어떤 아우라도 없다. "중국인 노동자의 생활 상태의 개요를 통속적으로 설명하는 것"을 목적으로 한 『대련의 중국인 노동자 생활 상태[大連に於ける中國人勞働者の生活狀態]』(1928)는 산동성 출신 '쿨리'의 일상에 관한 보고이다. 이들에 대한 탐색을 통해 "북지나의 대표적 인종의 생활 상태를 파악"하는 데 일조할 수 있으리라는 것이 이 에스노그라피의 의의로 제시되어 있다. 목적한대로, 대련의 하층 노동자의 주거(형태 및 환경)에서

58 비슷한 시기, 중국의 한 조선인 작가도 쿨리의 비참과 절규를 '만국의 노동자'라는 동지적 연대의 관점에서 소설화하고 있다. 김영근의 「쿨리[苦力]」가 그것으로, 1928년에 쓰여졌고 이북만이 일어로 번역한 것으로 되어 있다. 이북만의 짧은 소개에 의하면 이 소설은 "지나에 있는 조선 동지가 『예술운동』을 위해 보내온 원고"이다. 그는 작품의 후반부를 원작과는 달리 바꾸었다고 밝히고 있다. 천진 부두에서 밀가루를 운반하는 지나인 쿨리의 소요를 다루고 있는 이 소설은 "지나 프롤레타리아의 힘센 절규를 우리가 잊어"서는 안되며 반드시 기억해야 한다는 프롤로그로 시작한다. 이북만이 개작하기 전의 원작은 확인을 하지 못하였다. 소설의 게재본은 大村益夫, 『近代朝鮮文學日本語作品集 : 1901~1938』(創作篇 2), 綠蔭書房, 2004 참고. 김영근의 이 단편 외에, 상하이와 베이징 체험을 했던 주요섭의 「인력거꾼」(1925)을 비롯한 작품들도 새로운 맥락에서 읽어야 할 텍스트이다. 더불어 일본의 또하나의 프롤레타리아문학으로 사토무라 긴조[里村欣三]의 「苦力頭の肖像」 역시 주목할 만한 작품이다. 문학적 표상의 정치학에 대해서는 이 글에서 충분히 논하지 못하므로 자리를 달리하여 다루고자 한다.

부터 시작하여 식료(주식, 부식 등), 의복, 교통, 위생 보건, 향락에 이르기까지 생활 문화의 거의 모든 것이 자세하게 소개되었다. 조선인 노동자 에스노그라피에서는 보이지 않는 "성욕"의 문제도 "향락" 부분에 포함되어 있는데,[59] 전체적으로 이 문건은 '극빈층 중국인에 관한 모든 것'을 훑는 책이라 해도 좋을 듯하다. 만주국 성립 이전인 1929년에 출간된 이 기술지(記述誌)는 이종족 하층이 제국의 뚜렷한 '내적 요소'가 되기 이전의 관찰 구도에서 쓰여진 것으로, 상세하고 미시적인 소묘라는 특징을 갖는다.

이에 비해 1934년의 『만주의 쿨리[滿洲の苦力]』는 중국인 노동자의 입만(滿洲)과 이만(移滿)에 대한 통계적 분석으로 시작하여 이들의 생활 상태 전반을 체계적으로 정리하고 있다. '쿨리'의 어원과 의의 그리고 유형에 대한 서술도 자세하게 이루어진다. "단지 몸에 허름한 옷을 걸치고 있는 만주, 지나인을 보면 쿨리라고 단정짓는 사람들이 적지 않은"은 상황에서 "쿨리의 의의를 명확히 하"려는 것이 이 기술지의 목적이다. 쿨리를 규정하는 핵심조건은 ① 한민족과 만주민족 ② 비숙련노동자 ③ 타인결정의 노동에 종사하는 임금노동자 ④ 주로 옥외 근육노동에 종사하는 자,[60] 이렇게 총 네 개 항으로 정리된다. 이후 나열되는 쿨리의 소유형은 몇가지 기준으로 다시 구분되고 있다. 즉 일반적으로는 농업노동자, 어업노동자, 화학공업노동자, 섬유공업노동자, 기계기구제작업노동자, 음식물공업노동자, 교통운수업노동자가 있다는 것. 또

59 혼인을 할 만한 경제적 여건이 되지 않기 때문에 밀매음이 성행하고 있다는 분석이다. 중국인의 성욕에 대한 주의는 일본의 '지나 인류학' 담론에서도 확인할 수 있다. 山崎百治, 『これが支那だ－支那民族性の科學的解析』, 栗田書店, 1941.

60 南滿洲鐵道, 『滿洲の苦力』, 南滿洲鐵道, 1939, 28쪽.

만주인 하급노동자는 잡역 쿨리, 토목건축 쿨리, 채탄(採炭) 쿨리, 채광 쿨리, 하역 쿨리, 농림업 쿨리의 총 여섯 유형으로 나뉜다는 것이다.[61]

이같은 범주화 자체가 드러내 보여주는 것은 중국인 하층 노동자가 만주국의 대규모 건설과 개발이 이루어지는 모든 부문 곳곳의 가장 낮은 위치에 접속, 배치되고 있는 형국이다. 웅대한 제국-국가-기계의 말단 부위로, 빈곤층의 신체는 대량 흡착되었다. 만주국의 쿨리 에스노그라피에 의하면 이들은 밑바닥 어딘가에 고용되고 소용처를 분배받음으로써 가용자원으로 정위되고, 제국의 방대한 노동자 분류체계 내에 포괄된다. 문건은 이들의 거주 및 기숙 상태, 식생활과 주식물(主食物), 부식물(富食物), 의복, 취미(저급한 취미와 오락), 생활비 등에 대한 세세한 분석을 시도하고 또 이들이 모여사는 거리의 광경도 전하고 있다. "실로 간단"하고 "태평무사"해 보이는 생활 풍경을 간략히 보여주는 이 기술지는 "그들은 빵문제 외에는 어떤 욕망도 없다. 욕망을 가질 경제적 여유가 없다. 그들의 모든 신경은 오직 어떻게 먹을까라는 데에만 집중해 있다고 하지만 그래도 철인(哲人)이 아닌 이상 성의 욕구가 없지는 않다"[62]는 간략한 소견 또한 적어 놓는다. 이 두 편의 에스노그라피 『대련의 중국인 노동자 생활 상태』와 『만주의 쿨리』를 통해 단순히 '지나 만주지역'의 쿨리가 아닌 '만주국'의 쿨리를 다룬다는 것이 어떤 차이 갖는지 확인할 수 있다. 쿨리의 형상과 실제 그리고 반(半)인간 상태의 하급노동자를 향한 제국 기술자의 인식은 본질적으로 크게 다르지 않아 보인다. 하지만 제국의 확대와 기획 국가의 탄생이라는 거시적인

61 위의 책, 32~35쪽.
62 위의 책, 100쪽.

국면 전환은 이국의 열등한 존재였던 자들이 제국의 노동자 지도에 뚜렷이 표시될 것을 재촉하고 있었다.

이 종족의 열등한 신체를 내지 깊이 들여오는 문제는 중일전쟁 발발 이후 본격적으로 고려되기 시작한다. 노동력 내지 수용의 요구가 긴급해짐에 따라 이종족 빈곤층의 이동과 노동자화는 더 이상 '단지 발생하는 현상'이 아니라 '기획되고 계획되어야 하는' 사항으로 바뀐다. 여전히 의심스러운 존재지만 이들이 없다면 전쟁의 수행도 제국의 유지도 어렵다는 것을 인정하지 않을 수 없는 단계에서, 조선인 노동자와 쿨리에 대한 또다른 에스노그라피가 작성되었다. 상황적 특수성으로 인해 이들은 전시(戰時)의 다종족 노동자 관찰기이자 규율 교본이기도 한, 복합적 성격을 띠고 있다. 『특수 노무자의 노무 관리』(1943)는 그 관리와 기록의 내부를 보여주는 중요한 자료다. 문건의 전편은 "선인"을, 후편은 "쿨리"를 다루고 있다. 이들이 전시 일본에서 어떤 의미를 갖는지는 아래와 같이 서술되고 있다.

> 공장 광산의 노동력 구성의 근간이었던 본래의 내지인 노무자는 이미 공급원(給源) 부족을 초래하고 있다. 이를 충족시킬 노동력을 국민징용령에 의한 징용공으로 삼는 외에, 법령근보대, 단기정신대, 농휴기출가노동자, 전폐(轉廢)농업 등의 내지노동력으로 미봉하는 것에 그치지 않는다. 이에 더해 선인, 화인, 백인의 외지 노동력을 흡수하여 바야흐로 노무관리의 대상으로 할만한 노무자의 종류는 복잡다기한 양상을 보이고 있다. 특히 언어, 습속, 생활, 사상을 달리하는 선인, 화인을 어떻게 조정하고 능률을 앙양시켜 생산에 기여하게 할까라는 노무관리상의 미로의 분야는 관계당무자로

하여금 그 선처 마련에 깊은 초조감을 느끼게 하는 듯하다. 특히 대동아 산업 개발을 위해서는 선인, 쿨리의 기술수준을 향상시킴이 긴급하고, 우리 내지 산업 경영인의 책무는 일단의 심각성을 더한다고 하지 않을 수 없다.[63]

대대적인 외지 노동자 유입을 앞두고 노동 종족들의 성향과 능력을 분석한다는 것이 이 두터운 책자의 목적이다. 동시에 내지인과는 다른 "언어, 습속, 생활, 사상"을 가진 복수의 집단들을 어떻게 선별하고 관리하고 지도할 것인지를 구상하기 위한 것이기도 하다. 특히 훈련의 중요성은 아주 강조되고 있는데 조선인 노동자에 대해서는 현지훈련, 취로지 도착훈련, 황민훈련, 국어훈련, 작업훈련, 생활훈련, 체련(體練), 취로 후의 훈련 그리고 불량자 특별훈련 등 여러 훈련을 계획하고 있다. 이 가운데 몇 가지만을 살펴보면, 우선 체련은 조선인의 운동기능이나 감각기능의 저위, 신체의 불균형 발달, 동작 우둔 등의 특징 때문에 요구된다. 체련이 선인 노동자의 신체를 갱신하는 데 필요하다면 불량자 특별훈련은 규칙위반 상습자, 도주벽이 있는 자, 도벽이나 도박 상습자, 태만한 자를 대상으로 한 것이다. 이 영역은 조선인 특유의 신체적, 기질적 특성의 교정을 시도하고 있다. 작업 면에서의 조선인 노동자의 특성도 나열되고 있는데 도주가 잦다는 점,[64] 체격은 양호하지만 동작이 느리고 둔감하기 때문에 탄차(炭車) 뒷밀이나 잡역 등이 적성에 맞는다는 점 등이 그것이다. 그 외 관혼, 장제(葬祭) 풍속을 설명하면서 풍습

63 前田一, 「序」, 『特殊勞務者の勞務管理』, 山海堂, 1943. 이하 인용은 『일제하 전시체제기 정책사자료총서』(민족문제연구소 편, 한국학술정보주식회사, 2001)에 게재된 원문에 따른다.

64 도주의 유형과 이유에 대한 자세한 항목화는 위의 책, 133~135쪽 참고.

차원에서 청산해야 할 면들 역시 지적한다. 이러한 분석은 내지의 논리와 규율로 포섭하기 위해 조선인 노동자 풍속의 특수성을 어느 정도 고려해야 할지를 따져보기 위한 것이다.

그렇다면 조선인 노동자와 나란히 놓인 '쿨리'는 어떻게 관찰되고 있을까. 이 기술지의 기본적인 관심은 모든 '쿨리'를 "동물적 생활에 만족하는 인간층"으로 인식하는 통상적인 관념에서 벗어나 "같은 쿨리라 해도 이런저런 종류가 있으므로 어떤 쿨리가 내지 노동 충족의 일익을 자진해서 떠맡는 소위 '즉시 이입할 수 있는 쿨리'가 될 수 있을지"를 선별하는 데 있다. 이런 의도에서 쿨리를 네 유형으로 구분한다. 난민적 쿨리, 기경험(既經驗) 쿨리, 농민층 모집 쿨리, 포로・귀순병 쿨리가 그것이다. 난민적 쿨리는 천재나 인화로 인해 부락과 부락을 유랑해 다니는 무리를 가리킨다. 기경험 쿨리는 도시 방적공장의 노동자나 하역 쿨리 혹은 근대적 시설의 탄광에 고용되어 있는, 숙련공이라고 해도 될 성격의 노동 집단을 지시한다. 그리고 농민층 모집 쿨리는 주로 농업노동에 종사하는 지방 양민으로 각종 제도를 통해 모집한 쿨리를 의미한다. 마지막으로 포로・귀순병 쿨리는 사변과 황군토벌로 생겨난 포로 및 귀순병이 훈련소에 수용되어 정규 훈련을 수료하고 양민으로 해방된 뒤 쿨리반에 편성된 경우를 뜻한다.[65]

이 네 유형 가운데 내지에 이입할 수 있는 가장 '안전한 쿨리'는 훈련 종료 후 양민이 된 포로・귀순병들이라고 결론짓고 있다. 이러한 판단은 "이들을 내지로 이입하는 것 이외에 쿨리 이입의 길은 없다"고 할 만

65 네 유형의 쿨리에 대한 구체적인 분석으로는 위의 책, 180~235쪽 참고.

큼 단호하다. 저열한 수준의 난민적 쿨리는 도저히 받아들일 수 없는 형편이고, 기경험 쿨리는 북지의 산업 사정상 그 지역의 개발을 담당해야 하기 때문에 이입이 어렵다는 것이다. 농민층 모집 쿨리의 경우는 농민 특유의 고향에 대한 애착이 문제이기도 하지만 무엇보다도 이들의 소재처가 치안불안 지역일 경우 사상적 불온의 위험이 있기 때문에 쉽지 않다는 입장을 보이고 있다. 이와 같은 '쿨리' 하위분류와 선택지의 구도를 통해 우리는 포로를 낳고 귀순병을 만들어내는 전쟁이 내지 노동자화가 가능한 외지 인력자원을 축적하는 기능을 하고 있음을 확인한다. 하지만 동시에 전쟁은 치안의 불안이 유발하는 많은 변수를 낳기 마련이다. 정치적으로 의심스럽기 때문에 경제적으로도 활용하기 어려운 허수(虛數)의 존재 또한 번성한 셈이다. 그래서 치안을 장악하지 못한 전쟁 수행 주체는 내지로 데리고 들어올 적지의 종족들을 세밀하게 가려내고 구분해야 하는 상황에 처하게 된 것이다. 따라서 전시의 에스노그라피는 '자연'으로 인식되곤 했던 기질뿐만 아니라 특정한 정치적 환경에서 형성된 속성에 관한 면밀한 기술과 분석을 담지 않을 수 없었다.

물론 그렇다 해도 '쿨리'의 자연화된 신체적, 정신적 기질론은 여전히 중요하게 게재되어 있다. "쿨리는 인간이 아니라는 말이 지나인 사이에서도 누누히 입에 오르내리는데 그 생활 체형은 육체적으로도 정신적으로도 하나의 신비로운 어떤 저력을 발휘한다"[66]는 것인데, 특히 신체적 힘, "동물적 정력"은 고유의 특징으로 줄곧 언급되어 온 점이다.[67] 쿨리의 "강건한 체력"은 산동쿨리와 하북쿨리로 다시 구분되어

66 위의 책, 252쪽.
67 『大連に於ける中國人勞働者の生活相態』는 쿨리가 거친 음식만 먹고도 과격한 노동을 견딜

비교되고 있다. 그밖에 "쿨리의 감정"으로는 자포자기[沒法子], 질투심, 감격성, 체면 중시, 신뢰[68]를 언급하고 있으며 기타 습벽으로는 위생관념 결핍, 도박 취미, 조선인에 대한 반감 등을 들고 있다. 더불어 전반적으로 국가 관념이 희박하다는 점 등을 비롯하여 여러 가지 위험성과 열등성을 보이므로 "물심양면으로 조종이 필요하고 그 특성에 맞는 특수한 노무관리가 고려되어야 한다"는 것을 강조한다.

마지막으로 1945년 3월에 나온 조선인 노동자 기술지 『조선노무자[朝鮮の勞務者]』를 잠시 살펴보자. 필자는 "조선인 노무자는 전시 일본 근로문제의 하나의 초점이"[69] 되고 있는 만큼 이들을 어떻게 볼 것인가를 검토하기 위해 문건을 작성했다고 밝히고 있다. 조선인 노무자는 주로 "농촌 탈락자", "도시생활 패잔자"였지만 현재에는 "조선민중의 중견분자"들에서 노무자와 기능자들이 육성되고 있으므로 그 장래를 기대"[70]한다는 입장을 취하고 있다. 분석은 근무관, 성격, 식습관, 주거, 의복, 체능, 적성과 능률, 여자 노무자, 관리 이렇게 아홉 부분으로 나뉘어 진행되고 있다. 각각의 항을 채우는 내용은 기존의 에스노그라피의 관점과 크게 다르지 않으므로, 세세한 설명은 줄여도 좋을 듯하다. 한 가지 흥미로운 것은 "지나 쿨리의 근면성"과 조선인 노동자를 직접 비교하는 부분이다. 중국이나 조선은 모두 옛날부터 근로를 무시하는 경

수 있는 이유를 그들이 즐겨먹은 고량미에서 찾고 있다. 지나인은 고량에서 영양소를 흡수하도록 체질화되었기 때문에 고량만으로도 충분한 영양을 섭취할 수 있다고 본다. (33쪽)

68 '교활함'은 조선인의 특징이다. '쿨리'는 교활함이 적고 약속을 잘 지키는 데 비해 조선인은 그렇지 않다고 보고 있다. 위의 책, 245쪽.

69 宮孝一, 『朝鮮の勞務者』, 東都書籍, 1945, 서문. 『일제하 전시체제기 정책사자료총서』(민족문제연구소 편, 한국학술정보주식회사, 2001)에 실린 원본에 따른다.

70 위의 책, 5쪽.

향이 강했는데 이상하게도 지나 쿨리는 조선인 노동자와는 달리 매우 근면하다는 것이다. 광산이나 하역 작업과 관련하여 조선인 노동자보다 지나인 노동자가 더 근면하다는 평가를 내리면서, 조선인에게 진정한 근로관을 심어주는 일이 급선무임을 강조한다.[71]

그리고 조선인 노동자의 성격적 특징으로 순종성과 소박함을 들고 있다. 조선인을 "노동자 대중과 지식 계층"으로 구분하여 노동자층의 성격을 따져볼 때 그러하다는 의미다. 전체적으로 『조선 노무자』는 "조선인 노무자의 적성문제나 지능적 측면"이 지속적인 훈련과 교육으로 인해 어느 정도의 수준에 이르렀기 때문에, "덕성적 방면과 국민정신면을 보강"한다면 내지 노동자와의 차이는 점차 없어질 수 있을 것[72]이라는 전망을 제시한다. 조선인 노동자를 두고 제국이 작성한 에스노그라피는 개별 분석이 갖는 다소간의 차이에도 불구하고 식민 주체가 행하는 경계화, 서열화 전략과 논리를 예외없이 반복하고 있다. 이 점에서는 중국인 노동자 에스노그라피도 다르지 않다.

4. '위험', '무용', '가용' 사이의 생(生)

지금까지 노동자의 이동을 중심으로 경계관리의 법제적 측면과 담론적 측면을 분석했다. 다종족 하층의 '적절한' 관찰과 처리는 제국이 수행해야 하는 중요한 과제였다. 그래서 대륙과 열도에 걸쳐 유랑하는

71 위의 책, 6~9쪽 참고.
72 위의 책, 39쪽.

떠돌이들은 통치의 눈이 그 무엇보다도 강력하고 민감하게 조준하여 좇은 대상이 되었다. (내부) 국경을 넘어다니는 두 노동 종족의 신체와 삶은 제국의 각종 경계화와 성층화가 진행되는, 움직이는 무대 그 자체였던 것이다. 그들은 대체적으로 저지되다가 경우에 따라 허용되었고, 종종 주시되거나 분석되었다. 확장함으로써만 자기를 유지할 수 있는 제국은 확장하면 할수록 결코 달갑지 않은 대규모 떠돌이의 "쓰레기가 되는 삶"과 접촉해야 하는 역설을 안고 있다.[73] 그리고 계속적인 경계 침범을 통해 확장을 도모하는 과정의 어느 순간, 떠돌이들이 제국의 생존에 필수불가결한 요소임을 자인할 수밖에 없는 지점에 도달한다. 전쟁은 그 임계의 도래를 재촉했다. 제국은 빈곤층을 특정하게 의미화함으로써 다면적인 경계 관리를 정당화했고 또 이들의 유동하는 에너지를 양질전환하여 제국의 보전술에 접속시키려 했다.

제국의 역설이라는 것이 있다면, 떠돌이들의 역설도 있다. 생존을 위해 이동을 감행하는 낮은 존재는 다양한 인정투쟁에도 불구하고 결코 인정받지 못하지만 전쟁을 통해서는 부분적으로 '승인'되는 역설을 갖는 것이다. 물론 이들은 '인간'이 아닌 '인력' 혹은 '자원'으로서 인지되었고, 자본 축적과 전쟁 수행의 맨 밑자락에서 국가의 존태를 위해 배치되고 이용되었다. 이들의 의지나 의도가 어떠했든 간에 천한 신체, 비루한 정신, 열등한 습속의 빈곤층은 대부분 위험한 존재로, 가끔 쓸모있는 존재로 정체화되었다. 열등한 인간인 조선인 노동자 그리고 인간 이하

73 김철은 비천한 자들과의 불가피한 조우, 이들을 향한 식민자의 관찰 그리고 이 폭력적 시선에 응하는(혹은 응하지 않는) 피식민자의 존재 역학을 "the abjected" 개념을 빌어 천착한 바 있다. 이에 대해서는 김철, 「비천한 육체들은 어떻게 응수하는가」, 『사이間 SAI』 14권, 국제한국문학문화학회, 2013 참고.

로 열등한 중국인 노동자가 전시 제국에 일종의 필요악이었던 것은 이런 맥락에서다. 필요악의 '본질'을 천착하거나 교정해보려는 의도에서 반복적으로 생산된 에스노그라피는 이 점을 결코 숨기지 않는다.

위험한 존재, 무용한 존재, 가용한 존재. 제국의 권력 기술은 대략 이렇게 세 이념소를 생산하고 조합했다. 그러나 이동하는 빈민층 자체, 그들의 감정과 욕망은 이러한 체계에서는 온전히 잡힐 수도 표현될 수도 없는 어떤 것이다. 시스템에 등록될 수 없고 코드화될 수 없는 심연에 접근하는 일은 쉽지 않다. 그래도 누군가가 남긴 "노동 이외에 아모 것도 가진 것이 없는 사람들에게는 그 가진 노동력을 팔 수 있는 곳만이 그들의 이상향"[74]이라는 언급은, 이들에게 어떻게 그리고 왜 접근해야 하는지 알려주고 있다. 어찌보면 지나치게 '무심'하지만 또 어찌보면 쓸쓸한 진실에 가까울 이 육성은 몇 가지에 대해 생각할 것을 재촉한다. 누군가의 삶, 희망, 선택은 국가나 민족이라는 틀로 환수되거나 환원될 수 없다는 점, 그를 일하게 하고 살게 하는 곳은 거의 대부분 유토피아가 아니라는 점, 유토피아의 환상은 곧 디스토피아의 실감으로 대체된다는 점 등이 그것이다. 각각에 '왜'라는 부사를 붙여 의문형으로 만들어보면 우리가 사유해야 할 질문들을 얻을 수 있다. 이러한 문제들은 역사적인 것이기도 하지만 지극히 동시대적인 것이기도 하다는 점에서, 제국의 경계 관리와 하층 노동자에 대한 탐색은 이후의 국민국가 체제와 오늘날의 지구화가 낳은 삶의 곤경을 성찰하는 작업으로 이어져야 할 것이다.

---

74 송지문, 「재대판(大阪) 조선인의 생활상」, 『조광』, 1939.2, 295쪽.

참고문헌

1. 자료

『조광』, 『동아일보』, 『조선일보』, 『매일신보』, 『朝鮮及滿洲』

민족문제연구소 편, 「친일반민족행위진상규명 보고서」, 한국학술정보주식회사, 『일제하 전시체제기 정책사자료총서』, 2001.

宮孝一, 『朝鮮の勞務者』, 東都書籍, 1945.

南滿洲鐵道, 『滿洲の苦力』, 南滿洲鐵道, 1939.

南滿洲鐵道株式會社, 『朝鮮人勞働者一般事情』, 1933.

大村益夫 篇, 『近代朝鮮文學日本語作品集－1901～1938』(創作篇 2), 綠蔭書房, 2004.

東京府社會課, 『在京朝鮮人勞動者の現況』(社會調査資料第二十五輯), 東京府學務部社會課, 1936.3.

山崎百治, 『これが支那だ－支那民族性の科學的解析』, 栗田書店, 1941.

前田一, 『特殊勞務者の勞務管理』, 山海堂, 1943.

前田河廣一郎, 『惡漢と風景』, 改造社, 1929.

大阪市社會部調査課, 『朝鮮人勞動者問題』, 弘文堂書房, 1924.

2. 논문

김예림, 「전쟁 스펙터클과 전장 실감의 동력학」, 『동방학지』, 연세대 국학연구원, 2009.

김　철, 「비천한 육체들은 어떻게 응수하는가」, 『사이間SAI』 14권, 국제한국문학문화학회, 2013.

김태웅, 「1920・30년대 한국인 대중의 화교 인식과 국내 민족주의 계열 지식인의 내면세계」, 『역사교육』 112, 2009.

박상수, 「근대 동아시아 공간의 중국인 이주」, 『史叢』 75, 2012.

오황선, 「前田河廣一郎의 「화전(火田)」론」, 『일본학』 13권, 동국대 일본학연구소, 1994.

조경희, 「植民地朝鮮の治安對策と社會事業」, 『한일민족문제연구』 제19호, 한일민족문제학회, 2010.

______, 「'온정'과 '교화'의 식민주의」, 『역사문제연구』 통권25호, 역사문제연구소, 2011.

조영윤, 「1920~30년대의 빈민실업문제와 조선총독부의 대응」, 숭실대 석사논문, 2011.

켄 카와시마, 「상품화, 불확정성, 그리고 중간착취－전간기 일본의 막노동시장에서의 조선인 노동자들의 투쟁」, 『아세아연구』 제51권 제3호, 2008.

한혜인, 「전시기(戰時期) 조선인 강제연행의 경로」, 『한일군사문화연구』 5, 2005.

北川眞也, 「'帝國'の地：生政治/地－生權力についての覺え書」, 『人文論究』 55, 2005.

________, 「現代の地政學における例外空間としての收容所：イタリアの不法移民收容所へ「歡待」する生權力」, 『人文地理』 59(2), 2007.

Kim, Michael, "Building Empire's Foundation : Chinese Migrant Laborers in Colonial Korea", 『이동의 아시아－식민, 냉전, 분단체제의 경계들과 민족의 공간들』(성공회대 동아시아연구소, 국제컨퍼런스 자료집), 2012.4.

3. 단행본

경성제국대학 위생조사부, 박현숙 역, 『토막민의 생활과 위생』, 민속원, 2010.

Balibar, Étienne, 진태원 역, 『우리, 유럽의 시민들?』, 후마니타스, 2010.

Bauman, Zygmunt, 김동택 역, 『지구화, 야누스의 두 얼굴』, 한길사, 2003.

Nancy, Jean Luc, 김예령 역, 『코르푸스』, 문학과지성사, 2012.

山脇啓造, 『近代日本と外國人勞働者』, 明石書店, 1994.

Driscoll, Mark, *Absolute Erotic, Absolute Grotesque*, Duke University press, 2010.

치안, 범법, 탈주 그리고 이 모든 사태의 전후

학병로망으로서의 『청춘극장』과 『아로운』

1. 식민지 청년의 삶과 '학병'이라는 장소

이 글의 주된 관심은 크게 두 가지로 요약할 수 있다. 우선 일제 말기 전시 통치하에서의 청년의 상태(state)에 대한 질문을 담고 있다. 총력전 병영제국의 생명통치 장치와 더불어 식민지에서 어떠한 청년 정체성이 출현했는가가 질문의 핵심이 될 것이다. 이어지는 또다른 질문은 청년들에 관한 이야기가 해방 이후 어떻게 구성되었는가 하는 것이다. 이는 식민지의 특정한 기억이 대중적으로 재생산되고 통용되는 어떤 방식을 염두에 두고 있다. 이러한 문제들에 대한 탐색을 위해 특히 학병이라는 정치적 장소에 초점을 맞추고자 한다. 물론, 학병은 청년의 '부분'이다. 즉 이들은 당시의 보다 광의의 청년세대를 구성하는 하나의 하위집단이었고, 식민지 기억의 후식민적 구축이라는 현상과 관련해서도 역시 광범위하게 진행된 제양상 가운데 존재하는 특정한 지점인 것이다. 따라서 학병은 식민과 후식민의 문화정치적 구조와 청년의 문제를 탐색하기 위한 하나의 경유지라 할 수 있겠다.

식민지 시기 청년에 관해서는 문화사적 관점의 시사적인 논의들이 꾸준히 제출되어 왔다. 특히 1920~30년대 중반까지를 주된 대상으로 하여 (식민지) 근대의 '최첨단 총아'였던 청년들의 다양한 정체성(학생, 여학생, 기생, 문학청년 등), 정체화 기제, 멘탈리티, 일상적 아비투스가 주목받았고 이 모든 것을 가능하게 했던 사회경제적 환경에 대한 분석이 폭넓게 진행되었다. 그러나 연구의 시기적 편중감은 커서, 식민지 근대화 과정에서 조선사회가 다시 한번 크게 재편되는 1930년대 중반 이후의 청년문제는 상대적으로 깊이 다뤄지지 않았다. 그간 비어 있던 이 영역을 파시즘적 주체화 기획이라는 관점에서 접근해 들어간 연구는 이런 점에서 중요한 의미를 갖는다.[1]

광의의 청년연구가 이 글을 쓰면서 폭넓게 참조하고 있는 분야라면 내가 다룰 핵심 대상과 좀더 직접적으로 연관되어 있는 영역은 학병연구 부분이다. 최근 몇 년간 새로운 조명이 이루어지면서 특히 학병의 기억과 정체성이 민족주의적으로 영웅주의적으로 재구성되는 경위가 규명되었다.[2] 한 편 학병의 주체성에 초점을 맞춘 논의들은[3] 학병 세대의 글쓰기가 갖는 의미 그리고 해방기 귀환 학병의 정치화와 '동족살

1 권명아, 『역사적 파시즘』, 책세상, 2005.

2 최지현, 「학병의 기억과 국가」, 『한국문학연구』 제32집, 동국대 한국문학연구소, 2007; 최영욱, 「해방이후 학병 서사 연구」, 연세대 석사논문, 2009.

3 황종연, 「조선 청년 엘리트의 황국신민 아이덴티티 수행」, 한일연대21 편, 『한일 역사인식 논쟁의 메타히스토리』, 뿌리와이파리, 2008 참고.

해'의 문제를 탐색하기도 했다.[4] 내 작업은 기존의 연구를 바탕으로 출발하며, 특히 학병의 특정한 체험과 의식에 신중한 관심을 기울이는 후자의 논의에 많은 부분 기대고 있다. 하지만 학병은 여전히, 새로운 해석적 계기를 통해 다시 의미화될 것을 요구한다. 이 글은 학병을 둘러싼 외적 환경, 학병을 특징짓는 내적 계기, 학병을 의미화하는 재생산 체계의 상관성에 관심을 두고 있다. 따라서 한편으로는 '제국의 전시통치와 삶의 상태'라는 문제틀에, 또 한편으로는 '실제로 현존하는 존재와 사후적으로 아우라를 갖게 된 존재'라는 문제틀에 학병을 위치지어 재고하고자 한다.

주지하듯이, 해방 이후 조선의 청년 집단은 국가 건설의 에이전트로 호출되어 왔다. 이러한 현상은 분단국가가 성립된 이후에도 지속되었다. "삼팔선은 그대로 있고 민족상잔은 계속하고 있는 현실이니 우리는 이제부터 다시금 완전자유독립의 재출발의 과업에 당면하였다고 사유되는 바이다. 이 중대한 과업을 완수함에는 국가에 초석이요 민족의 정화인 청년에게 기대와 관심을 갖지 않을 수 없는 동시에 청년의 보담더한 강력하고도 활발한 운동을 전개치 않어서는 안될 것"[5]이라는 한 논자의 언급에서도 나타나듯이, 국가(민족)의 불안이나 위기는 종종 청년이라는 장소에서 그 해결의 실마리를 찾곤 했다. 물론 국가(민족)의 위기와 청년이 담지한 가능성을 긴밀하게 결합시켜 상상한 것이 비단 기

4 김윤식, 『일제 말기 한국인 학병세대의 체험적 글쓰기론』, 서울대 출판부, 2007; 이혜령, 「해방(기)－총 든 청년의 나날들」, 『상허학보』 27집, 상허학회, 2009.

5 정해준, 「제언」, 『청년운동의 大本』, 한성출판사, 1949, 127쪽. 필자는 청년은 "젊은 세대로서 다음 시대의 운명을 질머질 제2국민"이지만 "장년층과 같이 현실적 수행자로서 제일국민의 자격을 획득하여야 할 것이며" "제일선적 작업에 종사하여야" 한다고 강조한다.

성세대 즉 청년의 윗세대들만은 아니었다. 청년 자체가 이와 같은 인식 체계를 공유하고 있었고 그런 점에서 스스로를 정치적, 문화적 전위로 구성할 수 있었다.

청년이 국가나 민족의 현실적, 상징적 핵심에 놓이는 구조는 식민화 과정에서부터 이미 출현했던 바, 더 이상 낯선 문법은 아니다. 그러나 해방이라는 새로운 역사적 국면은 청년을 둘러싼 자타 공인의 구조를 또다른 방식으로 강화시켰다. 자타 공인의 구조 한가운데, 학병이 존재한다. 이들은 해방과 더불어 생겨난 사회정치적 모순에 문제를 제기하고 이를 척결하여 국가(민족) 건설에 복무할 것을 표명하였다. 청년들의 자기정당성은 대규모 전쟁 동원으로 감수해야 했던 희생의 경험을 기반으로 획득되고 있었다. 해방 이후 학병출신 청년들의 사회적 발언은 일련의 집합 행동과 공적 매체의 발간을 통해 이루어졌고,[6] 이를 통해 학병들은 민족을 위한 존재이자 도래할 국가를 위한 존재로 자기를 위치지었다. 대표적인 창구였던 『학병』에서 표명되고 있듯이 학병은 "조국의 재건", "민족의 자유" 그리고 "젊은 생명"[7] 이 세 꼭지점이 형성하는 자발적 헌신 서사의 주인공이 되고자 했다. 물론 돌아온 학병들의 정치적 입장은 하나가 아니었다. 학병동맹 외에도 학병건설단,[8] 학병단, 학병거부자연맹[9]과 같은 조직들이 서로에 대한 '차이'를 강조하면서 복잡하게 열린 정치 공간으로 진입하고 있었다.[10] 그러나 이들이 좌

6 학병동맹의 『학병』은 그 육성을 전하는 대표적인 창구였다. 『학병』이 창간된 것은 1946년 1월로, "학병동맹 결성강령과 부서작성"을 결정한 1945년 8월 27일 이후 4개월여 만에 나온 것이다. 연혁은 학병동맹 총무부, 「학병동맹의 걸은 길」, 『학병』, 1946.1, 64쪽 참고.

7 「창간사」, 『학병』, 1946.1, 3쪽.

8 『대동신문』, 1945.11.28.

9 학병단과 학병거부자연맹에 대해서는 『대동신문』, 1946.1.21.

우로 나뉘어 어떤 위치에서 발언하고 행동하건, 앞서 말한 세 꼭지점을 이을 때 만들어지는 젊은 애국청년이라는 정체성 구도를 벗어나는 경우는 거의 없었다. 다양하게 명명했던 학병 단체들은 상호 다른 방식과 경로로 이 틀을 전유하려 했다.

이 점은 특히 학병이 이념적, 문화적 표상으로 재생산되고 소비되는 양상을 파악하기 위해 기억해 두어야 할 것이다. 주권 없는 식민지의 청년이 식민자가 벌이는 전쟁에 끌려나가야 했던 현실 그리고 이 전쟁에서 살아남아 돌아왔다면 이제는 민족갱생과 국가건설을 위해 '진정한' 일꾼이 되어야 한다는 당위. 현실과 당위가 만나는 지점에서 학병은 '민족'의 우울과 환희 자체를 압축하고 있는 푸른 상징이 되었다. 그리고 바로 이러한 코드를 전유하면서 생산된 것이 대중적인 학병 로망이다. 구체적인 분석에 앞서 우선 대중적인 학병 로망을 특징짓는 기본적인 성격과 효과에 관해 몇 가지만 미리 언급하고자 한다. 첫째, 대중적인 학병 로망이라는 범주는 이러한 범주 자체를 가능케 하는 보다 넓은 재현적 배치와 경쟁의 장을 전제로 한다. 둘째, 대중적인 학병 로망은 청년을 민족(국가) 수난사 및 갱생사와 연접시켜 의미화하는 서사적 계기를 적극적으로 취한다. 셋째, 대중적인 학병 로망은 포스트콜로니얼 문화상품의 역할 즉 역사를 둘러싼 집합 기억이나 향수를 특정한 방향으로 유도하는 효과를 발휘한다.

이런 차원에서 주목하고자 하는 텍스트는 김내성의 『청춘극장』 그리고 한운사의 『현해탄은 알고 있다』를 포함한 『아로운』 3부작이다.

---

10 해방기 학생운동과 학생조직단체 목록은 선우기성, 『한국청년운동사』, 선문사, 1973 참고.

두 텍스트는 대표적인 학병 로망으로서, 이들을 통해 식민지 엘리트 청년의 존재론은 대중물로 번역되고 대규모로 소비되었다. 주지하듯이 『청춘극장』은 소설 자체가 독보적인 베스트셀러였으며 출판 이후에는 세 번(각각 1959, 1967, 1975)에 걸쳐 영화화되었다. 『아로운』 3부작의 경우, 1960년도에 라디오 방송극 〈현해탄은 알고 있다〉가 첫출현한 이후 소설 1부 『현해탄은 알고 있다』(1961), 2부 『현해탄은 말이 없다』(1961) 그리고 3부 『승자와 패자』(1963년 5월부터 『사상계』에 연재)로 이어진다. 1961년에는 영화 〈현해탄은 말이 없다〉가 나오고 1968년에는 TV 드라마로 제작되기도 하는데, 전체적으로 보자면 이 텍스트는 문화상품이 취할 수 있는 거의 대부분의 양식을 거치면서 큰 인기를 얻은 셈이다.[11] 여기서는 다양하게 이루어진 텍스트 변용과 간텍스트적 관계를 참조하되 주로 소설 텍스트에 초점을 맞춰 논의를 진행할 것이다.[12]

『청춘극장』과 『아로운』 시리즈가 어떤 형태로든 처음 등장한 것은 각각 1949년과 1960년으로, 둘 사이에는 대략 10여 년의 간극이 있다.[13] 시기적 간극에 따르는 관점상의 차이나 효과상의 차이가 있지

---

11 『현해탄은 알고 있다』와 관련하여 참고할 수 있은 글은 윤석진, 「한운사의 방송극 〈현해탄은 알고 있다〉 고찰」, 『비평문학』 제27호, 한국비평문학회, 2007. 그리고 김윤식, 앞의 책; 이경숙, 「한운사의 '아로운 3부작' 연구」, 『한국문학이론과 비평』 제33집, 한국문학이론과 비평학회, 2006이 있다. 전자의 경우 TV드라마 〈현해탄은 알고 있다〉를 분석의 중심에 놓고 있으며 후자의 두 연구는 소설 텍스트를 대상으로 한다. 이경숙의 글이 이 소설에 대한 가장 자세한 분석을 시도하고 있는데 주로 인물분석을 통해 텍스트가 드러내는 이데올로기적 중층성을 규명한다. 한운사 작품연보는 국립예술자료원, '구술로 만나는 한국예술사'(http://oralhistory.knaa.or.kr/oral/archive/ARTIST_view.asp?page) 참고.

12 영화 〈청춘극장〉의 경우 원작 소설의 서사적 스케일이 대폭 축소되어 본격성이 많이 감소되어 있다. 한편 영화 〈현해탄은 말이 없다〉는 1961년에 만들어졌기 때문에 소설의 대단원에 해당하는 『승자와 패자』의 주인공의 귀환 부분은 다뤄지지 않는다.

13 김내성의 연보 및 작품목록을 총괄한 박진영(『판타스틱』 20, 2009 봄)에 따르면 『청춘

만, 그럼에도 불구하고 이들은 한국 대중문화사에서 식민지 엘리트 청년의 극적 운명과 애환을 통해 민족과 국가의 부침을 상상하는 패턴을 정형화했으며, 동시에 이 패턴이 대중의 감수성을 충분히 자극한다는 일정한 수용의 경향성 또한 입증했다. 그렇다면 학병을 둘러싼 재현 체계, 기억 체계 그리고 감수성 체계의 구성 양상은 구체적으로 어떠했을까. 이에 답하기 위해 먼저 살펴봐야 할 문제는 학병은 누구인가 그리고 학병은 어떻게 기록되었는가이다. 이는 학병의 문화사적 의미를 구성하기 위한 보다 일반적인 차원의 검토를 요한다. 다음으로 따져봐야 할 것은 학병 로망의 실제는 어떠한가 그리고 학병은 어떻게 대중적 기호(嗜好)에 응하는 기호(記號)가 될 수 있었는가로 요약될 수 있다. 이 물음들을 조합하고 종합함으로써 학병이 식민지 시절을 건너 국민국가 시절로 넘어오면서 지나온 길 그리고 이 길 자체가 재생산되고 감수(感受)되어 온 맥락을 파악할 수 있을 것이다.

극장』은 1949년부터 『태양신문』(『한국일보』의 전신)에 연재되었고 같은 해 말에 단행본으로 간행되기 시작하여 1952년에 이르러 총 5권이 완간된다. 이 목록에서도 언급되고는 있지만 『청춘극장』의 첫 부분에 해당하는 '희망의 대해', '청춘 삼총사' 절의 일부가 처음 발표된 것은 1947년 4·5월호 합본 『백민』을 통해서다. 이 때 제목은 「여인애사」였으며, 이후 첨가된 내용들이 있긴 하지만 본격적으로 전개될 『청춘극장』 연재본 및 단행본의 원형이 고스란히 제시되어 있다. 단행본 두 절의 내용이 『백민』 판본에서는 '희망의 대해'라는 소제목으로 묶여 있다. 『백민』 판본의 「여인애사」는 게재 당시 '장편소설'이라는 장르명을 달고 있으며 말미에 '계속'이라는 안내를 하고 있지만 다음 호부터는 실리지 않는다. 다음 호 편집후기에 따르면 "본지가 격월발행인 관계로" 「여인애사」의 연재를 "중지"했다고 한다. 이후 본격적인 구상을 거쳐 『태양신문』에 연재하기 시작한 것으로 보이는데, 어쨌든 이 소설의 초기 제목이 여성인물에 초점을 맞춘 「여인애사」였다는 점은 흥미롭다.

2. 전시 식민지 청년의 인구사회학적 편성과 학병

일본이 조선인을 대상으로 군사 동원을 시작한 시점은 중일전쟁 발발과 맞물린다. 1938년부터 시작된 총력전 동원정책은 아시아태평양 전쟁을 진행하면서부터는 대규모로, 전면적으로 실행되기에 이른다. 식민지의 청년들이 전쟁을 수행하는 식민자의 급박한 요구에 응해야 하는 대상이 된 것도 1938년에 들어서면서부터이다. 청년을 호출하는 군사동원은 1938년의 지원병제(육군특별지원법령)로 출발하여 1943년의 학도지원병제(대학생 징집연기 임시특례법), 해군특별지원병제를 거쳐 1944년의 징병령으로 이어졌고 이와 같은 단계적 포획의 순서에 따라 조선의 거의 모든 청년들은 전쟁의 소용돌이에 휩쓸려 들어가게 된 것이다. 중일전쟁 당시 조선의 프로파간다 이데올로그들이 조선의 위상 변화 가능성을 놓고 기대와 우려를 동시에 갖게 되었다는 점, 이 과정에서 생겨나는 조선의 젊은 지원병을 통해 우려에서 다소 벗어나시 시작했다는 점, 그래서 전쟁을 지원하는 젊은이들을 보면서 '병사되기=국민되기'라는 환상을 만들어 후방으로 전하는 메신저가 되기를 자원했다는 점은 기억할 만한 현상이다.[14] 중일전쟁이 만들어낸 전시 식민지 청년의 새로운 정체성이 '지원병'이었다면 아시아태평양 전쟁이 만들어낸 또하나의 청년 정체성인 '학병'은 어떤 성격을 갖는 것이었을까.[15] 이러한 질문을 던져야 하는 이유는 우선 식민지 청년 집단이 하나

---

14 이에 대해서는 김예림, 「전쟁 스펙터클과 전장 실감의 동력학—중일전쟁기 제국의 대륙통치와 생명정치 혹은 조선·조선인의 배치」, 『동방학지』 147권, 연세대 국학연구원, 2009 참고.

15 학병 역시 형식적으로는 '지원'의 방식을 취하고 있었다. 그러나 여기서는 제도상의 핵심

의 동질적인 집합체가 아니었다는 데 있을 것이다. 더불어 바로 이 비동질성에 기반하여 제국의 전시 통치가 계획되고 있었다는 점 역시 중요한 이유이다. 좀 더 연장해보면 이 질문은 청년 집단 내부의 분할과 차이로 인해 특정한 하위 집단이 이후의 상징 경합의 장에서 우점종이 되는 양상을 검토하는 데도 요구될 것이다.

전시 일본의 청년 통치의 핵심은 늘어가는 병사에 대한 수요를 조선 청년 내부의 계층 분할선에 맞춰 감당하는 일이었다. 식민지 청년 활용 패턴을 통해 파악할 수 있는 것은 1938년 이래 형성된 지원병이라는 정체성과 1943년 무렵에 형성된 학병이라는 정체성이 조선사회 청년의 성층(成層) 구조를 고려할 때 사실상 다른 위치와 맥락을 갖는다는 점이다.[16] 조선인 병사와 징병에 관한 히구치 유이치[樋口雄一]의 논의는 조선사회의 계층구조와 조선청년 내부의 계서제적 차이가 제국의 군사 통치에 어떤 식으로 고려되었는가를 포착하는 데 뛰어난 통찰력을 보여준다. 그에 따르면 지원병에 자원한 청년 혹은 지원병으로 선발된 청년은 인구사회학적 관점에서 볼 때 대부분 경제적으로나 지적으로 중층에 속한다.[17] 지원병의 90%가(9,096명) 공립보통학교(소학교) 6년 졸업 정도의 학력자로, 기본적인 일본어 이해 능력을 갖춘 집단이었

적 성격에 기반하여 1938년 이래의 지원병제와 1943년 이래의 학병제도를 구분한다.

16 학병과 지원병의 차이는 해방 이후의 정국에서도 반영되는 것으로 보인다. 안진에 따르면 지원병 출신들은 상명하복의 수직적 명령계통을 엄수하는 등 군국주의 기질이 강했다. 이들은 해방 후에 학병과는 달리 단체 조직을 갖지는 않았으며, 군정경찰의 보조기구로 만들어진 국방경비대에 열성적으로 참여한다. 안진, 『미군정과 한국의 민주주의』, 한울, 2005.

17 히구치 유이치가 제시하고 있는 통계 〈특별지원병의 학력(1938~1942)〉에 의하면 지원병 가운데 전문학교졸업자는 단 2명뿐이다. 樋口雄一, 『戦時下朝鮮の民衆と徴兵』, 総和社, 2001, 162쪽, 표3 참고.

다. 피식민자를 제국에 복무하는 병력으로 전환해야 하는 상황에서 선발의 제일의적 기준이 되었던 것은 훈련과 소통을 감당할 수 있는 기초적인 언어(제국어, 국어) 능력이었다.

더불어 지원병의 전직(前職)에 관한 통계를 보면 농업종사자가 약 56%로 압도적인 수를 점하고 있으며 직공, 상업 종사자가 농업종사자 수의 약 10분의 1 정도의 수치로 뒤를 잇고 있다.[18] 1938년을 넘어서면서 지원병에 대한 선전과 찬사가 다양한 매체의 곳곳을 장식하고 이들의 무훈 정신을 전하는 기사들이 담론장에 출현한다. 하지만 사실상 많은 수의 조선인 지원병들은 당시 농업사회가 직면한 모순과 취업난이라는 구조에서 생겨난 젊은 유휴 노동력이었다.[19] 영화 〈지원병〉(1941)이 그 선전적 성격에도 불구하고 또렷하게 드러내는 현실적 정황이 있다면 바로 지원병 청년들의 계층적 위상이라 할 수 있다. 이들이 직면했던 생활의 고통, 일상의 곤란 그리고 이로부터 비롯되는 정동과 욕망의 복잡한 교차는 매우 인상적으로 기록되어 있다.[20]

그렇다면 학병은 과연 누구인가. 식민지의 젊은 엘리트로 조선과 일본에서 고등교육을 받다가 '지원'이 아닌 '강압'에 의해 제국의 군인이 된 이들은 어떤 위상과 의미를 갖고 있을까. 이들의 지위 역시, 지원병이 그러하듯이 종적(세대적), 횡적(여타의 청년 집단) 구획을 통해 성격화될 수 있다. 지원병의 대부분은 20세를 전후한 연령대에 속했고 병사가

18 1938년부터 1942년까지의 지원자 통계표에 따른 것으로, 총 11,364명 가운데 농업종사자가 6,321명이며 상업 622명, 직공 631명, 회사 사무원이 616명 그리고 일반 고용인이 500명으로 집계되어 있다. 위의 책, 161쪽.

19 위의 책 참고.

20 '지원병'의 영상화와 재현체계를 젠더적 관점에서 분석하고 있는 글로는 백문임, 「군인이 되세요」, 『동방학지』 147권, 연세대 국학연구원, 2009 참고.

되고자 하는 젊은층을 상찬하고 지지한 자들은 윗세대에 속하는 지식인 집단이었다. 학병들의 경우도 크게 다르지 않다. 전쟁의 영광과 전쟁 복무자의 애로를 기록하기 위해 북지로 떠난 박영희, 김동인, 임학수 등이 군속으로 파견된 조선인 지원병들을 감격에 차 바라보면서 『전선기행』을 썼던 것처럼, 학병 역시 윗세대 지식인 집단의 열렬한 찬사를 받았다. 일례로 최남선과 이광수는 "중책을 맡은 대선배일뿐 아니라 조선의 각 부분에 있어 권위자"[21]라는 자격으로 동경에 가서 학병 권유 연설을 했다. 이들은 조선의 "충분히 귀엽고 좋은 아이들"이 "좀더 뜻을 크게 품어 일본 전체나 대동아 전체를 짊어지려는 그런 기개를 가졌으면 싶"[22]다는 소감을 피력했다. 해방 이후 쓴 참회적 자기고백에 학병 권유의 '곤혹스러움'에 관한 토로와 변명이 나와 있기도 하지만 어쨌든 이런 식으로, 학병을 둘러싼 전시의 세대적 분업 체제는 분명했던 듯하다. 이제 곧 군인이 될 "반도 청년학도"를 대하는 사회 선배들의 감각은 다음과 같이 표현된다.

> 돌이켜 생각하건대 우리와 같이 이미 노년에 들어간 사람은 과거에 있어서 내지인과 어깨를 나란히 하고 함께 학업을 닦아보지 못하였으나 제군은 어려서부터 내지인 학도와 조금도 다름없는 학창생활을 하여왔다. 제군의 능한 그 '고꾸고'며 그 교복이며, 그 정신이며, 모두 훌륭한 황국학도다운 자격을 갖추고 있다. 이제 또한 가장 광영스러운 군인으로서도 빛나는 출진

21 「학병 권유차 도쿄에 간 최남선, 이광수의 〈도쿄대담〉」, 김윤식, 앞의 책, 399쪽. 이에 대한 해설 역시 김윤식, 같은 책을 참고할 수 있다.
22 위의 글, 404쪽.

을 하게 되었으니 제군의 기쁨과 우리 선배된 자의 기쁨과 나아가서는 반도 동포 전체의 기쁨이야말로 무엇으로 형언할 수 있을까.[23]

학병은 이렇게 종적 분할선에 따라 세대적으로 의미화되고 있었고 또한편으로는 동일한 사회적 연령대의 횡적 구분선에 의해서도 차이화되고 있었다. 횡적 차이화 양상은 크게 '내지학도/조선학도'라는 대칭쌍 그리고 '중하층 청년/엘리트 청년'이라는 대칭쌍으로 나눠 생각해볼 수 있다. 내가 특히 초점을 맞추고자 하는 것은 후자이지만 이에 대한 분석에 앞서 전자의 문제를 잠시 살펴보자. 학병 권유자의 논리가 보여주듯이, '누군가 군인이 될 권리'(지원병)의 수준을 넘어서 '모두가 군인이 될 의무'(학병, 징병)의 수준에 도달할 때 비로소 조선인이 완전한 국민이 되고 내지인과 동등해질 수 있다는 허구가 전면화되고 있었다. 조선의 청년은 1938년 무렵에는 지원병이 될 수 있는 소수의 '권리'를 통해 전 조선인의 국민화 가능성을 예기(豫期)해 주어야 했고, 1943년 이후에는 학병이라는 '의무'를 이행함으로써 궁극적으로 이에 도달할 수 있다는 것을 증명해야 했다. 이 부질없는 '평등'의 환상이 엘리트 청년을 전장으로 불러내기 위한 근거로 이용되었는데, 다음과 같은 직접적인 설득은 그 작동 논리를 명확하게 드러내고 있다.

재학징집연기의 정지에 의하여, 내지인 학생은 법의 발동에 의하여 용약 출정하는 광영에 욕(浴)할 수 있거니와 제위의 자제는 그냥 자연 방치했다

23 양주삼, 「호반(虎班)전통을 창조—적국의 학생병을 치자」(『매일신보』, 1943.11.8), 정운현 편, 『학도여 성전에 나서라』, 없어지지않는이야기, 1997, 23~24쪽.

면 노동전사로 생산부문에 징용될 수밖에 없었다. 노동으로써 봉공하는 것이 천하다는 말은 아니다. 같이 남양을 가되 내지인 동창은 간부장교로 가고 제위의 자제는 노동대로 간다면 인정상 사간에 약간의 유감이 없다고 할 수 없을 것이다. 그렇든 것이 금번의 제도에 의하여 내지인과 꼭같은 자격을 가지고 전열에 서게 되니 이 얼마나 큰 영광이냐.[24]

조선 엘리트 청년의 의무이행을 통해 내지 청년은 고등군인이 되고 조선인 청년은 노동대에 그치고 마는 '불평등'을 일소할 수 있을 것이라는 선전이 얼마만큼 현실적, 담론적 효력을 발휘했는지 따지는 일은 그리 큰 의미가 없을 듯하다. 사후적 기록에 기댄 것이기는 하지만, 이러한 논리가 당시 조선의 엘리트 청년에게 기꺼이 수용되었을 가능성은 거의 없어 보이기 때문이다. 단, '내지학도/조선학도'라는 대칭쌍의 작동과 관련하여 한 가지 중요한 지점이 있다면 전시통치와 조선인 프로파간다의 포획 기술이 식민지 출신 젊은 고등교육 수혜자가 식민자와의 관계에서 느끼는 차별, 즉 동등한 능력에도 불구하고 가해지는 에스닉 차별에 관한 민감한 의식을 자극하고 있다는 점일 것이다.

이제 조선 내부에서의 학병의 위상을 말해주는 '중하층 청년/엘리트 청년'이라는 구도를 검토해보자. 앞서 살펴보았지만, 생활(난)과 취업(난)이라는 지극히 현실적인 문제에 직면해 있으면서도 또한편으로는 최하층 집단과는 달리 일정수준의 지적 능력과 제국어 구사능력을 갖춘 중간층 청년들이 지원병제를 둘러싸고 어떤 입장을 가졌었는가

24 「지원자의 부형에게」(『매일신보』 사설, 1943.11.5), 위의 책, 147쪽.

하는 것은 매우 흥미로운 문제이지만 실상을 파악하기란 쉽지 않다. 지원을 통해 군인이나 군속이 되어 전선으로 갈 것을 선택한 청년들의 내면이, 당사자들에 의해 거의 표현된 바 없이 다른 발화자들에 의해 매끈한 애국 서사로 도장(塗裝)되었기 때문이다. 하지만 현실이 어지럽게 홈파여 있고 복잡했을 것임을 우리는 충분히 짐작할 수 있다. 더불어 이들의 내막이 어떠하든 학병은 지원병들과는 분명 다른 위치에, 다른 태도로 존재했다는 점 또한 추론 가능하다. 1942년 조선총독부가 징병제 실시를 고지한 이후 학병은 1943년 일련의 절차를 밟아 1944년 1월 20일에 입대한다. 징병제에 따른 실제적인 징집과 배치가 시행된 것은 1944년~1945년으로, 1942년 이래로 추진된 징병제 시스템으로 젊은 엘리트들도 흡수되기 시작한 것이다.

일반적으로 학병 대상자가 된 집단은 고등교육비 지원이 가능한 환경 출신으로(지주나 상공업경영자), 중간층 지원병의 경우처럼 '직업'으로 병사를 지원하는 일은 하지 않아도 되는, 보다 정확히 말하면 그럴 필요 자체를 느끼지 않는 경제적 기반을 갖고 있었다.[25] 이들의 배경이 이러하다면, 물적 환경과 결코 무관하지 않을 세계감각 역시 중간층과는 적지 않은 차이를 가질 것이다.[26] 학생 집단은 제국의 군사동원 정책 단계 면에서 볼 때 '지원'이라는 명목하에 이루어진 강제적 징병제의

25 樋口雄一, 앞의 책, 120쪽 참고.

26 해방기 청년세대의 움직임을 전면적으로 스케치하고 있는 것은 김남천의 소설 『1945년 8·15』(『자유신문』)이다. 학병반대 격문 사건으로 체포된 후 해방과 함께 출옥한 김지원이 격문사건 당시 자신의 '영웅심리'를 비판하면서 "삼천만의 다대수가 소학교에도 댕기지 못한 환경 속에서 최고학문을 교육바든 영광과 은혜를 입은 자임에 불고하고 하나토 민족의 신회와 희망 속에서 자기의 책무를 다하지 못하였다"고 자기비판하는 맥락도, 역으로 읽으면 계층적 거리를 반증하는 셈이다. 그는 자신이 "격문을 뿌릴 때에도 이러한 현실의 모순에 대해서 어떤 책무나 책임을 느끼면서 하지 못했"다고 고백한다.

새로운 포획 대상이었기 때문에, 전시에 진행되고 있는 병영화의 상황을 전면적인 억압으로 받아들일 가능성이 아주 높았다. 지금까지 군사적 '권리'나 '의무'로부터 거리를 두고 있던 고등 지식청년은 (유)학생에서 병사로 거의 단절에 가까운 존재 전환을 강요당하는 국면에 들어서게 된 것이다. 중간층 또는 하층 청년들과 달리 기본적인 생계의 고민으로부터는 상대적으로 훨씬 자유롭던 이들 그리고 취업이 현실적인 고민일 수는 있겠지만 그 고민 자체를 어느 정도는 유예할 수 있는 학생신분이었던 이들은 특유의 존재론적 '여유'를 전시 통치의 장에서 몰수당할 위험에 처했다. 이 상황은 심대한 개인적 위기감을 불러일으켰고 동시에 공적인 비애감 역시 초래한 것으로 보인다. 물론 조선의 기성 이데올로그가 이 점을 포착하지 못한 것은 절대 아니었으며 오히려 어떤 점에서는 누구보다도 정확히 이해하고 있었던 듯싶다.

그래서 혹자는 "제군은 일반국민보다는 지적 수준이 높은 만큼 어떠한 명제에 대하여서라도 일차 마음의 반문을 하는 것도 당연하다. 더구나 오늘과 같이 제군이 대사일번(大死一番)의 판단을 즉석에서 내리지 않으면 안될 찰나에 있어서 제군에게 맹목적인 추종을 강요하는 것은 아니다. 그러나 나는 제군의 이와 같은 반문과 번민을 다른 부류에 속한 사람보다 잘 알고 있음을 자부한다"[27] 고 언급할 수 있었을 것이다. 그가 말하고 있는 "지적 수준"과 "마음의 반문"은 적어도 중간층 지원병이나 하층 징병자에게서는 찾아볼 수 없는 자질이라 가정된, 고등 지식집단이 가질 수 있는 미덕(능력)이자 악덕(위험요소)인 것이다. 또다른

---

27 김성수, 「대의에 죽을 때—황민됨의 책무 크다」(『매일신보』, 1943.11.6), 『학도여 성전에 나서라』, 없어지지않는이야기, 1997, 21쪽.

논자 역시 학생의 "복잡다단한" "심경"을 논하면서 "죽음, 가정, 국가 그러한 문제가 교차하여 걷잡을 수 없는 바 있을 것"[28]임을 인정했는데, 이러한 판단은 "마음을 가다듬어 오직 광명의 일도(一途)를 바라고 용왕매진"하라는 궁극적인 충고와는 무관하게, 아주 적확해 보인다. "죽음"과 "가정"과 "국가"라는 문제는 생사가 제국의 수중에 잡혀 있는 그리고 그렇다는 사실을 절박하게 인지하고 있는 젊은 엘리트 청년을 사로잡은 번민의 핵심이었을 것이다.

학병에게 죽음이란 신체와 생명의 물리적 훼손을 의미할 뿐만 아니라 개인적 욕망과 영예 추구의 종언을 의미한다. 그리고 가정의 문제는 자신을 위해 많은 것을 투자하고 희생한 사적 공동체의 완전한 파국 즉 기대와 신뢰에 기반한 친밀한 소우주의 와해를 뜻한다. 그리고 여기에 국가의 문제가 동반된다. 일본이라는 제국이 자신의 국가인가, 설령 그렇다 하더라도 왜 이런 요구를 하는가 또는 그렇지 않다면 왜 이런 강제를 하는가. 이러한 의문의 사슬로부터 자유로운 식민지 엘리트 청년—아직은 열등한 이종족이며 비국민인 젊은 부족(部族)—은 없었을 것이다. 사후적 발언이긴 다음과 같은 고백이 이 점을 뒷받침한다.

> 1943년 11월, 나는 명치대학 정경학부 3학년에 재학 중 졸업을 눈앞에 두고 수업을 중단하려니 원대했던 이상도 사라지고 부모님에게 죄스러워 절망만이 눈 앞을 가렸다. 뿐만 아니라 목전에 다다른 학병 지원문제를 어

28 김두헌, 「순국의 기상 가지라」(『매일신보』, 1943.11.22), 위의 책, 36쪽.

떻게 해결해야 옳을지 좀처럼 결심이 서지 않았다 (…중략…) 비록 부모의 은덕이기는 하나 원대한 이상을 품고 젊음의 정열을 오로지 학업에 쏟아 중학교를 졸업하고 곧바로 이곳 동경에 유학온 지 5년만에 명치대 예과를 마치고 이제 최고학부의 졸업을 눈 앞에 두고 그 동안 쌓아온 형설의 공이 허무하게도 일시에 무너지게 된 것이다. (…중략…) 아뭏든, 이제는 학문을 연구하고 진리를 탐구한다는 학생의 입장을 떠나서 나라없는 민족으로 한 인간의 삶에 대한 회의와 민족적 비애를 통감하게 되었다.[29]

이것은 1945년 이후부터 최근에 이르기까지 지속적으로 발표된 수많은 학병 수기들을 통해 뚜렷이 확인되는 일종의 공통감정이라 할 수 있다. 기억의 의식적 · 무의식적 재구성을 염두에 둔다 해도 서로 얽혀 있는 중층적 불안을 부인하기란 어려울 것이다. 그러나 1940년대 공론장의 정황상 학병의 복잡한 내면은 솔직한 육성을 드러낼 기회를 얻지 못했고, 결국 학병의 '마음'이라는 것은 선전성 좌담회나 기사들이 보여주듯이 줄곧 애국주의로 각색되었다. 그래서 절박하게 있었을 법한 고민이나 사유는 그들 아닌 다른 자의 충고나 격려 속에 '떨쳐버려야 할 것'으로 언급되면서 옅은 흔적처럼 남겨졌다.

학병 체험의 기록성이나 시차의 문제는 넓게는 특정 집단을 둘러싼 집합기억의 (재)생산과 그것의 '보편적' 수용 또는 인증이라는 일련의 사회적 과정과 관련하여 주목할 만하다. 제국의 전시 통치와 군사 육성책은 위에서 살펴본 것처럼 식민지 청년 내부의 계층적 서열을 고

29 유재영, 『7인의 탈출』, 삼지원, 1993, 46~47쪽.

려하여 운용되고 있었고 이 과정에서 지원병과 학병이 생성되고 있었으며 나아가 지금까지는 배제되었던 하층민 청년까지도 포괄하는 무차별적 징병자들 역시 생겨나고 있었다. 그리고 총력전 통치 정책의 용의주도함으로 인해 그 당장의 상황에서는 복수의 청년들이 가진 생활의 곤란, 일신상의 욕망, 죽음의 공포, 징병의 부당성 등을 말하는 어떤 목소리도 흘러나올 수 없었다.

그렇다면 이처럼 철저하게 봉쇄당했던 청년들의 체험은 언제, 어떻게 흘러나와 생생하게 증언되고 전해지게 되었는가. 그리고 과연 이들 가운데 어떤 청년이 전쟁과 전장을 말하고 쓰고 사유함으로써 자신들이 겪었던 체험을 사회적으로 공유가능한 공적 자본으로 만들 수 있었는가. 그 구조와 에이전트를 이해하는 데 핵심적인 것은 고도의 리터러시라는 사안일 것이다. 특히 기억과 체험의 보존 및 유포의 지속성과 파급력이라는 측면에서 볼 때, 쓸 수 있는 능력이란 퍽 중요하다. 식민지 시기의 학병은 해방과 더불어 학병 '출신자'가 되었고 자신들의 체험을 육필로 남길 수 있는 거의 유일한 존재가 되었다. 중간층 지원병과 하층 징병자들과는 달리 이 집단이 전유하고 있던 고등 능력, 즉 사유와 글쓰기 능력이 갖는 의미는 이들이 해방 후 계속해서 남긴 다양한 기록물을 통해 재고할 수 있을 것이다.[30] 역사적 기억을 만들어내고 보존하며 전달하는 넓은 기록물의 장에서 일종의 하위 양식으로 범주화

30 그러나 기록의 형태라는 점에서 일본인 학병의 경우는 좀 다른 가능성을 보여주고 있는 듯하다. 일본인 학병이 남긴 1940년대 당시 기록을 통해 학병의 정신지(情神誌)를 재구성하고 있는 오오누키 에미코의 작업이 보여주듯이, 기록의 당대성이라는 측면에서 조선인 학병의 기록물은 참조할 수 있는 자료가 많지 않다. 이들의 기록은 대부분 '사후적인' 것이다.

될 수 있을, 대중을 향해 활짝 열려 있던 학병로망의 성격과 위상도 이 맥락에서 규명할 수 있을 것이다.

3. 학병로망의 구조와 의미코드–통치 장치와 도주

1) 탈출과 도망병 되기

제국의 붕괴와 더불어 다양한 유형의 귀환자들이 고국으로 향했다. 학병도 이 '돌아온 자들' 가운데 하나였다. 이들은 전장의 현실과 전쟁으로 인해 파생된 간난신고뿐 아니라 애국(애족)의 정념도 적극적으로 공개하기 시작했다. 매체 장악력, 공론장으로의 접근 용이성, 사회적 발언능력을 보유한 자로서 그리고 무엇보다도 강제 징집의 부당성을 비판할 수 있는 민족주의적 도덕성과 지성을 소유한 자로서 학병들의 발언은 신뢰의 무게를 갖고 곳곳에 소개된다.[31] 해방 이후부터 현재까지 학병 출신자의 발언과 기록은 계속되어 왔다.[32] 잡지에 실린 단편적인 기사 외에, 학병 수기 역시 1940년대 말에 이르러 단행본으로 출간되기도 했는데 『사선을 헤매며–학병탈출기』(윤재현, 1948),[33] 『학병탈

31 관련하여 주목할 만한 기사들이 실린 매체로는 『신천지』와 『학병』을 들 수 있다. 『신천지』에서 마련한 「귀환학병의 진상보고」(1946.2) 「신판임거정–학병거부자의 수기」(1946.4~6) 그리고 그밖의 학병의 보고나 수기를 통해 개인의 이야기가 민족이야기로 수렴되는 양상을 분석한 글로는 최지현, 앞의 글 참고.

32 이들의 글쓰기 유형과 이 행위가 갖는 의미에 관한 선구적인 연구는 앞서 언급했듯이 김윤식에 의해 진행된 바 있다. 그는 학병세대의 글쓰기 방식을 분류하면서 실제 학병체험을 했던 이병주, 이가형, 한운사 등의 저작이 갖는 의미를 분석한다. 김윤식, 앞의 책 참고.

33 이 책은 실물 확인이 어려운데, 1948년 12월 22일자 『자유신문』의 짤막한 신간평란에

출기』(최정식 · 김이현 기록, 1949)가 그것이다. 이후로도 이러한 기록들은 『청춘만장』(1 · 20동지회, 1972), 『1 · 20 학병사기』 1~3(1 · 20동지회, 1989) 『7인의 탈출』(유재영, 1993), 『탈출기』(김문택, 1995)[34] 등으로 줄곧 이어졌다.[35] 여러 유형으로 강제동원된 자들의 역사가 국가적 차원에서 공식적으로 축적되기에 이른 현재,[36] 학병의 이야기는 식민지 현실을 증거하는 하나의 영역으로 부분화되면서 일반화되었다. 이들의 '육필'은 국민국가에서 이루어지는 과거와 기억의 재구성이라는 징후적 양상을 보여주는, 흥미로운 자료라 할 수 있다.

학병의 수기는 주로 자신들이 참여해야 했던 전투, 일본 군영 내에서의 힘겨운 생활, 지원과 입영 전후의 구체적인 정황, 학병거부를 위한 도피 생활 등을 소상하게 적고 있다. 어떤 경우든 이들의 회고에 민족주의적, 애국주의적 당위론이 강하게 깔려 있음은 쉽게 확인할 수 있다. 이 가운데 학병 수기의 중요한 하위 장르라 해도 좋을 탈출기가 존재한다. 많은 탈출기들이 먼 이역에서의 전투 기록 못지않은 극한 상황을 전해주고 있다. 학병의 자기기록이 국민국가 건설 초기에 제일의적 가치와 기능을 구가했던 애국애족 이데올로기를 강화하는 데 복무했음은 분명해 보인다. 그리고 이러한 이데올로기적 공정

마해송이 소개하고 있다. 기사를 참조하자면 단행본으로는 가장 빨리 나온 학병탈출기가 아닐까 한다.

34 한국독립운동사정보시스템(https://search.i815.or.kr/OrgData/OrgList.jsp?tid=do&id=1-010146-001)에서 수기 원문 및 DB 자료를 볼 수 있다.

35 그 외 김윤식은 논픽션 장르로 이가형의 『버마전선 패잔기』, 장준하의 『돌베개』, 김준엽의 『장정』, 신상초의 『탈출』 등을 중요하게 언급하고 있다.

36 2004년 국무총리 산하기구로 발족한 일제강점하 강제동원피해진상규명위원회가 그러하다. 이 기구의 기억수집 작업 및 자료화에 대해서는 권미현, 「강제동원 구술자료의 관리와 활용」, 『기록학연구』 16호, 2007. 과거청산 문제에 대해서는 신주백, 「한국과 일본에서 대일과거청산운동의 역사」, 『역사문제연구』 통권14호, 역사문제연구소, 2005.

과 공인 과정을 거치면서, 이들은 국가 없는 민족의 애환과 국가를 가진 국민으로 갱생하려는 욕망을 상징하는 존재가 될 수 있었다. 젊은 엘리트 집단이 고귀한 희생과 희망찬 미래를 의미하는 존재로 인식되는 구도는 이후의 국민국가 상상 체계에 무리 없이 착상하여 안정화된다. 젊은 엘리트의 수난사가 대중적인 코드와 결합하여 학병로망이 탄생했을 때 그 울림은 증폭되었고 이에 공명한 수용자들도 획기적으로 많아졌다.

사실 학병은 존재감이 가장 생생했을 법한 1940년대 중후반기의 문학장에서 특별히 두드러지는 서사 자원이 아니었다.[37] 김내성의 『청춘극장』과 한운사의 『아로운』 3부작의 출현이 흥미로운 것도 이러한 배경때문일 수 있다. 학병 출신자를 중심에 두고 해방 이후의 복잡한 갈등구조에 접근하려 했던 이병주의 『관부연락선』이나 선우휘의 「불꽃」 등과 비교해볼 때 이 두 텍스트는 전형적인 대중물의 관습을 취하고 있으며 매체적 재생산 연쇄 구조 역시 충분히 대중 지향적이었다. 이들이 학병로망이었기 때문에 폭넓은 인기를 얻을 수 있었다고 말한다면, 그리 타당한 판단은 아닐 것이다. 『청춘극장』과 『아로운』 3부작의 뚜렷한 돌출은 멜로드라마 특유의 서사 코드(수난, 장애, 우연, 지연 그리고 복잡한 애정 관계),[38] 기존의 대중소설을 통해 익숙해진 문법의 차용, 그간의 문학에서는 상대적으로 매우 드물었던 식민지 풍경의 본격적 전시 등 시대적 감수성에 들어맞는 다양한 흥미 요소들이 복합작용한 결과일

37 소품으로 一香, 「학병의 안해」, 『민성』, 1946.5; 계용묵, 『바람은 그냥 불고』, 『백민』, 1947, 6·7 합병호; 정비석, 「思鄕歌—어떤 학도병의 수기」, 『백민』, 1950.2 등을 참고할 수 있다.
38 멜로드라마의 양식적 특징에 대해서는 Ben Singer, 이위정 역, 『멜로드라마와 모더니티』, 문학동네, 2009.

것이기 때문이다. 그러므로 내가 의도하는 것은 학병 모티프를 대중성 획득의 원인으로 고정시키는 일이 아니라, 학병로망에서 대중성의 획득이 왜-어떻게 가능할 수 있었는가를 묻는 일이다. 그리고 민족, 역사, '특별한' 청년 사이의 긴밀한 접합을 가능케 한 특유의 집합적 상상체계를 규명하는 일이다.

김내성의 『청춘극장』은 출간 당시로서는 근거리 과거였던 식민지 말기의 조선 사회를 '청춘'이라는 렌즈를 삽입하여 재구성하고 있다. 이 소설에서 학병 모티프가 중요하게 활용되고 있다는 것은 몇 차례 언급되긴 했지만,[39] 바로 이 점에 초점을 맞춰 본격적인 다시 읽기가 이루어진 경우는 없다. 여기에는 그럴만한 근거가 있는 바, 김내성이 일찍이 집중했던 장르문학적(첩보, 범죄추리물) 요소들이 적재적소에 활용되면서 서사가 전체적으로 멜로극으로 기울어 있기 때문이다.[40] 더불어 세 명의 남성 주인공을 통해 당시 엘리트 청년에게 주어졌던 삶의 세가지 가능성 곧 문청, 독립운동가, (예비) 전문직 지식인이라는 갈래길을 병치시켜 서사를 진행하고 있기 때문이기도 하다. 그러므로 『청춘극장』을 학병로망으로 치환하여 해석하는 작업은 텍스트가 지닌 복합적 의미망을 축소시킬 위험이 있다.

그러나 보다 통시적이고 원심적인 방향에서 텍스트를 재정위한다면 『청춘극장』이 대중적인 학병로망의 패턴을 선취하여 제시하고 있다는 파악도 충분히 가능하다. 이러한 문제의식의 전환과 연장을 위해 요구

39 김윤식, 앞의 책; 이영미, 「추리와 연애, 과학과 윤리」, 『대중서사연구』 제21호, 대중서사학회, 2009; 이호걸, 「김내성의 〈청춘극장〉과 한국액션영화」, 『대중서사연구』 제21호, 대중서사학회, 2009.

40 이영미, 위의 글.

되는 연관 텍스트는 앞서 밝혔듯 『아로운』 3부작이다. 『아로운』은 『청춘극장』과 비교해볼 때 훨씬 더 압축적이고 정격적인 방식으로 학병 주인공에 초점을 맞추고 있다.[41] 이 텍스트가 이런 저런 형태로 대중들 사이에서 번성했던 시점은 1960년대 초반으로,[42] 여기에는 『청춘극장』의 경우와는 또다른 시대적 정황이 놓여 있다.

두 텍스트의 간텍스트적 양상, 즉 무엇이 서로 교환되고 공유되었는지 그리고 그럼으로써 어떤 상상패턴을 생산하고 파생효과를 낳았는지를 파악한다면 학병과 학병로망의 문화정치적 의미를 새롭게 발견할 수 있을 것이다. 이에 대한 탐색을 위해 특히 학병로망이 공통으로 취하고 있는 '탈출' 모티프에 초점을 맞추고자 한다. 관련하여 한 가지 부연해야 할 것은 '탈출'이라는 계기가 텍스트 내적으로만 중요한 의미를 갖는 것은 아니라는 점이다. 탈출 혹은 도주란 단지 서사 모티프에 머무는 것이 아니라, 학병의 '현실'로 연장되는 실제의 장에서 일어난 일이었다. 따라서 이 행위가 갖는 의미를 되묻는 작업은 궁극적으로는 전시 경찰 제국이 취한 치안적 분배[43] 체제와 이 과정에서 형성된 식민

41 이러한 현상은 『청춘극장』의 서사 자원과 『아로운』의 그것이 갖는 연원적 차이에서도 비롯된 것으로 보인다. 실제로 학병 체험을 하면서 이 때 써놓은 일기를 바탕으로 일본군 내의 현장을 실감 있게 다룰 수 있었던 한운사와는 달리 김내성은 간접적으로 획득한 정보들을 바탕으로 삼고 있다. 물론 『청춘극장』에서 묘사되고 있는 학병 체험은, 이후 나온 수기들을 참조해보면, 특별한 비현실적 과장을 담고 있지는 않으며 어떤 점에서는 조선인 학병 일상의 매우 전형적인 양상을 보여준다.

42 『아로운』 시리즈의 창작동기와 장르전환 양상 그리고 당시 수용자들의 반응에 대한 한운사의 발언은 방송대본디지털도서관(http://www.daevon.or.kr/) 참고.

43 '치안적 분배'라는 용어는 랑시에르에게서 빌려온다. 그는 정치와 정치적인 것에 대한 논의에서 이 개념을 쓰고 있다. 정치적인 것은 "이질발생적인 두 과정의 마주침"인데, 이는 환원하자면 통치=치안과 평등=해방 사이의 마주침을 뜻한다. 치안이란 기본적으로 자리와 기능의 질서를 유지하는 통치 규칙들의 원리이다. 해방은 이 '안전'의 논리를 교란시켜 '평등'을 입증하려는 과정이다. 이에 대해서는 Jacques Ranciere, 『정치적인 것의 가장자리에서』(길, 2008), 특히 1부의 「정치, 동일시, 주체화」 부분 참고.

지의 범법적 혹은 불법적 존재 사이의 관계를 고찰하는 일이 된다. 총동원 시스템이 고도의 긴장과 강박으로 작동하는 현상과 그것의 내파 가능성이 증대되는 현상은 서로 비례 관계에 있는 것인지도 모른다.[44] 피식민자의 도주는 이 비례 관계를 드러내는 하나의 징표라 할 수 있다. 조선인 관리를 위해 각종 법제 및 경찰력이 강화되는 현실에 상응하여 피식민자의 도주나 이탈 역시 빈번해졌던 사실은 전시 제국을 배경으로 일어나는 치안과 범법의 길항 구조를 잘 보여준다.[45] 학병의 탈출 또는 학병로망의 탈출 모티프의 해석도 이런 맥락에서 새롭게 열릴 수 있을 것이다.

전쟁과 교전권에 대한 슈미트의 논의에서는 식민자가 벌이는 전쟁과 피식민자 사이의 문제는 그리 중요한 관심 대상이 아니다. 그러나 그는 종속된 집단이 전시에 처하게 되는 혼란에 대해 짧지만 정확한 지적을 한 바 있다. 그에 따르면, 일반적으로 국민이 정치적인 영역 안에 존재하는 한 적과 동지의 구별은 국민 자신이 결정해야 한다. 적과 동지를 구별하는 능력이나 의사가 결여될 때 즉 자신의 적이 누구인지, 자신이 누구와 싸워야 하는지에 관해 타인의 지시를 받게 될 때 그 국민

44 억압적 통치 장치를 운용하는 제국과 그 내파 가능성의 증가는 장신, 『朝鮮檢察要報』를 통해 본 태평양전쟁 말기(1943~45)의 조선사회」, 『역사문제연구』 통권6호, 역사문제연구소, 2001을 통해서도 그 실제를 확인할 수 있을 듯하다.

45 조선인에 대한 규제는 다양하게 이루어졌는데 특히 이주자들이 주요 적용대상이 되었다. 조선인 도일(渡日)자 수는 1930년대 말 이후부터 급증하는데 이는 물론 전쟁 발발로 인한 노동력 수요에 의한 것이었다. 이에 대해서는 김광열, 「1940년대 일본의 渡日조선인 규제정책」, 김광열 외, 『패전 전후 일본의 마이너리티와 냉전』, 제이앤씨, 2006. 그리고 협화회 설립과 감시기능에 대해서는 김광열, 「1940년대 전반 일본경찰의 재일조선인 통제체제」, 앞의 책 참고. 이 글에 따르면 1939년 10월부터 1942년 10월까지 강제 동원된 조선인 가운데 도주자의 비율은 평균 32%를 웃돌았다고 한다. 도주자 방지 및 색출과 관련하여 협화회원증은 중요하게 소지해야 할 증명서이기도 했다. 이러한 상황은 일본의 조선인 부락을 등장시키고 있는 『아로운』에 사실적으로 묘사되어 있다.

은 이미 정치적으로 자유롭지 않으며 다른 정치체제에 편입되거나 종속된 상태라는 것이다.[46] 적과 동지를 스스로 결정할 수 없는 상황 혹은 제국이 적이라고 지목한 상대가 진짜 적인지, 어찌하여 적인지 곱씹게 되는 상황. 이것이 전시 식민지 조선이 처해 있던 모순과 동요의 핵심일 듯하다. 『청춘극장』과 『아로운』은 이렇게 '식민자의 전쟁'을 수행해야 하는 조선인 청년을 주인공으로 삼고 있다. 『청춘극장』에서 이러한 상황은 분명하게 제시되고 있다. "그렇다면 당신은 좋건 싫건 당신의 총부리를 저편으로 댈 수밖에 없을 것이 아닙니까? 저편으로 대고는 대체 누구를 쏘겠다는 말씀이요? 중국인을 쏘겠다는 말이요? 중국인이 우리의 땅을 먹었습니까? 미국인이 우리의 땅을 먹었습니까? 30여년 동안 우리 땅을 먹어 온 사람들에게도 못대는 총부리를 대체 어디로 대보겠다는 말이요?"[47]

『청춘극장』은 누가 적인지 결정하지 못한 채 싸울 것을 압박받는 상황에서 학병이 선택할 수 있는 길은 둘 뿐이라고 정리한다. 자살 아니면 도주가 그것이다. 이 가운데 백영민은 도주를 감행하는 학병 거부자가 된다. "이 운명의 열차가 목적지에 도착하기 전에 나는 어떠한 위험을 무릅쓰고라도 도망을 해야만 하지 않느냐"는 결심으로 그는 첫 번째 도주를 시도한다. 하지만 도주는 실패로 끝나고 북지에서의 병영 생활이 시작된다. 이곳에서 그는 두 번째 도주를 계획하면서 '도망병 되기'의 긴 시간을 보낸다. 그러나 모든 계획은 성공하지 못하고 결국 출정 후 부상병이 되어 조선으로 돌아오는데, 여기서 주목할 것은 『청춘극

46 Carl Schmitt, 김효전 역, 『정치적인 것의 개념』, 법문사, 1995, 60쪽 참고.
47 김내성, 『청춘극장』 2, 홍익출판사, 1975, 201쪽.

장』을 통해 학병의 기나긴 탈주 욕망, 그 절박한 논리가 웅변적으로 재현된다는 점이다.

'도망병 되기'는 『아로운』 시리즈 전체를 받치고 있는 핵심 줄기이기도 하다. 『청춘극장』이 북지로 간 백영민의 운명을 따라 진행되고 있다면, 『아로운』은 일본으로 끌려간 학병 아로운의 행로를 따라 전개된다. 폭력과 모욕으로 점철된 내무반 생활을 피해 도주한 아로운은 공습하의 나고야, 히코네 등을 숨어 떠도는 도망병일 뿐이다. 그는 보이지 않게 "유령"처럼 숨고 정체가 탄로나지 않도록 거짓말과 거짓행세를 해야 한다. 도망병으로 감내해야 하는 존재론적 전략에 아로운은 다음과 같이 울분을 토한다. "보라, 내가 여기 있다. 숨지도 감추지도 않는다. 너희들 눈이 여기를 보면, 여기 서있는 나를 볼 것이다. 보고선 어쩔 테냐? 내가 죄인이냐? 탈주병? 내가 들어갈 의사도 의무도 없는 곳에 끌려갔다가 내 자의로 나온 것이 죄란 말이냐? 그밖에도 나는 죄가 없는 사람이다. 도둑질도 살인도 안했다. 내가 죄인이냐? 자 보라! 얼마든지 보라!"[48] 드러나서는 안되는 범법자 아로운은 폭격으로 붕괴된 도시를 떠돌다가 부상당한 후 체포되어 육군병원으로 후송된다.

이렇게 두 편의 대중적인 학병로망은 도주의 서사를 뼈대로 삼고 있다. 그렇다면 학병의 탈주란 구체적으로 어떤 의미를 가질까. 우선 서사 전략 측면에서 살펴보자. 길고 불안한 탈주의 시간은 문제적 개인의 긴박한 모험과 내면의 여행을 기록하는 로망의 기본문법을 충실하게 구현한다. 무수한 장애와 위험 그리고 지연과 방해 요소가 상존하는 도

48 한운사, 『아로운』 2(현해탄은 말이 없다), 정음사, 1985, 45쪽(이하 『아로운』 시리즈는 제목과 쪽수만 표기).

주 상황의 묘사는 멜로드라마적 애정구도 못지않은 효과를 발휘한다. 따라서 대중적인 학병로망이 전쟁을 수행하는 자가 아니라 전쟁으로부터 끝없이 도피하는 자를 전면화하는 것은 의도된 선택이다. 그런데 서사 전략적 차원의 의미보다 중요한 것은 탈주 학병이 갖는 좀더 넓은 상징적(혹은 정치적) 의미일 듯하다. 이와 관련하여 주목할 점은 원하지 않는 전쟁에서 자신의 사적, 공적 신념을 지키기 위해 선택할 수 있는 것은 오직 탈주 뿐이라는 인식이다. 학병 탈출 수기와 대중적 학병 로망은 이러한 의식을 공유한다. 탈주 학병이 병영과 전장에서 직면한 절망이 무엇이든간에, 전시 병영시스템의 집요한 법망을 뚫는 '도망병'은 총력전의 통치 장치와 피식민 생명체가 접합하는 장에서 생겨난 흥미로운 주체성이다.

그러니까 도망병 혹은 병영 이탈자란 병사화 권역에 들지 않았던 지금까지의 조선에서는 생성될 수 없었던 존재이며 그런 점에서 전쟁의 미시정치와 더불어 비로소 등장하게 된 신생 존재라 할 수 있다. 이들은 전시 통치의 필연적 부산물인 동시에 체제로서는 예기치 못한 불상사 그 자체이기도 한 셈이다. 아감벤은 푸코의 논의에 기대어 "생명체들의 몸짓, 행동, 의견, 담론을 포획, 지도, 규정, 차단, 주조, 제어, 보장하는 능력을 지닌 모든 것"을 장치라고 규정했다. 이어 그는 실체들(생명체)과 장치를 분할하여 이 둘 사이에서 제3항인 주체가 생겨나는 구도를 상정한다. 그리고 장치의 무한한 증가와 바로 그만큼의 주체화 과정의 증식을 대응시키고 있다.[49] 법장치는 적법자를 발생시키기도 하

49 Agamben Giorgio, 양창렬 역, 『장치란 무엇인가?』, 난장, 2010, 1장. 본문의 인용은 33~34쪽.

지만 범법자 역시 파생시킨다. 같은 논리로 사회의 총체적 병영화 장치가 그에 상응하는 반병영적 범죄를 자극할 것이라는 이해가 가능하다. 수기를 통해서도 확인되는 바이지만, 학병제 시행을 전후하여 학생은 도망이건 '정상적' 귀향이건 거의 모든 이동 경로 곳곳에서 작동하는 경찰력의 감시를 받았으며, 입영 지원서를 작성할 때까지 그러했다. 경찰이 징병 수행의 책임 기관으로 병영화의 실무를 맡았다는 사실이 이와 같은 일상적이고 집요한 포획 정책의 생리를 설명해줄 것이다.[50] 할당받은 자리에 고정되기를 거부하고 흘러다니는 도망자들, 질서와 체계를 흐트러뜨리는 탈출자는 치안유지법을 어긴 중대 범법자로 또다시 헌병의 감시와 수색의 대상이 되곤 했다.[51]

군법을 어기고 도망을 감행한 두 인물, 즉 도시를 배회하는 유령 아로운과 계속 도주를 시도하는 백영민은 전시 제국의 치안 질서를 어긴 자들이다. 일반적으로 학병수기에 탈출이나 도망을 감행한 학병이 그렇지 않은 학병보다 도덕적으로 우월하다는 식의 비교는 거의 나타나지 않는다. 물론 탈출자들은 민족적 울분과 저항의식을 강조하고 출정자들은 출정의 불가피성을 역설하는 식으로 자기정당화 면에서 차이를 보이지만, 두 행위를 놓고 가치론적 무게를 재는 태도는 취하지 않는 것이다. 그러나 대중적 재현의 생산과 소비의 장에서, '범법행위'가 위험을 무릅쓴 민족주의적 열정과 반제국주의적 결단의 표현물로 선

---

50 이에 대해서는 樋口雄一, 앞의 책 참고.

51 1945년 6월 평양사단 내에서 발생한 조선인 학병의 탈주 사건 판결문에 의하면 관련자 24명이 징역 2년에서 13년에 이르는 형량을 언도받았는데 이들의 죄목은 공통적으로 치안유지법 위반이다. 이에 대해서는 표영수, 「자료 소개—'평양학병의거사건' 판결문」, 『한일민족문제연구』 창간호, 한일민족문제학회, 2001.

호되었음은 분명해 보인다. 탈출이 '왜 전쟁에 나가야 하는가'라는 질문에 대한 최상의 윤리적 답으로 인식되는 상황에서, 탈출을 감행하는 학병은 식민지 청년의 절박한 모험, 숭고한 정신, 맑은 영혼, 고매한 고뇌를 합쳐서 갖고 있는(보다 정확하게는, 그렇다고 상상되는) 단단한 매듭으로 상상되었다.[52]

2) 범/법과 존재론적 전환의 기술

그렇다면, 총력전의 치안 논리에 반하는 두 주체의 귀로는 어떤 의미를 가질까. 이들은 제국의 법 혹은 자기 존재의 범법성을 어떤 식으로 의식하거나 처리하고 있는가. 좀 더 일반화해 보자면 이는 피식민자에게 법 또는 합법성이 어떤 식으로 문제화되거나 의미화되었는가라는 질문이 될 것이다.

우선 『청춘극장』부터 살펴보자. 전장에서 벗어나 후방으로 돌아온 후에 일어난 백영민의 자살은 그동안 그가 보여준 장대한 모험, 웅변적 사유와는 상당히 다르게 느껴지는 사건이다. 두 지점 사이에는 어떤 관계가 있을까? 백영민은 부상병이 되어 조선으로 돌아온 후 변호사 사

---

52 일본인 학병의 멘탈리티와 조선 학병의 그것을 비교하는 것이 가능할까? 자료 성격의 차이, 기록의 차이, 표본의 차이로 인해 일률적인 비교는 불가능할 것이다. 그러나 일본인 학병이 자신의 예고된 죽음의 의미를 찾기 위해 교양에 기반한 고도의 사유를 시도했음을 규명하는 오오누키 에미코의 『죽으라면 죽으리라』(이향철 역, 우물이있는집, 2007)의 관점은 여러 가지 면에서 흥미롭다. 더불어 역자인 이향철이 지적하고 있듯이, 이와 같은 일본인 학병의 '정신지'가 불러일으키는 효과 역시 비판적으로 재고해볼 만한 여지가 있을 것이다.

무실에 취직한다. 이는 그가 제국법의 실제 운용계에 소속된 하나의 생활인이 되었음을 뜻한다. 그러나 백영민은 곧 식민지 출신의 법종사자가 직면할 수밖에 없는 게임에 말려든다. 사실상 이 게임은 전시 제국법과의 싸움으로, 결말은 백영민의 패배로 이미 정해져 있는 것이었다. 애국(애족)과 연애가 서로 부딪치면서 열리는 복잡한 판단과 선택의 공간에 그가 들어서는 것으로, 게임은 시작된다. 백영민은 이 둘이 합일되지 않는 균열의 틈에 끼어 있다. 운옥의 사랑이 사적 사랑에서 공적 사랑으로 확장되면서 강해지고 있다면, 백영민의 그것은 조화를 이루지 못한 채 흔들리고 소모되는 형국이다. 그 어느 것도 놓칠 수 없는 상황에서 백영민은 우선 제국법의 희생자가 되어버린 운옥을 구하려 하지만 실패한다. 유일하게 남아 있던 방법 즉 법의 '공정성'에 기댄 호소는("죄이상의 죄를 피고에게 뒤집어 씌움으로서 대일본제국의 신성한 법의 정신을 망각하게 되는 중대결과를 맺을 것이오니 진실에 입각하여 사건을 처리해"[53]달라는 변호와 요구) 공정성과 공공성 자체를 정지시킴으로써 유지되는 제국법의 무법성에 의해 철저히 무시된다.

"법률적 양심과 도덕적 양심의 조화"를 통해 조선과 조선인을 '법적 존재'로 상승시키고자 했던("먼저 조선 사람은 법률적 양심을 길러야만 될 줄 믿습니다. 즉 권리와 의무를 구별할 줄 아는 민족이 되어야 할 줄 압니다"[54]) 식민지 출신의 이상주의자 법학도는 현실의 법운영 장에서 제국법의 기만

---

53 『청춘극장』 3, 홍익출판사, 1971, 333쪽. 이는 조국에 대한 사랑과 사적 사랑 가운데 전자를 택한 일본인 스파이 하세가와 나미에의 위증을 비판하는 운옥의 논리이기도 했다. 운옥은 법정에서 "적어도 거룩하신 분의 분부로서 제정된 대일본제국의 입법의 정신을 유린한 범죄인으로서" 위증자 하세가와 나미에를 공격한다.

54 『청춘극장』 1, 홍익출판사, 1971, 44쪽.

을 목격하고 자기의 존재론적 근거 전체를 상실하고 만다. 이러한 사태가, 운옥을 구하지 못하고 바로 이로 인해 유경도 잃어버리는 일련의 사건으로 발현되는 것이다. 『청춘극장』은 식민지의 순수하고 우수하며 영롱했던 젊은 영혼이 제국의 법망을 거스르는 범법자로, 포획된 전쟁 병기로 그리고 최종적으로는 모든 것을 상실한 자살자로 소멸되어 가는 과정을 재현하면서 눈물과 애상으로 식민지 역사를 구성하였다. 제국의 전시(치안)법을 불신(거부=범법)하면서도 근원적으로는 제국법의 권위를 신뢰했던 젊은 계몽주의자의 자가당착이 백영민의 자살을 설명하는 기본 구도가 아닐까.[55]

그는 법과 폭력이 묘한 하나라는 사실, 폭력이 법질서에 외재적이지 않다는 사실[56] 그리고 그를 징병해갔던 전시 총동원법과 치안법이 결코 제국법의 '예외'가 아니라는 사실을 알지 못했다. 그래서 스스로 설정하여 기대한 제국법의 '선'(정당성)과 역시 스스로 어기고 거부한 '악'(부당성=억압성)을 양 손에 든 채, 결과적으로는 그 법망에서 벗어나지 못하고 소진된 것이다. 식민지인에게 어떤 선택이 있을까? 제국의 법망에서 안태하는 것 혹은 여기에서 멀리 이탈하는 것, 아니면 이도저도 아닌 채로 헤어나지 못하는 것. 어느 경우든 절망적일 뿐이지만, 백영민의 경우는 이 세 번째 경우에 해당하는 삶의 상태(=죽음의 상태)를 보여주는 듯하다. 어쨌든 이 눈물과 애상의 힘이 식민지 역사를 향한

55 해석과 관점은 다르지만, 『청춘극장』에서 다루어지는 법의 문제를 분석하는 연구로는 이호걸, 앞의 글.

56 법과 폭력의 인접성은 Agamben Giorgio, 김상운・양창렬 역, 『목적없는 수단』 난장, 2009, 특히 9절 「주권적 경찰」 참고. 그리고 법과 폭력의 내재적 관계에 대해서는 Jacques Derrida, 진태원 역, 『법의 힘』, 문학과지성사, 2004 참고.

대중의 기억과 감각에 오래도록 영향미칠 수 있었음을 우리는 『청춘극장』을 통해 확인하게 된다. 적멸해가는 젊은 에너지가 신생하는 젊은 에너지(운옥-장일수) 못지 않은 정서적 울림을 주었다는 점 그리고 이렇게 마이너스의 방향으로 식민지를 기억하고 민족을 애도하는 방식이 하나의 뚜렷한 길을 텄다는 점에 주목할 수 있을 것이다.

이제 『아로운』에서 아로운이 선택하는 자기기술 즉 궁극적인 합법성의 획득 양상을 검토해 보자. 이 '성취'의 논리와 경위를 파악하기 위해서는 그의 사랑과 귀환의 문제부터 살펴보아야 할 것이다. 위험하고도 용감한 민족주의적 모험과 사적 사랑의 행로를 연결짓는 것은 대중적 학병로망이 구축되는 공통된 방식이다. 이는 민족애와 연애 없이는 상상할 수 없는 식민지 청년의 상이 탄생하는 공식이기도 하다. 『청춘극장』의 핵심에 백영민-유경-운옥의 관계가 있듯이 『아로운』 3부작에는 아로운과 일본여성 히데코의 관계가 있다. 두 인물 사이의 헌신적 애정은 일반적인 멜로드라마의 복잡하게 얽히고 어긋나는 관계와는 달리 확고한 불변성을 바탕으로 한다. 물론 이 변치않는 애정의 유일성으로 인해 탈주 학병이 치러야 할 모험의 고통과 위험은 더 증가하는 것이며 대중물로서의 극적 효과도 발전(發電)할 수 있는 것이다. 『아로운』 시리즈 역시 『청춘극장』이 선취한 민족주의적 멜로드라마의 틀을 활용하고 있지만 둘 사이의 상상력에는 시대적 변화를 반영하는 큰 차이가 존재한다. 『청춘극장』을 이끄는 모든 당위적 이념(애족, 독립, 저항), 가치있는 감정(애정, 우정)이 철저하게 '동족성'에 기반하고 있다는 점은 분명하게 확인된다. 애초 이러한 틀 안에 놓여 있는 까닭에 백영민은 어떤 일본 여성과도 친밀성의 관계를 갖지 못한다. 말하자면 이러한 유형의 관계란 『청춘극장』의 지평에서는 상정불가능한 혹은 상정 불필요한 것이다.

동족성에 기반한 친밀성이라는 전제는 민족주의적 상상력이 운동하는 안정적인 기반이 되어 왔다. 그런데 『아로운』은 해방 이후 오랫동안 유지되어 왔던 이러한 방식에 작지 않은 변수를 가지고 들어온다. 이 작품을 계기로 1960년대 초반부터 한일 간 국가 경계와 에스닉 경계를 넘나드는 사랑(혹은 우정)의 서사가 특히 영화를 중심으로 한 대중물 영역에 출현하게 된 것이다. 젊은 식민지 남성과 지배국가 여성 사이의 정서적 연대가 진취적이며 미래지향적이고 갈등해소적인 것으로, 즉 내선일체라는 공적 가치의 사적 실천으로 묘사된 것은 주로 식민지 말기의 작품들을 통해서였다. 이후 조선(한국) 남성과 일본 여성의 감정적 연대라는 모티프는 담론의 지평에서나 재현의 장에서 모두 사라진다. 그 가능성이 과거와는 모습을 달리하여 가시화된 것이 바로 1960년대 초반부터인데, 이런 현상이 부상할 수 있었던 데는 당시 한일 관계를 두고 진행된 전면적인 정치문화적 변화의 영향이 크다. 따라서 1960년대 초반의 식민지 역사 재구성 작업에 이 변화가 사랑과 연애 대상의 전환이라는 방식으로 반영된 현상은 나름의 맥락을 갖는 것이다.

나고야의 군부대에서 온갖 차별과 모욕을 당하다가 부대를 이탈한 아로운은 히데코와 도피생활을 함께한다. 극심한 생활난과 발각의 위험 그리고 계속되는 도시폭격 속에서 아로운은 자기 정체의 비참함을 거듭 확인하게 된다. 임신한 히데코가 식량을 구하기 위해 외출을 하면 아로운은 은신처의 작은 방에 갇힌 채 끝없는 전락의 공포에 시달린다.

"긴 한숨을 쉬고선 골목길을 내려다보았다. 완연히 어두워졌다. 그리고 안온다. 어쩌면 안돌아올 작정인가? 그럴 수도 있는 일이다. 그녀가 제대로 생긴 일본여자라면 돌아오지 않을 이유는 얼마든지 깨달을 수 있을 게다. 첫째 죠오센징, 둘째 도망병, 그래서 낮이나 밤이나 가둬 놓아야 되고 벌어다가 먹여 살려야 되고 전쟁에 져서 일본이 망하게 되기 전에는 맥을 출 도리가 없는 사나이."[57] 아로운은 전란 속에서 히데코와 헤어지고, 그녀를 찾아 헤매다가 부상을 입고 결국에는 병원으로 후송된다. 그러나 이국에서의 청년 수난사는 조국으로의 귀환이 의미하는 바 정상 질서로의 회귀라는 상승과 에로스의 경로를 취하면서 종결된다. 아로운이 수행한 탈출이라는 '민족주의적' 삶은 제국의 시절에는 혹은 제국의 땅에서는 '불법'으로 도착(倒錯)된다. 하지만, 해방을 통해 그는 고국 땅에서 '국민'이라는 적법하고 합법적인 존재로 갱생하는 길을 찾게 될 것이다.

귀환을 결정하기까지 그는 자신의 사랑을 어떻게 지킬 것인가를 고민한다. "조국이냐, 사랑이냐? 여태까지 한번도 생각해 본 일이 없는 문제같기도 하고 아니 정반대로 여태까지 생각하고 겪어온 모든 일의 종말은 필경 이 크고 작은 것 같은 두가지 중에서 어느 한쪽을 택하느냐에 있었던 것 같기도 하다 (…중략…) 사랑을 보존하고 동시에 조국을 따를 수 있는 편리한 길은 없는 것일까? (…중략…) 사랑과 동시에 조국을 찾는 길은 없는가? 그 두가지를 한꺼번에 지키는 길은 없는가."[58] 『청춘극장』의 백영민이 두 가지를 모두 획득하지 못했다면, 아로운은

57 『아로운』 2(현해탄은 말이 없다), 16쪽.
58 위의 책, 113~114쪽.

히데코를 일본에 두고 귀환선을 타는 것으로 큰 하나=조국(민족)을 얻는다. 방황과 번민 속에서 아로운이 조국으로 향할 것을 결정하는 데 영향을 미친 것은 히데코의 자발적인 이별 결심이다. 그녀는 "조선 출신의 당신의 경우 짓밟힌 꿈과 그 꿈을 되찾으려는 필사적인 정열을 식힐 수 없을 바엔, 차라리 행복을 독점하는 데서 얻으려 하는 것보다도 당신의 정열이 식을 때마다 거기 불을 붙여주는 충실한 시녀가 되는 데서 얻고자 결심했다"[59]고 하면서 아이와 함께 나고야에 남는다.

이렇게 하여 『아로운』은 귀환의 이야기로 완성되는데, 이는 도망자되기에서 국민되기로 이어지는 식민지 엘리트 청년의 전형적인 존재전환 서사라 할 수 있다. 존재의 전환이란 무엇인가? 제국의 한가운데서 법질서를 어기고 이탈한 이등 종족이 자기 영토에서 국민이 된다는 것은 무엇을 의미할까? "이대로 살아 나간다면 나는 이 세상의 뒷골목에서 뒷골목으루만 헤엄치고 다녀야만 돼. 무엇을 하겠느냐는 명약관화한 일. 사기 아니면 도둑, 아니면 사람으로 뵈지도 않을 고생의 노예가 될 뿐"[60]이라고 아로운이 깊이 절망하기도 했듯이, 제국의 영토에서 그 법을 거스르며 사는 자는 법에 압착당함으로써 철저하게 외부화되고 속박되는 수인(囚人)을 연상시킨다. 반대로 국민이 된다는 것은 주권적 공동체의 성원이 되어 '정당한' 정치적 지위와 인격을 갖는다는 뜻이며 공적 삶을 영위한다는 뜻이다. 이는 폐물들="예외적 존재" 같은 것으로 전락하지 않는다는 뜻이기도 하다. 아렌트가 말한 "인정받지 못하는 예외"(난민)이거나 기껏해야 "인정받는 예외"(범죄자가 된 난

59 『아로운』 3(승자와 패자), 257쪽.
60 『아로운』 2(현해탄은 말이 없다), 228쪽.

민)일 뿐인 존재 혹은 이국에 잔류하면서 배제되고 주변화되어 소수민족으로 부유할 뿐인 존재를 생각해 보자.[61] 이러한 삶의 상태에서 벗어나는 일, 일본을 떠돌던 조선인 도망병의 삶의 복구는 그러므로 (형식) 논리상으로는 주권국가의 국민이 됨으로써만 이루어질 수 있는 것이다. 아니, 그렇게 상상되었다. 아로운의 귀환은 이러한 경위에서 발휘된 자기 기술이라 할 수 있다.

4. 생략과 단절의 기억술

식민자가 있고 전쟁이 있으며, 전쟁의 병기로 전락한 아름답고 슬픈 식민지 청년이 있다. 이 서사는 포스트콜로니얼 시대의 문화상품과 문화적 감수성을 특징짓는 중요한 줄기가 되었다. 이러한 방식으로 식민지 청년을 양각하는 작업은 당대 청년을 그리는 여타의 작품들과는 현저하게 다른 일, 즉 다소 '고전적인' 색감을 섞어 노스탤지어를 생산하는 일을 담당하고 있었다.[62] 그러나 여기서 우리는 사후적으로 이루어

61 Hannah Arendt, 이진우 역, 『전체주의의 기원』 1, 한길사, 2006(인용은 518쪽); Seyla Benhabib, 『타자의 권리－외국인, 거류민 그리고 시민』, 철학과현실사, 2008 참고.

62 일본의 경우, 무명 장병의 전쟁체험기가 유행한 것은 1950년대 중반부터이다. 병영생활을 다루는 이등병 이야기가 큰 인기를 얻으면서 소설, 영화 등이 나오는데, 이러한 텍스트들은 전쟁과 전시의 가혹한 기억들을 매우 친밀한 기억으로 전환시키고 대중화시키는 효과를 발휘했다. 이에 대해서는 中村秀之, 「'二等兵'を表象する」, 『冷戦体制と資本の文化』, 岩波書店, 2002. 한편 오구마 에이지는 학도병 체험이 일본의 전후 사상가들에게 어떤 영향을 미쳤는가를 고찰한 바 있다. 그는 특히 이들이 군대 생활에서 얻게 된 대중에 대한 반감과 비과학적이고 부패한 일본군대에 대한 혐오감에 초점을 맞춘다. 지적 서열을 완전히 무시하는 병영내 서열 체계를 지식인 집단이 강력한 물리적・상징적 폭력으로 받아들인 것은 충분히 있을 법한 일이다. 이에 대해서는 小熊英二, 『'民主'と'愛国'』, 新曜社, 2002 참고. 한국의 학병 수기들 가운데 이러한 문제들을 언급한 글들을 보면, 조선인 학

진 학병의 대중적 재현에 어떤 생략이 있음을 발견하게 된다. 생략된 부분은 바로 귀환 후의 상황 즉 해방기 정국에서 전개된 학병(출신자)들의 동요이다. 이러한 생략은 앞에서 다룬 두 편의 학병 로망에만 해당되는 특징이 아니며 대부분의 학병수기에서 나타나는 현상이다. 양적, 질적 측면에서 이들의 회고를 집대성한 것으로 평가할 수 있을 『1・20 학병사기』에는 귀국 후의 기억을 따로 모아놓은 절이 있는데, 기억들은 모두 "귀국과 애국봉사"라는 타이틀로 접수되고 있다.

학병을 둘러싼 공통의 기억이란 식민지 시기의 수난, 해방의 환희, 귀환의 감격, 국민으로서의 헌신, 대략 이 근방에 집중적으로 몰려 있는 것인지도 모르겠다. 시기가 어떠하든 남한에서 출간된 학병수기들이 대체로 공유하고 있는 이러한 경향은 시간의 흐름에 따른 기억의 재구성이라는 맥락 외에도 해방 이래 지속되어 온 분단과 냉전체제라는 문맥에서도 해석할 수 있을 것이다. 국가 건설의 견인차 역할을 자임하면서 돌아온 학병들이 목격한 당시의 국가적 환경이란, 이들이 좌우 어느 쪽에 서있든 모두 만족스럽거나 바람직하지 않은 상태였다. 양자에게 다 문제적인 상황을 자신들의 입장에서 해결하고자, 복원 학병들은 통치권을 둘러싼 격렬한 분쟁의 장에 직간접적으로 참여했다.

국가 형성과 권력 장악의 역학에서 핵심은 국가의 존태와 운용에 필수적인 치안(police)의 권한 즉 국가 구성원을 수긍・복속시킴으로써 이들 전체를 관리하고 통어하는 권한을 누가 전유할 것인가이다.[63]

병이 느끼고 체험한 '신분전락'이나 성층적 '역전'은 일반적으로 〈일본인 : 조선인〉이라는 에스닉 경계에 기반한 폭력과 차별로 의식되고 있음을 알 수 있다.

63 국가와 안전 그리고 치안에 관해서는 마벨 베레진, 「안전국가—감정의 정치사회학을 향하여」, J. M. Barbalet(ed.), 박형신 역, 『감정과 사회학』, 이학사, 2009.

형성기의 국가로 돌아온 학병들은 채 확정되지 않은 치안 권한을 둘러싸고 경합하는 복수의 세력 가운데 하나가 되었다. 학병조직 중 가장 큰 규모였던 학병동맹은 짧은 동안이지만 실제적인 권한을 소유하기도 했다. 이들은 '인민의 것'이어야 할 국가가 '친일파, 민족반역자' 세력에 의해 '횡령'당하는 사태를 막고자 했으며, 국가정초적 활동의 하나로 자발적이고 신속한 조직화를 통해 치안 공동(空洞) 상황의 조선을 질서화하려 했다. 말하자면 이들의 치안은 상위의 미군정-친일 연합 세력의 치안과는 다른, 사설적(私設的)이고 대안적인 성격의 것이었다.[64] 물론 학병동맹이 수행한 치안은 군정경찰력에 의해 완전히 와해되었고, 관련 학병들은 또다시 '불법적' 존재 혹은 '범법적' 존재가 되어 버렸다.[65] 이 일련의 사태는 제국의 치안 장치에 포획되었던 청년 집단이 국가의 폭력적 치안 장치에 의해 새롭게 유린되는 장면을 보여준다.

분단국가의 탄생과 공고화에 따라 해방기 특유의 비결정성과 유동성이 어느 한편으로 고정되어 가면서, 학병들은 이념적-공간적 거처를 선택해야 했을 것이다. 또 자기들을 합법적 존재로 받아들여주는 체제에서 애국적이고 선도적인 엘리트 국민으로 복무했을 것이다. 이 과정을 거치면서 그들은 차차 기성(旣成)이 되어갔다. 어쨌든 해방기 무수한 작품들이 갖는 특유의 현장성과 시사성에도 불구하고 이 시기 귀

---

64 학병동맹의 강령은 ① 제국주의 세력을 철저히 구축(驅逐)하야 민족해방의 완성을 기할 것 ② 신조선건설의 추진력이 될 것, ③ 신조선 문화운동에 진력할 것, ④ 현 과도기에 있어서 치안유지에 협력하고 장차 국군건설에 노력할 것, 이렇게 네 가지다. 강령 4가 명시하고 있듯이 학병동맹은 조선 국군준비대와 더불어 자생적인 군사기구로서의 역할을 했다.

65 해방기 경찰 및 군대를 비롯한 억압적 국가기구의 형성과 그 인적 구성에 대해서는 안진, 앞의 책; 학병동맹 사건에 대한 해석으로 이혜령, 앞의 글을 참고할 수 있다.

환 학병의 복잡한 삶의 풍경이 충분히 포착되지는 못했다는 점, 그리고 이후에도 격렬하게 기억되지 않았다는 점은 역사의 다층적 기억과 중층적 복원이 갖는 의미를 생각해볼 때 문제적이지 않을 수 없다. 이런 맥락에서 대중적 학병 로망과는 다른 형식을 취하고 있는 『관부연락선』과 『불꽃』 등을 재독하는 작업이 남아있다. 이 텍스트들은 식민지 시기를 거쳐 냉전의 들판에 도달한 학병의 삶이 역시 냉전을 살아온 소설 기록자들에 의해 어떻게 재구성되는가를 파악하는 데 또다른 중요한 지점이 될 것이다.

참고문헌

1. 자료

『백민』, 『학병』, 『자유신문』

『1·20 학병사기』 1~3, 1·20 동지회중앙본부, 1989.

『청춘만장』, 1·20 동지회중앙본부, 1972.

『해방기 한국문예자료총서』, 계명문화사, 1990.

방송대본디지털도서관(http://www.daevon.or.kr)

구술로 만나는 한국예술사(http://oralhistory.knaa.or.kr)

2. 논문

권미현, 「강제동원 구술자료의 관리와 활용」, 『기록학연구』 16호, 2007.

김예림, 「전쟁 스펙터클과 전장 실감의 동력학」, 『동방학지』 147집, 연세대 국학연구원, 2009.

백문임, 「군인이 되세요」, 『동방학지』 147집, 연세대 국학연구원, 2009.

신주백, 「한국과 일본에서 대일과거청산운동의 역사」, 『역사문제연구』 통권14호, 역사문제연구소, 2005.

이경숙, 「한운사의 "아로운 3부작" 연구」, 『한국문학이론과 비평』 제33집, 한국문학이론과 비평학회, 2006.

이영미, 「추리와 연애, 과학과 윤리」, 『대중서사연구』 제21호, 대중서사학회, 2009.

이혜령, 「해방(기)-총 든 청년의 나날들」, 『상허학보』 27집, 상허학회, 2009.

이호걸, 「김내성의 〈청춘극장〉과 한국액션영화」, 『대중서사연구』 제21호, 대중서사학회, 2009.

장 신, 「『朝鮮檢察要報』를 통해 본 태평양전쟁 말기(1943~45)의 조선사회」, 『역사문제 연구』, 2001.

최영욱, 「해방이후 학병 서사 연구」, 연세대 석사논문, 2009.

최지현, 「학병의 기억과 국가」, 『한국문학연구』 제32집, 동국대 한국문학연구소, 2007.

표영수, 「평양학병의거사건 판결문」, 『한일민족문제연구』 창간호, 한일민족문제학회, 2001.

황종연, 「조선 청년 엘리트의 황국신민 아이덴티티 수행」, 한일연대21 편, 『한일 역사인식 논쟁의 메타히스토리』, 뿌리와이파리, 2008.

中村秀之, 「'二等兵'を表象する」, 『冷戰体制と資本の文化』, 岩波書店, 2002.

3. 단행본

권명아, 『역사적 파시즘』, 책세상, 2005.
김광열 외, 『패전 전후 일본의 마이너리티와 냉전』, 제이앤씨, 2006.
김내성, 『청춘극장』 1~3, 홍진출판사, 1975.
김문택, 『탈출기』, 한국독립운동사정보시스템, 1995.
김윤식, 『일제 말기 한국인 학병세대의 체험적 글쓰기론』, 서울대출판부, 2007.
선우기성, 『한국청년운동사』, 선문사, 1973.
안　진, 『미군정과 한국의 민주주의』, 한울, 2005.
유재영, 『7인의 탈출』, 삼지원, 1993.
정운현 편, 『학도여 성전에 나서라』, 없어지지 않는 이야기, 1997.
정해준, 『청년운동의 大本』, 한성출판사, 1949.
한운사, 『아로운』 1~3, 정음사, 1985.

오오누키 에미코, 이향철 역, 『죽으라면 죽으리라』, 우물이 있는 집, 2007.
Arendt, Hannah, 이진우 역, 『전체주의의 기원』 1, 한길사, 2006.
Benhabib, Seyla, 이상훈 역, 『타자의 권리－외국인, 거류민 그리고 시민』, 철학과현실사, 2008.
Derrida, Jacques, 진태원 역, 『법의 힘』, 문학과지성사, 2004.
Michel, Foucault, 오트르망 역, 『안전, 영토, 인구』, 난장, 2011.
Giorgio, Agamben, 김상운・양창렬 역, 『목적없는 수단』, 난장, 2009.
＿＿＿＿＿＿＿＿, 양창렬 역, 『장치란 무엇인가?』, 난장, 2010.
Ranciere, Jacques, 양창렬 역, 『정치적인 것의 가장자리에서』, 길, 2008.
Schmitt, Carl, 김효전 역, 『정치적인 것의 개념』, 법문사, 1995.
Singer, Ben, 이위정 역, 『멜로드라마와 모더니티』, 문학동네, 2009.

小熊英二, 『'民主'と'愛國'』, 新曜社, 2002.
樋口雄一, 『戰時下朝鮮の民衆と徵兵』, 總和社, 2001.

제2부_변경

'배반'으로서의 국가 혹은 '난민'으로서의 인민

해방기 귀환의 지정학과 귀환자의 정치성

1. 국가의 배반, 인민의 삶, 변경의 난민

이 글은 1945년 8월 제국주의 질서의 붕괴와 함께 시작된 조선인의 귀환 및 귀환자 정체성에 대한 분석을 통해 국가의 작동과 인민의 길항 관계가 갖는 의미를 고찰한다. 국가와 인민, 이 두 역장이 서로 마찰하고 충돌한다는 점을 기억할 때, 우리는 국가의 작동과 더불어 작동의 탈구와 부전(不全)이 발생하는 계기를 검토할 수 있다. 귀환이라는 현상과 귀환자라는 정체성은 현대 한국 국가 형성사에 드리워져 있는 억압성과 그 구성원의 정치적 주체화라는, 보다 통시적이고 심층적인 문제를 제기한다. 해방기는 민족국가, 민족, 국민이라는 '최상'의 이상태와 군정국가, 분단민족, 난민이라는 최저의 현실태가 서로 부딪치고 어긋나고 멀어지는 매우 복잡한 국면을 연출했다. 귀환은 이 이상태와 현실태 사이에서 일어난 사태를 가장 선명하게 표현하고 있으며 귀환자의 대다수는 전자로부터 후자로의 전락 과정을 체현하고 있다.

귀환 및 귀환자에 접근하는 나의 문제의식은, 앞서 언급했듯 국가와 인민의 '사이'에 있다. 국가는 억압적, 이데올로기적 국가기구를 통해 필요에 따라 포섭과 배제의 기술을 운용한다. 인민은 그 효력과 지배의 영향권 내에 속해 있다. 국가가 발휘하는 압도적 구속성에 관해서는 국가권력, 국가기구, 통치성, 생명정치를 둘러싼 저간의 이론들이 지속적으로 규명해 왔다. 하지만 국가가 구속성을 발휘하는 대상인 인민은 행위와 욕망의 주체로서, 국가의 전일적 통제가 불가능해지는 예측 불가능의 장소이기도 하다. 그래서 이 지점에서 국가의 악력(握力)은 결국 추문이 되버리고 한계를 드러내곤 한다. 양자의 관계를 고찰함에 있어 특히 고려하고 싶은 것은 피통치 집단이 자기의 '소속할 권리'를 두고 갖게 되는 복잡한 욕망과 요구 혹은 좌절의 부침이다. 국민으로서 국가에 소속할 권리라는 문제는, '국가에의 소속을 부정하고 그 너머를 상상하라' 또는 '국민이기를 거부하라'는 식의 '외부적' 당위론으로 쉽게 재단될 수 있을 성질의 것이 아니다. 특히 국가에 소속되어 국민됨을 인정받지 않는 한 국가 체제가 그 바깥을 향해 생산하는 또다른 폭력에 노출될 수밖에 없는 정황을 돌이켜 볼 때, 소속할 권리[1]를 향한 욕망과 요구라는 것은 좀 더 신중하게 사

1 국민국가 시스템의 형성과 인권의 몰락이라는 문제는 아렌트의 중요한 사유 대상이었다. 아렌트가 고민했던 "소속할 권리"의 문제는 주디스 버틀러에 의해 다시 성찰되고 있다. 이에 대해서는 Judith Butler · Gayatri Chakravorty Spivak, 주해연 역, 『누가 민족국가를 노래하는가』, 산책자, 2008 참고. 아렌트의 "소속할 권리", "권리를 가질 권리"에 대한 논의로는 市野川容孝 · 小森陽一, 『難民』, 岩波書店, 2007, 특히 1장 참고. 더불어, 내가 이 글에서 문제 삼는 "소속할 권리"가 (형식적) 법적 소속만을 의미하는 것이 아님을 밝혀둔다.

유될 필요가 있을 듯하다.

이러한 입장이 국가 혹은 국민이라는 상태가 최선이라든가, 국가 외부의 위험은 국가 내부의 위험보다 훨씬 더 극악하다든가의 의미로 오해되지 않기를 바란다. 더불어 국가의 필요성을 반증하려는 의도로도 오독되지 않기를 바란다. 그리고 국가 내부에 (배제된) '외부'가 없다는 의미도 당연히 아님을 밝혀둔다. 강조하고 싶은 것은 국가나 국민이 주체의 유일한 상상지평, 기대지평이 되는 상황 자체를 역사화하여 이해해야 한다는 점이며, 그래야만 국가화 과정이 필연적으로 수반하는 배타와 억압에도 불구하고 국가를 욕망하고 국민으로 소속되기를 열망했던 자들의 현실, 의식, 정동에 접근 가능해질 것이라는 점이다. 물론 오늘날의 우리는 과거와는 좀 다른 정치-사회-문화적 환경 속에서 비민족적, 비국가적, 비국민적 소속 양식의 가능성을 대안적으로 상상할 수 있게 되었다. 하지만 '국민'이기를 열망할 수밖에 없었던 자들의 절박한 요구와 욕망을 읽어낼 수 있는 틀을 고민하는 일 역시 필요해 보인다. 한국 사회의 역사적 전개를 되돌아 보건대, 국민으로 소속할 권리를 갖고자 열망했던 자들 가운데 많은 수가 바로 그 국가에 의해 자신들의 소속의 권리를 지속적으로 배반당해 왔다는 결론이 충분히 가능할 듯하다. 국가와 국민의 '주변'으로 내몰려 방기된 존재들이 이 거듭된 국가의 배반이라는 사건을 기록하고 있다. 국가 혹은 국가화 메커니즘에 회의와 질문을 던져야 하는 이유, 배반의 구조 속에 던져진 주체의 정치성을 재고해야 하는 이유는 이러한 맥락에서 찾아야 하지 않을까.[2]

2 정치화 혹은 정치적인 것은 "국가의 고사(枯死)"를 도모하는 것이다. 알랭 바디우는 정치를 "결집된 능동적인 인민 속에서 국가와 법의 고사를 조직하는 것"으로 파악한다. 다

본격적인 논의에 앞서 이 글이 핵심적인 개념범주이자 해석적 기제로 삼고 있는 몇 가지에 대해 잠시 살펴보도록 한다. 국가, 인민, 난민이 그것이다. 우선 '국가'에 관해 생각해 본다. 해방기가 국가 형성사에서 갖는 과도기적 성격으로 인해, 이 시기를 대상으로 국가라는 문제를 논하는 것이 다소 애매해 보일 수도 있겠다. 이 때 과도기적 성격이란 '국민국가'('민족국가')라는 주권적 자립을 완성태로 할 때 측정되는 불완전성을 의미한다. 해방기는 분명 주권국가 부재 상태에서 주권국가 상태로 나아가는 중간 단계에 위치해 있다.[3] 그러나 내가 다루고자 하는 국가라는 문제는 '주권국가로서의 완성도'라는 의미론적 계기와는 무관하다. 국민국가(민족국가)가 완성되면 국가와 인민의 길항, 국가의 배반, 인민의 소요 등이 해소되거나 해결될 것이라는 가정이 전혀 타당하지 않음은 이론적으로뿐만 아니라 역사적으로도 증명되어 왔다. 어쨌든 여기서는 당시 실제 작동하고 있던 군정 국가를 논의를 위한 기본 대상으로 삼을 것이다.[4] 지금까지 군정 국가의 탄생, 성격, 조직, 억압

니엘 벤사이드는 국가의 고사를 "공적인 것을 항구적으로 심의에 붙임으로써 정치투쟁의 영역을 확장"하는 것으로 본다. 해방기의 정치적 공간은 이상 국가와 현실 국가 사이의 틈에서 힘겹게 열리고 있었지만, 이후의 역사를 통해 사후적으로 보자면 "국가의 고착"이라는 강력한 블랙홀로 흡입되어 간 측면이 강하다. 알랭 바디우와 다니엘 벤사이드의 논의는 Alain Badiou, 양창렬 외역, 『민주주의는 죽었는가?』, 난장, 2010.

3 정근식에 의하면 해방기는 주권 독립국가의 기반이 마련된 시기이자 "일차적 분단체제"가 성립되는 시기다. 그에 의하면 "이차적 분단체제"는 한국전쟁 이후에 고착화된다. 정근식, 「남한 지역의 사회・경제와 미군정」, 한국정신문화연구원 현대사연구소 편, 『한국현대사의 재인식』 1, 오름, 1998.

4 미군정이 조선인민공화국과 경쟁하는 국가였으며 최종적으로 조선인민공화국 와해를 통해 전권을 장악했음은 주지의 사실이다. 1945년 10월 10일 그리고 12월 12일에 하지는 조선인민공화국을 부정하는 성명서를 발표한다. 12월 12일 성명에서 그는 조선인민공화국이 "한 정당이라기 보다는 오히려 정부로 조직"되었으며 그 "지도자들"이 "조선인에게 이것이 그들의 신정부라고 선전"하면서 "자기네의 단체가 조선정부인 것같이 한층 더 자기네를 확대시"키고 있다고 공격한다. 그리고 "조선인민공화국은 그 자체가 취택한

적 · 이데올로기적 기구의 형성에 대한 연구가 왕성하게 이루어져 왔다.[5] 그런 만큼, 기존 연구의 관점과 성과를 수용하여 거시-미시 권력을 행사한 입법 · 사법 · 행정 기구로서의 군정 국가의 통치성을 염두에 두고자 한다.[6]

둘째, '인민'에 관한 것이다. '인민'이라는 개념을 사용하는 이유는 두 가지다. 우선 주권국가 부재 상태에 있는 집합적 구성원을 기술적(記述的)으로 지시하기 위해서 쓴다.[7] 일반적으로 국민이 주권국가의 법적 · 제도적 절차에 의거하여 신분 및 권리와 의무를 공인받고 있는 정치 공동체를 의미한다면, 인민은 일정한 지역에 속하여 그 사회의 규약에 제약받는 포괄적인 피통치자 집단을 일컫는다. 전체적으로 해방기

명칭 여하를 불문하고 어떤 의미에서든지 정부도 아니고 그러한 직능을 집행할 하등 권리가 없"다는 점, "남부 조선에서 작용하는 유일한 정부는 연합군 최고 지휘관의 명령에 의하여 수립된 군정이 있을 뿐"임을 명확히 한다.

5 최장집, 「과대성장 국가의 형성과 정치균열의 구조」, 『한국사회연구』 3, 한길사, 1985; 최장집, 「미군정하 국가 다원주의의 형성과 정치균열의 역사적 기원」, 『한국현대정치의 구조와 변화』, 까치, 1989; 안진, 『미군정과 한국의 민주주의』, 한울, 2005; 김석준, 『미군정 시대의 국가와 행정』, 이화여대 출판부, 1996; 성경륭, 「분단체제와 시민사회」, 『아시아문화』 16, 2000.12; 박명림, 「한국의 국가형성, 1945~1948-시각과 해석」, 『한국정치학회보』 29집 1호, 1995.10; 정호기, 「국가의 형성과 광장의 정치」, 『사회와 역사』 77집, 2008.3.

6 국가 및 국가기구론은 알튀세의 이론에 따른다. 그에 의하면 "국가기구란 다름 아닌 바로 국가"이며 "국가의 기본기능을 명확히 규정하고 있다". 단, 국가권력과 국가기구는 상호 구별되는 것으로, 국가권력은 국가-국가기구를 어느 집단 혹은 계급이 유지하거나 쟁취하는가의 문제다. Louis Althusser, 이진수 역, 『레닌과 철학』, 백의, 1991.

7 국민과 인민 개념의 각축에는 사회정치적 맥락이 있지만, 이에 대한 자세한 논의는 생략한다. 박명규는 국민, 인민, 시민을 개념사적으로 고찰하고 있는데 이에 따르면 인민과 국민은 근대 초기 서로 치환 가능한 개념이었으나 이후 식민화와 사회주의 사상의 영향하에서 뚜렷한 화용론적 차이화가 일어난다. 이 시기에 인민은 국가나 국민과는 연결되지 않는 의미로 재구성되기 시작했으며 특히 마르크스주의의 확산과 더불어 피지배층 및 피지배층의 정치적 역량을 함께 뜻하게 된다. 주목할 것은 정부 수립과정에서 국민과 인민이라는 개념을 두고 좌우의 선택이 이루어졌다는 점이다. 남한은 좌파가 인민 개념을 선점했다는 이유로 국민개념을 전유하는 전략을 취한다. 이에 대해서는 박명규, 『국민 · 인민 · 시민』, 소화, 2009 참고.

조선의 피통치자 집단의 삶은 군정국가의 구조와 법제적 환경 내에서 이루어지고 있었다. 그러나 당대의 사회적 존재들을 인민으로 명명하는 보다 중요한 이유는 국가 구조가 그 구성원에게 여탈(與奪)하는 삶의 가능성을 포착하기 위함에 있다. 따라서 인민에 대한 아감벤의 논의에 먼저 주목하고자 한다. 아감벤은 인민이 "구성적인 정치적 주체"와 "정치로부터 배제된 계급"을 동시에 가리킨다는 점을 강조한다. "우리가 인민이라고 부르는 것은 사실 단일한 주체가 아니라 오히려 대립하는 양극 사이를 오고가는 변증법적 진동이라고 할 수 있다. 한편에는 총체적이자 일체화된 정치체로서의 (대문자) 인민이 있고 다른 한편에는 가난하고 배제된 자들의 부분적이자 파편화된 다수로서의 (소문자) 인민이 있다 (…중략…) 한쪽 극에는 주권과 일체화된 시민들의 완전한 국가가 있고 다른 쪽에는 비참한 자, 억압받는 자, 정복당한 자로 구성된 금지구역이 있다. 이런 의미에서 인민이라는 용어가 지시하는 단 하나의 압축적인 대상은 그 어디에도 존재하지 않는다. 요컨대 근본적인 여러 정치 개념처럼 인민은 이중의 운동을 그리고 두 극단 사이의 복잡한 관계를 지시하는 두 극을 갖는 개념이다."[8] 이렇게 볼 때, 소속할 권리와 관련하여 인민인 그 누군가는 '국민'이나 '시민'이라는 (그들이 욕망한) '최상'의 위치를 부여받거나 아니면 '난민'이라는 '최저'의 위치에 던져질 수 있다.

이제 '난민'이라는 의미 범주를 설명해야 할 듯하다. 존재론적으로 난민은 인민에게 주어질 수 있는 삶의 가능성 중 가장 어둡고 공포스러

8 Agamben Giorgio, 김상운 · 양창렬 역, 『목적없는 수단』, 난장, 2009, 40쪽.

운 어떤 것이다.[9] 오늘날의 일반적인 범주나 개념규정에 따르면, 난민은 국경 바깥으로의 투기(投棄)라는 월경적 사태에 처한 국제 난민으로부터 국경 내부의 실향민이나 이재민과 같은 내국 난민에 이르기까지 여러 경우를 포함한다.[10] 한나 아렌트가 「국민국가의 몰락과 인권의 종말」에서 역설했듯, 무국적 난민은 범죄자가 되어서라도 국가 내부로 회수되고자 하는 역설적 비극에 처할 수밖에 없다. 한 편, 내국 난민은 자신의 국적국 영토 내에서 결코 보호받지 못한 채 국민과 시민의 변경을 떠도는 유랑자로 존재한다. 해방기 귀환자의 많은 수가 국제적인 난민됨을 피해 고국으로 돌아왔으나 결국에는 내국 난민으로 단순 치환되는 경험을 해야 했다. 이러한 양상은 단지 성격을 좀 달리하는 난민을 재생산했을 뿐인 국가라는 기계를 사유하는 데 유효하다.

위와 같은 개념적 구도에서, 국가의 작동과 삶의 가능성을 비판적으로 고찰할 것이다. 국가 외부에서 내부로 지정학적 이동을 시도한 귀환자는 그 역학 자체를 되물을 수 있는 가장 밀도 높은 상징이다. 지금까

9 난민론은 주지하듯이 한나 아렌트로부터 중요하게 시작된다. 난민을 통해 우리는 국민국가 시스템을 향해 비판적이고 전복적인 질문을 던질 수 있다. 아감벤은 난민을, "오늘날 생각할 수 있는 인민의 유일한 형상"이라 파악하여, "도래하는 정치공동체의 형태와 그 한계를 알 수 있게 해주는 유일한 범주"로 의미화하고 있다. 그는 난민이라는 형상에서 정치철학의 재구축을 시도할 것을 강조한다. 이에 관해서는 Agamben Giorgio, 앞의 책, 특히 1부 2절 참고. 그리고 아렌트-아감벤으로 이어지는 난민론에 대한 독해로는 니시카와 나가오, 박미정 역, 『신식민주의론』, 일조각, 2009, 특히 6장 참고. 나는 '난민'이 제기하고 환기시키는 국민국가의 문제, 그리고 탈국민국가적 전망을 담은 이 논의들의 문제의식을 적극적으로 수용하지만 한편으로는 역사적 난민집단(혹은 난민화)의 실체화를 통해 그들이 직면했던 실제적인 삶의 곤혹과 욕망 역시 시대적 정황 속에서 고려해야 한다고 생각한다.

10 난민의 범주와 규정에 대해서는 市野川容孝・小森陽一, 앞의 책 참고. 더불어 난민의 개념과 국제법적 규정에 대해서는, 장복희, 「현대국제법상 난민의 정의와 박해의 의미의 변화」, 「국제법학회논총』 제47권 제1호, 2002.4; 이용호, 「난민의 개념과 그 보호」, 『국제법학회논총』 제52권 제2호, 2007.8.

지 해방기 귀환 및 귀환자 연구는 크게 역사사회학 그리고 문학연구 분야에서 진행되어 왔다. 역사사회학적 분석을 통해 귀환 정책, 지역별 특성, 인구학적 양상, 사회구호사업의 전개 등이 실증적으로 규명되었다. 또 하나의 중요한 축인 문학연구 영역은 주로 '귀환서사'로 범주화되는 작품들을 중심으로 귀환자들이 민족 재생 또는 국가 신생의 장에 어떤 식으로 절합되어 갔는지 탐색하고 있다. 나의 목적은 귀환자를 둘러싼 사회정치적 환경 자체를 실증적으로 분석하는 데 있지는 않다. 이보다는 당시의 현실적 조건 속에서 발현된, '이동하는 자'들의 의식과 욕망의 심층을 규명하는 데 초점을 맞춘다. 따라서 기존의 역사학과 사회학 분야의 연구 성과를 폭넓게 수용하되, 주로는 문학연구 영역에서 진행된 의미론적 해석 작업의 계열을 잇게 될 것이다.

그러나 몇가지 점에서 귀환 및 귀환자 문제를 주제론적, 방법론적으로 재배치하고 재구성할 필요를 느낀다. 서두에서 밝혔듯이 이 논문은 귀환의 구조나 귀환자 정체성을 국가의 통치성과 인민의 정치화라는 질문과 접속시킬 것이다. 이 작업은 현실을 조직하는 법이나 제도 그리고 그 영향권 내에 있는 인민의 현실과 가능성에 함께 주목할 것을 요구하는바, 민족국가 건설이라는 의미망으로는 잘 포착되지 않을 지점들을 발견할 수 있을 것이다. 그리고 귀환이나 귀환자 자체가 일국적 지평에서는 온전히 이해될 수 없는 사안이라는 점에 주목하여, 해방과 더불어 재편된 타자와의 관계맺음의 양상을 입체화하고자 한다. 민족주의적 열망으로 깨끗이 환원되지 않을 귀환의 복잡한 의식 및 정동의 구조를 규명하기 위해서다. 이와 같은 문제들의 전치를 통해, 그간의 귀환서사 논의의 핵심이었던 민족국가 건설이라는 해석틀을 넘어서는

새로운 논제를 제안하고자 한다.[11]

방법론적으로는, 무엇보다도 다양한 분야의 텍스트를 포괄하여 당대 상황을 복합적으로 파악할 필요가 있을 듯하다. 지금까지의 귀환서사 연구는 분석 대상이 대부분 소설 텍스트로 한정되어 있었다. 물론 소설은 귀환의 현실과 귀환자의 내면을 가장 미시적인 수준에서 생생하고 섬세하게 보여주는 두터운 기록임에 틀림없다. 하지만 이 글은 협의의 귀환 소설을 분석하기 위한 것은 아니다. 따라서 경계를 넘어 '고국'을 향하는 자들이 연출했던 에스노스케이프, 이데오스케이프를 구상화(具象化)하기 위해 신문, 법제 관련 자료, 종합지, 문예지[12] 등 다양한 자료를 상호참조적, 상호구성적 관점에서 조합하고 배치한다. 그리고 당시의 정황을 인상적으로 압축하고 있는 중요한 문학 텍스트를 선택하여 분석할 것이다. 이들에 대한 특화된 언급과 해석이 논의를 보다 명료하게 해줄 것이라 생각한다.

---

11 지금까지 이루어진 귀환서사 연구는 귀환 문제를 새롭게 보려는 의미있는 시도라 할 수 있다. 그러나 한편으로는 귀환을 민족, 국민국가라는 문제틀과 연접시켜 다룸으로써 귀환의 복잡한 정치적 의미를 다소 평면화한 면이 있는 듯하다. 정재석, 「해방기 귀환 서사 연구」, 연세대 석사논문, 2006; 정종현, 「해방기 소설에 나타난 '귀환'의 민족서사—'지리적' 귀환을 중심으로」, 『비교문학』 40집, 2006; 오태영, 「민족적 제의로서의 '귀환'」, 『한국문학연구』 제32집, 동국대 한국문학연구소, 2007은 이런 점에서 성과와 한계를 동시에 갖는다고 하겠다. 이종호, 「해방기 이동의 정치학」(『한국문학연구』 36집, 2009)은 기존의 관점과는 다른 입장에서 흥미로운 분석을 시도하고 있다. 국가의 규율과 개인의 안전이라는 지점에서 염상섭 소설을 분석하고 있는 이 글의 문제의식에 나는 상당부분 공감한다. 단 특정 작가의 텍스트 해석에 집중하고 있어서, 글이 다루고 있는 정황이 당대의 사회, 역사적 맥락에서 충분히 의미화되고 있지는 못하며 그런 점에서 시야가 제한적이다.

12 검토한 자료는 참고문헌 목록으로 대신한다.

2. 접촉지대의 적대적 경계들

—증가하는 위험과 정체성을 둘러싼 소요

비록 속도와 구조의 차이가 있었지만, 제국 질서가 와해되면서 아시아의 각 지역은 국민국가 체제로 이동해 간다. 구제국 권역의 영토적 분할과 재편에 따른 대규모 인구이동은 이 시기의 국민국가화 과정을 고스란히 구현하고 있다. 동북아 지역만으로 범위를 좁혀 본다 해도 각 에스닉 집단의 국가 경계 내부로의 이동은 엄청난 규모의 것이었다.[13] 공간 구획의 비결정성과 다양한 이주자들의 흐름은 궁극적으로는 국가 경계의 확정과 정주를 향해 나아가고 있었지만 그 과정은 동요, 혼란, 혼존 그 자체였다. 새로운 점령 권력인 미소의 등장 그리고 이들의 통제와 규율 밑에서 진행된 한중일간 인구이동이 해방의 환희나 패전의 황망함으로는 설명될 수 없을 미묘한 집합감정을 낳았을 것임은 어느정도 예상 가능하다. 진주한 자와 이동하는 자들 사이에는 새로운 권력관계가 작용하고 있었고, 이동하는 자들 사이에서도 위상의 진동이 초래한 불안감과 위기감이 형성되고 있었다.

물론 '외형상' 유사한 이동 체험을 했던[14] 일반 민간인의 심성적 차

---

13 패전과 더불어 해외에서 귀환한 일본인은 1945년 본토 인구의 약 9~10%로 약 630만~700만 명에 이른다. 중국에서 154만, 만주지역에서 105만, 한반도에서 91만, 대만에서 48만 정도가 이동해 돌아갔으며 구소련지역에서 47만, 쿠릴・사할린 지역에서 29만이 움직였다. 이에 대해서는 이연식, 「해방 후 한반도 거주 일본인 귀환에 관한 연구」, 서울시립대 박사논문, 2009 참고.

14 '외형상'이라는 표현을 쓴 것은 조선인과 일본인을 대상으로 하는 미국 귀환정책의 방향성 및 운용이 서로 차이가 있었기 때문이다. 이는 미국의 입장에서 한국과 일본이 갖는 지정학적 '가치'가 달랐다는 데 기인한다. 일본을 중심으로 기획된 한국 점령정책에 대해서는 신복룡, 「군정기 미국의 대한반도 점령 정책」, 『한국정치외교사논총』 제30집 2호, 한국정치외교사학회, 2009. 그리고 GHQ의 재일조선인 인양정책에 대해서는 홍인숙,

원에서는 월경과 귀국의 간난신고를 두고 일종의 공통감각의 구성이 가능했던 듯도 하다. 일본인의 귀환 기록 가운데 후지와라 데이[藤原てい]의 『흐르는 별은 살아있다』가 1949년 남한에서 번역 출간되어 대중적 인기를 얻은 현상도 하나의 사례가 될 수 있을 것이다.[15] 하지만 실제 현실은 훨씬 더 복잡했다. 귀환을 둘러싸고 막연한 월경적 공통 감각이 형성될 수 있었던 한 편으로 이를 능가하는 충돌 즉 국가, 국적, 에스닉 경계의 배타적 확정에 기반한 충돌이 분출되고 있었기 때문이다. 이러한 갈등은 제국주의 시기 이주 생활자의 삶의 영역에서 줄곧 들끓고 있었던 것이지만 1945년 이후의 그것은 기존의 식민자/피식민자의 틀이 깨지면서 새롭게 터져 나오고 있었다.

이런 점에서 동북아시아의 주요 지역 즉 조선, 일본, 중국(특히 만주지역을 포함한)은 에스닉 충돌의 위기가 극대화되는 지대이기도 했다. 중

「제2차 세계대전 직후 GHQ의 재일조선인 정책」, 『한일민족문제연구』 창간호, 한일민족문제학회, 2001; 강인철, 「미군정기의 인구이동과 정치변동」, 『한신논문집』 15집 2권, 한신대 출판부, 1998.11; 김광열, 「1940년대 일본의 도일 조선인 규제정책」, 김광열 외, 『패전 전후 일본의 마이너리티와 냉전』, 제이앤씨, 2006 참고. 논자에 따르면 GHQ와 일본 정부의 재일조선인 인양 정책은 기본적으로 "말썽의 소지가 있는" 조선인을 가능한 한 빨리 축출하는 것을 목적으로 했다.

15 일본에서 단행본으로 출간된 것도 1949년이다. 한국에서는 『내가 넘은 삼팔선』이라는 제목으로 수도문화사에서 발간되었다. 흥미로운 것은 1950년 무렵에 이미 6판을 기록하며 당시 출판계에서 최고 부수를 점유하게 된다는 점이다. 1950년 공보처는 일본 서적 번역과 재판을 금지하겠다고 공표했는데 이 책이 금지 대상의 대표격으로 거론되고 있다. "내 나라 내 땅에서 내 형제가 겪은 그것보다 왜녀의 그것으로 더 흥미를 쏠리게 한다는 것은 출판업자와 아울러 이 땅의 문인들에게도 그 책임은 있을 것"(『한성일보』, 1950.4.2)이라는 게 비판의 요지다. 그러나 이후에도 이 책은 한국의 독서 시장에 거듭 등장한다. 1965년에 출판된 『세계 베스트셀러 선집』 실화(實話)편에 그리고 1970년에 발행된 『20세기 고발문학선집』 등에도 수록되었다. 그리고 1960년대 초에는 영화제작도 계획되고 있었던 것으로 보인다. 일본 여배우 출연이 허가를 받는 대로 영화제작에 들어갈 것이라는 소식을 알리는 기사가 실린다(『조선일보』, 1962.11.22). 현재 필름은 부재하며 시나리오만 남아있다. 이 텍스트의 사회정치적 의미 및 문화적 변용에 대해서는 김예림, 「종단한 자, 횡단한 텍스트」, 『상허학보』 34집, 상허학회, 2012 참고.

국인 귀환자들이 고국으로 돌아가 조선인이 자신들을 학대했다고 신문기자단에 호소하는 경우도 있었으며[16] 역으로 만주지역의 조선인에게 가해지는 폭력이 우려의 대상으로 공론화되기도 했다. 재일 조선인에 대한 일본의 악의적 보도를 문제삼는 기사 역시 찾아볼 수 있다.[17] 또한 경성거리 한복판에는 재조 일본인을 겨냥한 「잔류 일본인에게 고함」이라는 격문이 붙기도 했다. 격문은 일본인이 "완전 철퇴"하지 않는다면 폭력을 행사해서라도 쫓아내겠다는 경고를 담고 있다.[18] 일본인 역시 조선에서 몇 건의 살상 사건을 일으켰다.[19]

물론 보다 심각한 것은 실제로 발발한 폭력보다도 서로가 서로를 잠재적 가해자로 인지하게 되는 상황 그 자체일 것이다. 특히 고향(고국)을 떠나 타지에서 상주해온 조선인, 일본인, 중국인 이주자들에게 타자는 곧 공포였다. 인천에서 패전을 맞은 한 일본인의 기록에는 폭력을 예감하는 집단의 심리적 정황이 다음과 같이 생생하게 남아 있다. "눈앞의 문제는 일본인과 조선인의 지위가 뒤바뀐 것으로 오로지 조선인들의 습격이나 박해 및 생명 재산의 안전에 대한 두려움만 존재하였다.

---

16 『대동신문』, 1946.11.5.

17 기사는 일본에서 조선인이 "암시장 거래와 범죄를 증가시키고 병균의 반입자이며 세금도 지불치 않고 일본의 재정 곤란을 초래하고 있다"는 식으로 악의적으로 보도되고 있음을 전하면서 이러한 기사를 허용하는 연합군 최고사령부의 검열기준을 비판하고 있다. 『민보』, 1947.2.26.

18 이에 대해서는 森田芳夫, 『朝鮮終戦の記錄』, 巌南堂, 1967, 특히 383~388쪽 참고. 이 격문은 일어로 쓰여졌고 주도한 측은 倭奴掃蕩本部로 되어 있다. 잔류 일본인이 주택을 내놓고 철수하지 않으면 100만의 전재자 빈민이 폭력으로써 긴급피난을 수행토록 하겠다고 경고하고 있다.

19 패전 후 조선내 일본인이 조선인을 상대로 행한 살상사건의 사례들은 이연식, 「해방 후 일본인 송환문제를 둘러싼 남한사회와 미군정의 갈등」, 『한일민족문제연구』 제15호, 한일민족문제학회, 2008 참고. 이에 따르면 조선인 살상 사건은 주로 일본인 경찰, 헌병 출신자에 의해 발생했다.

그러한 것들을 보호하기 위한 총독부의 지령을 바라고 기다렸다 (…중략…) 밤이 되면 조선인들이 횃불을 켜들고 거리에 모여 독립만세를 외치면서 광희난무하는 일은 17, 18일까지 이어졌다. 그런데 일본인을 습격하는 기미는 보이지 않았다. 하지만 일본인들은 문을 잠그고 전전긍긍하였다"[20]

현실적 충돌의 가능성 그리고 그 가능성을 상상하는 데서 오는 공포는 역학적으로 특히 이주자 집단이 강렬하게 겪는 성질의 것이었다. 정치적 관계의 재배치가 일어나고 있는 후식민의 에스닉 혼종지대는 잠재적 공격자들이 함께 동거하는 공간이자, 증식하는 불안과 적대를 자원으로 하는 일련의 사태들이 발생하는 공간이기도 했다. 그 핵심에는 에스닉과 법의 차원에서 규정되는 정체성 문제가 놓여 있다. 자신이 누구이며 어디에 속하는가를 증명하지 못하는 개인이나 집단은 혼란스러운 공존과 이동의 상황에서 최소한의 생존의 안전도 확보할 수 없다. 정체성의 획득, 차이의 확보 그리고 그것의 증명. 이에 대한 요구는 제국주의형 탈경계적 산포 체제가 국민국가형 경계적 회수 체제로 옮아가는 시점에, 개인적으로나 사회적으로 모두 강화되고 있던 것으로 보인다.

그렇다면 당시 정체성 확정이라는 사안은 전체적으로 어떤 상황에 놓여 있었던가? 먼저 제도적 차원에서 살펴보자. 앞서 말한대로 모두

20 小谷益次郎, 윤해연 역, 「인천철수지」, 『황해문화』, 2001 봄, 229~230쪽. 필자의 서문에 의하면 이 글을 쓰기 시작한 것은 1948년 1월이고 탈고는 3월이다. 미군의 진주를 앞두고 일본인의 두려움 역시 컸다. 「인천철수지」에는 "미군이 인천으로 상륙하는 것이 일본인에게 길한지 흉한지, 상륙 후 미군 병사들의 행동은 어떠할지, 일본인들이 어떠한 고통을 당할지 모른다. 특히 부녀자들에 대하여 어찌할 것인지? 그렇다면 피난할 곳이 있을까? 시골은 조선인들에게서 오는 위험이 많다. 이제는 무조건 죽음이라고 단념할 수밖에 없다"(245~246쪽)는, 당시의 재조 일본인의 우려가 제시되어 있다. 귀환의 구체적인 절차와 양상은, 아사노 도요미 감수·해설, 이길진 역, 『살아서 돌아오다』, 솔, 2005.

의 정체성은 '투명해질' 필요가 있었는데 이것은 우선 통치의 측면에서 그리고 경제적 이유에서 법적으로 결정될 것을 요구하고 있었다. 조선인과 일본인의 구별이 시급함을 강조하면서 그 차이화 기제의 가동을 요구한 것은 군정 당국이었다. 군정장관이 "한국인 국적을 알아내는 정확하고 세밀한 방법을 고안하는 문제는 상당한 곤란을 제기하였"고 "특히 재산귀속여부에 관련하야 그러하였"으며 따라서 "실제적 필요로써 조선국민과 일본국민을 구별할 필요를 느끼게 되었"다는 서한을 남조선 과도입법의원에 보낸 것은 1947년 9월 30일이었다.[21] 조선에서는 이 메시지를 계기로 주권국이 아닌 상태에서 국적 확정의 기준을 논하는 상황이 벌어진다.[22] 이 논의는 과도 입법 기구라는 구조적 한계 내에서 이루어진, 1945년 이후 조선인의 경계 설정을 두고 진행된 최초의 본격적인 공론(公論)이었다.[23] 이 때 나온 국적에 관한 조례는 입법, 행정 인력의 한인화와 단독정부 수립 준비 과정에서 임시적으로 마련된 것이었다.[24] 그래서 사실상 시행되지 않은 채 이후의 제헌국회 국적

---

21 군정장관대리 미군대장 C.G 헬믹의 서한은 『남조선과도입법의원 속기록』 5, 선인문화사, 1999, 242~243쪽.

22 이런 상황에 대해 신익희 의원은 1948년 2월 17일 회의에서 "우리가 아직 國籍을 갖춘 獨立國家가 못되여 가지고 國籍法을 얘기한다는 것"은 "한가지 變態"로 여겨진다고 언급한다. 이어 그는 "더욱이 畸形 가운데서 軍政長官이라든지 權限을 가진 사람이 要求를 해서 臨時로 條例를 얘기하게 되었다는 것은 變態中에 變態"라고 자조한다. 위의 책, 388쪽.

23 미군정이 일본인 재산 처리를 위해 조선인과 일본인을 제도적 차원에서 구분하기 시작한 것은 1945년 10월 8일 반포된 '일본인 등기'에 의해서다. 그리고 조선인 성명이 본격적으로 복구된 것은 1946년 10월 23일 '조선성명복구령'이 공론화되면서부터다. 이에 대해서는 김수자, 앞의 글 참고. 조선내 소재 일본인재산권 취득에 관한 군정청 법령 33호(1945.12.6)는 『해방전후회고(광주부)』, 돌베개, 1984 참고. 33호에 앞서 동년 9월 25일 발표한 법령 2호는 일본인의 사유재산권을 인정하여 재산처분에 큰 제약이 없었다. 그러나 33호는 일본인 공·사유 재산 소유권을 일괄 부정하여, 일본인의 본토 귀환에 결정적인 계기로 작용했다. 관련해서는 이연식, 「해방후 일본인 송환문제를 둘러싼 남한사회와 미군정의 갈등」, 『한일민족문제연구』 제15호, 한일민족문제학회, 2008.

법의 토대로 기능하게 된다.[25] 국적 경계에 관한 군정청의 제안 및 이어 진행된 난상토론은 집합 정체성의 법적 확정이 모색되는 현장을 보여준다는 점에서, 조선인의 경계를 설정하고 실체화하려는 첫장면으로서 중요한 의미를 갖는다.

무엇보다도 정체성과 소속의 문제로 압박받고 있는 집단은 조선 외부에 위치해 있던 조선인 이주자들이었다. 전반적으로 그러했지만, 특히 이들의 일반적인 삶의 상태는 정체성과 귀속의 법적 확정이 이루어진다고 해서 쉽게 해결될 수 있는 게 아니었다. 현실이란 종종 법망을 압도하기도 하고 또 법망 사이로 터져 누수되곤 한다. 이주자들을 압박하는 정체성과 귀속의 문제는 개인의 생명과 안전의 유지라는, 매우 생체적이고 물리적인 실감과 절박함을 동반한 것이었다. 국적법이 실효화되지는 않았던 1945년 8월 이후부터 애매한 위치에서 유사-국적법 근방을 서성거린 1947년 말을 거쳐 임시방편이 나온 1948년 초에 이르기까지, 조선인에게 부여되었던 일본국적은 자연해소된 것으로 인식되고 있었다. 즉 대부분의 조선인은 해방과 함께 "조선국민"이라는 정체성을 이미 회복한 것으로 통상적으로 의식하고 있었던 것이다.[26]

---

24 1946년 5월 미소공동위원회가 무기한 휴회에 들어간 후, 미군정은 한국 민족의 대표기관을 설립할 것을 6월 29일에 발표하고 8월에 입법의원 설립을 공포한다. 이에 따라 1946년 12월 남조선과도입법의원이 개원하고 사실상 군정청의 권한에 종속된 기관으로 군정통치를 돕는 보조 역할을 하게 된다. 이에 대해서는 김석준, 앞의 책, 특히 7장 참고.

25 정부수립 전후 국적법 제정 논의에 대한 구체적인 분석으로는 김수자, 「대한민국 정부수립 전후 국적법 제정 논의 과정에 나타난 '국민' 경계 설정」, 『한국근현대사연구』 49집, 2009.6 참고. 국적에 관한 임시조례가 공표된 것은 1948년 5월 11일로, 이후 대한민국 정부수립과 더불어 1948년 11월에 다시 안이 제출되어 12월 3일 법안을 통과시키고 12월 11일 공포한다. 과도입법의원의 '국적에 관한 임시조례안'은 서한을 받은 지 약 4개월 후인 1948년 1월 26일부터 1948년 3월 19일 가결될 때까지 독회를 가졌는데, 당시 회의록을 조사해보면 안건으로는 올랐으나 정족수 부족이나 다른 안건 처리로 논의되지 않은 때도 많다.

따라서 멀티에스닉 지역에서 조선인 이주자들이 느낀 귀속의 위기는 법적으로 인정됨으로써 해소되기보다는[27] '공간적'으로, '물리적'으로 보장됨으로써 해소되어야 할 실제적인 성질의 것이었다. 조선인이라는 사실은 영토 외부에서는 오히려 실제적 폭력 혹은 폭력에의 공포를 야기하는 위험한 조건이었다. 조선인의 법적 규정이 이주자 집단의 삶의 현장에서 형성되는 공포와 위기를 해결해주는 것은 아니었다.

이렇게, 자신의 국적지에서 벗어나 상주국 내에서 발생가능한 충돌과 분규에 노출되어 있는 조선인 이주자는 사실상 난민 상태에 처해 있는 셈이었다. 영토 경계 바깥에서, 이들은 자신의 국적국(=고국)으로부터 어떤 보호나 보장도 받지 못하는 상황에 놓여 있었다. 물론 이러한 현실에는 주권없는 상태에서 분단된 영토의 내치(內治)를 위해

---

26 속기록의 국적에 관한 임시조례에 의하면 ① 조선인을 부친으로 하여 출생한 자 ② 조선인을 모친으로 하여 출생한 자로 그 부친을 알수 없거나 부친이 아무 국적도 가지지 않은 때 ③ 조선내에서 출생한 자로서 그 부모를 전부 알 수 없거나 또는 그 부모가 아무 국적도 가지지 않을 때 ④ 외국인으로서 조선인과 혼인하여 처가 된 자 ⑤ 외국인으로서 조선에 귀화한 자로 한정된다. 그리고 당시 문제가 되었던 제5조("조선인으로서 단기 4278년 8월 9일 이전에 외국의 국적 또는 일본의 호적을 포기하거나 일본의 호적을 이탈한 자는 단기 4278년 8월 9일 이전에 조선의 국적을 회복한 것으로 간주함")는 독회를 거쳐 "외국의 국적 또는 일본의 호적을 포기하거나 일본의 호적을 이탈한 자는 단기 4278년 8월 9일 이전에 조선의 국적을 회복한 것으로 간주함"으로 약간 변경되었다. 특히 제 5조에 대한 당시 논의에 대한 분석으로는 김수자, 앞의 글, 참고.

27 국적에 대한 임시조례는 "남조선 과도정부의 기능이 미치는 영토 내에서만 시행되고 효력이 있을 것을 잊어서는 안되겠"(『남조선 과도입법의원속기록』 5권, 243쪽)다는 군정장관의 명확한 한계 지시하(1948.1.27)에서 나온 것이다. 따라서 혹자는 분단된 남한의 경우에서만 효력을 발휘하는 것으로 파악하기도 한다. 그러나 정인섭은 법이 반드시 속지적으로만 적용되는 것은 아님을 강조하면서 임시조례 역시 정부수립 이후에는 속인적으로 적용되어 국외 거주자에게도 당연히 적용된 것으로 보아야 한다는 입장을 취한다. 이에 대해서는 정인섭, 「우리 국적법상 최초 국민 확정기준에 관한 검토」, 『국제법학회논총』 제43권 제2호, 대한국제법학회, 1998 참고. 그밖에 '국적'의 국내법적, 국제법적 개념 및 연혁에 대해서는 이주윤, 「국제법적 시각에서 본 대한민국의 국적문제」, 『법학연구』 29집, 한국법학회, 2008.

느슨한 준국적적 경계를 설정하고 있던 당시 조선의 정치적 위상이 반영되어 있다. "능욕"과 "학살"을 당하고 있는 "국외 전재동포" 문제를 논하던 입법의원들의 한탄은 그 상황을 여실히 보여준다.

> 長春에서는 우리 同胞가 하루에 三百名 虐殺을 當하고 지금 南滿 一帶에서는 몇十萬名의 同胞가 生活根據를 잃고 凌辱, 虐殺等 世界有史以來 人道上 참을 수 없는 慘狀을 이루고 있다고 합니다 (…중략…) 우리는 獨立을 못했으니 外國에 領事館이 없으나 우리나라에도 英國領事 美國領事 中國領事가 다 와있습니다. 그러니까 우리의 領事가 外國에 있으면 우리의 同胞를 保護하는 責任을 가지겠지마는 獨立못한 오늘에 있어서는 領事를 둘수 없습니다. 그러나 所謂 南朝鮮에서는 美國사람이 우리 國家의 代表的 役割을 하고 北朝鮮에서는 蘇聯 사람이 우리 國家의 代表的 役割을 하니 그들 領事를 通해 가지고 해볼수도 있고 (…중략…) 그 나라의 中央政府에 抗議할 수도 있습니다. (…중략…) 우리는 이 땅에서 中國同胞를 保護해왔고 오늘의 그들의 生活根據는 八一五 以前의 生活根據보다도 더 낳습니다. 거기에 比해서 滿洲에서 半世紀 乃至 六七十年 동안 우리 同胞가 피땀을 흘려서 맨든 生活根據 小作權이 거저 마음대로 蹂躪剝奪當하는 現象을 볼 때 이것은 반드시 外交工作으로 나가면 滿洲에 있는 同胞의 도움이 確實히 되리라고 생각합니다.[28]

뒤에 살펴보겠지만, 전재동포 구호건은 정책적 허술과 수행적 무능 사이에서 공회전하는 데 그쳤다. 혼란스러운 동북아 정세, 통치 권력의

28 『남조선과도입법의원속기록』 2권, 선인문화사, 1999, 23~24쪽.

비협조, 국제관계상 책임 소재의 불명확성, 외교관계를 가질 수 없는 비주권 국가라는 조건 속에서 이 문제는 늘상 떠돌다가 소멸되곤 한 것이다.[29] 1947년 7월 재중교포조사를 위해 조사단을 파견하고자 한 입법위의 제안을 군정장관이 공식적으로 거부했던 것 역시 마찬가지의 사례가 될 것이다. 군정장관은 "중국은 내란으로 말미암아 그의 모든 통신이 두절되고 대다수의 대도시는 공산군관 장하에 있어 사태 악화" 일로에 있다는 점, "조선과 북지 간에는 정식 상선의 편의(便宜)가 없"다는 점, 재정부 예산이 부족하여 지원이 불가능하다는 점을 들어 지원을 거절했다.[30]

이처럼 조선인 이주자들은 상주국의 혼란스러운 상황과 복잡한 국제 관계의 소용돌이에 휩쓸려들어가면서 난민으로 부유하게 된다.[31]

---

29 광주부 총무과에서 해방 1주년을 맞아 간행한『해방전후회고』의 해방후 일지에 의하면 1946년 1월 23일에 대륙 전재동포 구호문제로 군정청 조사단이 출발한다. 그리고『1948년 조선연감』에 의하면 1946년에 비로소 이루어진 군정청 외무처 작업으로 3월에 재중동포의 귀국이 이루어지며 이후 십수 차례에 걸쳐 대부분이 귀국하게 된다(『1948년 조선연감』, 358쪽). 이후 1946년 10월 27일『조선일보』에는 재중국 조선인 귀환 문제와 관련된 러취 군정장관의 회견 내용이 실린다. "전쟁이 끝난 후 중국(만주를 포함)에서는 수십 년간이나 거주한 조선인까지 모조리 귀환시키는 한편 재산까지 몰수하여 패전국민과 동일한 처지를 하고 있는데 군정청으로서는 이를 어떻게 생각하는가"라는 질문에 대해 "일본이 항복한 후 연합군최고사령부와 중국정부 사이에 중국에 있는 조선인 귀환문제에 대한 공동협정이 체결되었"는데 "이 문제에 대해서는 중국정부에 전책임이 있고 미국은 이에 필요한 수송기관만 제공하고 있"다고 답한다. 만주의 경우는 또 달랐던 것으로 보인다. 러취는 "만주에 있는 조선인을 다수 귀환시키는 데 대하여는 아무런 계획이 없으나 이것도 중국 정부에 책임이 있다"고 덧붙인다. 중국 내란 상태로 인해 재만 조선인이 고국의 구원을 바라고 있는 상황은 1948년 무렵에도 여전히 이어지고 있다. 관련 기사는 "중국의 내란은 滿洲일대에 걸쳐 날이 갈수록 더욱 심해 해방 후 아직도 고국에 도라오지 못하고 있는 五萬의 동포는 기아와 전율 속에서 헤매이며 동포의 救援을 바라고 있다"고 전한다. 기사는「死境의 在滿 五萬 同胞」,『강원일보』, 1948.4.14.

30 『남조선과도입법의원 속기록』 3권, 선인문화사, 1999, 83쪽.

31 재중 조선인과 재만 조선인의 상황에 대한 자세한 보고는『1948년 조선연감』, 조선통신사, 1947.12, 특히 '해외동포' 부분에 해당하는 349~358쪽을 참고할 수 있다. 단,『1948년 조선연감』의 대부분의 정보들은, 연감 자체가 밝히고 있듯이 1947년 8월 말~9월 말

귀환 전의 상해 소식을 전하는 광복군 출신의 한 필자의 다음과 같은 호소는 국경 바깥을 떠돌아야 하는 후식민적 삶의 국면을 또렷하게 전하고 있다. "재상해(在上海) 동포(同胞)들은 전부(全部)가 실업상태(失業狀態)에 있는데다가 변사처(辨事處)와 교포(僑胞)와의 불화(不和)로 인(因)하여 우리에게 대(對)한 동포(同胞)들의 경제적(經濟的) 원조(援助)는 두절(杜絶)되고 마렀다. 그 후(後) 우리는 삼개월간(三個月間)을 맨소금을 먹고 지냈다 (…중략…) 그날그날의 생활(生活)에도 곤궁(困窮)하야 옴낫할 수 없것만은 이를 해결(解決)하여줄 성의(誠意)있는 사람도 없다. 주택문제(住宅問題) 역시 성의(誠意)를 가지고 해결(解決)하여줄 사람은 없다. 우리는 매일(每日)과 같이 이리저리로 거지떼처럼 끌여단이지 않을 수 없었다 (…중략…) 우리는 다시 춥고치운 상해(上海)의 거리로 방황(彷徨)치 않을 수 없었다."[32]

영토 외부의 혼종 지대를 가로지르는 적대적인 에스닉 경계들, 이주 집단의 정체성 문제를 둘러싼 압박을 포착한 해방기 작품은 그리 많지 않다. 재현적 상상력의 지평이 당위로서의 '민족' 혹은 '민족국가'로 정향되면서, 경계 바깥에서 형성되는 이주자 집단간의 적대의 역학을 다룬 경우는 상대적으로 드물어진 듯하다. 이런 맥락에서 특히 주목할 만한 것은 김만선과 염상섭의 소설로, 이들은 에스닉 정체성을 둘러싸고 상호간의 위협과 술수가 난무하는 현장을 만주의 조선인-중국인-일본인 관계를 통해 보여준다. 우선 김만선의 「이중국적」은 자신의 에스닉, 법적 정체성이 바로 생명의 위협을 초래하는 기원이 되는 사태를 다루고 있다.

의 자료를 바탕으로 한 것이다.

32 한승동, 「광복군에 편입되었다가」, 『신천지』, 1946.5, 119~120쪽.

1945년 8월 15일 신경의 조선인 사회는 중국인이 조선인과 일본인을 상대로 살해와 약탈을 가한다는 소문으로 흉흉하다. 인물은 위험한 상황을 피하기 위해 가족에게 만주옷을 입고 있으라고 지시한다. 그리고 자신의 유창한 만주어 실력이 중국인의 폭력으로부터 스스로를 지켜줄 것이라 기대한다. 중국인과의 갈등을 피하기 위해 중국 국적을 취득한 후, 그는 자신이 중국인임을 '증명'하기 위해 항상 민적을 품고 다녔다. 그러나 만주국 성립 이후에 일인들 앞에서는 조선인으로 처세했다.

중국인과 일본인 사이에 위치해 있던 재만 조선인에게 자기 정체성의 원활한 치환-교체는 생존과 관련되어 있는 필수불가결한 기술이었다. 하지만 1945년 8월 무렵의 만주는 기존의 에스닉 계서제도 깨지고 권력의 구조도 이미 뒤바뀐 상태였다. '너는 누구인가'라는 중국인 타자의 폭력적 추궁에 맞서, 인물은 자신의 정체성이 추궁하는 타자의 그것과 동일하다는 것을 증명해야만 하는 상황에 처하게 된 것이다. 증명하지 못하면 그는 살아남을 수 없다.

> "너 조선 사람이지?" "아닙니다. 중국사람입니다!", "그즛말 말어! 이 자식아" (…중략…) "너 이 자식 조선 사람이지, 그렇지?" "아닙니다, 어엿한 중국사람입니다. 보세요 여기 민적이 있으니……." 박노인은 이제야말로 한번 써먹을 때가 왔나 보다 싶어, 만인복 안주머니에서 그 묵은 문서를 꺼집어내 군인에게 내밀었다. 어디서 나온 군인인지는 왕씨조차 몰라 모다 전전긍긍이었으나 만주국군과 똑같은 후질근한 군복을 걸친 군인들은 박노인이 제시한 문서를 방에서 비치는 전등빛 가까이 가져가 들여다보더니만 "그러니까 네가 조선인이지 뭐야, 응 개자식같으니!"[33]

이 장면에서 제시되고 있듯이, 적대와 공포가 난무하는 멀티 에스닉 공간에서 이주자의 정체성 문제는 단지 법적 증명의 차원으로 해소될 수 있는 사안이 아니다. 법적 증명의 선을 넘어서는 타자의 적의와 오직 (무용한) 법적 증명을 통해서만 유지될 수 있는 생명이 대립하는 구도에서, 결과적으로 법과 법적 정체성은 무효화되고 증명의 여지를 상실한 자의 생명은 탈취된다.

김만선의 「이중국적」이 조선인의 정체성과 귀속이 어떠한 위기에 노출되어 있는가를 보여주고 있다면, 염상섭의 「모략」은 조선인, 중국인, 일본인 사이의 '유사성'을 이용하여 타자들 간의 적대를 자극하고 자기의 안전을 확보하려는 일본인의 전략을 비판적으로 드러낸다. 제국주의 질서 하에서 작동한 (형식적) '비차이화'의 기제로 인해 세 에스닉 집단은 외형적 유사성과 더불어 언어와 성명의 유사성도 어느정도 드러내게 되었다. 그러나 권력의 전복이 일어나고 있는 상황에서, 복수(複數)의 적들이 서로 식별하기 어려울 정도로 '닮았다'는 것은 난반사하는 위험과 동요의 진원이자 자극제이다. 따라서 삼자의 정체성을 투명하게 차이화하여 유사성과 착오가 낳을 폭력으로부터 자기의 안전을 확보하는 일이 시급해진다. 하지만 막상 식별되어 버리면 차이가 '드러남'으로써 얻게 될 안전만큼이나 돌발할 위험 역시 증가한다는 점에서, 식별됨이란 결국 주체에게는 일종의 괴롭고 초조한 딜레마이다. 만주의 조선인, 일본인, 중국인은 모두 동일한 궁지에 빠져 있었지만, 자기 안전을 위해 이 궁지를 활용한 것은 일본인이다.

33 김만선, 「이중국적」, 『압록강』, 동지사, 1948, 83~84쪽.

이들은 자기에 반(反)하는 것으로 자기를 정체화하는, '위장'과 '연기(演技)'의 전략을 취했다. 즉, 자신들에게 닥칠지도 모를 위험을 차단하기 위해, 주어진 정체성 위기의 상황을 이용하여 특히 중국인과 조선인 사이에 새로운 혼돈을 지피려 한 것이다.

> "이 과도기가 제일 무서운 것이요, 조선 사람은 이 북새통에 어떻게 될지 기가 막힐 일이지" "그런데 이상한 일이 있세요. 일본놈이 조선옷을 — 고의 적삼을 입고 다니는 것을 보았다는 말이 도는데 그것이 보신책으로 그러느냐 하면 그렇지도 않은 것이, 만일 조선사람이 저의보다 유리한 처지라고 생각한다면 급한 경우에 양복에다가 태극기만 그려붙여도 될거 아닙니까", "그렇지 그러기에 일인은 일복을 입으라고 — 각 민족은 양복 아니면 제 민족의 복색을 하라고 치안유지회에서 포고가 있었지 않았나? 하여간 수상한 놈을 보는대로 잡어들여야지" (…중략…) "그러니까 만인과 우리를 싸움을 붙여놓으면 저의를 습격할 염려가 없겠다는 그런 얌체 빠진 생각이란 말이죠?"[34]

만주의 일본인은 조선인보다 더 조선인처럼 보이기 위해 '과잉분장'을 하고 폭력을 연기한다. 나아가 더 사실적으로 보이기 위해 타자(중국인과 조선인)만이 아니라 자기(일본인)까지도 상해의 대상으로 삼았다. 바로 이 '과잉' 때문에 결국 의심을 사게 되지만, 어쨌든 일본인

---

34 염상섭, 「모략」, 『삼팔선』, 금룡도서주식회사, 1948, 100~101쪽. 염상섭은 해방기 만주의 정치적 상황, 만주로부터의 귀환경로 등과 관련하여 매우 중요한 서사를 남겼다. 「모략」 외에도 만주에서 중국인들의 독립축하 행렬을 멀리서 바라보는 조선인의 복잡한 심경을 다룬 「혼란」, 조선내로 들어와 남쪽으로 이동하는 과정을 기록한 「38선」등이 그러하다. 그 외, 「해방의 아들」, 「이합」, 「재회」 등이 주목할 만하다.

의 위장과 연기로 인해 조선인은 중국인과 일본인을 공격하는 존재로 각색되고 이에 따라 중국인과의 충돌을 우려해야 하는 악순환의 고리에 갇힌다.

각자의 생명과 안전을 건 배타적 에스닉 집단들의 복잡한 자기기술이 난무하는 지대에서, 조선인이라는 정체성은 끊임없는 불안과 동요의 근원이었다.[35] 이러한 조건에 처한 재외 이주자 집단에게 영토 내부로의 귀속은 단순히 공간적 이동을 의미하는 것도, 민족주의적 이념의 발현을 의미하는 것도 아니었다. 실제적 귀속을 위한 귀환은 불길한 폭력이나 폭력에의 예감에 강박되는 이주 또는 잔류 상태에서 벗어날 수 있는 유일한 길이었다. 그리고 부유하는 난민의 신분을 영토 내에서 안정화할 수 있는 가장 확실한 길이기도 했다. 그렇다면 조선이라는 영토 내부로 들어온 귀환자들은 난민의 처지에서 벗어날 수 있었는가? 이들은 제국주의의 무대를 통과하고 힘겹게 냉전의 고개를 지나 자신들의 영토로 들어왔다. 그러나 이동하기 전에도, 이동하는 동안에도 줄곧 그랬거니와, 이동해 들어온 후에도 이들 가운데 많은 수가 다시 내국 난민이 되었다. 바로 이 지점에서 우리는 돌아온 그들의 소속할 권리, 인정받을 권리가 어떤 식으로 배반당했는가를 살펴보아야 할 것이다.

---

35 1945년 8월 이래 만주지역은 소련군의 점령, 만인의 폭동, 공산군과 국부군의 충돌 등이 연발하는 매우 혼란스러운 국면에 처한다. 종전 무렵 만주의 상황과 만주의 조선인 귀환에 대해서는 강인철, 앞의 글 참고.

3. 영토와 거리–처소 없음의 변증법

귀환자는 국경을 통과하는 지리적 이동을 통해 귀속 정체성과 그것의 영토적 일치를 완성하고, 그 안에서 자신의 사적 안전뿐만 아니라 공적 자격을 인정받고자 한다. 공적 자격이란, 주권 국가일 경우 국가에 대해 의무 및 권리 부여를 요구할 수 있는 '국민'으로서의 자격이 될 것이다. 하지만 주권이 부재하던 당시 조선의 상황을 염두에 둔다면, '국민'의 자격이라기 보다는 일정한 피통치 집단=인민으로서의 자격이라고 하는 편이 일단은 더 타당할 듯하다. 그러나 이들의 국가 체험은 점령권력의 근본적 배타성, 국내 통치세력의 식민성에 의해 억압과 방기 속에서 진행되었고,[36] 인민으로서의 체험 역시 주어진 가능성의 스펙트럼에서 그들이 원치 않는 쪽으로 편향되어 일어났다. 이들이 안고 돌아온 민족주의적 기대나 상상 역시 분단된 고국 땅을 밟으면서 내파되었다. 조선의 영토 내부로 들어오면서 귀환자는 내치(內治)의 대상이 된다. 그러나 이들이 자기 땅에서 새롭게 당면하게 된 삶의 곤란은 온전히 배려되지 못했고 또 오랫동안 방치되었다. 정치적 마찰열로 뜨거운 불편하고 불안한 통로를 지나온 귀환자들에게 최종적으로 주어진 장소는 '거리'였다. 거리는 이 주변화된 집단이 생존하는 공간이기도 했고 동시에 극한 상황에 몰린 이들이 정치화되는 공간이기도 했다.

---

36 미군정과 이후 한국의 국가형성 과정에 대해서는 박명림, 앞의 글; 성경륭, 「분단체제와 시민사회」, 『아시아문화』 16호, 한림대 아시아문화연구소, 2000; 김동춘, 「한국의 분단국가 형성과 시민권」, 『경제와사회』 통권70호, 비판사회학회, 2006 참고. 그리고 일본을 중심으로 기획된 미국의 한국 점령정책에 대해서는 신복룡, 「군정기 미국의 대한반도 점령 정책」, 『한국정치외교사논총』 제30집 2호, 한국정치외교사학회, 2009 참고.

따라서 우리는 거리를 떠도는 귀환자 집단을 통해 '영토'와 '거리'의 틈에서 이들에게 주어졌던 삶의 가능성이 무엇이었는지를 따져볼 수 있을 것이다.

해방 이후 조선에서 귀환자는 주로 전재민, 전재동포, 귀환동포 등으로 불렸다. '전쟁으로 인해 피해나 재난을 당한 집단'이라는 의미를 갖는 이 명칭은 강력한 민족주의적 정념의 장에서 통용되고 있었고, 동시에 민족주의적 유대감 자체를 자극하고 강화시키고도 있었다.[37] 혹자는 "진정(眞正)한 전재동포(戰災同胞) 국내(國內)에서 권세(權勢)없어 징용(徵用) 갔던 사람 진정(眞正)으로 선량(善良)하고 참된 인민(人民)될 자격(資格)을 가춘 전재동포(戰災同胞)여! 그대들이 누구보다도 잘아는 전재동포(戰災同胞)라는 미명(美名)아래 조국(祖國)의 독립(獨立)을 좀먹는 모든 허위적(虛僞的), 악질적(惡質的), 전재민(戰災民)을 가장(假裝)하는 도배(徒輩)를 타도(打倒)하고 선량(善良)한 전재민(戰災民)들의 힘만을 한데 모아 상조(相助)○○하는 곳에 비로소 전재민(戰災民)이 살길이 열릴 것이다"[38]라고 하면서 전재민을 진정한 민족정신의 상징으로 삼기도 했다. 전재민을 향한 민족주의적 관점의 기대나 연민은 당시 담론의 장에서 흔하게 들려온다. 하지만 군정국가 시스템에서 이러한 동정(sympathy)은 법적, 제도적 층위로 제대로 이월될 수 없었다. 이들이 국제 난민 상태에서 내국 난민 상태로 삶의 비참을 연속하게 된 현실은 '민족'이나 '민족주의'라는 틀로는 충분히 포착될 수도 없고 해명될 수

37 전재민 구호 운동과 민족 담론의 관련성에 대해서는 황병주, 「미군정기 전재민 구호운동과 민족담론」, 『역사와현실』 35, 한국역사연구회, 2000.

38 無心川人, 「戰災民」, 『國際報道』, 1948.1, 26쪽.

도 없을 것이다.

1945년 10월부터 1948년 8월에 이르기까지 귀환자 1,543,633명, 월남민 622,044명 등 총 약 200만 명 이상이 남한으로 몰려들었고 그 결과 인구는 폭발적으로 증가했다.[39] 극심한 식량난과 주택난은 시급하게 해결해야 할 사회문제로 급부상하게 된다. 귀환자는 당시 빈곤 인구의 절대 다수를 차지하고 있었기 때문에 사회적 보호대책의 주요 대상이 되었다. 이들을 위한 수용소, 간이주택, 무료 진료 혜택 등이 제공되고는 있었지만 열악한 환경에 내던져진 100만에 달하는 요구호 극빈 귀환자를 구제하기에는 턱없이 부족하고 빈약한 수준이었다.[40] 각종 신문에 빈번하게 실리고 있는 귀환자의 고통스러운 생활, 민간 구호

---

39 이 통계는 신상준, 「주한미군정청의 해외귀환동포 및 월남민에 대한 구호행정」, 『복지행정논총』 4, 1994, 2쪽 재인용. 통계 수치는 약간씩 다른데, 1949년 1월의 외무부 통계에 의하면 해방 후부터 1949년 1월 말까지의 조선인 귀환자는 일본으로부터의 귀환자 1,117,819명, 중국으로부터의 귀환자 59,372명, 만주로부터의 귀환자 10,573명, 대만으로부터의 귀환자 3,443명 등 총 1,220,632명에 달한다(『시정월보』 제 3호, 1949.1.31, 53~54쪽). 강인철에 의하면 만주로부터의 이주는 크게 네 단계로 나뉜다. 1단계는 국공합작기(1945.8~1946.6), 2단계는 국공내전과 토지개혁기(1946.7~1949.6), 3단계는 내전종식기(1949.7~1950.5), 4단계는 한국전쟁기(1950.6~1953.7)이다. 일본으로부터의 귀환의 경우, 비공식 귀환자까지 포함하여 약 140여 명에 이르며 일본으로 이동했던 인구의 약 76.4% 가 해방 후 5년 이내에 귀국한다. 이와 같은 높은 귀환율은 만주로부터의 귀환율인 45.6%와 큰 차이를 보인다. 그리고 재만 조선인에 비해 귀환의 시기가 해방 직후 수개월 내로 집중되어 있다. 61.4%가 1945년 말 이전에 이동을 완료했고 1946년 3월까지 전체의 90% 그리고 1946년 말까지 98.4%가 귀환이동을 완료한다. 만주로부터의 귀환은 대략 1949년까지 약 45.6%가 이루어진다. 이에 대해서는 강인철, 앞의 글 참고.

40 군정기 전재민 약 200만 명 가운데 절반에 해당하는 100만 명 정도가 공적 구호를 필요로 했다. 이들 100만 극빈 귀환자 외에 요구호 실직 빈궁민이 약 100만 명 이상이었다. 군정기 복지행정은 보건후생부를 중심으로 이루어졌는데 전체적으로 매우 미온적이었다. 이에 대해서는 이혜원 · 이영환 · 정원오, 「한국과 일본의 미군정기 사회복지정책 비교 연구」, 『한국사회복지학』 36권, 1998; 남찬섭, 「미군정기의 사회복지」, 『복지동향』, 2005 참고. 미점령기 일본의 구호 정책 성립과정과 재일 조선인 배제에 대해서는 허광무, 「일본 공적부조체제의 재편과 재일조선인」, 김광열 외, 『패전 전후 일본의 마이너리티와 냉전』, 제이엔씨, 2006 참고.

단체의 원호 운동, 각종 정책 관련 소식들은 귀환자 문제의 해결이 매우 시급한 의제였음을 알려준다.[41] 전재민을 위한 대책을 세우라는 요구가 다양하게 일어났는데, 이것은 종종 '동포애'에의 호소와 맞물려 있었다. 하지만 적절하고 본격적인 대책은 마련되지 못했고, 이러한 상태는 당시 기사들에 의하면 정부수립 후에도 크게 달라지지 않은 것으로 보인다. 1949년 무렵에도 "각지에서 돌아오는 귀환동포와 매일같이 월남하는 이북동포들로 인하여 인구는 격증하고 (…중략…) 여기에 부동(浮動)되는 생계가 막연한 실업군(失業郡)이 팽창하여 가고 있는" "중대한 시기"[42]라는 진단이 계속되고 있다. 차이가 있다면 국경을 넘어온 '전재민'이 좀더 넓은 의미의 '이재민'으로 분류되기도 했다는 점 정도일 것이다. 이들을 수용하여 보호할 기구는 제대로 작동하지 않았다. 물론 귀환 과정에서 실시된 조치들이 있긴 하지만, 이것은 기본적으로 검역, 질서유지, 혼란방지와 같이 치안을 고려한 통제와 규율의 성격이 강했다. 민간 구호 단체나 구호 운동이 정책의 공백과 미비를 메우고는 있었지만, 이 수준에서 해결할 수 있는 것은 많지 않았다. 미군정이 귀환자 대책을 본격적으로 마련하기 시작한 때는 1946년 무렵으로,[43] 당시 구호대책에는 거대한 빈곤층 유동 집단이 좌파에 의해 세

---

41 관련 기사들은 주로 1946년~1950년까지의 신문(『대중일보』, 『대중신문』, 『우리신문』, 『국제일보』, 『조선중앙일보』, 『대동신문』, 『서울신문』, 『동아일보』, 『경향신문』 등)과 잡지를 중심으로 파악했음을 밝혀둔다. 특히 신문에는 전재민 구호 관련 간략한 보도 기사들이 자주 보도되었다. 이에 비해 잡지에 게재된 기사들은 전재민촌의 생활을 구체적으로 전달해주는 성격을 갖는다.

42 전진한, 「제1회 83차 국회본회의에서 시정방침을 보고」, 『시정월보』, 1949.1.5, 29쪽.

43 귀환자와 월남민 수의 증가로 정부감독 하의 통합된 피난민 구호소가 설치되기 시작한다. 서울의 피난민 구호 센터는 1946년 4월에 개설되고 그밖에 대전, 부산, 대구 등지에도 생기는데 모두 초만원을 이룬다. 그리고 1947년 5월 군정청은 부군정 장관 헬믹을 통해 피난민 처리에 대한 구체적 지침을 하달하고 귀환자와 월남민의 재활 사업을 계획, 조정

력화되는 것을 막는다는 정치적 의도도 강하게 작용하고 있었다.[44] 따라서 군정 정책은 민간에서 이루어지는 자발적인 구호 사업이나 원조 운동을 제어하고 전재민 관리를 국가기구 중심으로 일원화하는 방향으로 추진되었다. 이런 상황에서 해방기 군정이 실시한 주택알선, 구직, 귀농알선 등의 정책은 전반적으로 지엽적이고 형식적인 수준에 그칠 수밖에 없었다.[45]

귀환자들이 거리를 떠돌듯이, 귀환자 문제 역시 통치권의 관심과 능력 밖에서 떠돌고 있었던 듯싶다. 전재민 구호 대책은 남조선과도입법의원의 안건으로 초기부터 상정되었지만, 회의는 늘 '이 문제를 어떻게 해결할 것인가' 보다는 '어디서 해결할 것인가'를 두고 많은 시간을 허비한 것으로 보인다. 군정청의 후생기관으로 넘겨야 한다, 문교후생부에 맡겨야 한다, 문교후생부의 1국과 2국 중 어디가 맡을 것인가 등등 논의는 지지부진 이어졌고 후생부의 무책임과 무능을 탓하는 비난이 이어지기도 했다.[46] 1947년 2월 25일의 회의는 이 사안이 제도의 장에 제대로 '등록'되지 못한 채 끝없이 유예되고 있음을 보여준다.

하기 위한 국립피난민(이재민)위원회를 창설한다. 이에 따라 각 도에는 도피난민(이재민)위원회가 편성되었다. 이에 대해서는 신상준, 앞의 글 참고.

44 황병주에 의하면 귀환자 구호운동은 좌익과 우익이 서로 경쟁하는 장이기도 했다. 좌익의 구호운동은 미군정의 탄압 강화라는 조건 속에서 1946년 이후 점차 퇴조를 보인다. 황병주, 앞의 글.

45 미군정 구호정책의 문제점에 대해서는 이혜원, 이영환, 정원오, 앞의 글 참고. 이에 따르면 전후 일본 역시 전재민의 귀환으로 식량, 빈곤, 실업 문제가 심각했다. 1946년에는 전재민 수가 1,300만 명이 넘었다. 복지정책의 수립은 이러한 조건에서 요구되었는데 일본의 복지정책 확립 및 실행은 조선과는 달랐다. 이 차이는 미국의 점령 통치 방식이 조선에서와는 달랐기 때문이기도 한데, 간접통치 형태를 취한 일본에서는 GHQ와 일본 정부 사이의 공조로 적어도 자국민을 대상으로 하는 복지 이념과 정책에는 상당한 진전이 이루어진 것으로 평가된다.

46 전재민 구호 대책 마련이 과도입법의원의 공식 안건으로 오른 것은 1947년 1월 13일이다.

黃保翼 의원 : 그 文教厚生部의 怠慢한 것을 責望하니까 責望하면 받기는 받겠습니다만 그 形便을 먼저 생각해볼 것도 있습니다. 바로말하면 거기 請願뿐만 아니라 朝鮮안에 戰災同胞가 날마다 얼어죽고 굶어죽고 하는 것을 請願이 없이 우리눈으로 보지만 마음이 없어서 救援하지못하는 것이 아닙니다 힘이 모자라 못하는 것입니다.

元世勳 의원 : 이 問題에 있어서는 누구나 가슴아프게 생각하는 바이지만 問題를 얘기하는 것은 結果가 있기 爲해서 얘기하는 것이겠습니다. 우리가 여기앉어서 말로 얘기한다고해서 戰災同胞가 빈말에 慰安을 받을 것이 조곰도 없습니다 (…중략…) 戰災同胞를 救濟하는 것은 行政部面의 일이지 立法部에서는 하지못하는 일입니다.

廉廷權의원 : 우리가 생각할 때에는 文教厚生委員會의 能力이라는 것이 별수없었다는 것이 생각이 됩니다 (…중략…) 이 問題를 解決하는데 있어서는 물론 立法議員으로서는 무슨 行政權을 가지고서 그것을 活用해서 돈이나 집을 갖다가 그들에게 줄수없다고 생각합니다. 다만 立法議員으로서는 이 戰災同胞라든지 이들을 救濟하는 方策을 거기에 對한 計劃案이라고 하는 것을 갖춰가지고 그것을 여러 行政部門에다가 넘겨서 그래가지고서 行政府에서 그것을 實踐해주시기를 바란다는 것을 말하고 또 우리는 그것을 督勵한다는 것이 意義가 많을줄로 압니다[47]

전재민의 삶은 해결을 요구하며 청원의 형태로 법제의 지평을 넘어 들어오고 있었지만 그것을 받을 장소와 능력은 거의 부재했다. 문교후

47 『남조선과도입법의원속기록』 2권, 선인문화사, 1999, 18쪽.

생부는 계속 '현실적 어려움'을 내세우며 피하고 있고 입법계는 담당 처소의 '부적절성'을 강조하며 행정계로 밀어내고 있다. 초점없는 토론을 거쳐 결국에는 다시 문교후생부의 업무로 정해지지만, 군정청과 입법, 행정 기관의 전반적인 정책 미비로 인해 전재민은 사실상 '미해결의 장'에서 방치되는 중이었다. 이후로도 1947년 9월에 전재원호법 제령에 관한 건이 안건으로 오르고, 전재민 원호법 초안이 검토되기도 했지만, 다른 안건에 밀리거나 재석의원이 부족하다는 이유로 정책안 마련은 결국 흐지부지되고 만다.[48] 이 지지부진한 법제화의 장 저 멀리, 귀환자들은 내국의 외부인 거리에서 정착하지 못한 채 떠돌고 있었다. 당시 기사들에 따르면 이들에게 임시로 개방된 것은 절, 유곽, 여관, 요리점 그리고 식민지의 유산인 방공호, 전 일본 병영, 적산가옥, 적산 요정 등이었다. 공간 상징적 측면에서 보자면 이들은 난민의 형상으로 구식민지 공간에 수용되고 있었던 것이다.

이렇게 귀환자들은 자신의 고국으로 돌아왔으나 인민으로서의 어떤 권리도 보장받지 못하는 존재가 되었다. 이 장면은 자발적인 선택으로 국경 내부로 들어온 귀환자들이 경계 내부에서 다시 유기·방기되는 구조를 드러낸다. 주디스 버틀러는 "특정한 영역을 구획짓는 사법적,

---

48 1947년 9월 5일 안건으로 전재원호법제령에 관한 건이 제시되어 있지만 아예 논의되지 않았다. 이어 1947년 9월 8일 안건에 전재민원호법제정에 관한 건이 오르나 역시 논의되지 않는다. 1947년 9월 9일 조선과도행정조직법 수정안에 의해 후생부는 보건국으로 후생국은 구호국으로 명칭이 바뀌고 구호국에서 ① 전재민구호에 관한 사항 ② 실업구제 극빈자구제에 관한 건 ③ 풍수해 등 구제대책에 관한 사항을 맡는 것으로 된다. 1947년 9월 25일 전재민원호법 초안이 가결되지만 '전재민', '이재민' 두 용어를 놓고 다시 토론이 벌어진다. 이 법초안은 가결되지만 법초안을 가진 의원이 적어서 미뤄지고 다시 1947년 9월 26일로 넘어가는데 이 때는 재석의원 부족으로 휴회한다. 1947년 10월 2일, 안건으로 올랐지만 다른 법령에 밀렸을 뿐 아니라 재석의원 부족으로 역시 다뤄지지 않는다.

제도적 구조로서의 국가(State)가 사법적 보호와 의무의 방식을 보류하고 박탈할 수 있기 때문에" 그 구성원의 상태(state)를 매우 어려운 지경으로 몰아갈 수 있음을 강조한다. 이는 특정 개인이나 집단의 상태(state)가 국가(State)의 의도에 결정적으로 영향받음을 의미한다.[49] 같은 논리로, 귀환자들은 외삽국가가 조성한 적대적 환경 속에서, 인민에게 주어질 수 있는 삶의 가장 어두운 변경에 던져져 있었다고 하겠다.

그러나 아무런 권리를 갖지 못한 이들이 권리를 요구하는 정치적 주체로 변화할 가능성이 생성된 것 역시 이러한 '상태(state)'에서였다. 부르스 커밍스는 2차 대전 후의 조선의 상황을 "폭동, 분열, 불안, 변화"와 같이 "충돌을 나타내는 명사들"로 압축할 수 있다고 했다. 그리고 이 충돌의 역학을 귀환자 집단에 대한 사회인구학적 분석을 통해 규명하였다.[50] 그가 주목하고 있듯이 "전쟁이 끝나서 이들이 돌아왔을 때 이들은 여전히 젊고, 여전히 가난하고, 여전히 박해를 받는 입장에 있었다. 그러나 그들은 이제 완전한 농민들이 아니며 아직은 정식 노동자도 아니었다. 그들은 그 양자의 중간 어딘가에 있었다."[51] 귀환자의 절대다수를 차지했던 농민, 노동자 그리고 징용자들은 조선으로 돌아와 자신들의 "비참한 처지"를 개선하기 위한 각종 행동에 동참했다. 1946년 가을 경상 및 전남 지역을 중심으로 일어나 남조선 전역으로 확대된 거대한 봉기에 이들이 어떤 식으로든 참여했음은 사회구조적 차원에서 볼

---

49 Judith Butler · Gayatri Chakravorty Spivak, 앞의 책. 주디스 버틀러는 'state'가 갖고 있는 두 가지 의미인 '국가'와 '상태'를 양립시키면서 국가와 권리의 문제를 성찰하고 있다. 같은 책, 13쪽.

50 Bruce Cumings, 김자동 역, 『한국전쟁의 기원』, 일월서각, 2001, 특히 2장 참고.

51 위의 책, 104쪽.

때 분명하다.[52] 그 외에도 전재민 실업자 대회,[53] 재외조선인협회 창립 대회,[54] 전재동포총동맹,[55] 전재민공생협회 조직,[56] 주거공간을 요구하는 데모,[57] 전재민 대회[58] 등 다양한 형태의 조직 활동과 봉기가 전개되었다.[59] 1946년 8월 9일자 『전국노동자신문』의 기사는 전재민 실업자 대회 소식을 다음과 같이 전하고 있다. "해방된 고국산천을 차저 이역에서 가진 고초를 격고 돌아온 전재동포는 헐벗은 몸을 의지할 집도 없이 굶주린 창자를 쥐고 거리에 헤매고 잇다. 실업자의 비굴로 죄업는 빈궁의 박해에 참을 수 없는 분노를 늑기여 이 참혹한 학대를 거부하는 투쟁으로 변하엿다 남조선에 귀환한 전재민이 三十만이나 되는데 그 모다가 비참하지만 그 중에 약 六 만명은 기아선상에서 위급한 생명이 떨고 잇다 한다." 이들의 요구는 쉬고 있는 공장을 열어 전재실업자를 구제할 것, 전재실업자에게 최소한 한 달 동안의 식량을 보장할 것, 모리배가 소유한 집을 전재실업자에게 돌릴 것 등이었다.

전재민의 요구는 좌우익 정치 집단이나 활동가들과 직간접적으로 연결되어 "거리의 정치"[60]를 여는 데 큰 역할을 한 것으로 파악된다. 그러나

---

52 10월 항쟁에 참여했던 귀환자 통계를 별도로 찾을 수는 없지만, 당시에도 소요 원인이 식량부족 등과 더불어 전재민와 월남인의 사회적 불만, 실업문제에 있다고 분석되고 있었다. 소요의 중심이 경상도가 된 것은 해방 후 이 지역에 인민위원회가 뿌리를 내렸고 동시에 인구 이동률이 높았기 때문이다. 이에 대해서는 Bruce Cumings, 앞의 책, 특히 10장 참고. 파업 노동자들의 요구 조건은 총 11가지인데 이 가운데 세 번째가 "전재민 실업자에게 집과 쌀을 달라"이다. 요구 조건의 내용은 『1948년 조선연감』, 257쪽.

53 『대동신문』, 1946.7.27.

54 『대동신문』, 1946.8.9.

55 『대동신문』, 1946.9.22.

56 『현대일보』, 1947.3.16.

57 『대동신문』, 1947.1.16.

58 『민보』, 1947.3.20; 『민보』, 1947.3.21; 『중외신보』, 1947.3.21.

59 전국근로자동맹은 「전재민, 걸인, 고아도 우리의 혈족이다 구체방침을 세우라」는 성명을 발표하기도 한다(『대동신문』, 1946.10.13).

한편으로는, 이토록 빈번하게 울려퍼지는 요구 그리고 해방 이후로 3~4년이 지나도록 계속 신문지상에 오르는 귀환자의 생활고 관련 기사들을 통해 역으로 우리는 이들이 사실상 내부의 외부에 머물 것을 오래도록 강요받았음을 확인하게 된다.[61] 이제 이후의 상황을 좀더 살펴보자. 남양제도귀환자동맹회, 재일조선인연맹서울위원회, 귀환동포협회, 연변동지회 등과 같은, 귀환자의 사회적 권익을 위한 역할을 한 것으로 보이는 단체들이 정부수립과 더불어 등록 취소되기도 한다.[62] 이러한 단체가 거리를 떠도는 일반 귀환자 집단을 대표하여 어떤 발언과 행동을 했는지 구체적으로 파악할 수는 없다. 하지만 적어도 이 단체들의 소거는 해방기 특유의 정치적 공간이 급격하게 위축되면서 전재민 집단이 자기를 '대표'할 무엇인가를 상실하게 되었음을 말해주는 듯하다.

귀환자 표상을 통해 인민의 난민화를 보여주는 소설적 상상력은 종종 이들의 삶의 비참함을 묘사하고 있다.[63] 그리고 귀환서사로 범주화되는

---

60 해방기에 폭발적으로 열린 각종 정치행동과 대중의 참여를 광장 정치, 거리의 정치로 파악하는 글로는 정호기, 앞의 글; 천정환, 「해방기 거리의 정치와 표상의 생산」, 『상허학보』 26집, 상허학회, 2009.

61 정부 수립 이후 사회부 장관은 1948년 10월 제1회 83차 국회본회의에서 시정방침을 보고하는데 이에 따르면 인구문제 관련 응급적 구호의 제 1항으로 해외귀환 이재민과 북한 이재민에 대한 생활 구호를 들고 있다. 이는 임시 이재민 구호소 설치, 실업자 대책, 무주택자 대책, 물자보급 등으로 세부화된다. 『시정월보』 창간호, 1949.1.5 참고.

62 관련 기사는 『서울신문』, 1949.4.19. 공보처에서는 "결사의 자유라는 표방아래 해방 후 허다한 정당, 사회단체가 속출되어 사회적 혼돈을 양성하여 오던 바, 이러한 정당단체들 중에는 간판만을 내걸고 있어 사회적 폐단이 不尠한 현상에 비추어" 제1차로 법령 제55호 제 2조에 해당하는 정당 단체 133개에 대해 등록취소한다. 이 가운데 단체가 117개에 이른다.

63 대표적으로 소설로는 김동리, 「혈거부족」, 『백민』, 1947.3; 엄흥섭, 「집 없는 사람들」, 『백민』 1947.5; 최정희, 「청량리역 근처」, 『백민』, 1947.11; 손소희, 「회심」, 『백민』, 1948.5. 그 외 「기아와 싸우는 전재민」, 『민주중보』, 1946.3.17; 「기아에 떠는 삼만 전재민」, 『대중일보』, 1946.12.12; 「전재민을 찾아서」, 『대동신문』, 1946.12.14와 12.24 등. 귀환과정의 역학이나 귀환자가 인식하는 조선 내부의 혼란을 다룬 것으로는 염상섭, 「삼팔선」, 『삼팔선』, 금룡도서주식회사, 1948; 小伊, 「피난민 열차기」, 『신세대』, 1946.3; 김만선, 「압

몇몇의 대표적인 작품은 이 비참한 자들이 '국가 건설'과 '민족 갱생'의 일원으로 계몽되어 가는 과정을 묘사하곤 한다. 귀환자들이 건국사업의 자원으로 '성숙'해가는 장면을 부각시키고 있는 소설들은 민족과 국가의 독립이라는 이상태를 지향했던 해방기의 전형적인 표상의 정치학을 보여준다.[64] 하지만 당위적인 정치적 주체의 탄생을 그린 대다수의 소설이 당시의 지배적인 가치관념을 투명하게 표출하는 만큼 상투성 역시 강하다는 점은 부인하기 어렵다. 이에 비해 안회남의 「섬」은 난민인 인민의 형상을 통해 고통스러운 생존 공간이자 정치적 주체화의 공간이기도 했던 '거리'의 역학을 인상적으로 묘사한다. 그리고 바로 그 장소에 던져진 자들의 존재 구조를 뛰어나게 포착하고 있다.[65] 그는 '말할 수 없는' 하위주체를 향해 계몽주의적 재현과는 다른 접근을 취한다. 밑바닥의 귀환자가 민족적 각성을 거쳐 건설 일꾼으로 매진한다는 도덕률에서 벗어나 있는 이 작품은, 계몽의 서사가 낙관적 전망 속에서 놓치고 있는 변경적 존재의 흔적 즉 모든 것을 잃고 아무것도 보장받지 못하는 비참을 통해 그가 찾아온 국가 자체를 추문으로 만드는 구조를 취한다.

「섬」의 탄광노동자는 가족, 재산 그 어느 것도 지키지 못한 채 대마도를 거쳐 혈혈단신 조선으로 들어온다. 그보다 먼저 서울로 들어온 화자는 두 달여의 시간이 흐른 뒤 우연히 거리 한 복판에서 그와 마주치게

록강」, 『신천지』, 1946.6; 김만선, 「귀국자」, 『압록강』, 동지사, 1948; 이석훈, 「고향찾는 사람들」, 『백민』, 1950.2; 최태응, 「월경자」, 『백민』, 1948.5 등을 참고.

64 엄흥섭, 「귀환일기」, 『우리문학』, 1946.2(『해방기 한국 문예자료 총서』 1, 계명문화사, 1990); 이동규, 「좀」, 『문학비평』, 1947.6(『해방기 한국 문예자료 총서』 4, 계명문화사, 1990); 엄흥섭, 「출발」, 『문학비평』, 1947.6(『해방기 한국 문예자료 총서』 4, 계명문화사, 1990).

65 안회남의 작품 가운데 「불」 역시 '거리'와 '거리의 존재'의 정치적 의미를 포착하고 있다. 여기서는 정치화 구조 자체를 드러내 보여주는 「섬」에 대한 분석으로 그친다.

되는데 이 장면은 다음과 같이 묘사된다. "나는 그가 몹시 반가웠다. 그러나 그는 내가 궁금해하고 반가워하는 모든 심리를 잘 알면서 그것을 고려하는 눈치였다. 서로 퍽 어색함을 느끼었다. 그는 나에게 묻지 말라는드시 딴 인사말만 하고 황황히 사람들 사이로 사라졌다. 나는 그의 뒤 모양을 바라보면서 검푸른 물결속에 외로이 선 섬, 섬을 생각하였다. 박서방은 어디인지 섬이다 하는 느낌을 나에게 주었다. 그러나 그의 씩씩한 기품이 나로 하여금 저윽이 안심하게 하였다."[66] 그는 일본인 처와 아이를 버리고 떠날 수밖에 없었던 아픔을 안고 고국의 국경 안으로 들어와, 지금은 수많은 인파에 묻혀 거리 어디론가 사라져 간다.

그의 목소리는 들리지 않는다. 그래서 거리 위의 그가 지금껏 무엇을 했는지 또 앞으로 무엇을 할 것인지 우리는 전혀 알 수 없다. 무엇이 이들의 '상태(state)'를 이렇게 만들었는가. 그리고 이들은 이 '상태'에서 '누가' 되어갈 것인가. 거리 저편으로 사라져가는, 묵음 처리된 인민의 뒷모습을 담고 있는 「섬」의 마지막 장면은 바로 이러한 질문을 던지고 있다. 모호한 그러나 지극히 결정적인 이 미결정의 순간은 곧 인민(난민)의 정치화의 순간이자 그 정치화의 구조 자체가 현현하는 순간이기도 할 것이다. '자기의 국가를 소유한 국민'이라는 상(像) 혹은 '자기의 국가에 소속된 국민'이라는 상(像)을 향한 막연하지만 절실했던 환상과 기대가 모두 붕괴되는 지점에서, 국가-국민-내셔널리즘의 한계가 드러난다. 그리고 또 바로 그 지점에서, 아무것도 약속받지 못한 난민인 인민의 자명한 비참과 잠재된 역능을 동시에 보게도 되는 것이다.

---

66 안회남, 「섬」, 『신천지』, 1946.1, 111쪽.

4. '국가 혹은 조국의 악(惡)'이라는 상념의 흔적

지금까지 해방기 귀환 및 귀환자가 갖는 사회적, 정치적, 문화적 의미를 재구성함으로써, 실제적 삶의 환경으로 작동하는 국가와 그 안에서 주어지는 인민의 삶의 가능성이 맺는 관계를 검토했다. 보다 통시적인 관점을 취하자면, 이 문제는 후식민 점령권력에 의한 외삽국가로부터 분단 반공국가를 거쳐 개발국가로 이어지는 한국형 과대성장 국가의 통치기술이 갖는 억압성이라는 문제와 맞닿아 있다. 장기 지속된 이러한 국가적 환경에서 구성원의 정치적 주체화가 어떤 욕망, 어떤 의식을 안고 어떻게 불/가능해졌는가라는 질문을 던질 필요가 있을 것이다.

주권을 가진 자신의 국가가 악(惡)일 수 있다는 가정은 해방기 상상의 지평에서는 물론 출현할 수 없었던 것으로 보인다. 이 매우 '희귀한 생각'은 1948년 초에 쓰여진 설정식의 단편에 '약간의' 흔적을 남긴 적이 있다. 뉴욕을 배경으로 하는 이 소설에서 조선인 화자는 코스모폴리탄의 감각을 지닌 일본인 2세가 일본에 대해 취하는 태도를 낯설게 바라본다. 하야시는 "동족의 전멸을 마치 화성에서 일어난 일같이 심상하게" 말하면서 중국 전재민을 위한 "칵텔 파티" 회합에 참여하는 인물이다. 조선인 화자는 '조국'과 '동족'에 얽매이지 않고 "초연하게 새로운 사상을 몸소 것고 있는" 젊은 그를 경이롭게 생각하면서 이렇게 독백한다. "하야시같이 버젓한 조국이 있는 사람은 조국을 구태여 조고마한 조국으로 섬길 필요는 없을 것이다. 그러나 내게는 위선 사슬에서 풀린 조국이 있어야 하겠다. 그러고나서면 나도 아마 — 만일 그런 게재라면 — 하야시같이 내 샷특하고 의(義)롭지 못한 조국을 저주하면서 적을 위한 구혈에 나도 한술 포시를 선선하게 아끼지 않을 것으로도 생각하였다."[67] 당시로서는 매우 드문 한 조각의 상념이 스치고 있는 이 소설에서도, "의롭지 않거나 사특한 조국"이라는 미세한 의식의 틈은 '도래해야 할 조국'에의 확고한 신념으로 봉합되어 궁극적으로는 사라지고 있다.

'조국의 악'이라는 것이 전혀 예견될 수 없었던 것은 주권국가를 향한 열망이 그만큼 강렬했기 때문이다. 하지만 이후에 진행된 (국민) 국가의 작동은 인민이 국민으로 등록되는 결정적인 계기가 결국 전쟁이 부여한 '국방'의 의무나 반공체제가 낳은 공포였음을 말해줄 뿐이다.[68] 이러한 국가는 늘 치안과 안보를 제일의적인 것으로 설정했다. 푸코가 국가의 안전 메커니즘을 지탱하는 주요 테크닉으로 든 것은 군사-외교 기구와 치안-경찰이라는 정치적 기구다. 특히 국가의 내적 유지에 관여하는 치안-경찰은 인간의 행위를 국가의 힘과 그 힘의 신장으로 통합하는 기능을 한다. 해방기에는 치안의 유지를 위한 억압적 국가기구가 강력하게 작용했지만, 이와 동시에 국가구조의 전체적인 불안정성과 유동성 그리고 구조적 탈구로 인해 피통치 집단의 정치화 가능성 역시 강력하게 표출될 수 있었다. 이런 점에서 거리의 귀환자 집단은, 해방기 다수의 인민에게 주어졌던 '배제됨으로써 정치적일 수 있는' 가능성을 보여주는 제유(提喩)인 것이다.

---

67 설정식, 「한 화가의 최후」, 『문학』, 1948.4, 67쪽.

68 분단체제 하에서 한국의 시민사회가 어떠한 방식으로 구축되었는가에 대해서는 성경륭, 앞의 글; 김동춘, 「한국의 분단국가 형성과 시민권」, 『경제와 사회』, 2006 여름.

참고문헌

1. 자료

『강원일보』, 『경향신문』, 『국제일보』, 『대동신문』, 『대중신문』, 『대중일보』, 『동아일보』, 『민보』, 『서울신문』, 『시정월보』 『우리신문』, 『자유신문』, 『조선일보』, 『조선중앙일보』, 『중외신보』, 『한성일보』, 『현대일보』, 『백민』, 『신천지』, 『문학』

『남조선과도입법의원속기록』, 선인문화사, 1999.
『조선연감』, 조선통신사, 1948.
『해방전후회고』(광주부), 돌베개, 1984.
『해방기 한국 문예자료 총서』, 계명문화사, 1990.
『조선문학가동맹총서』, 현대문화사, 2008.

2. 논문

강인철, 「미군정기의 인구이동과 정치변동」, 『한신논문집』 15집 2권, 한신대 출판부, 1998.

김광열, 「1940년대 일본의 도일 조선인 규제정책」, 김광열 외, 『패전 전후 일본의 마이너리티와 냉전』, 제이앤씨, 2006.

김동춘, 「한국의 분단국가 형성과 시민권」, 『경제와사회』 통권70호, 비판사회학회, 2006.

김수자, 「대한민국 정부수립 전후 국적법 제정 논의 과정에 나타난 '국민' 경계 설정」, 『한국근현대사연구』 49집, 2009.

남찬섭, 「미군정기의 사회복지」, 『복지동향』, 2005.

박명림, 「한국의 국가형성, 1945~1948 – 시각과 해석」, 『한국정치학회보』 29집 1호, 1995.10.

성경륭, 「분단체제와 시민사회」, 『아시아문화』 16호, 2000.

신복룡, 「군정기 미국의 대한반도 점령 정책」, 『한국정치외교사논총』 제30집 2호, 한국정치외교사학회, 2009.

신상준, 「주한미군정청의 해외귀환동포 및 월남민에 대한 구호행정」, 『복지행정논총』 4, 1994.

오태영, 「민족적 제의로서의 '귀환'」, 『한국문학연구』 제32집, 동국대 한국문학연구소, 2007.
이연식, 「해방 후 한반도 거주 일본인 귀환에 관한 연구」, 서울시립대 박사논문, 2009.
______, 「해방 후 일본인 송환문제를 둘러싼 남한사회와 미군정의 갈등」, 『한일민족문제연구』, 2008.
이용호, 「난민의 개념과 그 보호」, 『국제법학회논총』 제52권 제2호, 2007.
이종호, 「해방기 이동의 정치학」, 「한국문학연구」 36집, 2009.
이주윤, 「국제법적 시각에서 본 대한민국의 국적문제」, 『법학연구』 29집, 한국법학회, 2008.
이혜원 · 이영환 · 정원오, 「한국과 일본의 미군정기 사회복지정책 비교 연구」, 『한국사회복지학』 36권, 1998.
장복희, 「현대국제법상 난민의 정의와 박해의 의미의 변화」, 「국제법학회논총」 제 47권 제1호, 2002.
정근식, 「남한 지역의 사회 · 경제와 미군정」, 한국정신문화연구원 현대사연구소 편, 『한국현대사의 재인식』 1(해방정국과 미소군정), 오름, 1998.
정인섭, 「우리 국적법상 최초 국민 확정기준에 관한 검토」, 『국제법학회논총』 제43권 제2호, 1998.
정재석, 「해방기 귀환 서사 연구」, 연세대 석사논문, 2006.
정종현, 「해방기 소설에 나타난 '귀환'의 민족서사—'지리적' 귀환을 중심으로」, 『비교문학』 40집, 2006.
정호기, 「국가의 형성과 광장의 정치」, 『사회와역사』 77집, 2008.
차상철, 「냉전 초기(1945~1949) 미국의 중국정책」, 『미국사연구』 제4집, 1996.
천정환, 「해방기 거리의 정치와 표상의 생산」, 『상허학보』 26집, 상허학회, 2009.
최계수, 「미귀환 재중한인의 국적귀속 문제」, 『한국학논총』 32, 2009.
최장집, 「과대성장 국가의 형성과 정치 균열의 구조」, 『한국사회연구』 3, 한길사, 1985.
______, 「미군정하 국가 다원주의의 형성과 정치균열의 역사적 기원」, 『한국 현대정치의 구조와 변화』, 까치, 1989.
허광무, 「일본 공적부조체제의 재편과 재일조선인」, 김광열 외, 『패전 전후 일본의 마이너리티와 냉전』, 제이엔씨, 2006.
홍인숙, 「제2차 세계대전 직후 GHQ의 재일조선인 정책」, 『한일민족문제연구』 창간호, 한일민족문제학회, 2001.
황병주, 「미군정기 전재민 구호운동과 민족담론」, 『역사와현실』 35권, 2000.

小谷益次郎, 윤해영 역, 「인천철수지」, 『황해문화』, 2001 봄.

3. 단행본

김만선, 『압록강』, 동지사, 1948.
김석준, 『미군정 시대의 국가와 행정』, 이화여대 출판부, 1996.
박명규, 『국민・인민・시민』, 소화, 2009.
안 진, 『미군정과 한국의 민주주의』, 한울, 2005.
염상섭, 『삼팔선』, 금룡도서주식회사, 1948.

니시카와 나가오, 박미정 역, 『신식민지주의론』, 일조각, 2009.
아사노 도요미 감수・해설, 이길진 역, 『살아서 돌아오다』, 솔, 2005.
Arendt, Hannah, 이진우 역, 『전체주의의 기원』, 한길사, 2009.
Badiou, Alain, 양창렬 외역, 『민주주의는 죽었는가』, 난장, 2010.
Butler, Judith・Spivak, Gayatri Chakravorty, 주해연 역, 『누가 민족국가를 노래하는가』, 산책자, 2008.
Cumings, Bruce, 김자동 역, 『한국전쟁의 기원』, 일월서각, 1986.
Giorgio, Agamben, 김상운・양창렬 역, 『목적없는 수단』, 난장, 2009.
Althusser, Louis, 이진수 역, 『레닌과 철학』, 백의, 1991.
Michel, Foucault, 오트르망 역, 『안전, 영토, 인구』, 난장, 2011.

丸川哲史, 『冷戰文化論』, 双風舍, 2005.
森田芳夫, 『朝鮮終戰の記錄』, 巖南堂, 1967.
市野川容孝・小森陽一, 『難民』, 岩波書店, 2007.

현해탄의 정동

국가라는 '슬픔'의 체제와 밀항

1. 국가와 그토록 무관하지만 그래서 그것과 몹시도 유관한 삶에 대하여

이 글에서 나는 1945년 이후 남한과 일본 사이에서 일어났던 한국인의 '밀항'에 관해 생각해보려 한다.[1] 아주 직접적으로, 우리는 '밀항이란 무엇인가'라는 질문을 던져볼 수 있을 것이다. 밀항은 무엇보다도 '애국심'이나 '준법의무'와 같은 집합적 규범과는 무관하게, 아니 이러한 국가적 도덕률 같은 것은 무시하면서 국가-영토 바깥을 향해 어둡

1 밀항과 관련해서는 재일조선인의 삶과 재일조선인 문학이라는 또 다른 장을 정치하게 고찰해야 할 것이다. 특히 김달수를 비롯한 재일조선인 문학은 밀항의 역사적, 정치적 의미를 남한에서와는 또다른 맥락에서 본격적으로 조명하고 있다. 여기에서는 이 영역은 채 다루지 못하고 남한으로 분석 대상을 한정하였다. 재일조선인 문학에 나타난 밀항의 의미에 대한 연구로는 高和政, 「密航・民族・ジェンダ—ー'在日朝鮮人文学'にみる人流」, 『繼續する植民地主義ージェンダー民族 人種 階級』, 青弓社, 2005 참고.

게 번지고 퍼지는 하나의 삶-선택의 가능성이다. 그리고 결국은 국가 내적 질서뿐만 아니라 국가간 질서도 흐트러뜨리는 행위로 규정되고 처벌받는 월경적 '범법' 현상이다. 밀항은 규제되거나 불법으로 통제되고 있음에도 불구하고 오랫동안 서로 다른 역사적 국면을 거치면서 지속되어 왔다. 상황이 이러하다면, 우리는 범범과 불법을 행하는 자들의 장소로 눈을 돌려야 한다. 이들은 누구이며 무엇인가? 이들은 왜 범법하는가? 이러한 물음을 안고 밀항의 장면, 밀항자의 내면에 접근하면서 재고하고 싶은 것은 주권성과 영토성에 기반한 국민국가의 공적 질서 체계, 이를 넘어서거나 이에 미달하는 주체의 욕망과 행위의 행로 그리고 이 두 역장이 맺고 있는 길항 관계다.

밀항과 밀항자가 제기하는 문제를 고찰하기 위해 잠시 우회해보자. 나는 해방기 귀환자를 분석하면서 고국으로 돌아온 다양한 성격의 귀국자들이 국민국가를 향해 가졌던 기대가 무엇이었는지 그리고 그 기대가 분단국가 형성 과정에서 어떤 식으로 배반되었는지를 고찰한 바 있다. 살펴보고 싶었던 것은 크게 두 가지였다. 우선 귀환자를 포함하여, 포스트콜로니얼 국면의 인민(people)이 공유했던 집합적 자기상(selfimage)을 들 수 있다. 이는 (민족) 국가에 '국민'으로 소속할 권리와 불가분의 관계를 맺고 있는 정체성 정치의 문제이기도 하다. 또다른 하나는 국가 형성이나 성원권(成員權) 확보를 둘러싼 주체의 기대 및 행위와 바로 연접해 있던, 통치 체제로서의 국가의 작동방식이었다. 주지하듯이 1945년 이후 주권국가를 세우고 자국의 국민이 되는 일은 피통치 집단의 바람과는 달리 무척이나 지난한 과정을 거치게 된다. 제국주의 해체로부터 국가 형성에 이르는 과정은 곧 법-폭력-치안의 전유권을 둘러싼 군정세력(미군정과 구제국주의에 기반한 한인 세력)과 인민 사이의 쟁분 과정으로 그리고 이 경합 구조가 결과적으로는 전자의 방향으로 조정되는 과정으로 압축할 수 있다. 이 사태가 보여주는 것은 아래에서 위로 솟는(bottom-up) 대항적 법-폭력-치안 세력을 보다 상위의 법-폭력-치안 세력이 분쇄하고 장악하는(top-down) 양상이다.

남한 국가가 억압적 국가기구의 비대화를 거치면서 구성되어 간 것 그리고 이후 줄곧 과대성장국가의 길을 걸었다는 것은 명백한 역사적 사실이다. 국가의 구축 메커니즘은 여러 측면에서 논의할 수 있겠지만 여기서는 특히 영토 경계의 확정 및 이에 연동하여 발생하는 인류(人流)[2]의 문제를 염두에 두고자 한다. 일본 제국주의 붕괴 후 동북아 지역의 국민국가적 재편이 시작되지만, 이 대지의 영토 확정이 유동하고 이동하는 인적 흐름을 동반하고 있었다는 사실은 주의깊게 기억되어야 할 것이다. 분단체제라는 내부 분할 양상을 고려해야 하겠지만, 거시적으로 보자면 인적 흐름은 크게 두 방향을 취한다. 우선 지배적인 방향으로, 국경 바깥에서 안을 향해 들어오는 구심적 움직임이 있다. 자국으로 돌아오는 귀환자들이 이 흐름을 선명하게 증거하고 있다. 그러나 그 반대의 경우 즉 안에서 바깥으로 흘러나가는 원심적 경로 또한 확인하게 된다. 전면적이고 압도적인 경향이었던 전자의 경우와 비교해볼 때, 안에서 바깥으로 나가는 '역행'은 구조적으로 '약한' 것이었고 또 점차 약화되어갈 것이기도 했다.

하지만 약하거나 약화되어 갔다는 사실이, 이 흐름이 갖고 있는 역사

2 이 용어는 위의 책에서 빌려온다.

적·정치적 의미를 희석시키는 못할 것이다. 오히려 바로 이 지점에서 우리는 국가와 개인의 삶이 출동하고 길항하는 현장을 뚜렷하게 목격하고 그 의미를 근원적으로 되짚어볼 수 있게 된다. 영토와 어긋나는 삶의 동요에 초점을 맞춤으로써, 국가의 내막 그리고 자국에 귀속될 수 없는/귀속되기를 거부하는 자들의 내부를 향해 접근할 수 있을 것이다. 이는 곧 제국주의 질서의 붕괴와 더불어 배타적으로 구획된 국가간 경계와 이를 관리하는 통치장치들 그리고 장치들에 쉽게 포획되지 않는 주체들의 욕망, 정념, 행위(이동)에 관한 고찰이다. 국가간 분리선의 명확한 확정은 필연적으로 경계화와 경계넘기를 관리, 통어하는 장치들을 구성하기 마련이다. 이 때 관리와 통어의 장치는 군사적 차원('적'에 대응하는 방위, 군대, 전쟁)과 민간적 차원(내외국인 일반에 대응하는 다층적인 법제, 규율)을 포괄하면서 운용된다. 민간의 평범한 인민을 논의의 중심에 둘 때, "법은 항상 보다 더 많은 것, 과잉, 즉 법의 통제가 실패할 수밖에 없는 욕망을 낳는다"[3]는 법과 욕망의 관계도(關係圖)는 주체와 영토-장치의 동력학을 포착하는 데 도움을 줄 것이다.

이제 다시 밀항이라는 문제 지점으로 돌아오자. 밀항자란, 영토 바깥을 향하는 원심적 흐름에 속하는 하나의 정체성이다. 그리고 이들은 위에서 참조한 법규율-욕망의 관계도 안에서 가장 궁벽한 변경에 위치한다. 1945년 이후의 불법적 월경(자)을 재고하는 것은 법망을 뚫는 일을 주체의 '쾌속'이나 '질주'에너지 등으로 미화하기 위해서가 아니다. 이

---

3 알리사 리 존스, 「편집자의 말—법의 무지」, Étienne Balibar · Alain Badiou, 강수영 역, 『법은 아무것도 모른다』, 인간사랑, 2008, 24쪽. 법, 정념으로서의 주체, 정신분석학의 윤리에 관해서는 이 책에 실린 Étienne Balibar, 「주체」; 마리나 드 까네리, 「현실의 총체성」 참고.

런 식의 해석은 흔히 역사와 현실의 무게를 기화시켜 사태를 시적 수사로 덮어버리곤 한다. 제국주의에서 국민국가로 이어지는 과정이 말해주는 것은 밀항이 제국과 국가에 의해 삶의 가능성을 훼손당한 자들이 선택한 '위험'이었다는 점이다. 이는 쉽게 미화될 수 없는 리얼리티의 문제다. 정동론의 측면에서 생각해보면, 밀항은 '슬픔을 생산하는 환경'에서 생겨난 이동 행위라 할 수 있다. 불가피한 이동이 여러 제약 조건 속에서 잠행의 형태로 국경 근처에서 감행된 것이다. 제국주의와 국민국가 형성이라는 역사적 맥락으로 특정한 정동의 의미를 번역해 들여오기 위해서는 이 '슬픔을 생산하는 구조'에 초점을 맞춰야 할 듯하다. 스피노자 그리고 그의 정동론을 해석하고 있는 들뢰즈가 논하고 있듯이, 기쁨과 슬픔은 각각 인간의 힘-행위능력-의지의 증대 또는 감소에 상응하는 정동이다. 스피노자는 "인간이 보다 적은 완전성에서 보다 커다란 완전성으로 이행하는 것"을 "기쁨(즐거움)"으로, 그리고 그 역의 방향 즉 "보다 커다란 완전성에서 보다 적은 완전성으로 이행하는 것"을 "슬픔(고통)"[4]으로 이해했다. 스피노자를 다시 읽는 들뢰즈에 따르면 기쁨은 힘의 증대에 상응하는 정동이며 슬픔은 힘의 감소에 상응하는 정동이다.

그런데 중요한 것은, 들뢰즈가 스피노자의 틀을 통해 "슬픔을 필요로 하는" "힘을 가진 사람들", "슬픔의 체제를 세움으로써 힘을 확보할 수 있을 뿐인 사람들"에 관해 언급하고 있다는 점이다. 정동의 영역을 구체적인 역사의 자리로 가져올 때, 들뢰즈의 입장에 기대어 "슬픔을

4 Benedict de Spinoza, 추영현 역, 『에티카/정치론』, 동서문화사, 2008, 165쪽.

필요로 하는" 체제 혹은 "슬픔의 체제"라는 구조를 상정해 볼 수 있을 것이다. 오랫동안 구성원들의 삶의 능력을 현격하게 감소시키는 방식으로 존재해 왔다는 점에서, 남한 국가는 슬픔의 정동을 생산하는 구조일 뿐이다. 심대한 결여감을 해결하기 위해 위험을 감수해야 하는 자들, 행복해지기 위해서가 아니라 오직 공포와 압박을 피하기 위해서 자기의 에너지를 쏟아부어야 하는 자들을 떠올려보자. 국가(State)와 개인의 삶의 상태(state) 사이의 분리불가능한 관계를 사유한 주디스 버틀러의 성찰이[5] 국가를 슬픔의 체제로 문제화하는 데 도움이 될 것이다.

그렇다면 이제 밀항과 밀항자를 두고 이러한 순환도를 그려볼 수 있다. 즉 국가 혹은 국가화 과정에서 위축되고 상해입는 일, 그리고 이러한 부(負)의 삶의 상태를 거부하여 경계를 넘는 일, 그래서 국가가 어떤 것을 요구(금지)하든 이에 따르지 않는 일, 그러나 결코 혁명처럼 공감을 통한 기쁨의 관계합성으로 폭발하지 못하며 다만 개별분산적으로 속임수-위험-곤경과 함께 치러지는 일, 그리고 결국에는 대부분 수용소를 거쳐 수치스러운 존재가 되어 다시 국가로 환수되는 일. 혹은 경계 저편의 월경지에서 숨어 떠도는 일. 이것이 바로 실패한 혹은 성공한 밀항의 경로인 셈인데, 이러한 삶의 상태 혹은 이러한 삶을 사는 존재를 우리는 어떻게 정체화하고 의미지을 수 있을 것인가.

---

5 Judith Butler · Gayatri Chakravorty Spivak, 주해연 역, 『누가 민족국가를 노래하는가』, 산책자, 2008.

2. 밀항의 시공간 역학–제국주의, 국민국가 그리고 월경

근대 한국인의 일본 밀항의 역사는 짧지 않다. 식민지 시기, 조선 내부에서 해소될 수 없는 삶의 곤경을 바깥을 향함으로써 해결하고자 했던 하위주체들은 종종 밀항이라는 이동 방식을 택했다. 밀항은 도항의 하나의 유형이므로 우선 제국의 판도 내에서 일어났던 도항에 관해 살펴보자. 김광열에 따르면 해방 이전에 행해진 조선인의 도항은 크게 다섯 유형으로 나뉜다. 첫째 생계를 해결하기 위한 구직 도일, 둘째 구직자의 가족으로서 구직자와 동반도일하거나 구직자가 취업을 한 후에 초청하여 도일하는 가족 동거 도일, 셋째 진학 또는 면학을 목적으로 하는 유학 도일, 넷째 뚜렷한 목적 없이 경험삼아 행하는 만연도일, 다섯째 총동원 정책으로 일본의 전쟁에 동원된 집단 도일이 그것이다.[6] 도일의 경위는 도일자의 사회적 위치에 따라 다르겠지만, 구조적으로 보자면 식민지 도일의 경향을 거시적 차원에서 결정한 것은 제국의 노동력·병력 배치 정책이었다.

제국주의는 식민자와 피식민자 사이의 현저한 정치경제적 불균형과 불균등을 바탕으로 하는 거대한 노동력 이동 풍경을 낳는다. 이 때 경제구조의 정황상, 상대적 저개발 상태의 복합 모순에 노출되어 있는 식민지 노동력이 제국 본토를 향해 이동하는 현상이 발생한다. 일본은 쏟아져 들어오는 조선인의 물결을 억제함으로써 조절하려 했고 이 과정에서 도일 저지와 통제를 위한 여러 정책들이 시행되었다. 제국 영토권

6 김광열, 『한인의 일본 이주사 연구(1910~1940년대)』, 논형, 2010, 특히 3장 참고(인용은 78쪽).

내의 로컬간 경계 넘기를 경찰력으로 규제하기 위한 법제가 지속적으로 작동했다. 피식민자의 이동에 경찰 치안력의 개입이 본격화된 것은 1919년의 여행증명서 제도를 통해서다. 이후에 좀더 살펴보겠지만 이러한 조치는 조선인의 반발을 샀고 3년 후인 1922년에 폐지되지만, 그렇다고 자유 도항이 허용된 것은 아니었다. 1925년 10월에는 도일억제를 위한 새로운 규정들이 다시 도입되었고 경찰의 개입도 계속되었다.[7] 일관된 도일 억제 기조가 상대적으로 완화된 것은 중일전쟁과 더불어 본격화된 총동원 시스템 하에서다. 전쟁은 인구와 노동력의 전면적 재배치를 요구했고 이 과정에서 내지로의 이동자나 내지의 조선인 이주자에 대한 통제는 규제의 유지, 완화, 강화를 반복하면서 이루어졌다.

식민지 시기, 제국 내 로컬들의 경계는 국민국가형 실선으로 분리되어 있었던 게 아니라 점선 형태로 연접되어 있었다. 이러한 공간 편제에서 이동의 억제나 감시는 조선인의 '이동하고 노동할 권리'를 침해하는 장애물로 인식된 것으로 보인다. 식민 본국의 일련의 조치들이 속히 개선되어야 할 평등치 못한 정책으로 비난받거나 "세계적" 추세인 "경제적 자유 교통"에 역행하는 정책으로 비판되고 있는 현상은 이런 맥락에서 이해할 수 있다.[8] 도일 저지책에 대한 문제제기뿐 아니라, 도일 취체 강화로 인해 절망적인 상황으로 내몰린 노동자, 빈농 집단에 대한 염려의 목소리도 곳곳에서 들려온다.[9] 이처럼 도항 억제가 강력하게 유

---

7 일본의 조선인 도항 정책에 관해서는 위의 책 참고.

8 「여행증명의 폐지를 주장하노라」, 『동아일보』, 1921.7.9~7.10. 상하로 나뉜 이 기사는 각각 "사회생활의 입지"(上)와 "경제적 입지"(下)에서 여행증명제의 문제점을 신랄하게 비판하고 있다. 1920년대 중후반에도 이러한 입장이 지속된다. 도일저지에 대한 비판 및 이에 반대하는 당시 노동계의 움직임에 대해서는 각각 「도일저지의 대책여하」, 『동아일보』, 1927.3.19; 「노동자 도일저지에 반대동맹 제창」, 『동아일보』, 1927.8.3.

지되는 상황에서 밀항은 속출하게 된다. 도항 억제가 역으로 많은 밀항을 파생시킨 것이다. 당시의 밀항 현장을 보여주는 기사들은 매우 많다. 일본으로의 밀항은 일상적이고 만성적으로 일어나고 있었다. 1930년대 후반의 한 잡지 기사가 전하는 바에 따르면, 도항 저지 제도가 새로 생긴 후로 밀항은 숱하게 발생하여 "항도 부산의 범죄사상에 신기록을 지어내는 중대 사회문제인 동시에 특수범죄"가 될 정도였다.

> 밀항! 여기에는 굽이굽이 매친 눈물겨운 가지가지의 애화와 에피소드가 한두가지가 아니다. 년년이 줄어만드는 농토와 가끔 당하는 천재의 재앙으로 또는 고래채의 중압 등으로 농촌 살림에 진저리를 내고 있는 그들 농민들의 가정과 심리를 잘 파악한 밀항뿌로커들의 농촌범람 등 오로지 그 수단과 계책을 다하야 지어내는 밀항 범죄에 덥슬닌 무지한 농민들은 그 어렵다는 내지도 쉽게 건너갈 수 있다 함으로 비록 헌누덕이옷일망정 모조리 팔고 잡피여서 정든 산천과 친척 고우를 눈물로 작별하고 남부녀대하야 그들의 꼬임에 따러 부산까지 이르게 된 웃지못할 그들의 정경! 이야말로 한편의 사회극이다.[10]

이처럼 밀항은 식민지 경제 구조에서 출현한 빈농층이 생존을 위해 제국 본토의 (하층) 노동자로 전환할 것을 감수하고 취하는 길이었다. 궁핍한 조선을 떠도는 유휴 노동력에 주어진 선택지는 많지 않았고,[11]

---

9 『동아일보』, 1929.9.12. 빈농 집단이 도항을 위해 부산으로 왔지만 "도항저지로 말미암아 가지도 오지도 못하고 떼를 지어" 떠돌고 있음을 전하고 있다. 밀항 브로커의 행각과 그로 인한 피해를 다루는 기사들은 아주 많다.

10 이석주, 「밀항야화」, 『실화』, 1939.3, 94쪽.

이들이 종종 밀항의 흐름을 형성하곤 했던 것이다. 그런데 제국의 영토를 배경으로 하는 피식민자의 밀항은 '불법'이 아닌 '부정' 도항으로 규정되고 있었다. 이 행위가 끊임없는 단속과 규제의 대상이었음에도 불구하고 '불법'으로 칭해지지 않았던 것은 조선인을 일본 국적자로 간주했던 식민주의의 영토적 · 법적 편제 때문이다.[12]

상황이 달라지는 것은 1945년 이후부터다. 제국의 영토가 붕괴되고 분계선이 새롭게 작성되면서 일본의 영토는 대폭 축소 · 제한되었다. 샌프란시스코 조약을 통해 일본은 구식민지 권역의 점유 권리를 상실하고,[13] 이후 군정의 조치에 따라 조선과 일본 사이의 교통은 단절된다. 연합군 사령부는 중대한 용무가 없는 한 일본인의 남부조선 입국허가서를 발급하지 않는다는 방침을 통고했으며[14] 이 규제에 따라 일본인의 조선 입국은 전면 금지된다.[15] 그 역의 이동 역시 마찬가지로 제한되었다. 군정은 1946년 2월 19일에 법령 '조선 입국 또는 출국자 이동 관리 및 기록에 관한 건'을 공포하여 조선인이 외국에 여행할 때는 반드시 군정청의 허가를 받도록 했다.[16] 이에 따라 조선인의 일본입국이 금지되었고 이러한 조치를 따르지 않을 경우에는 "법령위반"으로 간주, 처벌을 받게 되었다.[17] 일본 역시 도일 조선인에 대한 대책을 강화하면

---

11 조선의 지원병제를 연구한 히구치 유이치는 조선의 젊은 층이 지원병 모집에 지원했던 현상을 다각도로 분석하면서 여러 측면을 고려하고 있지만, 무엇보다도 당시의 직업난과 유휴노동력의 증가에서 중요한 원인을 찾고 있다.

12 김광열, 앞의 책.

13 샌프란시스코 조약에서 일본 영역과 관련된 조항은 야마다 요시히코[山田吉彦], 「日本の國境問題」, 한국국제정치학회 학술대회 〈건국 60년과 우리의 영토와 주권〉, 2008.8 참조.

14 『동아일보』, 1945.12.24.

15 『조선일보』, 1946.1.15.

16 『민주중보』, 1946.2.20.

17 『동아일보』, 1946.5.16.

서[18] 남서해안에 감시서를 설치할 것을 시도한다.[19]

이제 밀항은 국가간 경계 질서를 어지럽히는 위법 행위로 규정되기 시작했고 이를 방지하기 위한 조선과 일본의 군정 법제가 강화되었다. 이 시기, 통행과 교통 금지에 대한 문제제기나 불만은 적어도 담론적 차원에서는 거의 출현하지 않는다. 이 점이 바로 제국주의적 영토 편제와 국민국가적 그것 사이의 차이에 해당할 터인데 여기에는 물론 식민화와 전쟁 그리고 애매한 해방이라는 복합적 국면이 중층 결합되어 있다. 전반적으로 국민국가형 지배와 영토 규율이 국제적 차원에서 강화되고 있었음에도 불구하고(강화되고 있었기 때문이기도 하겠지만), 1945년 이후 조선인의 일본으로의 밀항 행렬은 그치지 않고 계속되었다. 밀항이 "급증", "격증"하고 있다는 기사는 당시 지면에서 종종 확인된다.[20] 앞서 언급했듯이 귀환자들이 돌아오고 있었고 이 고국으로의 귀환이 국민국가 형성에 상응하는 전반적인 흐름이긴 했지만, 국경 주변의 사태로 눈을 돌려보면 국가라는 지정학적 구도를 벗어나려는 움직임은 파동처럼 계속되고 있었던 셈이다. '저편으로 넘어가면' 곤궁한 삶이 조금은 해결될 것이라는 기대 또는 자기를 위한 더 나은 선택을 하고자 하는 욕망 같은 것이, 영토처럼 혹은 영토를 따라 명확하게 분리되거나 절단될 수는 없을 것이다. 1945년 8월 이후의 조선인의 밀항은 이 자명

---

18 일본으로의 불법입국과 비밀무역의 방지를 목적으로 일본무장경관 만명이 대기중이라는 기사가 실린다(『대중일보』, 1948.4.25). 1946년 1월 29일 SCAP은 〈약간의 외곽지역을 일본의 통치행정에서 분리〉라는 각서를 보내 사실상 일본 국경을 확정하는 조치를 취하고 일본열도와 구식민지 지역간의 인적 왕래를 금지한다. 이 점 그리고 이후 일본에서 진행된 도항자 정책에 대해서는 김광열, 앞의 책, 특히 4장 참고.

19 『대중일보』, 1946.9.26.

20 관련 기사로는 『농민주보』, 1946.8.3; 『대중일보』, 1946.8.20; 『대동신문』, 1946.8.20; 『대동신문』, 1946.10.30; 『대중일보』, 1947.7.13; 『조선일보』, 1948.5.27.

한 사실을 새삼 환기시켜 준다.

조선과 일본이 강화조약을 체결하기 전까지는 양국 사이의 도항이 허용되지 않았기 때문에[21] 일본행 월경은 그 자체가 대부분 불법화될 수밖에 없는 구조였다. 이렇게 국가의 영토 경계가 확정되고, 구식민지와 구제국 사이의 이동이 물리적으로 규제되면서 현해탄이라는 공간은 대부분의 보통의 생활인에게는 접근이 허용되지 않는 불통지대로 닫힌 채 열려 있게 된다. 이에 따라 사적 절박함을 안고 이 경계를 넘으려 하거나 넘을 수밖에 없었던 주체는 많은 경우 '범법자'가 되었다. 붙잡힌 밀항자들은 형벌법령위반자, '불법체류자' 등과 함께 수용된 후 송환 등의 방식으로 처리되었다. 월경자들에 대한 관리는 수용소라는 별도 구역을 통해 이루어졌는데, 초기에는 일본 내 몇몇 임시 수용소들이 담당하다가,[22] 1950년 10월 이래로는 오무라 수용소가 본격적으로 전담하게 된다.[23]

1945년 이후의 밀항의 현실이나 그 담론적 재구성 양상에는, 경향성의 측면에서 어떤 분기선 같은 것이 존재하는 듯하다. 시기적으로는 크게 ① 남한사회에 해방 및 한국전쟁이라는 결정적 사건의 직접적인 여파가 강했던 시기 ② 이후 국민국가 시스템과 냉전 구도가 안정화・공고화되는 1960년대를 전후한 시기로 나눠볼 수 있겠다. 두 국면을 거치면서 나타난 가장 뚜렷하고 중요한 변화는 밀항의 전반적인 양적 감

---

21 『대중일보』, 1947.4.24; 『민보』, 1947.4.24.

22 해방기 수용에 대한 자료로는 『대동신문』, 1946.10.30.

23 오무라 수용소에는 한국인, 중국인, 미국인 등이 수용되었으나 한국인이 압도적으로 많았으며 1969년 이후로는 한국인만을 수용하게 된다. 오무라 수용소의 연혁, 수용인원 통계, 시설 등에 대한 것으로는 *法務省* 大村入国者收容所, 『大村入國者收容所二十年史』, 1970 참고.

소라 할 수 있다. 양적 감소는 국제 관계 및 국내 정황의 변화와 맞물려 있는 현상이다. 남한 쪽에서 나온 보도기사들을 통해서도 그 추이의 대략이 드러나기도 하지만, 오무라 수용소의 수용자-송환자수 변동 또한 이 점을 증명해 주는 하나의 자료가 될 것이다.[24] 수용소 측에서 집계한 통계에 따르면, 1950년 12월부터 1970년 9월까지 오무라 수용소에서 남한으로 송환된 자는 약 1만 6,400명에 달한다. 이 가운데 특히 1950년부터 1952년까지 그 수가 압도적으로 많으며, 1955년까지는 1년에 2,000명 이상이 송환되곤 했다. 이후 1961년 무렵까지는 연간 약 1,000여 명 선을 보이다가 1962년~1970년 사이에는 전체적으로 절반 이상 줄어들어 연간 200~600여 명 수준에서 왔다갔다한다.[25] 이 통계는 오무라 수용소의 공식 기록을 기반으로 한 것이지만, 해방 후부터 1970년 무렵에 이르기까지의 남한쪽 기사들을 통해서도 밀항자의 감소는 충분히 확인할 수 있다. 사안의 성격상 통계를 정확하게 잡을 수는 없겠지만, 적발되거나 수용된 자들의 수적 변화는 전체적인 흐름을 읽어내는 데 유효하다.

하지만 밀항의 동기와 밀항자의 내면이란 이러한 수치에서는 읽힐

---

24 오무라 수용소에 밀항자만 수용되어 있었던 것은 아니었지만 이 집단의 크기가 상대적으로 컸다. 밀항자 외에 일본에서 형기를 마친 한국인 범법자, 법무성에서 강제송환을 명령받은 한국인 또는 "북선계", 일본 각지에서 강제적으로 잡혀온 재일조선인이 함께 감금되어 있었다. 이에 대해서는 朴順兆, 『韓国・日本・大村収容所』, JDC, 1982 참고. 1964년의 한 신문기사에 따르면 1952년 제1회 한일회담 무렵부터 1960년까지 남한으로 강제송환된 한국인 수는 약 육만에 이르는데 이 가운데 4,000명은 밀입국자가 아니라 2차 대전 이전부터 일본에 체류한 조선인이다. 기사는 『동아일보』, 1964.3.14 참고. 이 기사는 송환자 가운데 밀입국자가 높은 비율을 차지한다는 것을 보여주긴 하지만, 『大村入國者收容所二十年史』의 통계(99~100쪽)에 따르면 1950년~1970년까지의 총송환자수는 16,391명으로 통계수치상에 큰 차이가 있다.

25 위의 책, 같은 곳 참고. 송환자가 가장 적었던 때는 1970년 3월로, 최저점인 46명을 기록한다.

수 없다. 밀항이나 밀항자에 관한 세밀한 기록이 많이 남아 있지는 않기 때문에, 이에 대한 미시적이고 두터운 이해가 그리 용이하지는 않다. 그러나 서로 다른 역사적 국면과 맞물려 있는 담론장을 경유하면서 당시의 사회정치적 상황을 재구성해 보면, 보다 거시적이고 구조적인 차원에서 밀항의 내부를 파악하는 작업이 가능해진다. 해방으로부터 한국전쟁에 이르는 시기에는 극도의 생활난, 국가폭력 그리고 내전이라는 절대적 공포를 피하기 위한 현해탄 월경이 지속된 것으로 보인다. 이후 1960~70년대에도 여러가지 연유를 지닌 밀항이 계속되지만, 이 시점의 밀항은 앞선 시기와는 좀 다른 환경에서 일어난 것이라 할 수 있다. 국민국가 형성 과정의 초기적 동요 상태가 어느 정도 정리되고 상대적 안정을 맞게 된 1960~70년대에, 밀항은 국가적-공적 '재난'을 피하기 위한 것이었다기보다는 사적 문제들의 개별분산적 해결을 위한 것이었다. 이러한 구조적, 경향적 차이는 현실의 변화에서 비롯된 것이기도 하고 담론적 구성 과정에서 파생된 것이기도 하다. 특히 후자와 관련하여 주목할 만한 점은 1960년대로 들어서면서 밀항 발각자나 송환자들의 개인적인 '사연'을 보도하는 경우가 이전 시기보다 상대적으로 많아졌다는 것이다. 이러한 기사들을 통해 파악되는 밀항의 주된 동기는 주로 구직과 가족 찾기로 요약될 수 있다. 그밖에 학업을 위한 밀항,[26] 뚜렷한 동기 없는 밀항 등이 모두 상존하고 있었던 것으로 보인다. 어쨌든 1945년 이후부터 1970년대까지의 밀항자 추이를 전체적으로 검토해 보면, 밀항자는 상존하지만 차차 감소하면서 국부화되어 갔음

---

26 밀항자 출신 교포 대학생에 대한 기사로는 『경향신문』, 1962.4.14.

을 알 수 있다. 이는 밀항이 특수한 경제범죄(밀수)나 안보문제('간첩')와 결합되어 특정 집단의 범죄 행위로 특화되는 현상과도 호응하고 있다.

일반 생활인들의 밀항에 초점을 맞춰 살펴보면, 이들에게 현해탄 저편의 이국 영토는 어떤 이념이나 대의적 차원에서 '가치론적'으로 가깝다기보다는, 생존 혹은 생활이라는 일상의 차원에서 '현실적으로' 가깝게 존재하는 공간이었던 듯하다. 밀항자의 이러한 의식과 감각에는 영토의 법적 분할에도 불구하고 영토선을 따라 '깨끗이' 분할되지 않은 채 연장되고 있는 욕망의 문제 즉, 법의 범위와 삶의 범위 사이의 불일치 문제가 놓여 있다. 구체적인 역사적 맥락에서 보자면 이는 식민화의 지정학적 편제에 국민국가적 재구조화가 중첩되면서 개인의 삶의 지평에 또다른 한계선이 그어졌음을 의미한다. 물론 국민국가적 규모와 비교해볼 때 물리적으로 '더 컸던' 제국주의적 대지가 사람들에게 보다 열린 삶의 지평을 제공했다는 의미는 전혀 아니다. 내가 말하고자 하는 것은 '조선'(주변)에서 '내지'(중심)로 움직여 나간 자들의 절실하고 절박한 상황은 제국주의 체제 내에서 '해결'된 것이 아니라 오히려 '파생'된 것이라는 점, 이후에 진행된 국민국가 체제에서도 안으로 수렴되어 풀릴 수 없는 형편이었다는 점, 그래서 결국에는 두 국가의 경계 언저리를 넘나들고 배회하면서 소진되어 갔다는 점으로, 결국 이중 삼중의 곤경에 관한 것이다.

해방과 국가수립 과정에서 생겨난 생활 터전의 불안이나 가족 이산 같은 고통은 개인의 삶의 상태가 주권의 회복이라는 국가적·민족적 차원의 집합적 당위와는 사실상 퍽 어긋날 수 있음을 보여준다. 압축하자면 이와 같은 역사적 과정에서 파생된 것은 생명의 위험, 자존의 위험, 일상의 불안(정) 그리고 가족이라는 친밀한 세계의 붕괴였을 뿐이라고 요약할 수 있을 것이다. 개인들의 차원에서 보자면 이는 삶의 어떤 긍정적 가능성의 상실, 행복의 상실일 터이다. 식민지 상태에서 벗어나 그토록 원망(願望)했던 조국이라는 것과 조우했음에도 불구하고 도대체 해소될 길 없는 이 사적인 비참을 어떻게 해결해야 할 것인가? 밀항의 시도, 밀항자의 선택은 이 방향에서 되물어야 할 것이다.

3. 밀항(자)에 관한 담론적 재구성

이 절에서는 밀항(자)을 둘러싼 담론적 재구성 양상을 살펴보고자 한다. 크게 두 영역으로 나누어 검토할 수 있을 것이다. 하나는 신문 등을 중심으로 하는 공론장에서 구성되는 방식이며 또다른 하나는 문학이나 영화를 비롯한 문화적 재현물의 장에서 구성되는 방식이다. 지금까지 밀항에 대한 연구는 역사학, 사회학, 문학・문화연구 영역을 총괄하여 본격적으로 이루어진 바가 없다.[27] 따라서 담론적・표상문화적 측면에 초점을 맞춰 의미를 따져보는 작업은 일종의 시론적 성격을 갖는다.

27 밀항과 관련하여 참고할 만한 글로는 전은자, 「제주인의 일본도항 연구」(『탐라문화』 32호, 제주대 탐라문화연구소, 2008)가 있다. 심층인터뷰를 통해 제주인의 일본 도항 및 밀항 경험을 분석하고 있는 이 글은 이들의 체험과 기억의 정치학을 비교적 현장감있게 제시해준다.

1) 공론장과 밀항(자)의 사회적 정위(定位)

1945년 이후 남한에서 밀항과 관련된 정보나 논의는 주로 신문 기사의 형식으로 유통, 전달되었다. 나는 월경(자)이나 송환에 관한 사실 차원의 간략한 정보나 통계를 알려주는 전달형 기사를 참고하되, 밀항의 풍경과 구도를 상대적으로 두텁게 문제화하면서 특정한 입장을 드러내는 기사에 특히 주목하였다. 밀항에 대한 당대의 사회적 판단과 견해를 일목요연하게 정리하거나 분류하는 작업은 예상 외로 쉽지 않다. 서로 다른 논조의 단편적인 해석과 논평들이 분산적으로 공존하고 있고 또 관련 기사들의 내용이 주로 사건보도 형식을 취하고 있는 탓에 담론층이라는 면에서 보면 본격성을 띤 경우가 많지 않기 때문이다. 그러나 공론장의 전체 상황을 원거리에서 조망해보면, 당시의 현실적·이념적 변화와 함께 현상하는 변별적 지점을 발견할 수 있다.

해방기에 밀항은 중대한 사회문제로 인식되었지만, 일방적으로 비판이나 비난의 대상으로 규정되지는 않았다. 즉 적지 않은 조선인이 고국과 고향을 등지고 일본으로 밀항하는 현실에 대한 우려와 월경자들에 대한 이해가 형성되어 있었던 것이다. 가끔 "원수의 왜놈땅이 그리워" 현해탄을 넘는가라는 비판이 있기도 했지만 이러한 논조가 지배적인 것은 아니었다. 오히려 밀항은 극심한 생활난에 시달리다가 "살길 차저 일본으로"[28] 갈 수밖에 없는 "동포의 혈루보(血涙譜)"[29]로 인식되었다. 물론, "작년 해방 후 고국으로 향해 쉬지 않고 귀국한 일본에

28 『현대일보』, 1946.8.19; 『대중일보』 1947.7.13.
29 『민주중보』, 1946.5.18.

있든 우리동포가 금년 4월 이래 도루 고국을 등지고 몰래 밀항을 하"[30] 게 되는 상황에 대한 체계적인 비판이나 상황을 개선할 수 있는 근본 대책을 요구하는 목소리가 뚜렷하게 나타난 것도 아니었다. 하지만 그렇다고 해서 밀항이 민족이나 국가라는 집합 가치 차원에서 도덕적으로 비난받을 만한 행위로 고정된 것도 아니었던 것이다.[31] 군정의 제반 정책들에 대한 비판과 문제제기가 어느 정도 공적으로 이루어질 수 있었던 상황에서, 밀항은 밀항자의 부도덕성이라는 맥락에서가 아니라 국가와 위정자의 무능이라는 맥락에서 문제시된 것으로 보인다.

> "악독한 일본제국의 식민지착취의 심함으로 인하여 굶주린 동포들은 살길을 찾아서 북으로는 두만강 남으로는 현해탄을 건너 조선의 품을 떠난 후, 갖은 고생과 압박 밑에 그날 그날의 생활을 하여오는 수백만 해외의 재류동포들은 역사적 8월 15일 해방과 함께 그리던 고국으로 돌아왔던 것이다. 그러나 해방된 것이 벌써 1년 반이나 되었지마는 우리에게는 아직 자유정부의 수립을 보지 못하고, 정치적 · 경제적 혼란은 날이 갈수록 우심(又深)에 따라, 여기서 소산되는 실업자의 홍수 · 생산정지 및 모리 · 간상배(謀利 · 奸商輩)로 인한 물가고 등은 필연적으로 굶주린 동포의 아사자(餓死者)를 내게 되었고 우리생활에 크나큰 위협을 주고 있는데, 최근에 와서 모국을 찾아 돌아온 동포 중에는 실업과 주림에 못 견디어 해방조선의 영광

30 『대중일보』, 1946.8.20.

31 조선인 불법입국자 소식을 다루는 또다른 기사는 "일본에서 법적 보호를 받지 못하여도 오히려 일본에서 생활하기가 낫다고 생각하는" 경향을 언급하면서 밀선단이 주로 "조선본국에서 환멸을 느낀 조선 청년"으로 이루어져 있음을 전하고 있다. 이 보도에서도 밀항자에 대한 비판보다는 중립적인 이해의 시선이 나타난다. 기사는 『대중일보』, 1946.9.26.

을 남의 신생활이 시작되는 조선산천을 다시 등지고, 포고령이 금하는 조선을 넘어 몰래 그 아니꼬운 외국으로 뒤를 이어 유리(流離)의 길을 떠나는 수가 부지기수라는 이상스런 현상을 나타내고 있다. 여기에 대하여 왜놈의 나라가 그리 좋아서 돌아가느냐고 빈정대는 무정견한 인사도 있는 모양이나, 식자층에서는 이 문제를 중대시하고 이들의 생도(生道)를 강구하지 않는 것은 민족의 죄라기 보다, 현정부에 있는 당국자의 근본대책이 태만한 원인이라고 물의(物議)가 분분하다."[32]

해방기라는 특유의 정치적 공간에서 가능했던 이러한 공론(公論)이 후퇴하고 밀항이 국가주의적 도덕률의 관점에서 비난받거나 처벌 대상으로 배치되기 시작한 것은 1950년대에 들어서면서부터이다. 앞서 언급했듯이, 해방기~한국전쟁기의 밀항은 단지 개인적 차원으로 환원되는 생활난의 문제가 아니라 조선 내부의 좌우 대립, 전쟁 발발의 위기와 밀접하게 맞물려 있는 문제였다. 당시 조선인의 밀항 동향을 분석한 일본 측에서도 밝히고 있듯이, "병역기피"와 "공산당 체포 회피"라는 동기는[33] 밀항에 드리워져 있는 국가 규율과 냉전적 기원을 고스란히 드러내고 있다. '밀항은 위험에 처한 국가를 배신하는 비겁한 행동'이라는 논리가 강력하게 작동하기 시작하는 데 직접적인 계기가 된 것은 한국전쟁이었다. 밀항에 대한 적대적 공론화 그리고 이러한 경향

---

32 「굶주린 모국보다 왜지」, 『국민보』, 1946.8.21.

33 「한인의 일본밀항—다섯 가지 理由 있다」(『동아일보』, 1949.9.13)에서는 일본 마이니치 신문의 보도를 전하면서 일본에서 조선인의 밀항 이유로 다음과 같은 다섯 가지를 들고 있다고 전한다. ① 일본식 생활방식과 문화의 동경 ② 무역 연락 ③ 일본내 한인 재산관리 ④ 병역기피 ⑤ 공산당 체포 회피.

과 맞물린 처벌 장치의 운용은 열전으로 치닫는 분단국가의 상황을 고스란히 반영하고 있다. "전열을 이탈도전하려는 자 누구?"라는 제하에 "조국"의 위험을 망각한 집단들의 행태를 모아놓은 기사를 통해서도 나타나듯이, 밀항자는 전쟁과 더불어 '도피자', '도망자'로 규정되었다.[34] "밀항으로 국내를 탈출 도피하는 자는 총살할 것"이라는 피난지 국회의 결정 사항은,[35] 그 실행 여부와는 별개로 국가를 벗어나는 일이 사살로 처벌받아야 하는 반국가적 행위임을 선포하고 있다.[36]

이후, 전쟁의 물리적 여파에서 어느 정도의 시간적 간극을 확보하게 된 1960년대에는 밀항을 둘러싼 담론의 지형학도 변화를 보인다. 이러한 변화에 현실적 조건의 변모가 작용했음은 당연하다. 냉전 및 분단 체제가 줄곧 지속되어 온 조건이었다면, 공식적인 한일관계의 전환은 새롭게 주어진 조건으로 작용하면서 1960년대의 상황을 재편하고 있었다. 이 시기 남한의 국내 상황과 대외 관계의 변화를 추동한 사건들은 북한-일본 사이의 북송사업, 이승만 정권의 붕괴, 1965년의 국교정

---

34 '밀항선 적극취체' 결정을 전하는 기사로, 『동아일보』, 1951.1.11 참고. 또 한 기사는 일본행 여행권 신청자가 늘어가고 있지만 공무 이외의 해외여행은 일체 허용하지 않겠다는 외교부의 "부유층 망동봉쇄" 방침을 보도하고 있는데 이들 역시 "도피자"로 규정되고 있다. 그 외 밀항자 혹은 여행자 단속을 위한 정부의 방침 관련해서는 『동아일보』, 1951.1.13; 『동아일보』, 1951.2.9. 그리고 1950년대, 오무라 수용소에서 대부분 밀항자로서 강제 송환된 자들의 통계는 『동아일보』, 1974.6.8 참고. 이에 따르면 1950-955명, 1951-2,113명, 1952-2,298, 1953-2,558, 1954-835, 1955-707, 1958-1,003명이다.

35 인용은 『동아일보』, 1951.1.10. 이것은 중국 개입으로 인해 이승만 정권의 공포가 극대화된 상황에서 결정된 사항이다. "우리 방위군과 청년단 수십만 명을 앞에 세우고 그 뒤로 우리 청년들이 자원으로 나서서 뒤로 밀고 올라가서 죽창이나 수류탄이나 심지어 식도라도 가지고서 우리를 죽이려고 들어오는 놈들을 다 없애야만 될 것이다. 살 길을 구하는 사람들은 은신할 곳을 찾아들어가지말고 다 선구에 서서 싸우자는 결심을 가져야만 우리가 다같이 살 것"이라는 내용의 이승만의 격문(1950.1.9) 역시 이 기사와 함께 실린다.

36 1954년 4월에 경범죄처벌법이 기존의 경찰범처벌법을 대체하게 되는데, 전체 45개의 항목 가운데 밀항 단속이 포함되어 있다.

상화 등으로 요약될 수 있을 것이다. 남한-북한-일본을 순환하는 냉전의 기류는 여전했고 오히려 고조되고 있었지만 남한-일본의 관계는 '정상화'되려 하고 있었다. 이처럼 냉전의 긴장과 한일 친선모드가 오버랩되어 공존하는 상황에서 밀항은 여전히 계속되었다. 그러나 정치적 변동이 일어나는 국면이었던 만큼, 밀항에 대한 사회적 처리는 전시의 극단적인 방식과는 좀 다른 방향으로 움직이게 된다. 한국전쟁 후에는 밀항자에 대한 처벌을 크게 완화하여 "귀국하면 관대히" "밀항자에 따뜻한 손"을 내밀겠다는 쪽으로 방침이 바뀌기도 한 것이다.[37]

전쟁의 근거리 파장에서 벗어난 1960년대의 밀항(자) 처리가 전시 '공포정치'의 그것과는 유형을 달리했지만, 그렇다고 해서 이 시기에 밀항이 국가의 감시나 규율의 현실적·담론적 망에서 벗어난 것은 전혀 아니었다. 관련해서 주목해야 할 점은 밀항자가 극단적인 처벌 체계가 아닌 보다 안정적이고 유권해석적이며 현실적인 법체계 내로 포섭되기 시작했다는 것이다. 1961년 12월 13일에 공포, 시행된 '밀입국자단속법'이 그것으로, 이는 "외국에 밀입국했다가 송환되어오는 한국인을 처벌할 수 있는 법적 근거와 그 한계"를 규정하는 실효성 있는 결정이었다.[38] 이 법에 의거하여 1961년 12월 13일 이후에 송환되어

37 기사 및 인용은, 『조선일보』, 1955.4.11.

38 1960년 4월에도 일본 밀항을 방지할 대책을 찾아야 한다는 내용의 사설이 실린다. 하지만 이 사설 역시 현실성 있는 대책을 제안하고 있지는 않으며 밀항 방지의 여러 어려움이나 곤란에 대해 언급하고 있을 뿐이다(「일본밀항을 방지할 대책은 없나」, 『조선일보』, 1960.4.10). 이후 마련된 법적 장치는 문제를 여권발급 등의 행정적 절차의 개선을 통해 해결하기 보다는 '처벌'을 통해 통제하는 방향을 취한 것으로 보인다(밀입국자단속법 관련기사는 『조선일보』, 1962.3.11; 『동아일보』, 1961.12.14. 인용은 『조선일보』). 이에 따르면 1961년 12월 13일 이전에 송환되어 온 자는 경범죄처벌법에 규정된 밀입국조항에 의해 처벌할 수 있다. 그러나 경범죄처벌법의 공소시효는 1년이기 때문에 기준일로부터 송환된 지 1년이 넘은 경우는 처벌 대상이 되지 않는다. 밀항자 무더기 구속

오는 밀입국자는 국내에서 처벌받게 되었다. '밀입국자단속법'을 계기로, 일본 밀항을 시도했다가 발각된 자들은 월경지의 수용소에 감금되었다가 환국하면 자국의 법에 의해 재차 포획되는 시스템에 놓이게 된 것이다. 이중구속의 정황에 던져지긴 했지만, 1960년대에 진행된 밀항자들의 성격화는 전시 조국을 등진 비겁한 배반자라는 1950년대적 서사와는 그 각도와 양상을 약간 달리한다. 전체적으로 보자면 밀항의 성격이나 밀항자 집단 내부의 현실적·상징적 차이가 다소 명료해진 듯하며, 이에 따라 밀항자를 둘러싼 복수의 담론이 동시에 공존한 것으로 파악된다.

이를 분류해 보면 다음과 같이 크게 세 범주로 나눌 수 있다. ① 간첩의 밀항 혹은 밀항을 통해 간첩화할 가능성을 문제 삼는 냉전적 담론체계 ② 밀항이나 밀항자는 국가의 수치라는 인식에 기반한 국가주의적 담론체계 ③ 굴곡진 역사가 낳은 안타까운 인간사라는 이해에 바탕을 둔 온정주의적 담론체계. 이렇게 세 역장이 함께 존재했다고 할 수 있다. ①의 경우는 감시와 처벌을 위한 국가의 법제가 가장 강력하게 작용하는 지점이었다. 조련계의 접촉 가능성을 근거로 밀항, 밀수에 법정최고형을 구형할 것을 지시한 사실은[39] 냉전과 밀항 그리고 국가의 통치 기술이 밀착하게 되는 논리를 보여준다. ②의 경우는 후식민 주권국가의 대내외적 자기기술의 측면을 드러낸다. 국교정상

의 논리를 드러내주는 기사로는 『동아일보』, 1967.12.7. 치안국 외사과는 일정한 직업이 없는 자들이 일본으로 밀항하여 떠돌면서 총련계의 유혹에 빠지기 쉽다는 점을 지적하고 있다. 이 시점에 구속된 밀항자들의 20%가 일본에 있는 가족이나 친지를 만나기 위해 일본에 간 것으로 조사되고 있으며 거의 대부분 '무직자'들이다.

39 『조선일보』, 1968.11.7.

화에도 불구하고 속출하는 밀항자들을 "나라의 체면을 위해서라도 전원구속"하겠다는 방침 같은 것이 수치의 논리를 대표한다.[40] 남한의 밀항자들이 결코 "국가목적"("위국위민")을 위해 월경하는 것이 아니라는 점을 들어 한국인의 밀항이 일본인의 그것과 달리 질적으로 매우 저열하다고 비판하는 논조 역시 수치의 관점과 이어질 것이다.[41] 마지막 ③의 경우는, 밀항자들이 '범죄자'로서보다는 슬픈 민족사나 아픈 개인사를 지닌 평범한 일상인으로 전시되는 경우다. 밀항자 개인의 구체적인 밀항 동기, 사연, 멘탈리티에 관한 공적 전달이나 표출은 해방기나 1950년대에는 찾아보기 힘든 현상이었다. 친지 방문이나 헤어진 가족을 찾기 위한 소년소녀 밀항이 많았기 때문이기도 하겠지만,[42] 이러한 보도는 밀항자에 대한 법적 처벌만이 아니라 '관대한 국가적, 사회적 이해'가 함께 작용하고 있다는 감각이 대중화될 수 있는 계기로 작용한 것으로 보인다.

2) 재현의 장과 밀항(자) 표상

남한의 문화적 재현의 장에서 밀항(자) 문제가 본격적으로 다뤄진 경우는 많지 않다. 밀항은 해방 후 중요하게 인지된 재현 자원이 아니었으며, 그런 점에서 오랫동안 상상력의 사각지대에 놓여 있었다고 해

40 『동아일보』, 1967.12.7.
41 『동아일보』, 1962.10.16.
42 『동아일보』, 1965.11.5.

도 무리가 아니다. 하지만 밀항이 어떻게 표상되고 그 의미가 어떤 식으로 (재)생산되고 있었는지, 우리는 몇몇의 중요한 흔적을 찾아 절합하면서 구성해낼 수 있다. 이 절에서는 해방 이후부터 1960년대까지의 문학과 영상물에 담겨 있는 밀항 풍경들을 접속시켜, 공론장에서는 충분히 드러날 수 없었던 밀항과 밀항자의 심층을 살펴보고자 한다. 대표적인 텍스트로는 손소희의 단편소설 「현해탄」(『백민』, 1948.10), 박경리의 장편 『파시』(1964) 그리고 1960년대에 만들어진 두 편의 영화 〈귀국선〉(1963)과 〈슬픔은 파도를 너머〉(1968)를 들 수 있다. 기록의 디테일이라는 측면에서 낮은 지수를 보일 수밖에 없는 밀항의 현장을 세밀하게 보관하고 있다는 점에서, 이들은 상호텍스트적 관계를 형성한다. 미처 발화되거나 언표화되지 못한 채 체험자들에게만 고여 있는 역사적 경험이 이 텍스트 안에 저장되어 있는 것이다. 더불어 밀항을 단지 복원하는 것이 아니라 나름의 관점과 의도로 맥락화하고 있다는 점에서, 이들에 대한 다시 읽기가 요구된다.

「현해탄」은 1940년대 후반의 밀항과 밀항자의 내면 풍경에 본격적으로 접근하고 있다. 시대가 낳은 새로운 존재인 귀환자를 둘러싸고 소설적 기록이 다양하게 이루어졌던 정황을 생각해볼 때, 귀환의 역방향에 주목하고 있는 이 작품의 관심은 예외적이라 할 만하다. 따지고 보면 「현해탄」 역시 결과적으로는 '귀환'의 경로를 따르는 것으로 종결되지만 이 과정에서 흥미로운 점 또한 발견하게 된다. 즉 극심한 생활고로 일본으로 밀항한 인물이 식민지 시절 자신이 일했던 방직회사의 일본인 사장으로부터 조국애 곧 국가를 사랑하는 태도 자체를 배우고 돌아온다는 설정이 그것이다. 이 배움에는 "뱃속에서는 쉬엄

없이 시퍼런 칼을 갈어 그 날을 세우고 있으면서도 입으로는 '네넷' 하고 고분고분히 연합군의 비위를 맞추는 저 무서운 왜인"[43]에 대한 증오가 함께 뒤섞여 있다. 하지만 점령자의 양과자는 결코 먹지 않겠다는 일본인의 태도는 주인공에게 증오 이상의 어떤 동요를 불러일으켰다. 패전국 국민의 절치부심의 심정이 살 길을 찾아 구제국의 영토로 들어온 인물에게 뜻하지 않은 자기혐오를 안겨준 것이다. 굴욕에서 벗어나는 길은 '나'의 생존 방편을 버리고 '조선인'으로서의 도덕을 회복하는 데 있다. 결과적으로 밀항은 이 깨달음의 경로가 되었다. 앞서 살펴보았듯 밀항이란 애초부터 '애국'과는 무관한 행위다. 그것은 자국 내부에서는 삶의 길을 찾지 못하는 자들이 취하는 길이고, 난민이나 소수자 혹은 '범죄자'로 이국의 땅에서 떠도는 위험을 감수하고 선택하는 길이다.[44] 그러나 해방기라는 민족주의적·국가주의적 각성의 당위가 비등하던 시절의 상상력에 의하여, 「현해탄」에서는 밀항의 길이 곧 '적국'을 경유하여 '진정으로 애국하는 법'을 학습하는 길로 재구성되고 있는 것이다.

1960년대 초반에 쓰여졌지만 한국전쟁기의 부산이라는 특수한 시대성과 지역성 그리고 그 시공간을 살고 있는 다양한 인간 군상을 포착하고 있는 『파시』는 「현해탄」의 상상력과는 매우 다른 질감으로 밀항과 밀항자의 내밀하고 복잡한 장면을 담아내고 있다. 하지만 아이러니하게도 『파시』에서 밀항은 일어난 사건도 아니며 일어날 사건도 아니

43 손소희, 「현해탄」, 『백민』, 1948.10, 75쪽.

44 국민국가화 과정에서 생겨난 난민의 지위와 소수종족 문제에 대해서는 Hannah Arendt, 이진우 외역, 『전체주의의 기원』, 2006; Seyla Benhabib, 이상훈 역, 『타자의 권리』, 철학과현실사, 2008 참고.

다. 이런 점에서라면, 그것은 아무 것도 아닌 것이다. 밀항은 이 장편의 서사 진행에 어떤 영향을 미치는 실수(實數)가 아니다. 그러나 밀항이라는 역사적 현상을 문화적 표상들의 배치를 통해 입체화할 때, 이 텍스트는 매우 중요한 위치를 점한다. 전시의 피난지 부산 그리고 꽉 막혀버린 사랑의 행로를 떠올려 보자. 이 상황에서 젊은 남녀는 냉소적으로 되고 열정을 잃어버리고 건조해져 간다. 1950년대 인텔리 청년의 의식을 예리하게 묘파하고 있는 이 작품에서, 밀항은 인물의 내면을 드러내는 결정적인 계기가 되고 있다. 『파시』는 전제적으로 이러저러한 중층적 폐색 즉 전쟁에 의한 삶의 폐색, 애정의 상실에 의한 감정의 폐색, 희망 없고 가치 없는 세계에 의한 정신의 폐색에 관한 이야기다. 꽉 막혀있는 정황의 시공간이 전시 부산으로 형상화되고 있지만 이것이 곧 남한 사회의 다른 이름이라는 점은 분명해 보인다. 이 가능성 없는 세상에서 '밀항'이라는 것이, 실행될 열정조차 없이 일상적으로 되뇌어지는 장면은 잿빛 현재와 미래에 지친 젊은이들의 막막한 심경을 인상적으로 전달해주고 있다.

> 두 사람의 시선은 어두운 바다 쪽으로 간다. 등대섬의 등대불이 켜졌다 꺼졌다 한다. 멀리 고깃불이 미륵도 뒷바다로 이동해 간다. "일본에 밀항이나 할까봐요." 무릎에 턱을 묻으며 명화가 중얼거린다. "나는 군대에 가고." 박응주가 대꾸한다. 달도 없는데 방천을 치는 물결이 번득번득 빛난다.[45]

45 박경리, 『파시』, 나남출판, 2008, 49쪽.

이렇게 밀항은 지푸라기같이 바싹 말라버린 자들의 세계를 기미(幾微)처럼 떠돈다. 인물들은 결코 밀항을 하지 않지만, 늘 밀항하고 싶은 심정으로 전쟁과 이별의 시절을 견딘다. 『파시』에서의 묘사는 밀항 자체의 묘사라기보다는 밀항의 정서와 분위기에 대한 묘사라 할 수 있는바, 표상의 계보학에서 이 텍스트가 갖는 의미는 독특하다.

『파시』가 그려내는 드물고 뛰어난 밀항의 심리학 혹은 밀항 욕망의 사회학을 뒤로 하고 이제 밀항이 영화에서 활용된 양상을 살펴보자. 〈귀국선〉(1963)과 〈슬픔은 파도를 넘어〉(1968)는 일본으로의 밀항이 대중적 시각장에 나타나기 시작했음을 보여주는 흥미로운 사례이다. 이 두 텍스트의 출현은 1960년대의 공식적인 한일관계 변화가 초래한 대중적 상상력의 변모와 맞물려 있다. 따라서 단지 텍스트만이 아니라 텍스트가 놓여 있는 컨텍스트 전반을 파악할 필요가 있다. 4·19를 거치고 '국교정상화'가 이루어지면서 한국과 일본의 관계를 과거와는 좀 다른 관점에서 다루려는 움직임이 나타난다. 이 때 나온 일련의 영화들은 일본을 둘러싼 집합기억의 재편성이라는 측면에서 주목할 만한 징후를 드러낸다. 이러한 움직임에 동조한 몇몇의 영상물은 식민지 역사에 초점을 맞추기도 하고 또 이 경험과 무관할 수 없는 1960년대적 상황(조선의 일본인 잔류 고아, 한일 간 가족이산과 상봉)에 초점을 맞추기도 했다. 〈귀국선〉과 〈슬픔은 파도를 넘어〉와 같은 영화는 특히 밀항을 통한 가족상봉을 중심 사건으로 설정하고 있다. 친지를 만나려는 소년소녀 밀항 그리고 남편을 찾아 떠나는 부녀자 밀항이 '안타까운 사연'으로 보도되고 사회적으로 공유되는 현상이 이 시기에 출현했음을 고려할 때, 영화들이 실제 사건에 바탕을 두고 대중에게 어필하려

했음은 쉽게 짐작할 수 있다.

그러나 전체적으로 이 계열의 영화적 감수성은 정권의 '한일 친선무드' 입장을 문화적 수준에서 대변하겠다는 듯이 관제 이데올로기와 아주 가까이 닿아 있으며, 위의 두 텍스트 역시 그 전형적인 패턴을 취하고 있다. 이들은 직접적으로 "혁명정부"의 대일정책을 옹호하거나 재일교포 사회의 '발전'을 선전함으로써 프로파간더 역할을 자임했다. 그리고 보다 심층적으로는, 가족을 찾아 떠나는 애끓는 밀항자라는 기호를 통해 한일 국교 친선이 회복되어야 한다는 당위에 공감토록 하는 일종의 감정정치를 추동하는 역할을 했다. 구체적인 밀항의 풍경이나 밀선이라는 용어가 검열 과정에서 삭제 처분을 당하기도 했지만, 이 모티프가 한일 관계 회복을 대중적 차원으로 번역해 역설하기에 꽤 적실한 '인간주의적' 고리였다는 점은 뚜렷이 보인다. 손소희의 「현해탄」에 그려진 밀항이 민족주의적·국가주의적 도덕률을 강화하는 데 기여했던 것처럼, 1960년대 영화에 나타난 밀항 역시 유사한 가치론적 노선을 따르고 있는 셈이다.

4. 통제와 감금의 장치–수용소 구조와 수용소 효과

지금까지 밀항자를 둘러싼 사회적 상상력이 공론장과 문화적 재현의 장에서 어떤 형태로 구성되었는지를 살펴보았다. 이 절에서는 담론적 재구성과 연접해 있는 비담론적 장치들의 작동 구조를 검토하고자 한다. 이 영역에 대한 분석을 통해 궁극적으로는, 국가 경계를 넘는 개인의 몰국가적 혹은 몰도덕적 욕망이 어떻게 관리되는지 그리고 주체는 법제적 관리 장치 내에서 어떠한 가능성에 닿게 되는지 고찰할 수 있을 것이다. 앞에서 논의한 바와 같이, 밀항자의 사회적 정체화는 여러 겹의 담론적・비담론적 장치들의 조합을 통해 배절자라는 가혹한 비판과 관용적인 인간적 이해 사이에서 진동하고 있었다. 진동의 자장 내에서 이들을 어느 지점에 위치짓는가는 불변하는 국가치안의 원리와 가변적인 정치사회적 국면에 따라 그때그때 결정되었다. 국제적 냉전 질서와 국가적 안전 논리는 서로 절합하면서 이 정체성 할당 과정을 관통하고 있는데, 처벌과 감시의 생명정치적 통제나 이와는 사뭇 달라 보이는 휴머니즘적 포용은 모두 이 구조에서 파생된 양면적인 현상이라 할 수 있다.

국가(조국) 혹은 국가화 과정에서 형성된 절멸과 폭력적 동원에의 공포, 보다 안락한 일상에의 욕망, 친밀한 사적 세계의 회복 욕구라는, 개인으로서는 극히 일상적이면서도 절박한 삶의 여러 문제들은 국가 내부 혹은 국제적인 국가화 시스템 내부에서는 달리 해결될 수 있는 성질의 것이 아니었다. 밀항자들은, 국가에 의존함으로써가 아니라 국가와는 '무관한' 혹은 국가에 반하는 방식에 스스로를 투기함으로써 자기의 삶을 개선할 수밖에 없다고 여기는 자들이다. 그러나 이들이 지속적으로 '무사'하게 '비국가적' 존재로 살아가는 일은 결코 허용될 수 없었다. 밀항자에게 주어진 가능성은 사실상 많지 않다. 국내외적으로 조성되어 있는 치안 유지의 조밀한 법망에 걸렸을 때 이들은 이국의 수용소로 수감되었고 이후에는 '송환'이라는 절차를 통해 떠났던 지점으로 다시 '반납'되곤 했다. 밀항에 성공한 경우라 해도 발각의 위험이 상존하는 환경에서 어떤 법적 지위도 갖지 못한 불법적 존재로 월경지를 떠도는 길이 주어질 뿐이다. 게다가 이국땅을 유랑하는 자는 언제든 수용소 수감자로 전환될 위기에 노출되어 있었다. 재일조선인 사회와 그 구성원들의 삶이 일본 사회의 공공성 바깥에 위치해 있다는 점, 이러한 구조 속에서 온전한 법적 인격을 갖지 못한 비시민으로 배치되어 왔다는 점 역시 같은 맥락에서 환기할 수 있을 것이다.

그렇다면 이와는 또다른 조건의 사람들 즉 '재일'하는 데 실패하고 돌려보내진 밀항자들의 경우는 어떠할까. 수용소와 송환이라는 공간적 '교정' 장치를 통해 밀항자와 그 욕망을 통제 관리했던 시스템이 이동자들을 어떤 식으로 '제자리로' 데려다 놓았는지 재고해볼 필요가 있다. 수용과 송환은 서로 연접해 있는 일련의 순차적인 과정이지만 이것이 늘 원활하게 진행된 것은 아니었다. 일본에서 송환된 불법입국자, 형벌법령위반자, 퇴거강제자는 한국 측의 인수 거부로 역송환되는 경우도 있었고 이렇게 하여 다시 되돌아온 이들의 분규가 발생하기도 했기 때문이다.[46] 그러나 역/송환자의 목소리가 사회적으로 공개되거나 하지는 않았기 때문에, 송환과 역송환에 대한 이들의 의식이 어떠했는지는 파악하기 어려운 면이 있다. 이것이 담론장에 직간접적으로 출현하기 시작한 것은 1960년대로, 이 시기에는 송환을 수용소의 공포스러운 감금 상태에서 벗어나 다시 '고국의 품'에 안기는 과정으로 의미화

46 이러한 송환 인수 거부와 역송환 사태는 미 주둔군의 개입이 없어지는 1952년 이후에 발생하는 것으로 설명된다. 이에 대해서는 法務省大村入国者收容所, 앞의 책, 특히 제 8장 참고. 이들 가운데 특히 한국계 형벌법령위반자는 일본과 한국 양쪽에서 서로 받아들이기를 거부한 존재들이었다. 더불어, 일반 한국인 밀항자들 역시 이들을 자신들과는 다른 위험한 집단으로 인식한 것으로 보인다. 이와 관련해서는 朴順兆, 앞의 책 참고.

하는 양상이 분명해진다. 미디어가 의도한 바이기도 할 터인데, 송환자의 발언을 빌어 고국으로 돌아온 기쁨, 수용소에서 벗어난 안도감을 전하는 기사들이 출현하곤 한 것이다.[47] 이러한 방식의 공개를 통해 타국의 영토 침범자를 한데 모아놓은 국경 너머의 수용소, 보통의 민간 영역과는 단절되어 있는(단절되어 있는 듯한) 공간의 열악한 환경이 대중에게 조금씩 전달될 수 있었다.

여기서 우리는 다음과 같은 질문을 갖게 된다. 수용소란 어떤 공간이고 어떤 효과를 가진 공간이었을까? 후술하겠지만, 수용소가 어떤 공간이었는가의 문제 못지않게 그것이 어떤 효과를 발휘하는 공간이었는가라는 문제가 중요한 이유는 '국가간' 진행되는 특수한 '국가적' 통제 규율이 수용자를 '정상 국민'으로 전환시키는 데 일정한 역할을 하기 때문이다. 따라서 이 정치적 공간의 특수한 성격뿐 아니라 이것이 주체를 대상으로 발휘하는 효과까지도 고려해야 한다. 주지하듯이 수용소는 밀항자나 도망자, 불법체류자 같은 예외적인 이탈자, 비국민-비시민을 억류해 놓는 공간이다. 여기에는 무엇보다도 구식민지/구제국이라는 한국과 일본의 관계,[48] 분단된 남한과 북한의 관계 그리고 패전 후의 일본과 미국의 관계가 중층적으로 얽혀 깊이 드리워져 있다.[49] 오무라 수용소 자체가 이러한 역학 구조의 산물이자 결정체였다면 수용소 내부의 풍경은 구체적으로 어떠했을까. 실상을 전해주는

---

47 구체적인 풍경으로는 「이제야 그립던 고향땅에」, 『동아일보』, 1960.3.30.

48 한국과 일본에서 오무라수용소가 갖는 정치적 의미에 대해서는 차승기, 「수용소라는 안전장치」, 『한국학연구』 32집, 인하대 한국학연구소, 2014를 참고할 수 있다.

49 1960년대 후반 일본 신좌익과 베헤렌을 중심으로 오무라 수용소 해체를 주장하는 운동이 있었는데, 이에 대해서는 별도의 고찰이 필요할 것이다.

기사들을 통해 파악할 수 있듯이 이 장소는 수용자들 간의 냉전적 갈등과 폭력,[50] 역사적 배경을 갖는 "비인간적 대우"와 그로 인한 소요,[51] 감시자의 폭력적 진압, 수용 생활의 일상적 곤란이 뒤얽혀 있는 곳이었다.[52] 그러나 다시한번 생각해보면, 이것은 사실상 수용소 바깥의 남한 땅에서 벌어지고 있는 삶의 양상과 많이 다른 것이었을까. 수용소란 남한이라는 '정상적인' 영토의 삶의 구조와 모순이 극단적으로 압축-이전-극대화되어 자체적으로 실행되는, 단절과 연장의 양가적인 공간이었던 것은 아닐까.

이런 점에서 수용소는 예외공간 아닌 예외공간이라 할 수 있다. 하지만 수용소의 '효과'라는 것을 문제화하기 위해서, 우리는 수용소를 단지 '예외공간'으로 이해하고 그쳐버리는 오류에서 벗어나야 할 것이다. 중요한 것은 수용소가 예외공간인가 아닌가의 문제가 아니다. 수용소를 맥락적으로 파악하기 위해 주목해야 하는 것은 수용소가 실은 매우 '익숙한' 내국의 삶의 구조가 재연되는 공간임에도 불구하고 이것이 타국의 영토주권하에 배제적으로 통제됨으로써 체험자에게는 모든 일이 낯설고 예외적인 것으로 인지된다는 점이다. 이러한 인지 구조 자체를 형성시키는 것이 바로 국민국가 시스템이며, '하나의 영토주권↔수용

---

50 『동아일보』, 1960.3.30; 『동아일보』, 1962.12.5; 『동아일보』, 1974.6.8.

51 『동아일보』, 1962.12.6. 억류자들이 "비인간적 대우"를 이유로 데모를 일으켰는데 이들이 내건 요구조건은 댄스를 허용할 것, 수용소의 바리케이트를 없앨 것, 담요를 더 많이 줄 것 등이었다고 한다.

52 오무라 수용소는 연예활동을 위해 일본으로 밀항했다가 수감된 남한 가요작가에 의해 노래로 만들어지기도 했다. 1953년경의 〈오무라의 달〉이 그것으로 "일본 연예가에서 활동할 목적으로 도일했었지만 뜻대로 되지 않아 일본땅에 있는 수용소 안에서의 생활을 실감나게 노래로 만들게 되었다"는 배경을 갖고 있다. 이 곡에 대한 설명은 황문평, 『가요60년사』, 전곡사, 1983. 가사의 내용은 자료가 남아있지 않아 확인할 수 없었다.

소↔또다른 영토주권'이라는 국가들의 연쇄 메커니즘일 것이다. 이런 점에서 수용소는 서로 마주하고 있는 영토주권의 힘들이 부딪치는 역장인 동시에, 국가시스템의 공고화를 위해 상호공조하는 국가들간의 폭력적인 타협 장소(혹은 타협적인 폭력의 장소)이기도 한 것이다. 이는 오무라 수용소라는 문제적 공간, 그 곳에 깔려 있는 식민주의적 역사, 다양한 억류자의 체험을 무화하기 위한 해석이 아니며[53], 이 모든 것이 국가 공조 시스템 내에서 어떤 식으로 지워질 수 있는가를 되짚어 보기 위한 해석이다.

우리가 '수용소 효과'라는 것을 재고해보게 되는 것도 이러한 맥락에서다.[54] 밀항자와 같은 탈영토적 불법자들에게 수용소는 자신들의 이동행로가 결정-명령되는 공간이었기 때문에, '영원히' 감금되거나 그 곳에서 죽지 않는 한 일반적으로 억류되거나 '방출'될 가능성에 접속되어 있었다. 따라서 소용소와 그 후에 이어지는 송환이라는 일련의 경로를 연관지어 고찰할 필요가 있는 것이다. 그러나 이 두 사태, 즉 수용과 송환이라는 것과 관련하여 밀항자들의 내면을 직접적으로 포착하기란 상당히 어렵다. 발화와 기록 그리고 기억의 문제이기도 하겠지만, 어쨌든 우리는 복잡한 매개를 통해 사후적으로 재구성되어 발언된 내용이나 이를 소개하는 간접적인 기사들을 접할 수 있을 뿐이다. 당시의 단편적인 보도를 종합하여 살펴보건대, 수용소 효과라는 것은 단일하지 않았던 듯싶다. 즉 수용소 체험은 밀항자들로 하여

53 오무라 수용소에 대한 연구로는 전갑생, 「한국전쟁기 오무라 수용소의 재일조선인 강제추방에 관한 연구」, 『제노사이드 연구』 5호, 부경역사연구소, 2009 참고.

54 수용소에 대해서는 아감벤의 논의를 참고할 수 있을 것이다. 내가 말하는 수용소 효과라는 것은 수용소 자체보다 수용된 자들에게 초점을 맞출 때 문제화할 수 있다.

금 그들의 애초의 욕망이나 멘탈리티와는 달리 고국으로의 귀환을 다시 열망하게 했을 수 있다. 수용소 내부의 무법성과 폭력성, 수용자 개인의 생명 침해 가능성이 타국의 수용소나 경찰 권력의 감시가 아닌 '고국에 의한 보호'를 새삼 절감토록 하는 가능성을 상정해볼 수 있는 것이다. 그러나 또한편으로는 고국으로의 귀환을 거부하는 자들 역시 존재했음을 기억해야 한다. 거부는 어떤 이념적인 당위 때문이기도 했으며 돌아감으로써 닥쳐올 불이익이나 위험에 대한 염려 때문이기도 했다.[55]

거칠게나마 추려 본 두 방향은 수용자들이 수용과 감금이라는 계기를 통해 자신들의 국가에 어떤 입장을 취하게 되는가라는 문제와 연관되어 있다.[56] 앞의 두 경우 모두 밀항자의 현실이자 사실일 것이나 송환 즉 〈국민으로 되돌아오기=영토로 되돌아오기〉라는 관점에서 생각해 본다면, 수용소는 밀항자에게 작용하여 '국민으로-제자리-찾기'를 유도하는 강력한 기구로 기능했다고 하겠다. 수용소 효과란 그곳에 연루되었던 주체의 자리를 상정할 때 발견될 수 있을 터인데, 크게 다음과 같은 두 측면에 주목할 필요가 있겠다. 우선, 수용소의 일상적 공포와

55 수용소에서 지내면서 "조국의 고마움을 뼈저리게 느꼈다"는 입장에서부터 귀국을 바라지 않는 입장에 이르기까지 구체적인 소개는, 『동아일보』, 1960.3.30; 『동아일보』, 1968.2.24 참고.

56 수용자들의 국가관이라는 문제틀에서는 수용소 '도주자'들에 대한 고려는 제외될 수밖에 없을 듯하다. 도주자들의 목적은 자신의 국가로 되돌아오는 것이 아닐 수 있으며, 마찬가지로 밀항해간 국가에 계속 머무르는 것도 아닐 수 있다. 도주자라는 특이한 정체성에서 비롯되는 것이기도 하지만 이들의 삶의 행로, 의식의 행로는 읽힐 수 없는 어떤 것이다. 아마 가장 확실한 것은 이들의 목적이 수용소에서 벗어나는 것이었다는 게 아닐까. 개인 도주나 집단 도주는 오무라 수용소에서 빈번하게 발생했던 사건으로, 공식기록에 따르면 수용소 개설 이래 도주 사건은 35건, 70명에 달한다. 이 가운데 사전에 발각되어 '미수'로 그친 경우는 39명이다.

불안을 통해 주체가 자기의 국가('조국')를 보다 안전하고 안락한 삶의 장소로 치환하여 상상하게 될 가능성이다. 이는 영토 바깥의 수용소 환경이 떠나온 자국을 향한 긍정적 상상을 파생시키는 기능을 갖는다는 의미다. 돌아온 밀항자들의 인터뷰는 주로 이러한 방향을 강화하는 쪽으로 기사화되었다. 두번째로는, 수용소 감금에서 송환으로 이어지는 과정이 '범죄자가 됨으로써 국민이 되는' 구조에 상응한다는 점이다. 이것이 남한에서 국민이 생산되는 하나의 중요한 방식이었다는 사실 그리고 이러한 체제 내에서 다수의 월경자들이 국민되기의 가혹한 훈련을 감수하게 되었다는 사실을 기억해야 할 듯하다. 이와 같은 국민-만들기 혹은 국민-되기의 구조를 염두에 둘 때 남한이라는 국가, 일본이라는 연관 국가, 둘 사이에 존재하는 현해탄이라는 경계 공간 그리고 여기에 걸쳐있는 개인의 삶의 상태가 지닌 역사적이고 정치적인 의미를 되물을 수 있기 때문이다.

5. 분산된 '대담함'들에 대하여

데카르트가 "대담(大膽)은 어떻게 하여 희망에 좌우되나"라는 질문을 던진 것은 『정념론』에서였다. 수많은 정념의 항목들을 작성하면서 그는 대담에 관해 이렇게 설명한다. "보통 두려움이나 심지어 절망을 수반하는 곤란함은 대담의 대상이다. 따라서 대담한 용기가 가장 잘 발휘되는 것은 가장 위험하고 가장 절망적인 사건에 있어서지만, 그러면서도 눈앞에 닥친 어려운 일에 감연히 덤벼들기 위해서는 소기의 목적이 성취된다는 것을 기대하고 한 걸음 나아가서 확신할 필요가 있다는 데 주의하지 않으면 안된다."[57] "대담"은 인간이 가지는 숱한 정념 가운데 하나일 테지만, 아마도 위험을 각오하고 영토를 벗어나는 많은 밀항자들의 내면을 설명하고 이해하는 데 퍽 긴요해 보인다. 중요한 것은 대담함 자체를 이해하는 것보다는 대담함을 낳는 구조 자체를 파악하는 것이겠지만 말이다.

이 글에서는 현해탄이라는 경계지대를 '불법적으로' 왕래했던 다중의 삶을 파악하기 위해, 피하고 싶고 피해야 할 환경으로서의 국가('슬픔의 체제')와 밀항자의 대담함이 갖는 관계를 검토해 보았다. 이에 관한 사유는 주체들이 국가 경계를 두고 불가피하게 대담함을 발휘하게 되는 경위가 무엇인지, 이들이 가졌던 가난한 희망이나 욕망의 흐름이 주권-영토-국가의 체제에서 어떻게 관리되는지 그리고 '정치적 올바름'이나 '정치적 유대'의 전망과 무관하게 분산적으로 형성된 월경적 흐름을 어떻게 의미화할 것인지를 고민하기 위해 지속되어야 한다. 월경자들에게, 영토 주권을 넘는 횡단적 잠행 말고 어떠한 것이 가능할 수 있었을까? 아니, 그 잠행을 통해 어떠한 어소시에이션이 가능할 수 있었을까?

도미야마 이치로는 1945년 이후 오키나와와 아마미에서 출현한 룸펜 프롤레타리아 유랑자 집단을 논하면서, 사회정책적 법으로 보전되지 않을 기아를 안고 법에 신청하는 자들과 법 바깥의 존재인 유랑자들이 서로 맺게 되는 연환(連環)-연대의 관계를 고찰한 바 있다. 그는 "법에 신청하는 주체는 동시에 보전될 수 없는 굶주림을 껴안고 법과

57 René Descartes, 소두영 역, 『방법서설/성찰/철학의 원리/정념론』, 동서문화사, 2007, 474쪽.

교섭하고, 경우에 따라서는 법을 붕괴시키는 사람들인지도 모른다"고 했다.[58] 마루카와 테츠시가 제기한 "기아의 리얼리즘"[59]이라는 문제 역시 동일한 문맥에서 파악할 수 있을 것이다. 마루카와는 기아의 리얼리즘에 대한 이해 없이 아시아에서 벌어졌던 전쟁이나 혁명을 온전히 이해할 수는 없을 것이라고 했다. 이 때 '기아'라는 것이 서발턴의 생존과 삶의 고통을 가리킨다면, 전쟁이나 혁명만이 그 응집 또는 폭발의 유일한 상은 아닐 것이다. 밀항(자) 역시 기아의 리얼리티의 하나의 발현태라 할 수 있을 터인데, 특히 그것이 지극히 사적으로 은밀하게 터지고 그 흔적은 곧 지워져 버리고 마는 케이스라 할 수 있다. 밀항의 체험과 기억을 개인적 수치나 비밀로 또는 한때의 모험담쯤으로 의식하도록 만드는 것이 국민국가의 작업이기도 하겠지만, 대부분 유실되고 망실된 조각 사실들을 놓고 이들에게 어떤 '연대'가 가능했을까를 묻는 것은 그리 의미있는 일이 아니다. 한 가지 분명한 것은, 연대의 힘이나 희망 같은 것 없이 낱낱의 방식으로 자기 국가를 떠났던 자들의 삶의 흔적과 의미가 좀더 면밀하게 탐색되고 성찰되어야 한다는 점이다.

58 도미야마 이치로, 「"기지의 섬"의 민족문제」, 『사이間SAI』 10, 국제한국문학문화학회, 2011 참고.

59 마루카와 데쓰시, 장세진 역, 『냉전문화론』, 너머북스, 2010, 특히 2장 참고(인용은 102쪽).

참고문헌

1. 자료

『국민보』, 『경향신문』, 『농민주보』, 『동아일보』, 『대동신문』, 『대중일보』, 『민보』, 『민주중보』, 『조선일보』, 『현대일보』

영화 〈귀국선〉, 〈슬픔은 파도를 넘어〉

2. 논문

도미야마 이치로, 「"기지의 섬"의 민족문제」, 『사이間SAI』 10, 국제한국문학문화학회, 2011.

전갑생, 「한국전쟁기 오무라 수용소의 재일조선인 강제추방에 관한 연구」, 『제노사이드 연구』 제5호, 부경역사연구소, 2009.

전은자, 「제주인의 일본도항 연구」, 『탐라문화』 제32호, 제주대 탐라문화연구소, 2008.

차승기, 「수용소라는 안전장치」, 『한국학연구』 32집, 인하대 한국학연구소, 2014.

山田吉彦, 「日本の國境問題」, 한국국제정치학회 학술대회(자료집) 『건국 60년과 우리의 영토 와 주권』, 2008.8.

高和政, 「密航・民族・ジェンダー－'在日朝鮮人文學'にみる人流」, 『繼續する植民地主義－ジェンダー－民族 人種 階級』, 青弓社, 2005.

3. 단행본

김광열, 『한인의 일본 이주사 연구(1910~1940년대)』, 논형, 2010.

박경리, 『파시』, 나남출판, 2008.

황문평, 『가요60년사』, 전곡사, 1983.

마루카와 데쓰시, 장세진 역, 『냉전문화론』, 너머북스, 2010.

Arendt, Hannah, 이진우 외역, 『전체주의의 기원』, 2006.
Balibar, Étienne · Badiou, Alain, 강수영 역, 『법은 아무것도 모른다』, 인간사랑, 2008.
Benhabib, Seyla, 이상훈 역, 『타자의 권리』, 철학과현실사, 2008.
Butler, Judith · Spivak Gayatri Chakravorty, 주해연 역, 『누가 민족국가를 노래하는가』, 산책자, 2008.
Descartes, René, 소두영 역, 『방법서설/성찰/철학의 원리/정념론』, 동서문화사, 2007.
Spinoza, Benedict De, 추영현 역, 『에티카/정치론』, 동서문화사, 2008.

朴順兆, 『韓國・日本・大村收容所』, JDC, 1982.
法務省 大村入國者收容所, 『大村入國者收容所二十年史』, 1970.

포스트콜로니얼의 어떤 연애의 풍경

구식민지와 구제국 그리고 기억-기록의 정치학

1. 전쟁 혹은 식민지, 그 기억-기록의 창고를 찾아

1945년 8월 패전 이래 일본에서는 전쟁을 기억하고 기록하는 작업이 장기간에 걸쳐 지속된다. 전후에[1] 나온 광범위한 전쟁 기록물에 관한 비판적 분석을 시도한 나리타 류이치에 의하면 이러한 기억-기록 행위는 참모의 전기(戰記), 일반 병사의 수기, 민간인의 전사(戰史), 인양기, 억류기 등 다양한 형태로 이루어졌다.[2] 물론 전쟁의 기억-기록이 전쟁

---

1 '전후'라는 개념에 대해서는 이미 많은 문제제기가 있어 왔다. 특히 나카노 도시오는 전전/전후의 분리 자체가 패전 이후의 일본의 '욕망'임을 언급한 바 있으며(서민교 외역, 『오쓰카 히사오와 마루야마 마사오』, 삼인, 2005), 나아가 '전후 책임'이라는 문제틀로 1945년 이후의 일본의 존재방식을 비판적으로 되물어야 한다고 본다(「東アジアで戦後を問うこと」, 岩崎稔 外 編著, 『継続する植民地主義』, 青弓社, 2005). 이 글은 이러한 입장을 공유하되, '전후'라는 용어를 '1945년 8월 이후'를 시기적으로 지시하는 것으로, 기술(記述)적 차원에서 최소화하여 쓰고자 한다.

2 이에 대해서는 成田龍一, 『戦争經驗の戦後史』, 岩波書店, 2010.

참여자들의 직접적인 진술이라 할 수기나 좌담회 형식만을 취했던 것은 아니다. 영화, 소설과 같은 다양한 재현 장르까지 모두 포괄하여 따져 본다면[3] 아카이브는 아주 거대하고 다층적일 것이다. 아카이브 작업은 이런 저런 형식으로 전쟁에 연루되었던 다양한 일본인 주체가 패전을 계기로 자신들의 체험을 집적하는 작업에 돌입했음을 말해준다.

전후 일본에서 출현한 이러한 현상과 관련하여 우리는 적어도 두 개의 질문을 갖게 된다. 우선 이 장기(長期)의 거대한 기록과 기억의 과정에서 '아시아'는 어떻게 되었는가 하는 문제 그리고 여기에 이어지는 보다 특수한 사안 즉 '식민지'는 어떻게 되었는가 하는 문제가 그것이다. 제국의 형성과 자기 확장 과정에서 일본은 아시아의 여러 지역과 서로 다른 침략 관계를 맺었다. 중국을 대상으로 전쟁을 도발했고 동남아시아 지역에서는 서구 제국주의를 상대로 식민지 쟁탈전을 벌였으며, 조선과 타이완은 이미 일찍이 식민지로 접수했다. 일본의 '전후'란 이 서로 다른 폭력적 노선들을 소거하고 망각해가는 과정이었다. 이러한 경향은 현실적인 '책임'의 차원에서도 지배적이었을 뿐 아니라 상징체계의 차원에서도 그러했다.

이 글은 일본이라는 진원을 둔 1945년 이후의 동아시아적 상황을 염두에 두면서, 조선(남한)과 일본 사이의 진앙거리를 기억-기록의 문화정치학이라는 측면에서 고찰하고자 한다. 제국주의의 판도 내에서 중국 및 동남아시아 제지역과 다른 위치에 놓여 있던 조선은 포스트콜로

3 대중문화 영역에서 병영생활을 다룬 이등병 이야기가 큰 인기를 얻는 시점 및 그 구체적인 양상에 대해서는 中村秀之, 「'二等兵'を表象する」, 『冷戦体制と資本の文化』, 岩波書店, 2002; 마루카와 데쓰시, 장세진 역, 『냉전문화론』, 너머북스, 2010, 특히 3장.

니얼 국면에 진행된 구식민지와 일본 사이의 관계 재편과 더불어 어떠한 위상 변화를 겪는가? 이에 답하기 위해서 우선적으로 확인해야 할 사실이 있다. 전후 일본에서 진행된 전쟁을 둘러싼 기억-기록은 구제국이 구사한 철저한 자기기술(self-technology)이었다는 점에서 근본적으로 심대한 결여를 노정할 뿐 아니라, 기억과 기록의 구조적 측면에서도 극심한 편향과 불균형을 드러낸다는 점이 그것이다. 그래서 구식민지는 구제국의 무신경이 낳은 사각지대에 던져진 채 좀처럼 가시공간으로 불러들여지지 않았다.[4]

여기서 우리는 전쟁 문제와 식민지 문제가 서로 연접하지만 결코 동일하지는 않다는 것을 다시 한번 기억해야 할 듯하다. 이는 전쟁과 식민화의 상호 연계와 경계를 논하면서 전쟁으로 환원될 수 없는 식민화 문제에 대해 식민지 지배 책임이라는 문제틀을 정립할 것을 역설하는 입장과도 닿아 있다.[5] 이렇게 식민지와 관련해서는 '전쟁'의 유일성이나 전일성이 흔들릴 수밖에 없다는 점에서, 전쟁 기억의 전면화라는 문화적 현상은 구식민지의 입장에서 볼 때 이미 그 자체로 지극히 정치적인 현상인 것이다. 전후 일본에서 지속된 전쟁에 대한 다양한 방식의 호출은 사실상 전쟁을 둘러싼 기억-기록이 식민지를 둘러싼 기억-기록을 훨씬 상회하거나 거의 따돌렸음을 의미하며, 결과적으로는 전반적인 상징투쟁의 장에서 전자가 압도적으로 우월했

4 전후 일본에서 조선(인)에 대한 형상화가 거의 이루어지지 않았다는 점 그리고 해방된 조선에서 패전을 맞은 일본 지식인을 다룬 몇몇 작품의 경우에도 "패전의식"은 거의 "결락"되어 있다는 점을 밝히고 있는 연구로는 渡邊一民, 『'他者としての朝鮮–文学的考察』, 岩波書店, 2003, 특히 4장 참고.

5 식민지 지배책임에 대해서는 板垣龍太, 「植民地支配責任を定立するために」, 岩崎稔 外 編著, 앞의 책 참고.

음을 의미하기 때문이다. 조선은 이러한 판도와 과정에서 주변화되었고, 전체적으로 식민지에 대한 기억은 매우 드문 어떤 것이 되었다.

전후 일본의 전쟁 기억은 곧 '패전'의 기억이기도 하다. 세부적으로 보자면 이는 패전민으로 겪어야 했던 간난신고의 전면화로 나아가기도 했고 또 일본 국가에 대한 비판, 전쟁의 폭력성-파괴성-무의미함에 대한 인간학적 성찰로 전개되기도 했다. 전후에 구성된 전쟁 서사는 희생담이나 수난사의 형태로 대량소비되는 공유물로 번성하기도 했고, 좀 다른 방향에서 자기비판적 성찰의 계기로 등장하기도 했던 것이다. 일본이 전쟁-패전을 전방위적으로 강렬하게 기억하려 했던 데에 비한다면, 구식민지라는 지정학적 장소는 상당히 모호하고 애매하게 처리되었다. '제국인(帝國人)'으로서 대규모로 연루될 수밖에 없었고 또 그만큼 극심한 트라우마로 남은 전쟁(패전) 경험과는 달리, 식민화라는 것은 상대적으로 흐릿하고 넓게 번져 있는, 부유하는 어떤 것이다. 일본의 전후와 조선(남한) 사이의 관계를 파악하기 위해서는 이러한 집합(무)의식 상의 생략과 돌출, 과잉화와 과소화가 연출하는 음영의 지형을 염두에 두어야 한다.

위와 같은 문제의식을 안고 이 글에서는 1945년 이후 한국과 일본의 현실적, 상상적 관계맺음의 양상을 검토하고 특히 전후 일본이 그린 지형도에 옅은 흔적으로 남아 있는 구식민지를 향한 시선의 의미를 묻고자 한다. 초점을 맞추게 될 부분은 포스트콜로니얼 국면에서 일어난 구제국과 구식민지의 조우 그리고 타자를 향한 의식과 감정의 구조이다. 분석을 위해 나는 특히 '복잡한 월경적 연애 관계'라 불릴 법한 형태로 구현된, 양자 사이의 어떤 상징적 관계에 주목하고자 한다. 구체적인 양상에 대해서는 이후의 절에서 본격적으로 살펴보게 될 것이므로 우선 분석대상의 대략적인 범위만을 제시한다면, 핵심은 조선-남한과 일본을 가로지르면서 형성된 타자 경험, 보다 정확하게는 그 경험의 상(像)이 '연애 관계'라는 모양으로 맺혀 있는 몇 편의 재현물이 될 것이다.

결코 적대적이지 않으며 오히려 그 반대로 서로 매혹되는 친밀한 관계, 하지만 동시에 퍽 불안하고 갈등적인 복합 감정을 교환하고 소통하는 관계. 특정한 관계 상상 틀로서의 '월경적 연애'란 포스트콜로니얼 시기의 남한과 일본의 재현장에서 공통되게 나타난(이는 비영향적 상관관계에 가까울 것이다) 자기/타자 역학의 표현기제이자 조율기제였다. 이런 맥락에서 포스트콜로니얼 시기의 월경적 연애는 구식민지와 구제국의 재회라는 다소 '불편한' 상황을 구현하고 처리하는 하나의 중요한 패턴으로 새롭게 발견되고 해석될 필요가 있다. 연애라는 설정이 그러하듯이 이 틀로 조형된 인식은 연루되어 있는 두 주체 사이의 결코 적대적이지 않은 혹은 적대성으로는 환원될 수 없는 측면을 포착한다. 그리고 가장 적극적으로는, 연애에 따르는 여러 감정적 분비물이나 잠재적 가능성 가운데 애정과 결속감을 제일의적 당위로 놓고 이 이상태에 도달해야 함을 역설한다. 물론 조선과 일본을 가로지르는 월경적 연애의 상상이 1945년 이후에 처음으로 등장한 것은 아니다. 이와 관련하여 우리는 내선결혼을 둘러싸고 지펴졌던 피식민자의 연애관이나 결혼관을 떠올려볼 수 있을 것이다. 피식민자와 식민자 사이를 접붙이는 연애코드의 계보학에서 보자면 포스트콜로니얼 버전은 이미 전례를 가지고 있는 것인지도 모른다. 하지만 각각 패전과 해방으로 시작된 사회정치적 정황의 변화와 국민국가적 경계화 시스템 그리고 이에 연동하는 집합의식(감정)과 상징체계의 변화 등을 총체적으로 고려한다면, 우리는 두 경우가 연속성만으로는 온전히 설명될 수 없을 차이와 간극을 가지고 있음을 알게 된다.

조선의 해방 그리고 일본의 패전 이후에 출현한 월경적 연애의 상상, 이 타자를 환기하고 처리하는 새롭고 특수한 패턴이 지닌 역사성과 정치성을 고찰하기 위해 1945년부터 1970년대에 이르기까지 남한과 일본에서 쓰여진 몇 편의 소설들을 분석 대상으로 삼는다. 1945년 이후 두 지역이 처한 상황과 입장이 다르고 또 저자 및 텍스트의 성격에 따라 인식의 양태도 다른 만큼, 상상 체계의 유사성과 구현의 차이를 모두 고려하면서 그 의미와 효과를 물어야 할 것이다. 구체적인 논의는 후지와라 데이[藤原てい]의 『회색 언덕[灰色の丘]』(寶文館, 1950), 히노 게이조[日野啓三]의 1970년대 중단편을 중심으로 이루어질 것이다. 그리고 이들과 대화적 관계를 형성한 남한의 작품으로 이범선의 『검은 해협』(泰昌文化社, 1978)을 선택하여 비교항으로 배치하였다.

이 텍스트들은 저자, 시대, 미적 경향성, 영향 관계의 측면에서 실제적인 교통이 없는 비연속적이고 파편적인 조각들에 가깝다. 따라서 이와 같은 선택과 배치가 생경하고 무맥락적으로 보일 수도 있을 듯하다. 하지만 1945년 이후 남한과 일본의 기억-기록 창고에 흩뿌려져 있는, 타자를 형상화하는 유사 형식들을 수집하여 의미의 별자리를 구성하는 작업은 국가 경계를 넘는 상상 체계의 관계론과 작동론을 구성하는데 유효할 것이다. 또한 자료의 재발견과 상호 연접을 통해 텍스트의 의미를 생산한다는 점에서도 일정한 의의를 가질 수 있다. 여기서 다룰 작품들이 징후적 지점으로 주목받아야 하는 이유는 우선 당시로서는 퍽 드문 월경적 연애의 복잡성을 통해 한일 간 자기/타자 관계의 포스트콜로니얼적 재배치를 어떤 식으로든 수행한다는 데서 찾을 수 있다. 그리고 이러한 방식 자체를 낳은 의식, 감정, 역사를 반영하고 있다는 점에서도 확인될 수 있을 것이다.

2. 해방과 패전 그리고 '이웃'이 된다는 것

(구)제국에게 (구)식민지란 무엇이었을까. 전후의 일본인이 중국에 대해서 "중국은 국가가 아니라 정치적 결합이 없는 여러 사람들의 모임"이라는 생각을 여전히 가지고 있었음을 떠올려 볼 때, 이들이 조선에 대해 "적어도 20여년 간은 독립을 할 만한 준비가 갖추어지지 않을 것"이라고 판단했던 것은 거의 '당연해' 보인다.[6] 요시다 유타카[吉田裕]는 전후 일본의 입장을 철저하게 자기중심적으로 만들어버린 기제를 "제국의식"[7]에서 찾았다. 이것은 와카미야 요시부미[若宮啓文]가 전후 일본의 파워엘리트의 아시아관을 분석하면서 지적한 "아시아 멸시"의 태도와도 통할 것이다. 와카야마는 일본이 "자각없는 패배"를 맞았으며 이로 인해 아시아에 대해 어떤 부채감도 느끼지 못하는 윤리적 무

6 요시다 유타카, 이애숙 외역, 『일본인의 전쟁관』, 역사비평사, 2004, 65쪽 재인용. 1945년 12월 미국 국무부 조사분석국이 북경 거주 일본인 385명을 대상으로 실시한 설문조사에 따르면 예 : 아니오 : 무응답이 50 : 39 : 11로 나타나고 있다. 그리고 조선 문제에 관해서는 조선이 장기간 독립 준비를 하지 못할 것이라는 답이 77 : 14 : 9로 압도적으로 많다.

7 위의 책, 64쪽.

감각 상태가 지속되었다고 보았다.[8] 일본은 점령자 미국을 향해서는 착종된 자의식과 복합감정을 갖게 되었지만,[9] 아시아나 구식민지에 대해서는 어떤 부담으로부터도 자유로운 무책임 상태를 유지할 수 있었다. 이 상태가 허용되는 과정은 곧 구제국이 피점령국이 되고 다시 하나의 주권국가로 갱생해가는 과정이기도 했다. 이 때 국제 냉전 질서가 일본에 우호적으로 작용했음은 두말할 필요가 없다.

이렇게 제국주의의 그림자와 냉전의 실체가 중첩되는 상황을 기반으로 생존과 변형을 거듭해온 "제국의식"의 지평에서 조선과 타이완이라는 구식민지는 어떤 자리에 어떻게 놓이게 되었을까. 전후 일본에서 구식민지들과는 좀 다른 방식으로 접근되거나 사유된 중국의 경우를 참조한다면, 이 질문에 답하기 위한 좀 더 명확한 구상을 얻을 수 있을 듯하다. 중국에 관한 다케우치 요시미의 천착을 놓고, 마루카와 데쓰시는 '적대성'이라는 사안에 초점을 맞춰 다시-읽기를 시도한 바 있다. 마루카와는 일본과 중국 사이의 기존의 적대성이 냉전하에서 이중화되었고 이 이중성 때문에 적대성에 대한 일본인의 자각이 오히려 봉인되었다는 점에 주목한다. 나아가 그는 "일본이 중국(아시아)에 대해 '적'으로 존재해왔다는 사실과 실제로 '적'으로서 대해온 사태를 깊이 내부화하여 그 안에서부터 새로운 자신을 뽑아내"야 함

---

8 若宮啓文, 『戦後保守のアジア観』, 朝日新聞社, 1995 참고.

9 패전 후의 집합 감정을 '교다쓰'(허탈)로 규정하면서 미점령하 패전문화를 분석한 연구로는 John W. Dower, 최은석 역, 『패배를 껴안고』, 민음사, 2009 참고. 미국을 둘러싼 복합감정의 문학적, 문화적 표출에 대해서는 조정민, 『만들어진 점령서사』, 산지니, 2009. 그 외, 미국이라는 존재와도 연관되어 있는 "패전의 트라우마"가 경제성장기 일본 사회에서 개인에게 어떤 식으로 반복되는지를 다룬 글로는, 五十嵐惠邦, 「回歸する敗戦のトラウマ」, 『思想』, 2005.12 참조.

을 다케우치를 빌어 강조한다.[10] 일본은 줄곧 중국을 "정당한 적"으로 인정하지 않았고 냉전기에는 "적의 절대화"를 통해 "이중으로 부인" 해왔기 때문에,[11] 자기가 중국의 '적'이었다는 사실 자체를 망각했다는 것이다. 자기를 상대화시키는 반성(reflection) 능력은 적대성 자체를 지워버리고 무화시키는 순간 소실된 것으로 이해해도 될 것이다.

중국 문제를 논하면서 마루카와는 중국과는 다른 상황에 놓여 있던 남한과 타이완에 관해 간략하게 언급하고 있다. 즉 1945년 이후의 일본-중국 관계와는 달리, 남한이나 타이완은 냉전 블록에서 일본과 동일한 서방 쪽에 위치하게 됨으로써 그 이전의 적대성이 분절되지 않고 같은 진영 아래 겹쳐 쓰이게 되었다는 것, 그 결과 일본과 동일한 서방측에 자리매김된 가운데 보이지 않게 된 두 지역을 그다지 고려하지 않게 되었다는 것이다.[12] 이 위상학을 바탕으로 구식민지의 상황을 정리해 보자. 조선이나 타이완은 식민지 시절에는 제국의 (대등한) '적대자'가 아니었기 때문에 '적'이 아니며, 냉전기에는 같은 '진영'에 소속되어 다시 한번 '적'이 아니게 되는, 그래서 '이중으로 무화(無化)'되어 버리는 상황에 놓인 것으로 이해할 수 있지 않을까. 물론 중국에 대한 '이중부정'이나 조선에 대한 '이중 무화(無化)'는 전후 일본의 대체적인 망각-은폐 기술과 관련하여 원인이나 효과 면에서 유사성을 갖지만, 실제적인 맥락 면에서는 차이 역시 갖는 셈이다.

이제 우리는 이 '이중무화'라는 처리법이 적용된 조선(남한)과 일본

10 이에 대해서는 마루카와 데쓰시, 앞의 책, 2장 참고(인용은 53 · 64쪽).
11 위의 책, 58쪽.
12 위의 책, 57쪽.

의 관계를 좀더 미시적으로 살펴봐야 하겠다. 구조적 변이와 파동이 없지 않은 만큼, 전반적인 지세를 파악하는 일에는 지표에 남아 있는 흔적들의 형상과 의미를 가까이서 규명하는 일이 동반되어야 한다. 흔적들은 전체 구조를 변화시키는 정도의 것은 아닐지라도 구조와의 관계 속에서 어떤 식으로든 포착되고 해명되어야 한다. 이를 위해 우선적으로, (구)제국의 입장에서 봤을 때 '적이 아니었던 관계'가 (구)식민지에게는 어떻게 인지되었는지 그리고 해방/패전 이후에는 이러한 인식이 어떻게 변형되었는지를 살펴볼 것이다. 적대성만으로는 적절하게 이해될 수 없는 양자의 모호한 관계를 어떻게 설명할 수 있을 것인지도 함께 검토되어야 한다. 이 서로 연결된 문제는 조선(남한)과 일본에서 필연적으로 발생할 수밖에 없는 시각차 및 시대적 흐름에 따른 부침을 모두 고려해야 하기 때문에 그리 수월해 보이지는 않는다. 나는 적 혹은 적대성으로 깨끗이 수렴되지 않는 관계를 '이웃 관계'로 명명하는 것에서부터 논의를 시작하고자 한다. 여기에서 출발하여 이웃 관계 혹은 이웃 관계에 대한 의식 자체가 형성된 맥락을 따져볼 수 있을 것이다.

주지하듯이, 정치적 행동이나 동기의 기인을 적/동지의 이분법으로 설명한 것은 칼 슈미트다. 그에 따르면 적이란 결코 경쟁상대나 상대방 일반이 아니며 사적인 혐오나 증오의 대상도 아니다. 적이란 "공적"으로 적대적인 존재인 것이다.[13] 슈미트가 적/동지의 공적 측면을 논하면서 제시하고 있듯이, 적이란 공적인 것이기 때문에 "정치적인 의미에

13 Carl Schmitt, 김효전 역, 『정치적인 것의 개념』, 법문사, 1992, 3장 참고.

서의 적을 개인적으로 혐오할 필요는 없으며 사적인 영역에서 '적' 즉 자기의 반대자를 사랑하는 것도 의미를 가진다."[14] 그러나 역설적이게도 이러한 부연은 적/동지라는 구분이 명쾌한 이분법의 회색지대, 즉 적/동지의 구별이 모호해지는 비식별역을 터치하지 않는다는(혹은 못한다는) 것을 드러낸다. 더불어 적/동지로 깨끗이 갈라질 수 없는 관계가 실재함을 인정하는 것이기도 하다. 슈미트의 대쌍 관계가 지닌 문제점을 포착하여 제안된 것이 바로 '이웃'이라는 인식틀이다. '이웃'이라는 시각으로의 전환이 요구되는 이유는 "우리와 동일시하는 동지 그리고 우리가 대립하여 우리 자신을 정의하는 적으로 나누어 세계를 정치적인 것으로 묘사하는 데" 문제가 따르기 때문이다. 이러한 이분법은 "허술해서" "복합적인 상황에 직면하면 자칫 붕괴하거나 심지어 전도되어 갈팡질팡"[15]하게 된다. '이웃'은 적/동지 이분법의 빗금이 흔들리는 자리에, 그것을 지우면서 나타난다. "이웃의 형상이란 동지/가족/자기와 적/이방인/타자 사이의 불확실한 분리에 형체를 부여하는 것"이다.[16]

포스트콜로니얼 시기의 구식민지와 구제국의 관계는 어쩌면 이 '이웃'이라는 형상으로 더 많이 이해될 수 있는 게 아닐까. 앞서 살펴보았듯이 '이웃'이란 단지 친밀한 관계를 지시하는 게 아니다. 그것은 적으로부터 동지에 이르기까지 이어지면서 변색될 수 있는, 불확정의 중간지대를 유동하는 타자(의 속성)를 가리킨다. 또 이웃이라는 용어 자체에

14 위의 책, 37쪽.
15 Kenneth Reinhard · Eric L. Santner · Slavoj Zizek, 정혁현 역, 『이웃』, b, 2010(인용은 Kenneth Reinhard, 「이웃의 정치신학을 위하여」, 31쪽).
16 위의 글, 33쪽.

함축되어 있는 것처럼 타자는 자기의 위에 혹은 아래에 있는 자가 아니며 동일한 위치 곧 '옆'에 있는 자이다. 친밀성이든 위험성이든 이웃 관계에서 더 증폭될 수 있는 것은 이 위치상의 등가성 때문이다. 그렇다면 서로 동일한 지위를 갖지 않는 제국과 식민지 사이의 관계는 어떻게 이해될 수 있을까. 포스트콜로니얼리즘 이론이 규명하고 있듯이, 식민자는 자만 혹은 지배욕망에 달라붙는 끝없는 불안에 시달리고 피식민자 역시 식민자를 향해 복잡하게 뒤엉킨 양가감정 같은 것을 갖는다. 그러나 식민자/피식민자 사이에는 뚜렷한 힘의 차이와 위치의 낙차가 구조화되어 있어서, 자기와 동등한 자격을 갖는 상대를 전제로 하는 적/동지의 틀로도 또 평형관계에 있는 상대를 근거로 하는 이웃의 틀로도 명쾌하게 규정되지 않는다. 대등하지 않은 지배/종속 상태에서 욕망과 불안에 함께 시달리는 식민자/피식민자의 관계를 어떻게 명명할 수 있을 것인가는 여전히 어려운 문제다. 단, 강조하고 싶은 것은 식민주의적 계서제의 붕괴와 국가간 위상 전환으로 시작되는 포스트콜로니얼 국면에서 실제적인 이웃관계가 본격화된다는 점이다.

'이웃'의 관계 역학이 이러하다면, 조선(남한)과 일본이 서로 이웃이 되어버린 시점은 1945년 무렵으로 잡을 수 있을 것이다. 제국/식민지 사이의 권력 구조는 제국의 패전과 더불어 붕괴된다. 힘의 층차 구조 자체가 와해되면서 식민지-조선-남한의 위치는 그간의 아래 지점에서 상승하고 양자의 '자격'은 평행선을 그리며 비슷해진다. 이렇게 해서, 패전한 제국에게 해방된 식민지는 더 이상 적에 못미치는 것도 아니고 적도 아니며 동지도 아닌, 그러나 동시에 그 모두일 수 있는 존재가 되어 버린 것이다. 여기서 기억해야 할 것은 이처럼 낯선 조건으로 조우하게 된 이웃을 처리하는 현실적, 상상적 방식이 조선(남한)과 일본에서 서로 달랐다는 점이다. 조선(남한)의 경우, 모호했던 일본은 해방과 더불어 비로소 아주 뚜렷하고 명쾌하게 '적'으로 정위되었다. 일본을 향한 적대의식이 강해졌고 이는 이후의 인식 체계에서 지배적이고 지속적인 경향이 되었다. 제국을 향한 그간의 애매하고도 양가적이며 혼란스러웠던 인식이 해방 후 적대의식으로 명료해지고 전면화된 것이다. 그리고 무엇보다도 조선(남한)은 해방을 통해, 수축되고 위축된 구제국과 동등한 자리에 서게 되었다. 이웃 일본에 대한 거의 예외 없는 적대적 의식은 이러한 조건에서 번성했다.

그렇다면 과거에 지배자였던 일본의 경우는 어떠했을까? 구제국은 원하든 원하지 않든 구식민지의 이웃됨을 목도하고 인정해야 하는 상황에 던져졌다. 해방된 식민지가 구제국을 비교적 일관되게 적으로 상상, 형상하게 된 것과는 달리 구제국의 신경이 복잡하게 분열된 것은 이러한 맥락에서이다. 위상학적 전환은 구제국인에게 공포와 불안 그리고 수치 같은 쉽게 해소될 수 없는 정서의 분비를 자극했다. 이웃이 되어버린 상대를 어떻게 처리할 것인가 하는 문제가 필연적으로 대두되고, 이에 조응하는 이데올로기적 기제들이 작동하기 시작한다. 앞서 언급했듯이 망각과 은폐는 불편하고 애매하며 꺼림칙한 구식민지라는 이웃을 향해 구제국이 운용한 가장 지배적인 방법이다. 그러나 망각과 은폐의 기술이 직접적인 방식으로만 구사된 것은 아니었다. 한편에서는 이웃을 처리하는 '우호적 호출'의 방법도 작동하고 있었던 것으로 보인다. 그 양상이 어떠했는지 좀더 구체적으로 살펴보도록 하자.

'가시화를 통한 망각과 은폐'라는 역설적인 타자 처리 패턴을 보여주는 대표적인 사례로는 일한친화회(日韓親和會) 및 이 그룹의 기관지 『친화(親和)』를 들 수 있다. 한일회담의 개시와 더불어 1952년 6월에 발족한 일한친화회는 꽤 오랜 시기에 걸쳐 지속적으로 '일한관계 회복'과 '상호교류'의 중요성을 역설한다. 『친화』를 통해 나타나듯이, 이 조직은 이제는 주권국가가 된 구식민지와의 관계를 어떻게 재정립할 것인가와 관련하여 친선과 우호 그리고 민간 문화교류를 답으로 제시하는 데 열성을 보인다. 1953년 12월부터 간행되기 시작한 월간지 『친화』는 약 24년 후인 1977년 11월 이 기관이 해산되기까지 꾸준히 발행되었다. 100호 기념 특집호에는 "일한의 친화는 사람과 사람 사이의 따뜻한 만남에서 시작되어야 한다. 정권이나 경제정책이 바뀌어도 변하지 않는 건 한번 맺은 우정이다. 우정을 통해서만이 일한의 친화는 확립될 수 있다. 우정을 민족의 우정으로 확대하기 위한 길은 문화교류 외에는 달리 없다. 좁아진 지구에 사는 인류의 지도 원리는 인도주의와 공존공영이다. 그리고 세계평화란 바로 거기에 있다"[17]는 메니페스토가 실린다. 여기에서도 선명하게 드러나듯이, 전후 '친한파'들이 외치는 '친화'와 '우정'이란 실상 별다른 역사적 맥락을 갖지 않는 혹은 역사적 맥락을 지워버리는 '보편적' 가치에서 나오는 것이었다.

세계 평화, 아시아 평화, 한일 친선, 문화 교류라는, '오염'되지 않은 '순도 높은' 용어들을 통해 드러나는 영도(零度)의 관계에 대한 구상이

---

17 『親和』, 1962.3, 1쪽. 일어 원문은 다음과 같다. "日韓の親和は / 人と人との溫い触れ合いから始められなければならない // 政権や経済政策がどんなに変つても/変らぬものは / 一度結ばれた友情である / 友情を通じてのみ / 日韓の親和は / 確立される // 友情を / 民族の友情にまで拡めるためには / 文化の交流に待つの外はない // 狭くなった地球に住む / 人類の指導原理は / 人道主義と共存共榮 世界平和ということである / そして世界平和は/そこにある."

어떠한 정치적 (무)의식을 깔고 있는지는 자명해 보인다. 일한친화회는 민간단체였고 한일회담의 초기단계에 출현하여 상당히 오랫동안 유지된 조직이었다. 1960년대로 들어서면서부터 우후죽순으로 생겨나는 소위 '친한' 단체들에 대한 남한 쪽의 입장이 그렇게 긍정적이기만 했던 것은 아니다. "친한 단체의 실태"를 꼬집고 있는 한 기사는 국교 정상화 무드를 타고 생겨나는 실체 모를 조직들이 가장 중요하게 여기는 것은 "경제 관계"이며 이 와중에 이제는 "꽃꽂이회까지 한국행 버스에" 오르려 한다는 냉소어린 비판을 담고 있다.[18] 그래도 수많은 단체들 가운데 일한친화회는 "10년 이상의 오랜 역사를 가진 건실한 친선단체"에 속하는 것으로 평가되고 있었다.

하지만 일한친화회의 핵심 관계자들의 면모를 보면 남한을 향한 이들의 '우호적' 호명이 제국주의 시절의 경험 및 멘탈리티와 구조적, 인적으로 뚜렷한 연속성을 갖고 있음을 알 수 있다. 설립의 주체이자 일한친화회 회장(1963년 9월)인 스즈키 하지메[鈴木一]는 종전 무렵의 총리였던 스즈키 간타로[鈴木貫太郎]의 아들로, 농림성 산림국장, 외무성 출입국관리청장 등을 거친 인물이다.[19] 그는 "2차 대전 때 북지 전선에 배속되는 도중 한국땅을 한번 지나본 기억밖에는 없"[20]지만 "일본에 있어서의 불우한 한국인들을 돕고 한일 문화교류 사업에 일관하고 있

18 「친한단체의 실태」, 『경향신문』, 1966.1.8. 그 외 관련기사로는 『동아일보』, 1965.11.18.

19 일한친화회의 초기회장 시모무라 히로시[下村宏]는 제국주의 시기 대만총독부 민정장관 및 총무장관을 맡았던 인물이다. 그리고 당시 부회장이었던 시부사와 게이조[渋沢敬三]는 일본은행총재이자 민속학자로 활동했다. 그는 1946년 공직추방을 당하지만 1951년에 해제된 후 1953년에는 国際電信電話(KDD) 설립에 동참, 사장으로 취임한다. 이사직을 맡았던 아모우 에이지[天羽英二]는 특명전권대사, 외무차관, 내각정보국총재직에 있었으며 패전 후에는 공직추방을 당한다.

20 『경향신문』, 1963.8.21.

는"[21] 양식 있는 친한 인사로 소개되고 있었다. 또 사무국장 후루다 츠네지[古田常二] 역시 "20여년 전 경남 창영에서 우리나라 농촌청년들을 위해 학술강습회를 연 일도 있는 친한일본인"으로 "서슬하의 5남매 중 둘은 한국에서 낳았기 때문에 한국에 대한 친밀감은 더할나위 없"[22]이 많이 갖고 있는 인물로 소개되고 있다. 이들은 정부나 각종 단체의 초청으로 남한을 방문하며 문화사절로 활동했는데[23] 『친화』는 이 집단의 '인도주의'나 '친선주의'를 표명하는 주요한 창구가 되었다.

특히 『친화』에 관여했던 일본과 남한의 문학자의 면면과 보수적 문화주의의 시각은 눈여겨볼 만하다. 대표적인 예로 유아사 가쓰에[湯淺克衞]가 이 매체를 통해 전개한 담론의 성격에 주목할 필요가 있을 듯하다. 그는 일한친화회의 자문으로 오랫동안 활동했을 뿐 아니라 『친화』에 조선(남한)에 대한 향수와 관심을 담은 일한고대사(역사와 미술사) 관련 글, 「조선기행 다이제스트[朝鮮紀行ダイスジエスト]」, 「동양식미순례(東洋食味巡禮)」, 「방한일기초(訪韓日記抄)」 등과 같은 에세이를 줄곧 기고해 왔다. 그 외 1962년 국제펜클럽 한국본부가 주최한 제1회 아시아작가 강연회에 초청받아 고대 한일 문화교류를 주제로 강연회를 열기도 했다.[24] 조선에서 유소년기를 보내고 패전을 맞아 일본으로 돌아간 유아사 가쓰에는 유년기 식민지에서의 생활 경험을 가진 일본인이 전후에 구식민지를 호출하고 상기하는 행로를 취한다. 즉 식민지를 '고향'으로

---

21 『동아일보』, 1963.8.13.

22 『경향신문』, 1962.7.7.

23 한 기사에 의하면 일한친화회는 요미우리신문 후원으로 한국 소개 강연회를 열고 영화 〈사랑방손님과 어머니〉를 상영하는 등의 행사를 동경에서 개최했다. 유아사 가쓰에, 후루타[常二] 등이 주요 참석자로 언급되고 있다. 기사는 『경향신문』, 1962.8.12 참조.

24 『동아일보』, 1962.5.12. 그리고 강연 내용은 『동아일보』, 1962.5.17.

그리워하고 이에 기반하여 남한에 '친근감'을 갖게 되는 감상적 우호주의, 정감적 오리엔탈리즘의 길을 뚜렷하게 보여주고 있는 것이다.[25]

그렇다면 『친화』의 말걸기에 대응했던 남한의 문화계 종사자는 주로 어떤 인사들이었을까? 펜클럽 대회를 통해 이루어진 아시아 작가 교류 행사 때문이기도 하겠지만, 남한에 대한 이 매체의 호의와 관심에 적극적으로 응하여 담론 공간을 함께했던 문인으로는 백철과 정비석이 보인다.[26] 전후 일본과 남한이 연결되는 풍경에는, 식민지/제국 시절에 일어났던 수많은 정치적, 문화적 사건의 응어리가 먼지처럼 부서지고 날리면서 그 가운데로 허황한 '동시대적 동반자상'이 들어서는 퍽 수상쩍은 순간이 잡혀 있다. 특히 정비석은 "한국과 일본은 어떤 의미에서는 적관계였다, 왜냐하면 점령되었었기 때문에…… 라는, 그런 감정이 없는 것은 아닙니다만, 큰 세계적 관점에서 보면, 예를 들어, 한국과 일본은 같은 배를 타고 바다를 건너는 사이가 아닐까요. 그래서 혹 배가 침몰하는 일같은 게 생기면 한국도 일본도 함께 망하는 운명입니다. 만약 한국이 적화되면 일본도 멀든 가깝든 적화될 것이고 또 일본이 적화된다면 한국 역시 손도 못쓰고 그대로 적화될 것입니다. 그러므로 가장 중요한 것은 양국은 공동동맹체라는 점"[27]이라는 견해를 밝히

25 일한친화회와 유아사 가쓰에의 활동 및 전후의 그의 인식에 대해서는 신승모, 「'인양'후의 유아사 가쓰에론」, 『일어일문학연구』 제71집 2권, 한국일어일문학회, 2009. 그외 유아사 가쓰에에 관해서는 박광현, 「유아사 가쓰에 문학에 나타난 식민 2세의 조선」, 『일본학보』, 한국일본학회, 2004, 61~62쪽.

26 「韓国文化と日本文化を語る」, 『親和』, 1960.9. 일본을 방문한 정비석, 김용환과 三木治夫의 좌담이다. 정비석은 1967년 5월호에 한국문학을 소개하는 글을 기고하기도 한다. 그 외, 유아사 가쓰에의 간단한 에세이에서 잠시 거론되는 문학인으로는 백철과 모윤숙이 있으며, 김팔봉의 경우도 1967년 5월에 「나의 걸어온 길」을 싣는다.

27 위의 글, 9쪽. 일어 원문은 생략한다.

기도 한다.

서로가 반공 동맹자로 공생해야 한다는 남한 문학자의 논리에 『친화』의 문화주의적 친선주의자들이 잠재적으로나 표면적으로 얼마만큼 동의했는지는 알 수 없다. 하지만 중요한 것은 과거의 식민지/제국 관계를 과소화하려는 두 주체가 들고 있는 카드(반공동맹주의의 카드, 문화교류의 카드)가, 그 성질이 어떠한 것이든 충분히 교환 가능해지는 구조 혹은 시기가 도래했다는 사실이다. 이 상황은 국교정상화를 눈앞에 둔 이웃 관계의 두 정치체가 서로를 '우호'의 관계로 조정해가는 메커니즘을 보여준다. 남한에서 일본을 향한 나름의 '친화' 작업이 활발해진 것은 1960년대로, 이즈음부터 지속적으로 '적'으로 상정되어온 이웃에 대한 이미지 메이킹이 달라지기 시작했다. 물론 그렇다는 것이, 일본에 대한 남한의 적대적 인식이 주변화되거나 소멸되었음을 의미하지는 않는다. 또 당시 국교정상화를 둘러싸고 남한 사회에 지펴졌던 강력한 반대의 움직임이 무의미하다는 의미도 아니다. 여기서 기억해야 할 것은 일본 및 일본과의 수교를 둘러싼 비판이나 반발이 오래되고 강고하며 앞으로도 지속될 경향성이었다면, 이와 충분히 공존 가능하고 양립 가능한 새로운 노선 즉 '친화'나 '친밀'이라는 것을 향한 방향 전환 역시 일어나기 시작했다는 점이다.

전체적으로 보자면, 구조화되고 내면화된 지배적인 흐름 가운데 얼핏 이질적이거나 예외적인 듯 보이는 지류가 발생하는 현상이 1960년대의 남한에서도 그리고 1950년대 이래의 일본에서도 출현한 셈이다. 그러나 친화론의 형태로 남한을 호명하는 일본의 입장 역시 망각이라는 전후 일본의 자기기술을 거스르는 것으로 보기는 어렵다. 어쩌면 이들은 서로를 '적'으로 인식하지도 않고 서로에게 '적'으로 오인되지도 않는 이웃이 되기 위해 일종의 우호강박에 함께 빠져들었는지도 모른다. 경위가 어떠하든 남한과 일본 양쪽이 모두 참여한 이 '친근한 이웃 되기' 수행의 장에, 과거의 피/식민 관계의 부담과 냉전의 공포 그리고 이 모든 압박으로부터의 탈피욕구가 상호 교환, 유착되면서 번성하고 있었음은 분명하다. 일본과 관련하여 하나 부연하고 싶은 것은 『친화』를 통해 드러나는 '관계 개선'에의 요구나 필요가 앞서 언급한 것처럼 식민주의적 노스탤지어와 결코 무관하지 않다는 점이다. 이들은 표면적으로는 '동시대 남한'을 관심 있게 들여다보고 자신들의 대화 상대로 재정위하려 했다. 그러나 동시에 식민지 시절에 연원을 둔 특유의 시대착오적 감수성을 "민간"의 우정이나 애정이라는 수사에 자연스럽게 동원하곤 했다. 이와 같은 기억(향수)과 망각, 호명과 소거의 변증법이 작동하는 과정에서 구식민지 문제는 효과적으로 증발되었다. 포스트콜로니얼 국면의 기억-기록의 지평에서 일본과 남한의 일군의 보수적 문화주의자들이 어떤 식으로 서로 조우하고 응대했는지, 그 문제적 장면을 우리는 『친화』를 통해 확인하게 된다.

3. 월경적 연애의 상상과 그 변용

어떤 기억과 기록들이 쌓여 만들어진 불규칙한 더미 같은 것을 떠올려 보자. 여기에 얼추 같은 높이의 점들을 이어 등고선을 그어볼 수 있다. 가장 넓고 낮은 아래 지대에 전쟁에 대한 두툼한 기억-기록물이 모여 있고, 그 위로 몇몇 식민지에 관한 기억-기록물이 흩뿌려져 있으며 더 좁아지고 높이 올라간 지점에 조선(남한)에 관한 기억-기록물이 점점이 박혀 있다. 그리고 더 위로, 조선(남한)과 일본을 가로지르는 월경적 연애의 기억-기록물이 조금씩 눈에 띠는 피라미드 같은 형상을 그려본다. 월경적 연애란 아주 드문 특수한 모티프여서, 거대한 기억-기록 더미 전체를 대표할 수는 없다. 하지만 중요한 것은 단지 대표성 여부는 아니어서, 그 위치와 성격이 전체 지형 내에서 어떤 의미를 갖는지가 우선적으로 따져져야 할 것이다. 앞서 언급했지만 조선(남한)은 일본의 전후 기억의 장에서 없는 것도 아니면서 있는 것도 아닌 채로, 또렷한 집합 기억으로 초점 잡히거나 형상화되지 않는 채로, 간헐적이고 개별분산적으로 출현했다. 구식민지를 향한 시선이 조선에서의 이주 생활이나 인양 체험을 가진 몇몇 작가들을 통해 나타난 것도 이러한 현상과 무관하지 않다. 월경적 연애의 상상 역시 이와 같은 자전적 경험을 가진 작가들에게서 나온 드문 코드이고 그래서 희소성과 무관치 않을 기억의 피라미드 구조의 아주 위쪽에 위치해 있는 것이다.

그렇다면, 해방 후의 남한의 상징체계는 어떠했을까. 다른 시기에는 특별히 그러하지 않았지만, 유독 1960년대에는 한일 간의 국경을 넘는 연애 이야기가 많이 만들어졌다. 구체적인 배경이 식민지 시기이건 1960년대 당대이건 간에, 한국 남성과 일본 여성 사이의 순애보가 여럿 등장한 것이다. 대체로 무척이나 상투적인 수준의 외교관계 알레고리라 할 수 있지만,[28] 그래도 당시로서는 좀 새로운 감수성이었다. 남한

28 일본 영화를 대상으로, 국제연애 모티프를 국제관계의 정치적 알레고리이자 식민지배의 초상학으로 읽어내는 연구로는 사카이 나오키, 최정옥 역, 『일본, 영상, 미국』, 그린비,

에서 구성된 국제연애라는 상상틀은 조국을 향한 '공적' 사랑과 일본 여성을 향한 '사적' 사랑 사이의 갈등에서 오는 내적 혼란(일관되게 적대적으로 상상할 때는 생길 수 없는 심리적 균열)을 다루었다. 하지만 핵심적인 것은 이것이 얼마나 풀릴 길 없는 답답한 애정 관계인가를 보여주는 데 있는 게 아니라, 조선(남한) 남성이 애국애족과 애인 가운데 궁극적으로 무엇을 선택하는가를 보여주는 데 있었다. 선택의 방향은 늘 전자 쪽으로 기울어져 있었고 선택 후의 감정적 앙금 같은 것도 퍽 깔끔하게 정리되는 것으로 그려졌다.

구상의 방식이 다르고 출현의 시점도 다르지만, 남한과 일본에서 유사하게 나타난 이 월경적 연애 코드가 갖는 의미와 효과는 무엇일까. 그리고 이것은 1945년 갑작스레 이웃이 되어 버린 두 지역의 자기의식, 타자의식, 관계상상의 구조와 어떤 연관을 맺고 있는 것일까. 지금까지 전후 일본에서 만주나 조선(남한)을 본격적으로 시야에 넣고 쓰여진 소설들은 주로 작가의 개인적 체험과 결부되어 연구되어 왔다. 식민지에서 출생 혹은 성장하다가 일본으로 돌아간 경험을 가진 작가들의 의식이 고향(상실)의 문제를 둘러싸고 해명된 것은 이런 맥락에서이다. 만주에서 유소년기를 보내다가 일본으로 돌아온 아베 고보에게서 식민화와 패전이 낳은 "고향상실자"의 존재론적 균열을 읽어내는 마루카와 데쓰시의 해석이 보여주듯이, 식민지 2세의 '식민지=고향, 일본=이향'이라는 착종 상태는 "전후 일본의 정통성"을 근본적으로 회의하는 '바깥의 시선'이 생성될 수 있는 환경이었다.[29] 이들에게 고향이란 단

2008, 1장 참고.

29 丸川哲史, 『帝国の亡霊』, 青土社, 2004, 특히 「植民地の亡霊」 절 참고.

지 동경이나 노스탤지어의 장소가 아니라 "자신들이 살고 있는 현재적 기반의 허구성을 폭로하기 위한 역행의 장소"이기 때문이다.[30]

일반적으로 전후 일본의 기억-기록의 장에서 인양자들이 남긴 기록은 구식민지(문제)가 흔적처럼 새겨지고 기미처럼 떠돌면서 존재감을 얻는, 결정적이고 중요한 장소라 할 수 있다. 인양자들은 식민지라는 공간 그리고 인양 과정에서 발생하는 혼란스러운 에스닉 충돌을 직접 경험하기 때문이다. 물론 대부분 일본인의 시점에서 기록되므로 식민지(인)는 종종 일본인의 수난이 전개되는 환경 정도로 후경화되기 마련이다. 하지만 이러한 구조 자체가 가리면서 드러내는 풍경을 통해 우리는 식민자/피식민자 사이의 역학이 어떻게 진동하고 변동하는지 관찰할 수 있다. 이 가운데 식민지 2세[31] 작가들은 지워진 먼 고향을 기억하고 이를 통해 자기의 실존과 전후 일본의 실체를 되묻는 작업을 한 것으로 평가받고 있다. 이들의 문학적 발언은 1970년을 전후로 시작되어 제국/식민지 문제를 성찰하는 공간을 만들어냈다.[32] 고향과 식민지, 조선인과 재일조선인에 대한 의식과 감정을 밀도 높은 사유로 드러낸 고바야시 마사루[小林勝]도 이 공간이 갖는 의의를 파악하는 데 의미 있는 지점이다. 그는 "일본에서의 조선과 중국이란 그 과거로부터 현재로, 현재로부터 미래로 연속해가는 하나의 살아있는 총체"[33]라고 언급하면서, 조선을 첨예한 동시대적 문제로 제기했다.

---

30 위의 글, 123쪽.

31 '식민지 2세' 용어는 成田龍一, 앞의 책, 200쪽에서 빌어온다.

32 식민지 2세 작가들에 대한 이러한 논의는 위의 책, 특히 3장 2절 참고.

33 고바야시 마사루, 이원희 역, 『쪽발이』, 소화, 2007(인용은 「나의 조선」, 306쪽). 그 외, 고바야시 마사루에 대한 논의로는 成田龍一, 앞의 책 참고.

식민지 2세 작가들에 대한 기존의 해석틀을 참조하되, 나는 조선(남한)과 일본이 서로를 향해 자기와 타자를 관계 짓는 양상을 살펴보기 위해 텍스트의 조합과 배치를 약간 달리하고자 한다. 앞서 살펴보았듯이 남한과 일본에서 유사하게 나타난 '월경적 연애' 모티프는 일종의 상호텍스트적 관계에 놓여 있다. 따라서 이 코드에 대한 해석은 서로에 대해 껄끄러운 이웃이 되어 버린 상황에서, 모호한 타자를 향해 그리고 자기를 향해 각기 어떠한 처리 기술이 발생했는지를 살펴보기 위한 것이다. 더구나 연애라는 특수하고 예외적인 관계는 상대를 '먼 타자'로 놔두면서 거리를 유지하는 관계가 아니라 무엇보다도 밀착되기를 욕망하는 관계이며, 애정으로든 증오로든 또다른 어떤 복합감정으로든 서로 깊숙하게 얽혀 들어가는 관계이다. 모호한 이웃이 적도 아니고 친구도 아니고 밀도 높고 점도 강한 연인이 되는 상황. 1945년 이후 조선(남한)과 일본 사이에서 생겨난 월경적 연애의 형상만큼 두 지역의 교착상을 여실히 드러내는 경우도 없을 것이다. 이런 맥락에서, 월경적 연애를 범주화하고 분석하는 목적은 텍스트를 작가론적 관점에서 재구성하는 데 있다기 보다는 1945년 이후 남한과 일본의 자기 구성 메커니즘 및 기억-기록의 정치학을 드러내는 징후로 읽어내는 데 있다.

후지와라 데이는 만주에서 남하하여 일본으로 돌아가기까지의 자전적 경험을 쓴 『흐르는 별은 살아 있다』로 일본에서 인양서사가 젠더화되는 방식 및 이러한 서사들이 소비되는 패턴을 구축하는 데 결정적인 역할을 했다. 이 수기는 '가족'의 이야기이자 '어머니'의 이야기로, 곤경에 처한 일본인 가족이 자국으로 무사히 귀환하여 가족을 복구하고 가정을 회복하는 과정을 기록한다. 해피엔딩의 수난사와 모험담은 패전국 국민들에게 별다른 저항 없이 아니 오히려 대중적 공통감각의 형성을 자극하면서 수용되었다. 그러나 그녀가 이 수기와 유사한 시기에 쓴 장편소설 『회색 언덕』은 나리타 류이치[成田龍一]에 따르면 일본에서는 거의 "잊혀진 소설"이 되었다. 그는 이러한 불균형적 수용과 선택적 망각이 일어나게 된 경위를 분석하면서 일본의 집합 기억의 구조를 문제화한 바 있다. 이 작품에 대한 나리타 류이치의 논의는 소설에서 주로 묘사되고 있는 몇가지 문제적인 지점 즉 수용소에서 생활하는 일본인 여성이 겪는 "성적 긴장 상태" 그리고 작품에는 거의 묘사되어 있지 않은 일본인 남성의 위치, 조선 남성과 일본 여성의 연애에 초점을 맞춰 진행된다. 그의 시사적인 견해로부터 우리는 일본의 인양 서사의 경합장에서 어떤 것이 선택되거나 버려지는 흥미로운 맥락을 파악할 수 있다. 그러나 조선 표상의 문제 및 이와 관련된 해석은 충분히 전개되지 못한 듯하다. 즉 나리타 류이치는 한때 이런 식으로 "조선이 등장"하고 기억되기도 했으나 이 소설이 잊힘과 동시에 조선뿐만 아니라 조선을 의식했던 사실 자체도 지워져 버렸다는 선에서 논의를 그치고 있다. 이 지적은 전후 기억의 장에서 구식민지가 어떻게 소멸되어 버렸는가를 설명해준다는 점에서 충분히 설득력 있고 타당하지만, 몇 가지 점에서 좀 더 본격적인 해석이 요구되고 있다. 우선 조선이 표상되고 등장했었다는 정도의 의미 부여를 넘어설 수 있는, '어떻게'와 '왜'라는 질문을 염두에 둔 재독해가 요구된다. 더불어 연애 자체보다는 연애 모티프가 지닌 정치적 맥락에 집중할 필요가 있을 듯하다.

실제로 이 소설은 전후 일본의 기억-기록의 장에서 매우 이질적인 성격을 갖는다. 1945년 10월 "북선(北鮮)"의 일본인 수용소를 배경으로 시작되는 이야기는 젊은 일본인 여성의 비참한 삶과 죽음에 초점을 맞추고 있다. 이렇게만 보면 수난사적 상상력에 기반한 여타의 인양 서사와 크게 다르지 않은 듯하지만, 이 텍스트를 매우 예외적인 것으로 만드는 의미론적 계기를 세 가지 정도 찾을 수 있다. 우선 여성 주인공 미치요[道代]가 '어머니'가 아니며 '가족'이 부재하는 젊은 여성이라는 점[34] 그리고 그녀가 조선 남성의 성적 욕망/폭력의 대상이 되고 또 한 조선 남성과 연애 관계를 맺는다는 점, 마지막으로 일본인 여성 수용자 집단에서 소외당하며 인양을 앞두고 죽음(자살)을 맞는다는 점이다. 이 돌출적이고 극단적인 상황이 전후 일본인들이 의식적, 무의식적으로 합의한 공통 수용의 한계선을 쉽게 넘어 들어올 수 있을 것 같지는 않다. 무척이나 스산하고 불길한 분위기로 가득찬 『회색 언덕』의 공간을 긴장으로 채우는 것은 여성 주인공에 대한 조선 남성(보안대원 및 주민)의 성적 위협이다. 이러한 위협 속에서 그녀는 자신에게 애정을 고백하는 이(李)와 사랑에 빠진다. 기혼자로서 그리고 일본인으로서 고민과 주저가 없었던 것은 아니지만 조선 남성의 애정을 받아들인 이후에 증폭되는 그녀의 욕망이나 연애 감정은 매우 솔직하게 인정되고 묘사된다.

인양을 기다리고 있던 미치요는 일단 일본으로 돌아가서 남편과 정식으로 이혼한 후 다시 돌아올 것을 약속하고, 이(李)는 그녀가 만약 조선으로 돌아오지 못하게 된다면 자신이 동경으로 가겠다고 말하면

34 미치요는 남편이 소련군에 의해 끌려간 후 혼자 수용소 생활을 하게 되고 이후 줄곧 성적 위험에 노출된다. 작품 말미에 그녀의 남편은 돌아오지만 곧 세상을 떠난다.

서 사랑을 맹세한다. 그러나 이(李)가 가진 감정의 실체를 확인하게 된 미치요는 "그의 사랑에 모순을 느끼"게 되고 결국 연애는 끝난다. 이(李)와 미치요의 대화는 다음과 같이 이어진다. "지금까지 일본인 여성은 우리들에게는 높은 언덕 위의 꽃이었지. 그것이, 이렇게 되어 가까이에 잔뜩 있게 되었어. 누구라도 일단은 흥미를 갖게 되지." "그럼, 당신도 그런 사람들과 같은 무리?" "음, 유감스럽지만 절반 정도는 그럴려나……. 다소, 그런 기분이 없었다고는 할 수 없지……. 나는 일본인은 싫었지만 역시 흥미는 갖고 있었어요. 적어도 조선인 여성보다 묘미[味わい]가 있으니까." "어떤 맛[味]?" "문화라는 맛이랄까, 하하하……"(117쪽). 사실 이(李)는 이미 조선 여성과 약혼한 상태였다. 연애 관계가 깨진 후에 그녀는 이(李)를 향한 그리움과 "서로 격렬하게 사랑했던 기억"(122쪽)으로 괴로워한다. 그리고 결국에는, 이러한 비참한 파국이 바로 "이민족과 한 연애의 결과일지도 모른다"(123쪽)는 생각에 이른다. 이후 평소 갈등 관계에 있던 다른 보안대원의 성적 희롱에 자포자기의 심정으로 응하게 될 만큼, 이 사건은 그녀에게 자멸의 상처를 남긴다. 실패한 연애가 불러일으킨 파동은 컸고, 여기에 열악한 생존 환경에서 발생하는 여러가지 사건이 맞물리면서 미치요의 정신은 병들어 간다.[35]

패전 후 비교적 빠른 시기에 나온 이 음산하고 '퇴폐적인' 인양 이야기는 조선 남성과 일본 여성의 연애가 갖는 복잡성을 포착하는, 당시로서는 매우 드문 소재를 취하고 있다. 패전과 더불어 일본(인)에게 조선

35 『흐르는 별은 살아 있다』, 『회색 언덕』, 「38도선의 밤」에 내면화된 일본인 인양자의 냉전의식에 대해서는 김예림, 「종단한 자, 횡단한 텍스트」, 『상허학보』 34집, 상허학회, 2012 참고.

(인)은 그 실체가 완전히 드러나지 않는 모호하고 두려운 타자가 되었다. 불안한 미결정 상태를 진동하다가 '연인'이라는 눈금에 맞춰진 관계 그리고 그 관계의 종말은 궁극적으로 무엇을 의미하며 또 어떤 효과를 갖고 있던 것일까. 『회색 언덕』은 더 이상 식민지가 아닌 불투명한 이웃의 공간에 유폐된, 이제는 제국이 아닌 일본(인)의 공포를 성적 폭력에 노출되어 있는 젊은 여성의 신체를 빌어 형상화하고 있다. 여기에는, 타자가 몰고 오는 폭력의 위험에서 벗어나지 못한다면 일본은 미치요처럼 절멸하고 말 것이라는 (무)의식이 반영되어 있는 게 아닐까. 그러므로 『회색 언덕』에서의 연애란 결국, 위험한 이웃과의 연애 즉 구식민지인과 구제국인과의 연애는 성립될 수 없는/성립되어서는 안되는 것임을 말하기 위한 연애일 터이다. 높은 언덕에 핀 꽃이 아닌 언제든 '접근 가능한' 하찮은 잡초로 전락한 붕괴된 구제국(민)의 불안, 타자인식, 자기 절멸의 공포가 1950년 무렵의 이 혼란스러운 크로키에서 배어나오는 것도 무리가 아닐 것이다.

일본 내부적으로 생각해 보면 동족 가부장의 부재 상태에서 노역, 폭력, 강간, 살해 가능성에 던져진 자국 여성의 '성적 문란'이나 '성적 훼손'(미치요는 수용되어 있는 일본인 여성 집단 내에서도 계속 배제된다)은 일종의 트라우마 같은 것이다. 이는 유사한 가부장 부재 상태에서 아이들을 보살피며 고난을 이겨내고 귀환한 '어머니'의 '정숙성'과는 반대되는, 직시하기 힘든 불편함일 것이다. 돌아온 인양자들이 일본 사회에 편입되는 과정에서 구조적, 일상적 차별이 있었으며 특히 성적 오염의 가능성에 노출되어 있었던 여성에 대해서는 생체정치적 관리가 적용된 바 있음은 이미 알려진 사실이다.[36] 하지만 이러한 문제를 모두가 공유할 만한 집합 기억의 층위로 기꺼이 가져올 것인지 여부는 사태의 사실성과는 별개의 문제일 터이다. 실제로, 소련이 점령했던 북조선을 거쳐 돌아온 여성 인양자의 섹슈얼리티 침탈이 전후의 수기에서 언급되고는 있지만, 나리타 류이치가 밝히고 있듯이 대부분 쓰거나 말하고 있는 여성 필자는 직접 폭력을 당한 당사자가 아니라 이를 목격하거나 전해들은 관찰자의 입장에 있다. '나는 아닌' 방식으로 간접화되어 서술되고 있다는 것이며, 인양자 집단 내에서도 이런 사건에 연루된 여성들을 "타자화하고 열등한 위치[劣位]에 놓"[37]는 일이 행해지고 있었다는 것이다. 여기에는 복잡한 착종이 존재한다. 집단은 내부 균열 중이고 개인은 자기 보호를 꾀하는 중이다. 이와 같은 혼란 속에서 상징체계 내의 특정한 선택과 선별이 생겨나고 결국에는 '훼손'을 연상시키는 섹슈얼리티 자체가 소거된 '어머니' 상이 기억들의 경합에서 우점종으로 부상하는 양상이 나타난다. 결과적으로 『회색 언덕』은 음탕한 육체 — 마루카와의 용어를 빌자면 "외설스러운 육체" —[38] 즉, "이민족" 남성과 내통하는 패전국 여성의 처참한 수난기이자 종말기이며, 이 위험한 내통이 경고하는 절멸에의 공포로 가득 찬 문란한 귀국실패기인 것이다.

후지와라 데이의 『회색 언덕』와 간텍스적 관계로 배치 가능한 남한

---

36 한반도의 북쪽과 남쪽에서 이루어진 일본인 인양의 차이와 소련군 점령하의 인신폭력에 대해서는 이연식, 「패전 후 한반도에서 돌아간 일본인 여성의 귀환체험 – 남북간의 지역차를 중심으로」, 『한일민족문제연구』 제17호, 한일민족문제학회, 2009 참고. 그리고 관련하여 중요한 자료로는 아카오 아키코[赤尾彰子], 「순결을 지켜」, 『대동아전쟁비사』 8, 한국출판사, 1982 참고. 이 수기 및 여성 인양자의 기록들에 대한 연구로는 成田龍一, 「'引揚げ'に関する序章」, 『思想』, 2003.11 참고.

37 이에 대해서는 成田龍一, 위의 글 참고(인용은 166쪽).

38 마루카와 데쓰시, 앞의 책, 115쪽.

의 소설로는 이범선의 『검은 해협』을 들 수 있다. 해방 후 쓰여진 작품 가운데 패전과 인양 시점의 일본인을 형상화한 경우는 그리 많지 않다.[39] 『흐르는 별은 살아 있다』는 『내가 넘은 삼팔선』(수도문화사, 1949)이라는 제목으로 번역되어 남한의 독서시장에 진입하면서 베스트셀러가 되기도 했지만, 전체적으로 인양 시기의 일본인이라는 타자는 남한의 재현장에서는 드문 것이 되었고 시간이 흐름에 따라 점점 더 그렇게 되어 갔다. 이렇게 볼 때 이범선의 장편 『검은 해협』은 소련군 점령 하의 일본인 수용소라는 역사적 현장을 구체적으로 포착하고 있는, 남한에서는 보기 드문 텍스트라 할 수 있다. 패전 무렵과 1970년대 후반을 교차시키면서 진행되는 이 소설은 1944년 즈음에 시작된 조선 남성과 일본 여성 사이의 연애를 축으로 삼아 일본이라는 타자와 어떤 관계를 맺을 것인가에 관해 나름의 전망을 제시하고 있다.

일제 말기 고향 평양에 머무르던 한동욱과 이곳에서 가족과 함께 생활하던 미치코는 서로 사랑에 빠지지만, 패전과 함께 관계가 복잡해진다. 한동욱은 자치대 대장으로 지역의 치안 유지 활동에 참여하게 되고 미치코와 그녀의 가족은 수용소 생활을 시작한다. 흥미로운 것은, 후지와라 데이의 『회색 언덕』에서는 조선 남성이 일본 여성을 위협하는 절대적 폭력의 장본인으로 설정되어 있지만 『검은 해협』은 그와는 전혀 다른 앵글을 취하고 있다는 점이다. 즉 이 소설은 일본인에 대한 소련군의 횡포 그리고 일본인 내부의 분열(이것은 '지리멸렬'의 상태를 연상케 하는 효과를 갖는다)에 초점을 맞추고 있다. 특히 일본 여성을 향한

39 관련해서 염상섭의 해방 후 단편에 주목할 수 있겠으나, 여기서는 구체적인 분석은 생략한다.

성적 위협은 전적으로 소련 점령군에 의한 것으로 묘사된다. 이에 비해 1945년 가을(10월 말)부터 1946년 가을까지, 패전 후 약 1년여의 시간을 다루는 『회색 언덕』에 소련이라는 존재가 거의 완벽하게 삭제되고 생략되어 있는 현상은, 역사적 사실과 이후의 관련 증언들에 기대어 볼 때 의아스러울 정도이다.[40] 일반적으로 현실의 정황과 그것의 담론적 재구성 그리고 재현과 상상의 정치학은 서로 다면적인 절합과 변형의 관계를 갖는다. 그러므로 『회색 언덕』이 보여주는 소련과 조선을 둘러싼 특수한 표상 현상은 서로 다른 타자들 사이에 놓인 패전민의 증폭되고 유동하는 공포가 어느 쪽을 향해 주파수를 맞추게 되는가라는 관점에서 이해해야 할 것이다. 안그래도 '위험천만'인 구식민지 영토에 또다른 강력한 위험이 외삽되는 상황에서 후지와라 데이가 어떤 경위로 후자를 지우고 전자를 확대하는 (무)의식적 선택과 재편을 하게 되었는지는, 당시의 상황 및 이후의 냉전기로 이어지는 북한, 소련, 일본의 관계를 파악하는 광범위한 작업을 동반해야 해명할 수 있을 듯하다. 지금은 『회색 언덕』이 1945년 이후 '북선'에서 작동하던 복잡한 역학 관계의 망에서 일본인이 느낀 불안과 공포를 전적으로 구식민지인에 투사하고 있다는 점만을 확인하고자 한다. "보안대원"이 "일본인에게는 가장 가까운 관계에 있는"(112쪽) 자들이라는 서술자의 언급에 기댄다면,[41] 조선인은 일본인에게 제일 근접해 있는 위험인자인 것이

40 나리타 류이치에 따르면 소련병에 대한 불신감은 성적 폭력과 관련하여 전후 담론장에서 많이 기술되었고, 이 점은 1950년을 전후하여 나온 수기들이 보여주는 하나의 특징이기도 하다. 특히 냉전이 한창인 때에는 소련에 대한 비판이 매우 격렬해졌다고 한다. 나리타 류이치, 앞의 글, 167쪽 참고.

41 여성 인물 미치요가 조선인 보안대원들에 대해 느끼는 감정이 적대나 호의 어느 한 편으로 치우쳐 있는 것은 아니다. 그녀는 이(李)의 "정열"에 공감하고 독고(獨孤)를 "휴머니스

다. 이러한 인식은 사실상 현실의 총제적 파악에 기반한 것이기 보다는 일상적 '실감'에 기반한 것이며, 『회색 언덕』은 이 직접성에 기반하여 혼란스러운 접촉지대를 포착하는 나름의 원근법과 인지 구도를 확보한 것으로 보아야 할 것이다. 구식민지 영토로부터의 탈출을 기록하고 있는 『흐르는 별은 살아 있다』도 그러했듯이, 후지와라 데이의 관심은 주로 일본(인)과 조선(인) 사이에 맞춰져 있다.[42]

그러나 『검은 해협』에서는 소련과 일본 사이의 지배/피지배 관계가 전면화되면서 오히려 조선 남성이 일본인(여성)의 조력자로 위치지어지는 뚜렷한 위상학적 전환이 일어난다. 일본 남성마저도 동족인 일본 여성에게 폭력을 행사하는 존재로 구사되고 있는데, 이 상황에서 일본 여성을 보호해주는 존재는 조선 남성과 그의 가족이다. 한동욱의 사랑과 보호를 받으면서 수용소 생활의 고통을 이겨낸 미치코는 인양선을 타고 일본으로 돌아가고 한동욱은 이후 고향을 떠나 월남하면서 서로 소식이 끊긴다. 그러나 둘 사이에서 생겨난 아들이 30년 만에 서울에 오는 것을 계기로 하여 한동욱과 미치코의 관계는 1970년대로 연장된다. 『검은 해협』은 아주 오랫동안 조선인 남성을 은혜로운 존재로 생각하면서 사랑해온 일본 여성의 내면을 보여주는 한편,

---

트"로 여기기도 한다. 하지만 동시에 이들에 대한 신뢰가 전폭적인 것은 아니어서, 독고가 예외적으로 좋은 성격의 소유자일 것이라는 생각 역시 갖고 있다.

42 『흐르는 별은 살아 있다』의 경우에는 조선, 소련, 미국의 존재가 모두 형상화되고 있지만 소련과 미군에 대한 언급은 조선인(보안대와 일반 서민)에 대한 것보다는 간략하다. 중요한 것은 이들에 대한 감각일 것이다. 주로 자신의 경험에 대한 기술이 대부분이지만 소련군은 폭력의 주체나 공포의 대상으로 인지되지는 않는다. 서술자는 "소련 군인에 대한 우리들의 생각은 일년 전과는 전연 달라졌다. 무섭다고 생각했던 것은 먼 옛날 일 같다"(후지와라 데이, 위귀정 역, 『흐르는 별은 살아 있다』, 청미래, 143쪽)고 여긴다. 38선을 넘으면서 조우한 미군은 구조와 구원의 주체로 인식된다.

남한과 일본 사이의 역사적 앙금이 젊은 세대에 의해 해소되기를 기대하면서 끝난다.

물론 조선 남성과 일본여성 사이의 애정은 늘 갈등과 혼란을 안고 있기 마련이다. 『검은 해협』의 인물도 마찬가지이다. "주고받는 정. 그는 계속해서 생각하였다. 겐지, 미찌꼬, 도서관 노인. 그들과의 관계는 그저 받은 만큼 갚는 그런 부스러기 정의 교환 거래일까. 그저 그것뿐일까. 그렇다면 받기 전에 정을 먼저 준 편은 누구였을까? (…중략…) 그런데 오래 전부터 한동욱은 마음 속에서는 분명 그들을 원수의 대열에서 가려내어 따로 세우고 있었던 것이다. 해방된 오늘은 더욱 그랬다 (…중략…) 그런 그의 심정은 도대체 무엇일까. 간신히 그들 일본인의 압박에서 풀려난 이 마당에 있어서 적은 개인의 사정(私情)을 그 뼈에 사무친 민족감정보다 위에 놓으려고 하는, 어찌보면 반민족적이라고 할 수도 있는 그 심정은 대관절 무엇에서 싹터난 것일까."[43] 그런데 시야를 좀더 넓혀 보면, '공적(公敵)'에 속하는 타자와 사사로운 정이 싹트면서 일어나는 내적 혼란과 그 극복이라는 서사에는 일본과의 관계를 우호적으로 재편하려던 1960년대의 남한에 출현했던 전형적인 자기 구축 상상이 반영되어 있다. 혼란은 늘 '잘' 처리되었는데 왜냐하면 민족과 국가에 대한 애정, 자기를 식민화했던 '적'에 대한 '타당한' 공분, 그리고 그럼에도 불구하고 생겨날 수 있는 사랑이나 우정이 서로 충돌하기보다는 이 가운데 제일 높은 가치로 수렴되는 순방향을 취하고 있기 때문이다. 이는 아마도 전후 일본이 가질 수밖에 없었던 분열감과는

43 이범선, 『검은해협』 下, 태창문화사, 1978, 82쪽.

다른, 해방된 피식민자의 명쾌한 자기 충족감을 바탕으로 하고 있을 것이다. 이런 점에서 1970년대 말에 쓰여진 이범선의 『검은 해협』은 남한이 일본에 대해 취했던 '우호'와 '이해'에 기반한 전형적인 자기기술의 계보를 잇고 있는 셈이다.

이제 히노 게이조의 중단편들을 통해 마지막으로 남은 복잡한 월경적 연애의 내면을 들여다보도록 하자. 히노 게이조는 조선에서 유소년기를 보내고 패전과 함께 일본으로 돌아간 '인양소년' 출신 작가다. 그리고 주한특파원 자격으로 4·19 직후부터 5·16 직전까지 약 8개월을 서울에서 보낸,[44] 당시로서는 드문 기회를 가졌던 언론인이기도 하다.[45] 그의 작품은 사소설적 성격을 띠는 것으로 이해되고 있는데 여기서 나는 식민 2세 출신자의 의식이 어떤 경위와 경로를 거쳐 '저편'의 타자와 관계 맺게 되는지 또 그 맥락이 기억의 정치학과 관련하여 갖는 의미가 무엇인지에 대해 주로 생각해보려 한다. 1970년대 중반에 쓰여진 연작 성격을 갖는 중단편 「그 저녁놀」, 「떠있는 방」, 「구름다리」, 「바람의 지평」 등을 사슬처럼 이어 보면 일본인 기혼 남성과 남한 여성의 연애와 동거(서울), 그리고 여성의 도일과 결혼에 이르는 과정이 모

44 히노 게이조는 1968년에도 요미우리신문 주한특파원으로 활동했으며 1975년에는 『あの夕陽』으로 아쿠타가와상을 수상하였다. 1975년 부인과 함께 서울을 방문하기도 했다. 관련기사는 『경향신문』, 1975.6.3; 『동아일보』, 1975.6.3. 『친화』에도 히노 게이조가 쓴 간단한 기사가 보이나(『親和』, 1964.3), 당시 프랑스의 중국 승인을 다룬 시사적인 성격의 글이다.

45 국내에 히노 게이조에 대한 연구는 거의 없다. 히노 게이조와 손창섭을 여성재현의 관점에서 비교하여 살피고 있는 것으로는 강진구, 「민족/국가와 여성의 재현」, 『어문학』 제104집, 한국어문학회, 2009. 그 외 작품분석으로는 박정이, 「히노 게이조 『그날의 석양』의 전후인식 양상」, 일어일문학연구, 2010. 그 외 일본에서 나온 에세이로는 鈴村和成, 「日野啓三の韓国迷宮めぐり」, 『すばる』 25, 集英社, 2003.11; 鈴村和成, 「カッパドキア幻覚－日野啓三のアジア深部へ」, 『すばる』 28, 集英社, 2006.5.

자이크처럼 드러난다. 특히 주목하고자 하는 텍스트는 「구름다리」로, 인양 후 처음으로 서울을 방문하게 된 주인공이 이곳에서 생각지 못한 연애를 시작하게 되는 이야기다. 그가 공식적으로 남한을 방문할 수 있었던 것은 한일협정을 계기로 처음으로 허용된 특파원 파견에 따른 것이었다. "인양자라는 말을 들었을 때 '남아도는 놈들이 기어 돌아와서' 하는 듯한 짓궂고 고약한 느낌을 몇 번이나 맛보지 않을 수 없었던"(182쪽) 그는 일본에서 줄곧 방외인 의식과 소외감에 젖어 지내왔다. "도오꾜가 멀고 도오꾜에서 산 15년이 마치 몇 년이나 몇 개월처럼 썰렁하게밖에는 실감할 수 없다. 귀환 직후의 매일을 아버지의 고향 옛집 딴 채에서 자꾸만 되살아나는 이 도시(서울—인용자)와 친구들의 생생한 기억을 억지로 마음속에 억눌러 죽였을 때, 나는 자기 속의 가장 자연스런 감각마저 함께 억눌러 뭉개버렸는지도 모른다. 그 뒤 저 땅(일본—인용자)에서 내가 했던 일은 완강하게 마음을 닫은 채 발돋움하듯 억지를 쓰며 좋은 학교에 진학했고, 괜찮은 직장에 취직을 하고 제대로 결혼을 하여 생활의 형태를 그 형태만을 구축해 왔을 뿐이 아닌가. 직장에서 마음을 터놓고 동료와 어울린 적이 없고, 아내와의 사이에 아이를 갖고 싶은 생각도 없었다"(191쪽).[46]

자신의 과거가 하나도 보관되어 있지 않은 일본을 떠나 서울로 들어왔을 때, 그는 남한에 손톱만큼의 애정도 없는 한 여성을 만난다.

---

46 이와 같은 인양자 의식은 「차안(此岸)의 집」에서는 다음과 같이 토로되기도 한다. "전에 서둘러 도망쳐 나왔던 아버지의 고향(히로시마—인용자)에 도착하여 매일 목을 졸리는 느낌으로 해협 저쪽 기슭의 기억을 마음 속으로 억눌러 죽였다. 추녀 끝이 뻗힌 낡은 큰 가옥도 비가 끊이지 않는 축축한 하늘도 전입학한 시골 중학의 목조 교사도 사실상 외국에 가까운 땅에서 새로 살아가지 않으면 안 되는 앞일도 암담했다."(305쪽)

"여기는 역시 당신네 나라야"라고 말하는 그에게, 그녀는 한국전쟁 당시 언니가 행방불명되었고 이 사건으로 인해 "그것이 없으면 일도 직장도 가질 수 없고 기차도 못타"는 신분증명서를 받지 못했으며 "그 때부터 내 운이 뒤틀려버"렸다고 말한다. '조국'에 대한 애착 따위는 전혀 없는 두 떠돌이는 서울에서 2개월의 짧은 연애를 하고 이후 이 연애는 공간 이동을 하여 도쿄로 이어진다. 그러나 이들의 연애와 결혼은 일본이라는 공적 사회에서도 그리고 가족이라는 사적 사회에서도 온전히 인정받지 못하고 겹으로 소외되는 상황에 처하게 된다. 일본에서 두 사람은 부부가 되었지만, 1960년대의 일본 사회에서는 한국 여성과 결혼했다는 사실 자체가 이미 자명한 삶의 장애였다. 관계는 늘 삐거덕거리고, 둘은 거듭되는 상처로 조용하게 지쳐 마모되어 간다. 하지만 그러면서도 인연은 쉽게 끝나거나 깨지지 않고 그 상태로 지속된다. 일본에서의 두 인물의 연애는 앞의 두 경우보다 훨씬 복잡해 보인다. 왜냐하면 남한과 일본 사이의 경계뿐만 아니라 일본 내부의 분할(인양자의 이등국민화)이라는 또다른 경계가 작용하면서 얽히고설키기 때문이다. 전체적으로 이 연애의 시말(始末)은 전후 일본 내부의 외부가 되버린 자가 오직 일본 외부의 타자를 통해서만 친밀성의 관계를 구할 수 있다는 것을 보여준다. 일본 외부의 타자란 결국, 일본 내부의 외부 집단이 한 때 자신들을 '내부'라 느끼며 지냈던 구식민지 공간과 무관할 수 없다. 하지만 이뿐일까? 뒤에 살펴보겠지만 1945년 이후의 한국(인)이라는 타자는 일본(인)이 전적으로 소유할 수 없는 난해한 존재라서, 단지 막연한 향수나 애정만으로 계속되기도 어려운 관계라는 것 역시 말해주고 있다. 특히 이 두 번째 전언은 전후 일본의 기억장에 남아 있는 어떤 변이를 파악하는 데 중요한 의미를 지닌다.

히노 게이조가 그린 월경적 연애의 초상은 1960년대 한일관계의 변화와 맞물려 가능해진 민간 교류를 현실적 배경으로 삼고 있다. 이는 구식민지에서 성장하여 유소년기의 모든 '추억'과 '안온한 생'의 감각을 그 곳에 두고 있는 구제국인에게, 다시 거기로 향할 수 있는 실제적 통로가 생겨났음을 의미한다. 일본 사회에서 출구를 찾지 못한 채 축적되어 가던 '인양소년' 출신자의 압박감과 상실감이 비로소 저편에 있는 해소의 비상구를 찾은 것이다. 조선이라는 식민지를 '그리운 고향'으로 사사롭게 전유하여 향수하는 일은, 더 이상 접근이 쉽지 않은 난해한 '이웃'을 '정겹고 따뜻한' 존재로 상상-감각하는 일이다. 따라서 이를 수행하고 있는 주체의 존재론적 절박감이나 진정성을 굳이 의심할 필요는 없을 것이다. 그러나 이 사태를 전후 일본의 기억-기록의 장에 연접시켜 고찰한다면, (구)식민지를 오직 자신의 아름다운 '고향'으로만 치환하여 간직하는 의식의 경로는 아마도 (구)식민지를 기억하면서 지워버리는 가장 '다정다감'하고 사적인 길인지도 모른다.

그렇다면 히노 게이조의 텍스트를 통해 구성해볼 수 있는, 소년기에 인양을 체험한 자들의 의식은 일본의 기억-기록의 장 어디쯤에, 어떤 의미로 위치지을 수 있을까. 이웃인 타자는 이들에게 노스탤지어의 대상이고, 회복하고 싶고 소유하고 싶은(그러나 불가능한) 개인적 애착의 대상으로 인지된다. 그리고 '고향'과 그 곳 출신의 '애인'은 이런 점에서 대체가능할 만큼 동질적이고 서로 겹친다. 고향은 애인이고 애인은 또 고향인 것이다. 이렇게 말이다. "귀국한 뒤 1년 가까운 동안, 그녀의 일을 생각한다는 것은 그대로 소년시절의 10년 동안을 자라온 조선의 땅—물들인 듯한 푸른 하늘, 유유히 흐르는 넘칠 듯 물이 많은 강, 포플라 나무가 줄지은 길을 천천히 가는 달구지의 방울 소리, 묵화같은 바위산에 둘러싸인 차분한 서울의 거리를 생각하는 일이었으며 그녀를 불러들이는 노력은 철수를 하고 난 뒤 가슴이 찢길 듯한 쓰라림으로 팽개친 자기 자신의 과거를 다시금 되찾는 일처럼 생각해 왔었다."(127) 그러나 타자와의 합일이나 일체화의 기대는 곧 깨진다. 그것은, 알고 보니, 투명하게 알 수도 없고 완전히 소유할 수도 없는 모호하고 불안정한 존재다. 결국 "지금 눈앞에 있는 것은 나 자신의 과거나 추억과는 기실 아무런 관계도 없는 한 여자일 뿐이라는 것이 새삼스럽게 절실히 느껴"(127)지는 게 현실인 것이다.

이 자각 즉 애인은 더 이상 지난 추억과 연결될 수 없는 끝없이 흔들리고 미끄러지는 현재적 존재일 뿐이라는 씁쓸한 깨달음과 함께 고향의 환상도 붕괴된다. "나의 경우 서울은, 뜻밖에도 되돌아온 고향처럼 훤히 알고 있는 도시이기는 했지만 이미 독립이후로 15년이 지난 도시는 역시 외국의 수도였다. 묵직하게 자리 잡은 회색으로 빛나는 도시 주변의 바윗돌이 드러난 산들, 오랜 성문이 있는 널찍한 거리와 가로수, 몇몇 건물은 옛날 그대로였으나 나는 집도 없고 친구도 없었다."(139) 이곳은 이제 자기의 고향이 아니라는 것, 단지 좀 낯익은 '외국'이라는 것 그리고 나는 스쳐 지나치는 외국인일 뿐이라는 것. 이 확인을 통해 식민 2세의 감상적 노스탤지어는 깨지고 상상계적 동일성의 세계도 무너진다. 물론, 히노 게이조의 소설에 드리워져 있는 이 쓸쓸하고도 담담한 수긍이 '식민지를 고향으로 기억하는' 차원을 너머 '고향을 식민지로 인식하는' 지평으로 나아가는 것은 아니다. 그럼에도 불구하고, 이 건조하게 바스라지는 각성은 '이웃'에 대한 낭만적 전유란 불가능한 꿈일 뿐 아니라 자기중심적인 환상임을 자각하는 하나의 길이었던 게 아닐까. 이런 점에서 지금 본 마지막 월경적 연애는 자기기술(self-technology)의 한계 그리고 타자 전유의 실패를 드러내고 인정하는, 전후 일본의 기억-기록의 장에 새겨진 가장 '솔직'하고 '허탈'한 심경고백의 흔적일지도 모르겠다.

지금까지 1945년 이후 조선-남한과 일본 사이의 현실적 관계와 상상적 관계맺음의 양상을 기억-기록의 정치학 그리고 월경적 연애라는 문제틀을 통해 재구성해 보았다. 충분히 반영되지는 않았겠지만, 나의 주된 관심은 조선(남한) 또는 일본 어느 한 편에 있다기보다는 두 장소를 가로지르면서 생겨나는 '사이' 그 어딘가를 향해 있다. '사이'를 발견하고 질문하고 해석하는 일은 두 장소가 끝없이 조우하고 응대하고 있었다는 것을 전제로 한다. 외면, 묵살, 삭제, 적대 혹은 '친화', '우정', '애정' 모두 구조적 상호 연루와 반응에서 나온 서로 다른 표현태일 것이다. 이 가운데 어떤 입장이 돌출, 돌발하든 그 양상은 늘 과잉되거나 과열되어 있었던 게 사실이다. '사이'란 이 모든 사건들이 일어난 현장이다. 이런 점에서 현장이 세밀하게 기록되어 있는 월경지대의 자료들을 재발견, 재배치, 재독해하는 작업은 앞으로도 지속되어야 할 것이라 생각한다.

참고문헌

1. 자료

『민성』, 『한성일보』, 『자유신문』, 『조선일보』, 『경향신문』, 『동아일보』

『親和』(日韓親和會)

『20세기고발문학선집』, 휘문출판사, 1970.

『대동아전쟁비사』 8, 한국출판사, 1982.

『세계베스트셀러선집』(실화편), 휘문출판사, 1965.

〈흐르는 별은 살아 있다〉(시나리오)

『秘錄大東亞戰史－朝鮮篇』, 富士書苑, 1953.

藤原てい, 『流れる星は生きている, 日比谷出版社, 1949.

2. 논문

강진구, 「민족/국가와 여성의 재현」, 『어문학』 제104집, 한국어문학회, 2009.

박광현, 「유아사 가쓰에 문학에 나타난 식민 2세의 조선」, 『일본학보』, 한국일본학회, 2004.

박정이, 「히노 게이조 『그날의 석양』의 전후인식 양상」, 일어일문학연구, 2010.

신승모, 「'인양'후의 유아사 가쓰에론」, 『일어일문학연구』 제71집 2권, 한국일어일문학회, 2009.

이연식, 「패전 후 한반도에서 돌아간 일본인 여성의 귀환체험」, 『한일민족문제연구』 제17호, 한일민족문제학회, 2009.

鈴村和成, 「日野啓三の韓國迷宮めぐり」, 『すばる』 25, 集英社, 2003.11.

鈴村和成, 「カッパドキア幻覺－日野啓三のアジア深部へ」, 『すばる』 28, 2006.5.

朴裕河, 「引揚げ文學論序說－戰後文學のわすれもの」, 『일본학보』, 한국일본학회, 2009.

成田龍一, 「'引揚げ'に關する序章」, 『思想』, 2003.11.

五十嵐惠邦, 「回歸する敗戰のトラウマ」, 『思想』 2005. 12.

中村秀之, 「'二等兵'を表象する」, 『冷戰体制と資本の文化』, 岩波書店, 2002.

板垣龍太,「植民地支配責任を定立するために」, 岩崎稔 外 編著,『繼續する植民地主義』, 青弓社, 2005.
Kim, Michael, "The Lost Memories of Empire and the Korean Return from Manchuria, 1945~1950", *Seoul Journal of Korean Studies*, Vol.23, No.2, 2010.

3. 단행본

이범선,『검은 해협』, 태창문화사, 1978.
조정민,『만들어진 점령서사』, 산지니, 2009.

고바야시 마사루, 이원희 역,『쪽발이』, 소화, 2007.
나카노 도시오, 서민교 외역,『오쓰카 히사오와 마루야마 마사오』, 삼인, 2005.
마루카와 데쓰시, 장세진 역,『냉전문화론』, 너머북스, 2010.
사카이 나오키, 최정옥 역,『일본, 영상, 미국』, 그린비, 2008.
요시다 유타카, 이애숙 외역,『일본인의 전쟁관』, 역사비평사, 2004.
일본부사서원 편, 권웅 역,『대동아전쟁비사』(한국편), 노벨문화사, 1971.
후지와라 데이, 정광현 역,『내가 넘은 삼팔선』, 수도문화사, 1949.
__________, 위귀정 역,『흐르는 별은 살아 있다』, 청미래, 2003.
히노 게이조, 홍완기 역,『세계문학속의 한국』7, 양우당, 1983.
Dower, John W., 최은석 역,『패배를 껴안고』, 민음사, 2009.
Reinhard, Kenneth · Santner, Eric L. · Zizek, Slavoj, 정혁현 역,『이웃』, 도서출판 b, 2010.
Schmitt, Carl, 김효전 역,『정치적인 것의 개념』, 법문사, 1992.

渡邊一民,『灰色の丘』, 寶文館, 1950.
_______,『他者としての朝鮮－文學的考察』, 岩波書店, 2003.
成田龍一,『戰爭經驗の戰後史』, 岩波書店, 2010.
若宮啓文,『戰後保守のアジア觀』, 朝日新聞社, 1995.
丸川哲史,『帝國の亡靈』, 青土社, 2004.

제3부_한계

불/안전국가의 문화정치와 문화상품의 장

1960년대 영화와 '현해탄 서사' 재고

1. 불/안전국가의 문화정치 역학

남한의 문화정책과 문화시장 영역에서 '일본'은 늘 처리가 곤혹스러운 존재였다. '문화상품화한 일본'이라는 장소로 국가의 문화적 규율, 상품화 논리, 대중 정서가 한꺼번에 모여들어 서로 다른 목소리로 소란스러웠던 역사가 이를 잘 말해준다. 특히 1960년대는 이 세 꼭지점이 상호작용하면서 일본과의 현실적·상징적 관계를 재구성하게 되는 결정적인 시기로, 반공국가의 문화 전략과 내부 균열이 동시에 노출된 때이다. 이 글은 1960년대 영화에 초점을 맞춰 남한에서 일본을 둘러싼 감정, 기억, 취향의 재편이 어떤 방식으로 진행되었는가를 분석하고자 한다. 그리고 재편 과정에서 국가 권력과 문화상품 시장이 맺고 있던 관계를 검토할 것이다. 이를 통해 과거의 식민/피식민 관계의 전반적인 재조정과 재배치 움직임이 초래한 문화적 파동과 그 의미를 탐색할 수 있다.

구체적인 논의에 앞서, 이 글을 구성하는 문제틀에 대해 간략하게 언급하고자 한다. 우선 남한 국가라는 정치체의 조건과 이 조건에서 배태된 문화정치 논리를 성격화하기 위한 '불/안전국가'라는 문제틀이다. 관련하여, 특히 근대 국민국가의 불/안전 문제를 감정이라는 내적이며 비인지적인 층위와 결합시킨 마벨 베레진의 관점에 기대고자 한다.[1] 이 관점은 국가 통치의 제일의적 원리인 '안전'이 문화화되는 계기와 경위를 상정 가능케 한다. 근대적 영토주권국가의 성립과 함께 '안전'은 하나의 중요한 정치적 개념이 되었다. 푸코가 논했듯이 국가는 경찰-치안, 군사-외교 기구를 통해 대내외적으로 안전을 확보한다. 그러나 우리는 감정사회학의 두터운 관심을 자원 삼아, 안전의 정치적 구현이 아닌 문화적 구현 양상에 눈돌릴 수 있다. 특히 국가가 도모하는 안전의 문화적 확보 및 유지가 집합 기억, 감각, 감정 (재)구성에 종사하는 대중문화의 장을 주요하게 겨냥한다는 점에 주목할 수 있을 것이다. 한 가지 부연할 것은, 남한이라는 정치체의 역사와 구조가 서구 근대 민족국가의 그것과는 다르기 때문에 사실상 그 성격을 드러내기 위해 유용한 명명은 '불/안전국가'가 될 것이라는 점이다. 이에 대해서는 이후에 상술할 것이므로 우선 핵심은 불/안전국가의 문화정치로 모아질 것임을 밝혀둔다.

둘째, 감정 구조라는 문제틀이다. 주지하듯이 감정이라는 비정형적

1 마벨 베레진, 「안전국가—감정의 정치사회학을 향하여」, J. M. Barbalet(ed.), 박형신 역, 『감정과 사회학』, 이학사, 2009 참고.

이고 불확정적인 유동성의 영역에 주목한 것은 레이먼드 윌리엄즈다. 그는 감정을 "느껴진 사고이자 사고된 느낌"으로 파악하면서 세계관이나 이데올로기 같은 정형적인 개념들과 대비시켰다. 그는 "우리가 관심을 두는 것은 실제로 생생하게 체험되고 느껴지는 바 그대로의 의미와 가치"이며 "이것들과 정형적 내지 체계적인 신념의 관계는 사실상 가변적인 것으로서, 그 관계는 내심으로는 반대하면서도 외면적으로는 찬성하는 경우로부터 신념의 선택과 해석 및 실제 체험의 정당화 사이에 존재하는 보다 미묘한 상호 관계에까지 이르는 폭넓은 범위에서 전개"[2] 된다는 것을 강조했다. 영화를 비롯한 대중문화상품이 이 가변적이며 유연하고 탈체계적인 그러나 지극히 사회적이고 집합적인 감정의 영역과 긴밀하게 연관되어 있음은 두말할 필요가 없다. 따라서 대중문화 시장과 관련하여 특정한 취향 상품이 생산, 유통, 소비되면서 일련의 정서가 유발되고 집합 감정이 변용되는 현상을 염두에 두어야 할 것이다.

셋째, 포스트콜로니얼 문화상품이라는 범주이다. 이는 식민화 경험을 가진 주권국가가 어떠한 자기 구성 메커니즘을 갖게 되는가라는 문제와 관련되어 있다. 좀 더 구체적으로 살펴보면 여기에는 두 개의 층위가 관여하고 있는 바, 하나는 자기의 역사=과거와 관계 맺는 층위이며 또다른 하나는 자기의 현재를 구축하는 층위이다. 이 두 층위는 현상적으로는 어느 정도 자율적인 측면도 있지만 심층적으로는 서로 연동하며 분리불가능한 구조적 연관을 갖는다. 주권국가는 자기의 과거

---

2 Raymond Williams, 이일환 역, 『이념과 문학』, 문학과지성사, 1982, 특히 9절 참고(인용은 165~166쪽).

를 특정한 현재적 환경 속에서 어떻게 재구성할 것인가를 고민하기 마련이다. 그리고 문화상품은 바로 이 과거와 현재를 기억과 실감의 차원에서 대중적 규모로 (재)생산하는 문제적인 장소로 기능한다. 따라서 나는 포스트콜로니얼 문화상품이라는 범주를 통해, 일국의 자기 정체화 과정에 식민화의 경험이 어떤 식으로든 심층의 영향과 효과를 발휘하게 되는 구조 자체, 즉 포스트콜로니얼 국가의 자기 구성 전략을 대중문화 측면에서 재고하고자 한다.

넷째, 표상 체계와 재현 전략에 관한 것이다. 위에서 언급했듯이 집합 기억이나 감정의 변동이 종종 대중매체를 통해 자극받거나 유도된다는 점에서, 감정 구조의 작동에 자원을 제공하는 실제적인 컨텐츠 영역은 중요한 역할을 한다. 따라서 상징 체계 내에서 구성되는 특수한 의미론적 경향성에 주목할 것이 요구된다. 이와 관련하여 특히 주의를 기울여야 할 것은 남한과 일본 사이의 역사적, 당대적 관계가 1960년대라는 국면에서 어떠한 재현 전략을 통해 구현되었는가 하는 점이다. 이것은 당시의 사회정치적 환경 속에서 식민화의 역사가 어떻게 처리되었는지를 고찰하기 위해 탐문해야 할 지점이다. 물론 이들에 대한 운용이나 처리 권한이 대중문화 상품시장에 전속되어 있지는 않았다. 국가의 문화정치가 막강한 규율 권한을 가지고 직간접적으로 개입해 들어왔기 때문이다. 결과적으로 1960년대에 진행된, 일본을 둘러싼 문화적 처리 양상 및 그 정치적 의미를 파악하기 위해서는 이 시기에 생산된 영상 텍스트의 의미론과 효과, 문화상품 시장의 논리, 국가의 문화정치가 서로 교섭, 각축, 마찰하는 현장을 답파해야 하는 것이다.

1960년대 영화를 중심으로 일본의 문화적 처리의 구조와 경위를 규명하는 작업과 관련해서 두 영역의 연구 성과를 참조할 수 있다. 우선 문화정책사 특히 검열정책사 분야를 들 수 있다. 1950년대~1960년대의 문화 검열이나 영화 검열에 대해서는 이미 밀도 높은 논의가 제출된 바 있다.[3] 그러나 검열 정책에 분석 초점을 맞춘 경우도 많아서 상위의 원리나 제도로 환원될 수 없는 구체적이고 실제적인 양상을 포착하는 데는 한계가 없지 않다. 그리고 또하나의 경향성으로는 반공주의 검열 정책에 관한 분석이 상대적으로 많다는 점을 들 수 있다. 이러한 집중이 나타난 것은 실제로 당시의 검열이 '적색 색출'에 집중된 때문일 수도 있다. 그러나 문화 규율의 원리로 오랫동안 배일주의가 작용했다는 점 그리고 이것이 시대 환경에 따라 부침을 겪으면서 어떤 식으로든 변화와 생존을 거듭했다는 점을 환기해 본다면, 배일주의에 기반한 검열 문제도 본격적으로 주목할 필요가 있을 것이다. 이 부분은 충분히 이슈화되지 못한 채 단지 이런저런 "왜색"을 규제했다는 정도로만 피상적으로 해설되어 왔다. 따라서 무엇보다도, 후식민 국가의 문화적 자기 구성이라는 문제틀로의 접속을 통해 질문을 다각화할 것이 요구된다.

두 번째로 해방 후 대중문화 장에서 진행된 식민지 경험의 후식민적 재구성과 관련하여 기존 연구가 다루지 않은 지점을 검토해볼 수 있다. 식민화를 둘러싼 집합 기억의 대중적 재생산 그리고 지정학적 상상력

---

3 대표적으로 이봉범, 「1950년대 문화 재편과 검열」, 『한국문학연구』 제34집, 동국대 한국문학연구소, 2008; 이봉범, 「검열의 내면화와 그 정치적 발현」, 『상허학보』 21집, 상허학회, 2007; 변장호, 「한국의 영화통제와 그 변천에 관한 연구」, 연세대 석사논문, 2003; 함충범 외, 『한국영화와 4·19』, 한국영상자료원, 2009; 서곡숙, 「한국 영화검열과 코미디 영화」, 『영화연구』 36권, 한국영화학회, 2008 참고.

과 관련하여 주목할 만한 것은 우선 만주일 것이다. 영화사적으로 봤을 때 만주는 퍽 환영받은 공간이었다. 대중장르는 전통적인 항일투쟁의 공간으로 또는 이색적으로 변형된 액션 활극의 무대로 만주를 즐겨 소비했다. 이와 비교해 볼 때, 일본은 분명 다른 의미를 가진 공간이었고 이후에 자세히 살펴보겠지만 문화 규율상의 이유로 대중문화적 상상력의 출입이 상대적으로 제한된 장소였다. 그러나 언제나 그런 것은 아니었기 때문에 그 공간은 닫혀 있으면서도 열려 있고 열려 있으면서도 닫혀 있는 애매한 성격의 것이었다. 어쨌든 몇가지 이유에서 만주가 다양하게 재구성된 역사가 뚜렷하기에, 연구사적으로도 만주를 다룬 영화들은 중요하게 취급되었다. 최근 국경을 넘는 지역적(regional) 감수성에 대한 관심이 높아지고 이를 장르적 측면에서 해명하려는 시각이 출현하면서 만주 액션 활극에 대한 연구가 특히 활발해졌다.[4] 하지만 이러한 연구 경향을 참조할 때 역으로 확인하게 되는 것은 정작 일본이라는 공간이 어떻게 상상되고 각색되었는지가 충분히 탐색되지 않았다는 점이다. 이에 관한 논의는 의아할 정도로 부재한다. 아마도 1960년대는 이 문제를 새롭게 구성하고 제기하는 데 중요한 거점이 될 것이다.

분석을 위해 나는 1960년대에 만들어진, 남한과 일본의 관계를 다룬 영상 텍스트 및 관련 시나리오를 조사했다.[5] 주요하게 언급하게 될 텍스트에 관해 몇 가지를 부연하고자 한다. 현재 필름은 보관되어 있다

---

4 오승욱, 『한국 액션영화』, 살림, 2003; 이영재, 「신화의 창출, 무법의 창출」, 『사이間SAI』 8권, 국제한국문학문화학회, 2010.

5 구체적인 목록과 필름 및 시나리오 상태에 관해서는 본문에서 상술한다.

해도 관람이 불가능한 경우가 많았다. 이 경우 시나리오를 검토했는데 오리지널 대본, 심의 대본, 녹음 대본이 모두 있는 경우는 거의 없었다. 삭제 부분에 대한 파악을 위해 가능한 한 대본들을 비교하면서 읽었지만 서사가 바뀌는 경우, 대사가 바뀌는 경우, 화면이 가감되는 경우 등을 대상으로 일관된 원칙이나 경향성을 도출하기에는 그 양상이 너무 산만하고 비규칙적이며 분산적이었다. 따라서 명확하게 확인하거나 추론할 수 있는 경우를 제외하고는 크게 고려하지 않았다. 각각의 대본으로 넘어가는 과정에 외적 검열과 자기 검열이 분명 작용했을 것이나, 텍스트마다 다른 현상들을 추려 논리화하거나 일반화하기는 힘들다는 것을 확인했다. 따라서 이에 대해서는 필요한 경우에만 언급하는 것으로 한다.[6] 또 한편으로, 당시의 문화규율의 틀을 파악하기 위해 정책적 측면을 살펴보았는데 특히 규율의 가장 직접적이고 억압적인 방식이라 할 수 있을 매체 검열의 대원칙을 잡지, 신문기사, 월보를 중심으로 검토하였다. 더불어 비교항으로 참조가 될 만한 보조 자료들 즉 1960년대 후반에 만들어진 다른 유형의 영화 및 시나리오(여기에는 홍콩합작 영화나 '만주'코드의 영화들이 포함된다), 유관 출판물 등 간텍스트적 관계망에 놓인 문헌들을 일별하였다.

---

6 영상자료원 자료실에 배가되어 있는 해당 시나리오 자료들 가운데 검열체크가 되어 있는 대본 두 편을 확인할 수 있었다. 〈현해탄은 알고있다〉와 〈슬픔은 파도를 넘어서〉가 그것이다. 이 대본자료는 분석에 필요한 경우 개별적으로 언급할 것이다.

2. 문화규율의 메타원리로서의 배일주의와 그 작동

냉전질서 속에서 분단 반공정치체로 들어선 남한은 경찰, 군대 등 억압적 국가기구에 의존함으로써 자기 안전을 확보하고자 했다. 마벨 베레진에 의하면 전형적인 안전국가란 (서구의) 근대 민족국가이며 이와는 대조되는 불안전국가는 해체나 형성 중에 있는 여러 형태의 국가이다.[7] 그렇다면 남한은 분단이라는 '불안전' 상태의 고착화를 통해 '공고화'되어 온 국가였다는 점에서, 단지 불안전국가도 아니지만 결코 안전국가도 아닌 형국을 취하고 있다고 볼 수 있다. 이를 '불/안전국가'라 표식할 수 있을 것이다. 불/안전국가는 자기 유지와 관련하여 절멸과 붕괴의 불안을 극단적으로 또 상시적으로 의식하는 긴장 상태에 놓여 있다. 불안전은 안전을 모색하고 안전은 불안전을 수색하면서 서로 순환한다. 어느 한 편이 다른 한편에 의해 제거되지 않은 채, 분리불가능한 구성적 타자로 서로를 자극하며 존재하는 것이다. 불/안전국가의 정치가 억압적 통제 규율에 전적으로 의존하게 되는 것은 이 순환구조에 강박되어 있기 때문이다.

불/안전국가의 정치 상황이 이러하다면, 불/안전국가의 문화정치 역시 같은 맥락에서 이해할 수 있다. 불/안전국가의 문화정치에는 불/안전국가의 정치 구조와 감각이 이양되어 있다. 문화정치란 정치적 불/안전 구조와 감각의 문화적 번역이라 할 수 있다. 따라서 불/안전국가의 정치와 문화정치가 금지와 통제라는 방식을 공유하는 것은 당

7 마벨 베레진, 앞의 글 참고.

연하다. 1945년 이후 오랫동안, 국가의 안전에 위기를 초래할 것으로 상상되는 위험 요소를 통제하는 많은 규율이 반공주의와 배일주의라는 메타 규율에서 파생되었다. 이 메타 규율은 문화정치 층위에서도 강하게 적용되었는데 이승만 정권 시기에는 특히나 그러했다. 이것은 국가적 차원에서 공식화되었고 나아가 대중적 집합정서 차원에서 상당 부분 내면화되었다. 반공주의적 문화 규율의 막강함에 대한 자세한 논의는 이 글의 주된 목적이 아니므로 여기서는 전체적인 문화정치 규율의 장에서 또하나의 메타 규율로 작용했던 배일주의의 문제를 따져볼 것이다.

흥미로운 것은 배일주의는 반공주의와는 달리 시대적 부침이 컸다는 점이다. 문화라는 영역 자체가 갖는 상대적 자율성, 예측 불가능성, 가변성으로 인해 특히 그러했던 것으로 보인다. 일본 혹은 일본문화라는 것은 40여 년에 가까운 식민지 시기를 거치면서 일종의 생활 문화로 습합된 면이 있기 때문에, 그 작용과 효과의 결은 미세하고 층은 두터우며 폭은 넓을 수밖에 없다. 반감이든 호감이든 확고한 신념이나 이념으로 체계화되지 않는 부분도 많았다. 반공주의적 규율이나 위반이 강한 공포감과 위기감을 동반하는 것과는 달리 일본문화는 습관, 풍조, 소비라는 일상적인 태도나 관습, 취향과 연계되어 그것을 취하든 거부하든 어떤 극단적인 상황을 초래하는 것은 아니었다. 그러나 바로 이 특유의 애매성으로 인해, 위정자와 계몽주의적 지식인 집단은 배일을 민족주의라는 당위와 밀접하게 연관지어 중요성을 끊임없이 역설해야 했다. 배일은 민족문화의 배양과 건전한 발전을 위한 필수적인 정신적 태도로 강조되었고 이를 근거로 일본문화에 대한 전방위적 금지, '왜색' 일소를 여러 방면에서 기도했다. 해방 이후부터 1970년대에 이르기까지 공적 담론의 장에서 '왜색'의 배척을 외치는 목소리는 한결같이 등장했다. "왜적들이 우리 무궁화 강토를 짓밟든 때의 이갈리는 원한은 아직도 우리들 뇌리에서 사러지지 않었거니와 그들이 이땅을 다스릴 때에 남겨둔 그들의 행적은 아직도 철저히 씨처버리지 못한채 있는 것이다. 물론 해방 이후 일제 잔재를 없애버리자는 민족의 고함은 커서 그들이 이 땅을 더러핀 발자욱은 많이 없어졌다 하드라도 왜적의 냄새 풍기는 여러 가지 틔는 아직도 그대로 남어있는 것이다"[8]라는, 해방기의 전형적인 왜색일소론을 구성하는 논리는 왜색범람론과 늘 짝을 이루면서 남한에서 아주 오랫동안 울려퍼지게 된다.

이승만 정권 시기의 전반적인 배일주의적 문화정책이 출판이나 영화를 비롯한 매체산업에 어떻게 적용되었는지는 잡지, 신문, 월보 등에 실린 기사들을 통해 파악할 수 있다. 출판의 경우, 공보처가 일본서적 번역물 발행을 규제해 왔음을 보여주는 이른 사례들이 이미 있다.[9] 이러한 금기화는 1958년 문교부가 일반 도서출판사항 업무를 맡게 되고 번역도서 출판사업을 추진하기 시작하면서 일본 서적 수입 억제책으로 이어지기도 했다. 원칙적으로 외국도서 수입 제한은 일본 서적에만 해당하는 것은 아니었으며 그 취지 역시 국내 출판업을 보호하기 위한 것이었다. 그러나 일본 서적에 더 강조점이 맞춰진 것은 분명했다. 즉 "사상적으로 불온하거나 우리나라의 미풍양속을 해치는 도서가 아

8 「倭色을 一掃하자」, 『강원일보』, 1949.11.4.

9 관련기사로는 『자유신문』, 1950.4.8; 『한성일보』, 1950.4.2 참고. 기사에 따르면 일본책 중 과학기술계통 서적 이외의 일본서적 번역물 발행이 금지되고 이미 발행된 책의 재판도 금지했다.

닌 이상 제한을 가하지 않고 수입할 수" 있도록 하고 있지만, 특별히 일서에 대해서는 허용을 금한다는 것이다. 그 이유는 금지 대상이 되는 "사상적 면이며 풍기적 면 이외에 적성국가에서 발행된 도서며 국내 출판물을 위축시킬 우려가 있는 도서"에 "주로 일서가 해당"된다는 데 있었다.[10] 영화계의 경우도 사정은 크게 다르지 않았다. 1957년 7월 문교부가 발표한 공연물 검열세칙에 의해 영화를 비롯한 공연물들은 처음으로 명문화된 규율을 맞게 된다.[11] 검열세칙은 국가법률, 종교-교육, 풍속, 성관계, 잔학성, 기타 이렇게 총 6개 영역을 두고 자세한 주의 사항을 열거하고 있다. 일본 혹은 일본문화의 문제는 명시되어 있지 않으나, 이 6개 영역 어디에든 적용될 수 있는 사안이었다.

당시 일본의 영향을 어떤 식으로, 어느 정도로 제한하고자 했는지는 문교부 예술과의 지시 사항을 통해 다시 한번 확인할 수 있다. 문교부는 "바야흐로 유아기를 맞이한" 한국영화가 "확실히 정부의 방침과 시책에 순응하여 성장해" 나가야 할 것을 강조하면서 총 14개의 지침을 설명한다. 이 가운데 일본 작품의 모작 또는 표절이 첫번째 금지사항으로 언급되고 있다. 모작이나 표절은 남한의 문화 수준의 저급성, 상업주의의 천박성만이 아니라 더 근본적으로는 민족 정신의 부재를 의미하는 것이었다.

---

10 「문교행정의 전망」, 『문교월보』, 1960.7, 〈각종 문헌 번역 간행 및 교과서 편찬〉부분 참고(인용은 39쪽). 이 제한 규정은 1957년 문교부령 제 30호에 의해 추진된 〈외국도서번역사업〉에 따른 것이다. "적성국가와 공산주의자 및 그 추종자의 저작물, 공산주의 서적을 주로 간행하는 출판사의 출판물, 일본서적, 미풍양속과 공공질서를 해할 우려가 있는 도서를 엄격히 배제"하기 위함이다. 이에 대해서는 이봉범, 「1950년대 문화재편과 검열」, 『한국문학연구』 제34집, 동국대 한국문학연구소, 2008, 16쪽.

11 구체적인 규율 조항 및 이 법제의 성격에 대해서는 변장호, 앞의 글 참고.

> ① 일본작품을 모작 또는 표절함은 물론 민족정기를 앙양하기 위한 만부득이한 경우를 제외하고서는 왜색의 영화화를 금한 동시에 민족정기를 앙양하기 위한 경우에 한구절 이상의 일본어 사용과 일본의 의상과 풍속의 영화화를 삼가도록 하였다 (…중략…) 더욱이 일본은 가장 인접한 나라로서 그들의 실정과 양상이 세밀하게 전문될 뿐만 아니라 모든 자료를 가장 손쉽게 구득할 수 있고 또한 이해할 수 있는 처지에 있기 때문에 어느 나라보다도 그들의 동태는 각분야에 걸쳐 커다란 자극과 영향을 주고 있고 이것은 영화계에 있어서도 같은 실정이다 (…중략…) 그러한 의타성과 의존심에서 울어나는 모작 표절이야말로 국가적 민족적 체면과 위신을 위해서도 또한 이나라 문화인의 긍지와 자부를 위해서도 배척되어야 할 것이며 나아가서는 이 나라 영화계의 만년대계를 위해서도 박멸되어야 할 것이다.[12]

이러한 기조하에서 "대일관계의 정책적인 면에 있어서도 그렇거니와 모방을 하고 흉내를 할 바에야 더욱 앞선 선진 자유 우방국가의 것을 발받침으로 하라는 것"[13]이라는 궁색한 방침이 표출된 것이다. 전체적

12 「한국적 한국영화 제작을 위하여」, 『문교월보』, 1959.6, 65~66쪽. 그 외 열세 개의 지시사항을 요약하면 다음과 같다. ② 자유진영국가 작품의 극히 부분적인 인용 또는 모작은 당분간 부득이하되 이를 우리나라 사회실정과 이탈된 묘사를 하지 말 것 ③ 범죄자에 대한 법적 처리를 분명히 할 것 ④ 빈민굴의 극단적인 표현 묘사를 피할 것 ⑤ 일반시민이 권총 또는 무기 등을 불법사용할 때에는 그 위법성을 명확히 처리할 것 ⑥ 마약사용장면, 환자의 수술국면, 참혹한 시체의 정면 촬영을 하지 말 것 ⑦ 타인 명의의 우편물 등의 도중 수취와 도견으로 인한 사건 묘사를 피할 것 ⑧ 방뇨 등 불결한 장면과 과도한 안면유혈 묘사를 삼갈 것 ⑨ 과격하고 저속한 비애의 표현, 지루한 낙루 또는 통곡을 묘사하지 말 것 ⑩ 각기관, 저명인사의 실명은 반드시 동의서를 제출하되 가급적 실존 단체의 명칭을 사용하지 말 것 ⑪ 비난 조소적인 세태묘사를 피하며 격투 구타의 묘사를 삼갈 것 ⑫ 인물 사건에 적합한 생활양식과 실내 장식을 연출할 것 ⑬ 영화를 통한 언어, 습성의 정화를 지향하고 저속하고 특수한 용어와 행동을 묘사하지 말 것 ⑭ 이혼, 낙태 등을 소홀히 취급하거나 부당하게 정당화 시키지 않도록 할 것.

13 위의 글, 66쪽.

으로 일본도서의 수입이건 번역이건 일본영화의 표절이건, 일본의 향수(享受)는 매우 직접적이고 노골적인 방식으로 제어되고 있음을 알 수 있다. 물론 우리는 강하게 제어하려는 현상 자체가 곧 제어가 용이치 않은 현실을 역으로 드러내고 있음을 충분히 감지하고 있지만 말이다.

지금까지 주로 1950년대에 초점을 맞춰 매체산업을 둘러싼 문화정치의 중요한 과제였던 일본 처리 양상을 개략적으로 살펴보았다. 그렇다면 이승만 정권 붕괴 이후 이 사안은 어떠한 국면을 맞게 되는가? 1960년대 초반의 영화계를 살펴볼 때 가장 눈에 띄는 변화는 정책사 연구에서 중요하게 지적하듯이 영화법의 제정(1962)이다.[14] 영화법의 실시로, 그간 고시의 차원에서 운영되던 행정적 조치가 법제화 단계로 들어서고 문화예술 관련 법령이 전면적으로 마련된다.[15] 그러나 이 글이 1960년대의 상황에 주목하는 것은 법제화가 갖는 중요성 때문은 아니다. 이 시기가 문화사적으로 흥미로운 이유는, 해방 이후 저변의 묵직한 임무로 긴 시간을 관통해온 일본 처리의 문제가 현격한 정치적 환

14 문화공보부에서 편찬한 『문화공보 30년』은 1961년~1968년까지의 기간을 문화공보의 2단계로 놓는다. 1961년 6월 정부조직법 개정으로 공보부가 발족하고 문교부와 함께 문화예술업무를 담당한다. 공보면에서 경제홍보와 반공홍보에 역점을 둔 시기로 정리되고 있으며 또한 이 단계에 영화법뿐만 아니라 공연법, 음반에 관한 법률, 방송법, 출판사・인쇄소 등록법 등 문화예술관계 법령의 대부분을 제정했다. 이에 대해서는 『문화공보 30년』, 문화공보부, 1979 참고.

15 4・19의 영향으로 영화검열제가 폐지되고 최초의 민간영화심의기관인 영화윤리위원회가 발족하지만 5・16 이후 영화검열권은 다시 국가로 넘어간다. 4・19와 영화윤리위원회 발족이 갖는 의미에 대해서는 김윤지, 「최초의 민간영화심의기구 영화윤리위원회의 성립」, 함충범 외, 『한국영화와 4・19』, 한국영상자료원, 2009 참고. 그리고 제2공화국 시기의 영화계에 대한 상세한 분석으로는 함충범, 「제2공화국 시기의 한국영화계」, 같은 책 참고. 영화법은 1973년까지 4차례의 개정을 거치면서 규제 중심의 운용을 지속한다. 4・19와 장면 정부 시기, 상대적 자유의 공간이 잠시 열렸던 예외적인 짧은 시간을 뒤로 하고, 영화계는 영화법 시행을 계기로 박정희 정권 문화정치의 법적 규제 내에서 재편된다. 이에 대해서는 변장호, 앞의 글 참고.

경의 변화 속에서 복잡한 국면을 맞게 된다는 데 있다. 배일정책을 펴온 이승만 정권이 붕괴되면서, 무너진 장벽을 너머 일본이 한국의 취향-소비 시장으로 밀려들어왔음은 주지의 사실이다. 앞서 살펴본대로 일본문화의 잠습은 공식적 제어에도 불구하고 상존해 왔다. 하지만 1960년대의 국면은 단순히 1950년대의 연속이나 연장으로 평면화시켜 파악하기에는 역학과 구조가 퍽 다르다. 따라서 내가 주목하는 차이나 특수성이 단지 범람의 규모나 강도에 연관된 것은 아니다.

이와 관련하여 우선적으로 고려해야 할 것은 구정권의 몰락과 함께 급물살을 타게 된 대일본 관계의 전환이다. 1960년 4월부터 1961년 5월까지 허정-장면-박정희로 이어지는 단기의 빠른 정국 변화가 진행되는 시기 그리고 이로부터 1965년 6월 한일국교 정상화가 공식화되기까지의 문화적 정황은 정책적, 법제적 구속력만으로는 설명될 수 없는 다면성과 다층성을 갖는다. 말하자면 1960년대 초중반은 일본에 대한 문화적 응대 과정의 일종의 변곡점인 셈이다. 이 변곡의 핵심에는 해방 후 15여년 동안 영향을 미쳐온 일본이라는 중대한 문화적 계기를 과거와는 다른 방식으로 운용해야 하는 상황이 놓여 있다. 일본이 정치경제적으로 매우 긴요하고 유용한 존재로 공식적으로 부상하면서 문화적으로도 '조절'이 불가피해졌기 때문이다. 서로 상충하는 면들이 맞물리는 상황 그리고 일본이라는 문제적 지점을 둘러싸고 열린 새로운 장에 단지 정책 입안자들만 연루되어 있었던 것은 아니다. 정치적 요구에 순행하도록 문화적 흐름을 잡아야 하는 의무는 정책 입안자들의 것이었지만, 이들에게 '흐름을 잡아야 하는' 많은 자료를 제공한 쪽은 문화생산자였다. 그리고 문화생산자는 정책 입안자라는 공적 개입

주체 못지않게 소비대중의 취향과 집합적 경향 역시 고려해야 했다. 이런 점에서, 전체적인 일본 운용의 장은 서로 다른 힘들이 참여하여 갈등하고 타협하는 게임의 장이었다. 3절에서는 당시 영화계의 움직임을 통해 그 양상을 살펴보자.

3. '현해탄 서사' 재고—텍스트와 컨텍스트

1) 현해탄 서사의 범주

정치적 변화가 문화 변동으로 급속하게 전이되는 시점인 1960년대 초반, 여러 형태로 한국으로 건너온 일본 문화상품은 이른바 각종 통제 규율의 현실적, 담론적 작동에도 불구하고 시장에서 번성한다.[16] 특히 일본 대중소설의 번역이나 영화화는 당시 문화의 생산과 소비의 현장을 잘 보여준다. 일본의 대중 문예물이나 영화 텍스트는 번역, 표절, 각색 등 다양한 경로로 옮겨져 인기를 얻었다. "표절문화를 추적한다"는 기획 하에 마련된 『세대』지의 1969년 2월호 기획 가운데 출판 분야를 다루고 있는 기사에 의하면 "최근 10년간 한국에서 가장 판매에 성공했던 대부분의 서적이 거의 전부 일본대중소설류"였다.[17] 이

16 이 점에서는 대중가요 영역도 사정이 크게 다르지 않았다. 관련기사로는 『경향신문』, 1965.9.20 참고. 일본과의 거리단축은 일상 영역에서도 일어났다. 일본어 교습소가 난립하게 되었고 또 한일 간 스포츠 교류도 추진되었다. 일본인의 한국 입국도 급증하여 한국행 여권발행건수가 1959년 8건이었던 데 비해 1960년에는 338건, 1961년에는 865건으로 급증한다. 이에 대해서는 木村洋一郎, 「張勉政權下 韓日關係 硏究」, 연세대 석사논문, 1998.

어 기획이나 장정 디자인 자체를 일본에서 고스란히 본따오는 현상도 지적된다. 특히 영화의 경우 표절은 고질적인 악습으로 비판받았다. 동일한 기획 코너에 실린 변인식의 글 「필림의 컨닝이스트」은 "해방 후 우리나라의 표절 영화의 제1호"로 꼽히는 것이 劉斗演 감독의 「무春」(1959)이라고 언급하면서, 이를 필두로 시작된 한국 청춘영화들의 일본 베끼기 내력을 비판한다.[18] 실제로 일본의 대중소설 작가인 이시자카 요지로[石坂洋次郎]의 소설은 "전후의 일본 대학생의 세련된 연애관과 기교, 틴에이저의 생태를 예리하게 추구하는 걸작"으로 선전되면서 베스트셀러가 되고 영화로도 제작되어 큰 인기를 얻고 있었다.[19] 이러한 현상은 1960년대 일본문화의 대중적 영향력을 실감 있게 보여준다. 1957년 1월 저작권법이 공포되긴 했지만 그 실효성은 전무했던 문화산업의 장에서,[20] 허상의 법 규정 밑으로 몰법적인 월경적 문화번역이 광범위하게 진행되고 있었던 것이다.

그러나 일본 붐이 청춘물이라는 양식 혹은 모작이나 표절이라는 방식으로만 지펴진 것은 아니었다. 대중적 정서와 시대풍조의 반영 그리고 그것의 재편성이라는 측면에서 수이성과 민활성을 갖는 영화는 시

---

17 이중한, 「일본세대의 출판기획」, 『세대』, 1969.2, 227쪽. 더불어, 「한국속의 일본—문학」, 『세대』, 1965.10 참고.

18 변인식, 「필림의 컨닝이스트」, 『세대』, 1969.2 참고. 그리고 정영일, 「한국속의 일본—연예」, 『세대』, 1965.10 참고.

19 이 두 책은 문광사에서 출판되었다. 『가정교사』는 1962년 8월 "판매고의 톱"이었다. 『경향신문』, 1962.8.18 참고. 그리고 영화 〈가정교사〉와 〈청춘교실〉에 대한 기사는 『조선일보』, 1963.1.17과 8.25; 『경향신문』, 1962.8.18 참고. 1960년대 경제성장을 이룬 일본의 일상문화에 대한 한국의 대중적 인식에 대해서는 김예림, 「1960년대 중후반 개발 내셔널리즘과 중산층가정 판타지의 문화정치학」, 『현대문학의 연구』 32, 한국문학연구학회, 2007 참고.

20 이에 대해서는 「저작권법 해설」, 『문교월보』, 1959.5 참고. 저작권법 시행령은 1959년 당시 공포가 이루어지지 않고 있었다. 문화공보부의 연혁에 의하면 저작권법을 제정했으나 실효성은 전무했다. 문화공보부, 앞의 책 참고.

대적 분위기에 편승하여 대일본 관계의 상상적 재구성에 적극적이었다. 이와 관련하여 주목해야 할 것은 다음의 세 가지다. 첫째, 일본과의 정치적 관계 전환이 이전과는 다른 상상력이 출현하는 직간접적인 조건이 되었다는 점이다. 둘째, 이 다른 상상력이 일본에 대한 감정구조를 재편하는 특유의 서사와 재현 기술을 구사했다는 점이다. 셋째. 재현 층위의 변화는 영화 검열계에서 오랫동안 작용해 온 '일본삭제' 라는 주요한 문화정치의 전략과 갈등하고 타협하는 과정을 거치게 된다는 점이다. 이러한 문제의식 하에서 주목하고자 하는 텍스트는 총 13개이다. 이 영화들 대부분은 미학적으로나 영화사적으로 그리 큰 주목을 받은 적이 없으며, 개별 작품의 차원에서도 거의 논고된 바가 없다.[21] 제작이나 상영 당시 몇몇 영화들이 이런저런 이유로 화제가 되어 잡지나 신문지상에 오르내리긴 했지만, 후대의 연구의 장에서는 대부분 본격적이거나 체계적인 분석이 이루어지지 않았다. 그런 만큼 이 텍스트들이 일련의 집합적 경향성이나 유사성에 기반하여 연접되거나 범주화될 기회 역시 없었다. 따라서 아래 영화들의 선별과 배치는 이 글의 문제 설정과 해석적 틀에 기반해서 진행한 것임을 말해 둔다.

영화들의 선별 기준을 좀 더 구체적으로 제시하면 다음과 같다. 첫째, 제작적 차원으로 인적이거나 영상적 차원에서 일본을 직접적으로 수용・노출하려고 의도한 경우 둘째, 제재적 차원으로 어떤 식으로든

21 『현해탄은 알고 있다』의 경우에는 방송극, 소설에 대한 연구들이 이루어졌다. 윤석진, 「한운사의 방송극 〈현해탄은 알고 있다〉 고찰」, 『비평문학』 제27호, 한국비평문학회, 2007; 고선희, 「1960년대 매체전환의 한 양상」, 『대중서사연구』 제19호, 대중서사학회, 2008; 이경숙, 「한운사의 "아로운 3부작" 연구」, 『한국문학이론과 비평』 제33집, 한국문학이론과 비평학회, 2006; 김윤식, 『일제말기 학병세대의 체험적 글쓰기론』, 서울대 출판부, 2007, 특히 3부 3장 참고.

일국적인 차원을 벗어나려 했으며 이를 위해 일본을 서사의 필수불가결한 계기로 활용한 경우이다. 셋째, 이들 가운데는 당시 "왜색 방화"로 거론된 작품들이 적지 않지만, 이러한 레테르와는 무관했던 영화들 역시 연접시켜 포함시켰다. 넷째, 시기적으로는 시대적 국면의 변화를 민감하게 반영하는 1960년대 텍스트들에 초점을 맞추었다. 부연하여 제외 조건을 밝히면 첫째, 1970년을 전후하여 본격적으로 출현하는 '아시아 국제반공방첩영화' 패턴은 1960년대 초중반에 부상한 일련의 경향과는 차별화되는 변이태로 판단, 일단 제외하였다.[22] 둘째, 일본산 텍스트를 완전히 한국적 기호로 번안, 각색, 모작, 표절한 영화들 즉 일본이 평면화와 제로화를 거쳐 크게 표백된 경우도 제외하였다. 일본이라는 계기가 대폭 소거되고 특별한 감지대상이 아니게 되기 때문이다. 그리고 연원이 불분명한 '빌려오기'나 '가져오기'는 당시 영화계의 구조적인 현상이었기 때문에 특화나 범주화에 어려운 점이 있기 때문이다. 전반적으로 해당 텍스트들이 필름으로 남아 있는 경우는 많지 않아서, 가능한 경우를 제외하고는 영화의 구체적인 내용이나 특징들은 시나리오를 바탕으로 파악했으며, 그 밖의 신문이나 잡지기사가 제공해준 정보들을 조합하여 종합적으로 고려하였다. 영상물이나 시나리오의 원작이 되는 출판물 자료는 비교의 관점에서 검토하고 참조하였다. 텍스트의 특이사항, 아카이브 상태를 고려하여 시기 순으로 목록을 제시하면 다음 쪽의 표와 같다.

22 둘 사이의 차이는 특정한 지정학적 상상력이 (국제) 반공주의 일변도로 회수되고 이와 연동하여 하위 장르상의 변화(첩보액션물) 역시 보이기 시작하는 지점에서 찾을 수 있을 것이다.

〈표〉 현해탄 서사 개요

제목	연도	아카이브	주요 특이 사항	간텍스트성
현해탄은 알고 있다	1961	필름/시나리오	- 국제연애, 국제결혼 - '재일교포' 여배우 출연 - 일본 현지 로케*	- 라디오 드라마 : 한운사, 〈현해탄은 알고 있다〉, 1960~1961 - 소설 : 한운사 「현해탄은 알고 있다」, 정음사, 1961 - 소설 : 한운사, 「현해탄은 말이 없다」, 정음사, 1961
흐르는 별은 살아 있다	1962	시나리오	- 일본인 가족의 귀환 - 일본인 여성 배우 출연	- 에세이 : 후지하라 데이, 『흐르는 별은 살아 있다』의 한국어 번역판 정광현 역, 『내가 넘은 삼팔선』, 수도문화사, 1949
검은 장갑	1963	시나리오	- 아시아(한일)국제반공 방첩 - 일본 현지 로케	
행복한 고독	1963	필름/시나리오	- 한일 국제연애/국제결혼 - 일본여성의 귀화	- 자서전 : 明石祝子, 『행복한 고독』, 태양사, 1961
현해탄의 구름다리	1963	시나리오	- 한일 혼성 가족 - 재일조선인 여배우 출연	
현해탄의 가교	1962 (?)	시나리오	- 재일조선인 이진우 사건 소재 - 한일 청년의 우정	- 시나리오 : 최금동, 〈제 7의 벽〉 - 시나리오 : 이황녕, 〈긴급동의 - 일본 시나리오 : 白坂依志夫, 〈타인의 피〉
푸른 꿈은 빛나리	1963	시나리오	- 재일교포 여성 탤런트 주연	- 石坂洋次郎, 이강록 역, 『푸른산맥』, 1960
귀국선	1963	시나리오	- 한일 간 가족이산과 상봉 - 한국인의 일본 밀항 - 일본 현지 로케	
총독의 딸	1965	필름/시나리오	- 일본 여배우 출연 - 한일 국제연애	
뜬구름아 말 물어보자	1966	시나리오	- 한일 간 가족 이산과 상봉	
슬픔은 파도를 넘어	1968	필름/시나리오	- 한일 간 가족이산과 상봉 - 한국인의 일본밀항	
가로수의 합창	1968	필름/시나리오	- 한일 국제연애	
일본인	1968	시나리오	- 한일 국제연애, 국제결혼 - 일본 현지 로케	- TBC 한일 교류 첫 연속극 〈한국인〉, 〈일본인〉

비고(*) : 당시 일본 현지로케는 규제로 인해 제작자의 시도 및 이를 드러내는 광고와 실제가 일치하지 않는 경우가 대다수이다. 하지만 이런 현상 자체가 징후적이라 판단하여 여기서는 포스터 광고나 기사가 알려주는 현지로케 정보를 수용하였음을 밝혀둔다.

이 텍스트들이 흥미로운 것은 대일본 관계의 변화를 반영하는 다양한 방식들이 영화 제작적, 영상 재현적 차원에서 출현하기 시작했다는 점, 이에 따라 앞서 언급한 일본 삭제나 일본 은폐의 문화정치 전략이 어떤 식으로든 변형 운용될 수밖에 없었다는 점을 시사해 주기 때문이다. 1951년 10월부터 결렬과 휴지를 반복하며 14년 간 지속되어 온 "마라톤 회담"에서 특히 주목할 만한 것은 4차~5차 회담 즉 1960년 허정 과정(過政)과 장면 정권기를 거치면서 가능해진 사항들이다. 조각 후 장면 내각이 〈외교쇄신 7개 원칙〉을 발표하면서 대일외교의 근본적 방향 전환을 공표함에 따라 9월에 일본 수상이 방한하고 1961년 5월에는 일본 의원 방한친선단 8명이 내한하기도 했다.[23] 그리고 이 시기에 일본인의 입국과 방문이 허용되어 일본 기자가 한국에 들어왔으며[24] 형기를 마친 일본 어부의 송환이 결정되기도 했다. 주지하듯이 한일국교정상화는 대아시아 정책을 전환하려는 미국의 계산 그리고 아시아 반공관리국으로 확고해진 일본의 이해관계 속에서 추동된 국제적 역학의 산물이었고 또 실제로 조인을 전후하여 정치적 · 경제적 "굴욕외교"에 대한 비판도 거세게 일었었다. 그럼에도 불구하고 대중문화의 장은 당시의 상대적으로 느슨하고 우호적인 분위기를 가장 적극적으로 감지하고 상상한 듯하다. 위의 영화들은 이 상대적 이완의 상태에서 출현한 것이었다.

앞에서 제시한 영화 · 시나리오 텍스트의 제작 구조와 재현 체계의

23 회담의 구체적인 진행에 대해서는 송건호, 「우호에로의 긴 여로」, 『세대』, 1964.5 참고.

24 이를 계기로 일본인 기자 15명의 한국입국을 허가하고 일본인 어부 30명을 일본으로 송환하였다. 입국한 일본인 기자 가운데 소설가 히노 게이조의 사례를 기억할 수 있을 것이다. 그는 4 · 19와 5 · 16 사이의 시간을 서울에서 보냈는데 체류 기간 동안의 사적인 기록을 바탕으로 작품을 남겼다.

성격을 종합적으로 고려하여 이들을 "현해탄 서사"라 명명하고자 한다. 이 시기 '현해탄'이라는 용어는 지정학적으로나 의미론적으로 한국이나 일본 어느 한 편만을 상정하지는 않을 때, 즉 양국의 '사이'나 '관계'를 염두에 둘 때 관례적으로 쓰이곤 했다. 1960년대 초반, 방송-소설-영화로 이어지는 원소스 멀티 유징의 방식을 취한 현해탄 시리즈가 수용자의 호응을 받으며 소비된 사례가 보여주듯이, 대중문화의 장에서 이들은 한국과 일본 사이의 역사적 과거와 현재적 관계의 이모저모를 재구성하는 감수성을 담은 기호품으로 부상하였다. 그리고 점차 유사 유형이 생산·수용될 수 있는 공통 감각의 지평을 형성했다고 할 수 있을 것이다. '현해탄'은 당시의 사회정치적 컨텍스트 내에서 부상한 기표이자, 한일 관계의 역사와 현재를 재편하는 맥락 및 과정 자체를 환유하는 문화 기호인 것이다.[25] 따라서 이 글에서는 두 국가의 '사이'와 '관계'를 텍스트 안팎으로 수용하여 재구성을 시도한 영상물을 "현해탄 서사"로 묶되, 이것이 텍스트의 의미론적 층위뿐만 아니라 생산 구조 자체도 고려한 복합적인 범주임을 밝혀 둔다.

2) 제작 구조와 일본 삽입의 메커니즘

현해탄 서사가 기존의 대중문화 및 문화정책 상에서 진행되어 온 일본 처리와 관련하여 어떤 지각 변동을 반영하거나 초래한 것은 분명해

25 식민지 시기와 해방기 '현해탄'의 지정학적 의미에 대해서는 김혜인, 「현해탄의 정치학」, 『어문론총』 제52호, 한국문학언어학회, 2010 참고.

보인다. 이는 그간 삭제와 은폐를 통해 보이지 않게 처치된 '비가시적' 일본을 공적인 시각장으로 호출하여 보이게 하려는 힘 그리고 양국간 화해와 친화 조성 표현의 정치적·문화적 효과를 인정하면서도 완벽한 가시화는 제어해야 하는 공권력의 힘 사이의 게임이었다. 영화계에서의 일본 소거는 일본인(에스닉), 일본어, 일본 풍물, 일본 풍경에 대한 물리적이고 기계적인 절삭이라는 방식을 취하고 있었다. 이 방식은 1950년대에는 비교적 확고했는데 한 예로 재일조선인 소녀의 수기 『구름은 흘러도—재일10세 한국소녀의 수기』의 영화 제작이 불허되었던 경우를 생각해볼 수 있을 것이다. 이 텍스트는 1958년 신태양사에서 번역 출간된 것이었다. 부모를 여윈 네 명의 재일조선인 형제들의 일상을 적은 이 책을 원작으로 영화제작을 신청하자 "문교, 법무 기타 관계관들이 협의한 결과 국내에서는 제작할 수 없다"는 결정을 내렸다. 판권문제도 걸려 있었지만 보다 핵심적인 이유는 "이 작품은 배경이 일본이 되어야"하고 "우리말로서는 실감이 나지 않는다는" 데 있었다.[26] 결국 영화는 한국의 광산촌을 배경으로 가난한 네 형제의 간난신고와 행복을 그리는 방향으로 선회했다. 이 사례를 통해 우리는 일본을 배경으로 삼아야 하는 경우 또는 일본 풍속이 전면에 등장해야 하는 경우는 영상화 자체가 불가능했다는 점을 확인할 수 있다. 차단과 단속은 일본 배우가 출연하거나 일본 현지에서 촬영된 외화의 수입이나 상영을 금지하는 정책을 통해서도 이루어졌다. 미국에서 제작되었지만 일본인이나 일본 현지가 나온다는 이유로[27] 〈8월 15일 밤의 찻집〉 등을 포함한

26 『경향신문』, 1959.3.19.

27 『조선일보』, 1961.3.14; 『동아일보』, 1962.9.3; 『서울신문』, 1962.11.10. 관련 정책은

5편의 외화가 수입 반려된 일은 일본 삭제의 현황을 잘 보여준다. 그러나 당시의 많은 기사들을 통해 파악할 수 있듯이, 일본 삭제는 완고하게 미시적으로 적용되고는 있었지만 그리 체계적이거나 일관되지는 않았다. 그래서 왜색 외화들에 대한 예외적인 승인은 상대적으로 강한 금지 속에 묶여 있던 국내 영화제작들의 불만과 논란을 불러일으켰다.

일본 삭제라는 전체적인 검열 기조가 세칙의 적용시 흔들릴 수밖에 없는 상황에서, 현해탄 서사는 적극적으로 일본 삽입을 시도했다. 위에서 언급한 영화들 가운데 몇 편이 종종 "일본색 방화"로 비판적으로 거론되곤 한 것도 당시의 감각으로 미루어 볼 때 크게 이상한 현상은 아니었다. 일본 삽입의 양상은 먼저 제작 차원에서 살펴볼 수 있다. 우선 일본 배우의 출연을 들 수 있다. 홍콩과의 합작 영화가 이미 자본의 교류와 인적 교류를 진행하고 있었고 또 '홍콩'이라는 지리적 표상을 둘러싼 규제 같은 것은 아예 없었던 데 비해, 일본과의 교류는 꽤 조심스러운 것이었다. 한일 간 인적 교류를 시도한 영화로는 〈현해탄은 알고 있다〉, 〈흐르는 별은 살아있다〉, 〈총독의 딸〉 그리고 〈푸른 꿈은 빛나리〉를 들 수 있다. 이 영화들에는 '재일교포' 여배우나 일본 여배우가 출연했다.[28] 이러한 움직임이 활성화된 또다른 계기로는 1962년 서울에서

그리 일관성이 있지는 않아 다소 혼란을 불러일으킨 듯하다. 『경향신문』 1962년 11월 6일의 기사에 따르면 〈8월 15일 밤의 찻집〉은 공보부가 다시 수입을 허가하여 파문을 일으킨 것으로 나와 있다. 공보부에서는 수입추천이 상영허가와는 전연 별개의 것이라고 하나 전반적으로는 수입추천이 곧 상영허가와 마찬가지라는 의견이 많았다고 한다. 좀 다른 경우로 〈콰이강의 다리〉는 일본의 비인도적인 측면을 "규탄'하는 내용이 있다는 이유로 상영되었다(『서울신문』, 1962.11.10 참고).

28 『흐르는 별은 살아 있다』의 경우, 일본 여배우 미도 미츠코의 주역 출연 교섭이 진전되고 있고 그녀의 출연이 허가 나는 대로 제작에 착수할 것이라는 기사가 있는데(『조선일보』, 1962.11.22) 실제로 영화가 어떻게 제작되었는지는 자료 부족으로 확인이 불가능하다. 일본인 가족의 이야기로 일본인이 전면에 드러나기 때문에 영화의 제작과 상영에 곤란이

열린 제9회 아시아영화제의 영향을 기억해야 할 듯하다.[29] 이 해 남한이 아시아 영화들이 모이는 현장이 됨으로써, 그 어느 때보다도 '국제성'이라는 과제가 국내 영화계에 생생하게 제기되었던 것이다. 물론 당시 영화들이 확보하고자 했던 혹은 간혹 확보하곤 했던 '국제성'이란 형식적인 수준에 그치는 것이었다. 1963년 한 신문기사가 "우리영화는 (…중략…) 한창 일본 색채인가 하는 것이 유행하더니 요즈음은 난데없는 상해 붐이다 (…중략…) 우리나라 제작자는 이런 회고 취미에서 이국정서를 노린 영화를 특이한 소재의 이색적 멜로드라마라는 캐치프레이즈를 붙여 상품화하는 것까지는 좋은데 우리 영화인의 시야가 국제적이라고 자부하니 말이다"[30]라고 비아냥거린 것은 나름 충분히 이해할 만하다. 그러나 전반적으로 이런저런 복합적인 계기들이 맞물리면서 1960년대 초반의 영화들은 '국제화'의 열기를 어떤 식으로든 발산하고 실행하려 한 듯하다. 몇 편의 현해탄 영화의 제작 구조는 이러한 움직임의 일환으로 파악할 수 있을 것이다.[31]

있지 않았을까 짐작할 수 있을 뿐이다. 시나리오는 원작의 큰 줄기를 살리고는 있지만 가장 눈에 띄는 부분은 앞에 조선인이 일본인 남성에게 민족주의적 의식의 중대성을 언급하는 내용이 들어가 있다는 것이다. 그 외 한일 간 여배우 교류 관련 기사는 1965년 "해방 이래 최초의 한일 합작영화를 기획하고자 얼마 전 일본작가와 영화관계인사가 다녀가 그 계획을 검토중"이며 "한국영화에 처음으로 일본 여배우가 등장하게 되었고 또한 우리나라의 여배우가 일본영화에 출연교섭을 받고 있"는 등 영화를 통한 한일 간의 문화교류가 "차츰 양성화"하기 시작했다고 평가한다. 관련해서는 『동아일보』, 1965.4.27 참고.

29 아시아영화제의 구체적인 현장을 전하는 기사들은 매우 많기 때문에 이들을 통해 당시의 국제성과 지역성의 상상체계를 재고해볼 수 있을 것이다. 여기서는 참조한 영상자료 즉 1964년 11회 아세아영화제 관련 뉴스와 1962년 대한뉴스만을 적는다(http://ehistory.korea.kr/pop/movie_pop.jsp?srcgbn=KV&mediaid=365&mediadtl=2853&gbn=DH&quality; http://ehistory.korea.kr/pop/movie_pop.jsp?srcgbn=KV&mediaid=20036900&mediadtl=30309&gbn=DK&quality).

30 『한국일보』, 1963.4.12.

31 제9회 아시아 영화제에서는 아시아 8개국의 합작영화 제작을 기획했다고 한다. 이를 계

둘째로 일본 현지 로케이다. 현지 로케는 일본의 풍광이 가감 없이 고스란히 시각장에 전시된다는 점에서 남한의 검열계가 가장 꺼리는 부분이기도 했다. 남한의 규율 문법에서 보자면 일본 풍경의 적나라한 노출은 '외설'에 다름 아니다. 그러나 영화 제작자들은 이그조티시즘을 무기로 상업성을 높이려는 의도에서든, 새로운 배경과 미장센을 개척한다는 '작가적' 의지에서든 일본경(景)의 영상화를 도모했다. 이런 경향은 1960년대 초반을 지나면서 점차로 강해졌고 이후에는 "66년도의 영화계를 특징지을 때 아마도 평론가들은 합작 및 로케, 그것도 일본 현지로케가 대량적으로 그리고 거의 무비판적으로 성행하기 시작했다는 것을 기록할 사람이 있을 것"이라는 평이 나올 정도로 빈번해졌다. 이러한 현상은 다음과 같은 해외로케 풍조에 대한 비판을 낳았다.

> 비교적 대작들이 합작이든 현지 로케든 하여간 일본땅 장면이 삽입된 것들이고 보면 영화를 위한 현지 로케인지 현지 로케를 위한 영화제작인지 두서를 분간할 수 없을 지경이다. 모 영화계 인사는 일본 로케 영화를 볼 때마다 한국인이 동경의 번화가에서 어리둥절해 하면서 시골사람처럼 추태를 백출하는 꼴을 보고 있노라면 어디까지가 영화연출이고 어디까지가 연예인의 궁지인지 도저히 분간할 수 없어 분통터질 지경이라고 통탄했는데 이런 무질서한 상태가 계속될 때 국가의 위신을 접어두고라고 방화계의 장래에 미치는 영향을 곰곰 반성해보는 것도 전혀 무익한 일은 아닐 것이다.[32]

기로 한일합작을 비롯한 영화교류의 길이 열릴 것임을 기대하고 있다. 이 영화가 제작되었는지는 확인할 수 없다. 관련기사는 『서울신문』, 1963.1.4 참고.

32 『대한신문』, 1966.9.10.

〈그림 1〉 현해탄은 알고 있다 (출처 : 한국영상자료원)

1960년대 초에는 현지 로케가 허용된 경우가 거의 없었기 때문에 일본 풍경이 인서트 형식으로 들어가는 경우가 많았다. 예를 들어 〈행복한 고독〉(시나리오)의 경우 영화 초입 장면의 배경이 "무사시노의 숲"으로 설정되어 있지만 이 장면이 어떻게 촬영되었는지는 필름상으로 확인할 수 없기 때문에 실제 일본 현지의 숲이 드러났는지 여부는 알 수 없다. 그러나 일본경(景)이라는 것이 자연 풍광만을 의미하지는 않는다는 점에서 재고해 보면, 이 영화에는 기모노 등 일본의 문화 풍속 지표들이 많이 등장한다.[33] 이런 이유로 〈행복한 고독〉의 상영가부가 논란을 빚은 것으로 보인다. 즉 "등장인물의 대부분이 일본인인데 무대가

33 〈행복한 고독〉은 당시 "방화에도 차츰 왜색증명이 짙어가고 있"음을 증명하는 대표적인 영화로 거론되고 있었다. "타이틀 롤의 서양희 양이 그대로 기모노 공세를 취하는 왜색 백 %의 영화"라는 것이다. 이에 대해서는 「활개치는 왜색 증명」, 『서울신문』, 1963.1.4 참고.

또한 일본이기 때문에 한국 영화에서 금단된 일본 기모노, 일본음악 등 전편이 일본 '무드'에 젖어있는 것어어서 과연 이것을 어떻게 처리하느냐"가 문제였던 것이다.[34] 〈현해탄은 알고 있다〉의 경우 인서트로 일본 풍경이 비치긴 하지만 로케는 아니었던 것으로 설명된다.[35]

하지만 〈현해탄은 알고있다〉에도 게이샤, 일본식 가옥, 일본 군가 등 종종 검열 대상이 되곤 했던 대상들이 화면에 고스란히 담겨 있다. 이와 관련하여, 대본상에 검열 체크되어 있는 부분(주인공 아로운이 영화를 보는 장면)에 주목해보자.[36] 시나리오상으로는 "S#47, 영화관—아로운은 영화를 보다 일어서 나온다"로 간략하게 설정되어 있는데 이 지점에 "화면삭제" 표기가 되어 있다. 필름을 통해 확인해보면 이 장면에는 결투중인 사무라이들이 등장한다. 영화 속의 영화가 상영되고 있는 셈인데 이러한 양상은 "왜색"이 실제로 삽입되는 방식(특별한 서사적 필연성과는 무관하다)과 이에 대한 물리적 삭제가 강제되는 방식을 동시에 보여주는 사례로 참고할 수 있을 것이다.

〈그림 2〉 〈현해탄은 알고 있다〉의 포스터

34 『동아일보』, 1963.1.28 참고.

35 영상자료원이 제공하는 정보에 따르면 최초의 일본현지로케 작품으로 기록되어 있는데, 당시 신문기사에 의하면 인서트로 일본풍경이 비칠 뿐 본격적인 로케는 되지 않았다고 보도되어 있다(『동아일보』, 1962.9.3). 실제로 이 작품은 대부분 군부대와 일본여성의 방과 같은 실내에서 진행된다. 김기영 특유의 '좁은 공간'의 미학을 이 작품에서도 찾아볼 수 있다. 이 작품은 임권택에 의해서도 만들어진 것으로 보인다. 임권택 감독의 시나리오집 표지에는 "동시녹음, 일본현지로케 단행!"이라는 문구가 적혀있다.

36 영상자료원 자료실에는 〈현해탄은 알고 있다〉 검열본이 소장되어 있다. 검열상태는 이 대본을 통해 파악한 것이다.

〈그림 3〉 총독의 딸 (출처 : 한국영상자료원)

전반적인 추이를 보자면 1968년에는 상황이 약간 달라져 현지로케 금지가 상대적으로 약해진 듯하다. 〈슬픔은 파도를 넘어〉의 경우, 특히 후반부에는 인물들의 이동 경로를 따라 일본의 도심 풍경 곳곳이 생생하게 드러나기도 한다.[37] 같은 해에 만들어진 〈가로수의 합창〉 역시 시나리오에 "일본 거리", "데이고쿠 호텔", "히비야 공원 분수대", "우에노 공원" 등이 제시되어 있는데 실제로도 현지 촬영이 이루어졌음을 필름을 통해 확인할 수 있다. 물론, 제작신고와 상영허가 단계에서 시나리오 검열, 필름 검열을 받아야 하기 때문에 이 과정에서 어떤 규제를 받았는지 또 이에 따라 어떤 부분이 어떻게 커트되어 최종 상영되었는지는 별도의 파악이 필요할 것이다(자료상의 문제로 현재로서는 분명하게 파악할 수 없다).

단, 1960년대 초반 현지로케가 강력하게 금지되어 있을 때 하나의 흥미로운 예외적 경우가 돌출하는 바, 〈검은 장갑〉이 그것이다. 〈검은 장갑〉은 현지 로케를 공식적으로 인정받은 매우 드문 케이스로, 현지 로케가 허용된 이유는 이 영화가 반공 첩보물이었기 때문인 것으로 보도되고 있다. "일본에서 암약하는 북한 괴뢰의 대남간첩단을 한국정보기관과 재일 특파 기자가 협력하여 일망타진하는 스파이 액션 드라마"[38]인 〈검은 장갑〉은 국가 경계를 넘는 방첩영화라는 안전망을 활용

---

37 현해탄 서사에는 넣지 않았으나 〈동경비가〉(시나리오, 1963)의 첫 장면들은 "동경 전경", "유라꾸쬬 역", "조도전 대학 정문 앞"으로 설정되어 있다.

하여 "동경 은좌", "마루노우찌 빌딩가", "하네다공항", "아마미", "하꼬네" 등을 누비면서 카메라에 담을 수 있었다. 〈검은 장갑〉은 1970년을 전후하여 많이 나오기 시작한, 총련계 재일조선인의 '적색활동' 타파를 주요 모티프로 하는 반공영화의 비교적 빠른 모델이라고 할 수 있다.[39] 이 영화의 사례가 흥미로운 것은 영화의 "일본색"과 반공주의가 자체 충돌할 때 반공주의가 "일본색"의 위험을 덮어버리는 양상을 보여주기 때문이다.

전체적으로 제작 차원에서 일국성을 넘는 교류를 시도했던 현해탄 서사는 일본과의 관계 '호전'이 문화산업에 어떤 변화를 가져오는지 그리고 이 변화가 검열정책에 어떠한 동요와 곤란을 가져오는지를 보여준다. 그리고 영화의 장이 당시의 정치적 상황에 따라 좌우되는 현상 또한 드러낸다. 이와 같은 직접적이고 즉각적인 영향 관계는 불/안전국가 문화정치의 특징적 일면이기도 하겠지만, 북송사업이나 한일회담 같은 현실적 변수에 따라 일본로케 등의 허용이 제한되곤 했다. 그러나 전체적으로 보면 기존의 일본 삭제라는 검열 기제는 자기모순에 빠질 가능성이 점점 높아지고 있었다. 이런 점에서 현해탄 서사는 개방과 폐쇄, 은폐와 노출 사이의 긴장에서 생산되고 있는 일종의 '틈'의 산물들이었고, 강고하지만 어떤 점에서는 지극히 비체계적이었던 검열 시스템의 약한 고리를 자극하는 존재였다. 배일주의의 문화 규율은 여전히 적용되고 있었지만 시장논리와 반공주의라는 또다른 축들이 개

---

38 「이국 일본서의 우리 영화 로케」, 『동아일보』, 1962.9.18.

39 대중문화의 장에서 재일조선인이나 재일조선인 사회가 표상되어 온 양상에 대해서는 권혁태, 「"재일조선인"과 한국사회－한국사회는 재일조선인을 어떻게 "표상"해 왔는가」, 『역사비평』, 역사문제연구소, 2007 봄.

입해 들어오면서 그때그때 나름의 타협선이 형성된 것으로 파악할 수 있다. 이 세 축 즉 배일주의, 시장논리, 반공주의는 따지고 보면 충분히 양립가능한 것이었으며, 조합의 경우에 따라 갈등과 조율의 강도도 달라졌던 것으로 보인다.

3) 재현 체계와 '친밀성'의 서사 전략

이 지점에서 우리는 현해탄 서사를 둘러싸고 좀더 근본적인 질문을 던질 수 있을 듯하다. 시각장과 지각장에서 일본을 드러내려고 하는 힘과 감추려고 하는 힘이 서로 경쟁・타협하고 있던 1960년대의 상황에서, 과연 감추려고 하는 힘이 예상하고 우려했던 것만큼 현해탄 서사는 그렇게 위험하고 '불경한' 것이었을까? 이에 대한 답은 현해탄 서사의 재현 지평을 해석함으로써 얻어질 것이다. 결론부터 말하자면 이들 가운데 거의 대부분이 불/안전국가의 '안전'을 지향하는 방향을 취하고 있었기에 그리 위험한 것은 아니었다. 오히려 국가나 민족의 논리를 결코 벗어나지 않는 긍정적 에너지를 담고 있거나 이를 위한 순기능을 발휘하고자 했다. 일본을 호출하고 드러내는 모험을 하면서 검열의 인공적 연마가 필요한 돌출면을 갖게 되었지만, 몸체 자체가 갖는 전체적인 '원만성'과 '건전성'으로 인해 돌출면이 적절하게 깎인다면 크게 문제될 이유가 없었다.

현해탄 서사의 효과는 일본을 향한 기존의 집합감정을 조정하여 1960년대적 전망을 구현하는 데서 발휘되었는데, 그것이 가닿은 구체적인 지점은 과거의 역사이기도 했고 동시대적 문제이기도 했다. 사실상 해방 후 대일본 감정은 복합적이고 양가적이었으며 특히 1960년대~1970년대 경제개발기에는 선망과 공포의 이중 작동이 더 심해졌다. 그런데 대중문화의 재현적 층위에서는 이 복잡한 심경의 많은 부분이 거세된 채, 일본은 오랫동안 명쾌한 적대적 존재로 그려졌다. 식민화의 역사를 다루는 수많은 대중장르가 구사해 온, '적대를 공식화하는' 패턴들을 우리는 어렵지 않게 떠올릴 수 있다. 해방 이후 '민족 멜로드라마'의 원형으로 간텍스트적 재생산을 통해 인기를 얻은 대표적인 텍스트는 『청춘극장』일 것이다. 이 작품은 1949년 신문에 연재되기 시작한 후[40] 1959년, 1967년, 1975년 3번에 걸쳐 영화화되면서 식민지를 배경으로 한 청춘남녀의 조국애와 연애의 행로를 그린 대로망의 원형이 되었다. 『청춘극장』은 식민지 경험이 남한의 포스트콜로니얼 대중문화 상품의 장에서 어떤 식으로 기억되고 재구성되어 왔는지를 보여준다는 점에서 시사적이다. 역사의 민족주의적 재현과 향수는 패턴화되고 보편화되어, 기억-취향 상품의 시장에서 생산, 소비되어 온 것이다.

그렇다면 이처럼 오래된 관습적 상상의 장에 1960년대의 현해탄 서사가 일종의 변동을 가하고 있다는 점에 주목할 필요가 있겠다. 이 시기 대일 감정의 구조적 변동이 현해탄 서사에 의해 어떤 식으로 진행되었는지 살펴보는 일은 역사를 다시 쓰고 일본을 다시 쓰려는 포스트콜로니얼 국가의 문화적 전략을 분석하는 일이기도 하다. 남한과 일본의

40 『청춘극장』에 대한 연구로는 이호걸, 「김내성의 〈청춘극장〉과 한국 액션영화」, 『대중서사연구』 제21호, 대중서사학회, 2009.

과거사를 '정리'하고 새로운 관계맺음을 지향한다는 1960년대적 인식의 육성을 우리는 한운사의 발언을 통해 확인할 수 있다. 그는 소설 『현해탄은 말이 없다』의 서문에서 다음과 같이 쓰고 있다.

> S군, 성급하고 명료한 것을 좋아하는 독자들은 우리들의 이야기를 단 한 마디로 규정하기를 원하는 것 같다. 즉 친일적이냐 반일적이냐 — 그러나 너도 알다시피 이것은 친일적인 것도 아니며 반일적인 것도 아니다. 바꾸어 말하면 반일적일 수도 있으며 친일적일 수도 있는 것이다. 우리가 결코 아름다운 마음으로 회상할 수 없는 과거였다 할지라도 인간이 가지고 있는 얼마 안되는 숭고성을 유지하기 지난하였던 시대 속에서 한 국민이기 전에 우선 한 인간임을 훌륭히 보여준 일본인의 몇몇을 적으로 돌릴 수야 없는 일이 아니냐 (…중략…) 이것을 쓰기 직전에 오일육 군사혁명이 일어났다. 나는 오랫동안 한일 양국간에 개재하였던, 불필요하고 유해로운 적의가 조속한 시일내에 풀어지는 것은 불가능한 일이 아닌가 우려했다. 그러나 혁명을 성공리에 수행한 당국은 얼마 안가서 그들이 들었던 바로 그 메스로 한일 간의 고질을 수술하고자 敢然히 나섰다. 일본측에서도 이에 欣然이 반응을 보였을 때 나는 사태의 진전이 너무나도 신속한 데 놀라지 않을 수 없었다. 우리가 갈망하던 명의들은 나왔다. 자 그들은 어떻게 이 고질의 근원을 파악했으며 어떠한 수술로 어떠한 경과를 거쳐 어떠한 결과를 우리 앞에 제시하려는지.[41]

41 한운사, 『현해탄은 말이 없다』, 정음사, 1961, 2쪽.

적의의 해소, 적대의 약화, 반일의 극복. 이것이 군사혁명으로 더 빨리 이루어질 수 있을 것이라는 기대감을 그는 갖고 있었던 듯 보이는데 이러한 기대가 비단 한운사만의 것은 아니었다. 현해탄 서사는 양국간의 화해와 친선이라는 동시대적 전망을 전반적으로 강하게 표출한다. 현해탄 서사가 취하고 있는 화해와 친선의 코드는 새로운 정치적 교섭라인에 들어선 1960년대 남한의 노선과 충돌하거나 그 자장을 벗어나는 질감의 것이 결코 아니었기에, 일본 호출이나 일본 노출이 가져올 곤혹스러움에도 불구하고 사실상 그다지 위험한 존재가 아니었다. 더구나 이 텍스트들은 일본과의 관계 속에 남한의 위치를 재설정하면서 상징적인 차원에서 남한 국가의 재구축을 도모하고 있었기 때문에 문화정치적 효과 면에서는 오히려 도움이 될 만한 것이기도 했다. 이러한 이유로, 여전히 '일본색'이 문제되고 규제되는 상황에서도 일본을 손짓해 부르는 영상물들이 적절한 타협을 거쳐 계속 생산될 수 있었던 것이다.

그렇다면 현해탄 서사는 일본에 대한 감정의 재편을 어떤 식으로 추진했을까. 핵심적인 전략은 '친밀화'로 압축될 수 있을 터인데, 이 친밀화를 실제로 어떻게 유도했는가가 문제일 것이다. 이와 관련하여 중요하게 고려해야 할 지점으로는 우선 국제 연애, 국제 결혼 모티프와 그 유사물로서의 국제 우정 모티프를 들 수 있다. 그리고 두번째로는 (유사) 가족 모티프가 주목할 만하다. 친밀성에 기반한 두 가지 상징조작 기술을 통해 현해탄 서사는 한일 관계의 감상화(emotionalization)를 수행했고, 궁극적으로는 '적대'로부터 '환대'로 상대에 대한 감정구조를 재편했다. 그럼 먼저 국제 연애, 국제 결혼 모티프를 살펴보도록 하자. 이 모티프에 기반한 재현은 자기(남한)를 포용/보호하는 자리에 놓고 타자(일본)를 포용/보호되는 자리에 놓음으로써 역사적, 현재적 상황의 부담을 역전시키는 효과를 발휘했다. 여기서 역사적 상황이란 식민지로서 겪은 권력 불균형 상태를 말한다. 그리고 현재적 상황이란 "굴욕외교"의 조건들을 수용하면서 조약에 합의했다는, 역시 1960년대 남한이 처해 있던 국제적인 권력 불균형 상태를 뜻한다. 이와 같은 역사적, 현실적 부담은 두 주체의 위치를 바꿈으로서 상징적으로 해소되고 상쇄되는 것이다. 국제 연애나 국제 결혼 모티프는 이러한 전치를 수행하는 핵심 기제였다.

국제 연애나 국제 결혼은 해방 후의 대중물에서는 좀처럼 찾아보기 힘든 모티프인데, 〈현해탄은 알고 있다〉, 〈행복한 고독〉, 〈가로수의 합창〉, 〈총독의 딸〉이 이를 적극 활용하고 있다. 사카이 나오키는 국제 연애를 다룬 영화의 정치적 의미에 관한 분석에서 적어도 영화에 등장하는 국제 이성 연애가 외교 관계의 알레고리를 이탈하는 일이 없음을 강조한 바 있다. 그리고 국제적인 지배-피지배 관계가 〈지배자 = 남성 : 피지배자 = 여성〉으로 구도화되면서 연애 관계를 통해 가장 집약적인 표현을 얻는 것으로 파악한다. 그에 따르면 국제 연애를 그린 영화는 식민지 지배의 초상학(iconography)에 속하는 것이다.[42] 사카이 나오키의 분석은 식민본국에서 만들어진 식민주의적 영화를 주대상으로 하고 있다. 이 충분히 납득할 만한 분석틀에 기대어 우리는 그 역상, 즉 식민화를 경험했던 포스트콜로니얼 국가의 문화상품이 어떠한 국제 연애의 위상학을 구현했는지 추론 가능하다. 포스트

42 사카이 나오키, 최정옥 역, 『일본, 영상, 미국』, 그린비, 2008, 특히 1장 참고.

콜로니얼 국가 즉 더 이상 식민지가 아니라 독립된 주권국가로서 자기를 실천하려는 국가는 스스로를 남성 주체로 정립하고자 한다. 그리고 바로 이 남성 주체가 이런저런 계기를 통해 원한이나 분노에서 벗어나게 되면 타인을 향해 친선과 포용을 행사할 수 있게 되는바, 1960년대 남한의 남성이 일본 여성을 '애인'이나 '아내'로 갖게 되는 상상력의 출현 경로는 이렇게 이해하면 될 것이다. 즉 1960년대의 한국은 일본을 향한 원한이나 분노에서 벗어난 독립적이고 성숙한 남성으로 재현되고 있었다. 이런 상상이 가능했던 맥락에는 식민지 경험에서 완전히 탈각하여 대등한 위치에서 '국교'를 회복한다는 의식이 작동하고 있는 것이다.

〈현해탄은 알고 있다〉는 조선인 학병의 탈출과 일본 여성과의 사랑 그리고 전쟁의 참화를 다루는 전쟁 멜로드라마이다. 일본 병사들에게 학대와 폭력을 당하는 수난 서사와 일본 여성과의 멜로 서사가 결합되어 있는 이 영화에서 주인공 아로운은 연인으로부터 절대적인 존경과 사랑을 받는 인물로 그려진다. 대미를 장식하는 마지막 장면 즉 폭격으로 완전히 무너진 도시 한복판에서 시체더미를 딛고 걸어 나오는 아로운과 여성 주인공의 만남은 제국주의 전쟁의 폐허의 스펙터클과 남한(남성)-일본(여성)의 극적인 해후 및 사랑의 완성을 인상적으로 보여준다. 동일한 시대를 배경으로 한 〈총독의 딸〉, 〈가로수의 합창〉 역시 식민지 남성 주체의 민족주의적 저항과 국제 연애를 중심 테마로 삼고 있다. 이 영화들에서 식민지 남성 주체와 제국 여성 사이의 연애는, 전자의 경우에는 조선의 해방과 이에 따른 일본인의 인양으로 끝나고 후자의 경우에는 한 조선인 남성의 모략에 의해 끝난다. 그러나 조국에 헌신하는 피식민 주체의 남성성과 그를 향한 일본인 여성의 연모라는 틀은 깨지지 않고 유지된다.

또다른 영화 〈행복한 고독〉은 1961년부터 1969년에 걸쳐 신태양사, 상지사, 남창출판사 등에서 여러 차례 발행했던 일본 여성의 수기를 바탕으로 만들어졌다. 한국인 남성과의 연애, 일본인 가족의 반대 그리고 고난에 찬 결혼 생활과 안타까운 이별을 모두 겪은 후, 도키코는 사랑하는 남편을 찾아 한국으로 들어와 귀화하고 '한국여성'이 된다. 그녀는 한국으로 갈 것을 결심한 후 생각한다. "그이가 여기서(일본―인용자) 온갖 서름을 받을 때 나만은 그이를 진심으로 사랑했다. 혹시 한국사람 전체가 나를 배척하드래두 그이만은 나를 사랑하고 보호해 주겠지……. 새로운 조국 한국 땅에서 나는 그이를 위해 좋은 아내가 되련다"[43]라고. 하지만 '뜻밖에도' 한국은 그녀를 열렬히 환영해주는데 이 마지막 장면은 다음과 같이 설정되어 있다.

122 김포공항 밖

1. 도끼꼬는 새로운 조국의 땅을 힘차게 밟으며 승우와 영이의 손목을 굳게 잡고 태극기를 우러러 본다.
2. 새로운 조국!

   대한민국의 태극기가 휘날리고 있다.
3. 도끼꼬는 영이와 승우의 손을 마주잡고 약진하는 희망의 나라 로 힘찬 발검을 한발 두발 행복스럽게 옮긴다.

43 〈행복한 고독〉(시나리오), 38쪽.

‘일본인에 대한 환대’는 1960년대 한국의 자기 상상에서 상당히 중요한 긍정적 계기로 작용하고 있다. 지금까지 살펴본 것처럼, 한국인 남성과 일본인 여성의 국제 연애, 국제 결혼 모티프는 과거의 식민-피식민 관계의 젠더 역전과 성애화(sexualization)을 통해, 포스트 콜로니얼 남한의 남성적 재건과 함께 한일 간 힘의 불균형의 해소를 상상케 한다.

「密航 13세」와 12年만의 母女… 그 写真의 사연

'法'에 묶여 우는 血緣

엄마와 —

〈그림 4〉 일본으로 밀항한 13세 소녀

(출처 : 『조선일보』, 1968.7.3)

한일관계의 성애화 전략 외에 주목해야 할 또 하나는 가족화 메커니즘이다. 이러한 모티프를 활용하여 현해탄의 현실적 간극을 감상화시키면서 가족이 복원되기 위해서는 두 나라 사이의 거리가 가까워져야 한다는 메시지를 직간접적으로 전달한다. 이는 한국과 일본을 자유롭게 왕래할 수 있는 관계로 복구해야 한다는, 즉 눈물 없는 현해탄을 만들어야 한다는 전언이기도 하다. 〈현해탄의 구름다리〉, 〈귀국선〉, 〈뜬구름아 말물어보자〉, 〈슬픔은 파도를 넘어〉는 이러한 모티프의 구사와 변용을 통해 이산가족의 심정과 정황을 전경화하고 있다. 이 영화들 가운데 몇 편은 한국인이 일본으로 밀항하는 상황을 묘사해야 하는 서사상의 불가피성을 갖곤 했는데, 이는 당시로서는 다소 불편한 소재였던 듯하다.[44] 그러나 밀항이나 밀입국 같은 불법 이동의

44 영상자료원 자료실의 〈슬픔은 파도를 넘어〉에 남아 있는 검열 흔적을 통해 이 점을 추론할 수 있다. 밀항, 밀선이라는 단어가 나오는 부분을 다 삭제하거나 바꾸도록 했고 특히 밀선 내부에서 이루어지는 사람들의 대화 역시 모두 삭제할 것을 지시하고 있다. 필름은 시나리오대로 촬영되었는데, 검열 이후 상영 필름에서도 삭제되었을 확률이 높다. 〈귀국선〉의 경우 오리지널 대본과 심의대본 사이의 차이를 검토함으로써 이를 확인할 수 있다. 예를 들어 오리지널 대본의 대사 “여북해야 밀항을 했겠습니까”, “밀항자는 오무라 수용

〈그림 5〉 귀국선 (출처 : 한국영상자료원)

묘사는 현해탄이라는 현실적, 상징적 공간을 염두에 두는 현해탄 서사의 상상 지평에 들어올 수밖에 없는 요소였다. 또 이 서사들이 행한 집합감정 재편의 시도 면에서 보자면 다분히 취해질 만한 의미를 갖는 제재이기도 했다. 이런 이유로 약간의 삭제 위험을 예감 혹은 감수하고 활용된 것으로 보인다.

결론적으로 보자면, 다소의 이물감을 갖는 작은 파편들은 월경적 가족 상봉을 통해 양국간의 화해와 친교를 강조하는 전체적인 의미론적 완충 지대 안에 그리 크게 감지되지 않게 박혀있는 형상이다. 밀항이나 밀입국을 표면화한 일군의 영화들 외에도 몇몇 작품은 경계를 넘어 일어난 가족 해체나 가족 상봉을 다루면서 크게 두 가지를 부각시키고 있다. 즉 현해탄을 사이에 둔 두 나라가 사실은 '이토록 가까운' 가족적 친근성과 육친적 정으로 이어져 있는 가까운 관계라는 점

소에 가게끔 되어 있어요. 거기서 가서 사정해 보시죠"와 같이 '밀항'이 발화되고 있는 부분은 심의대본에서는 빼버리는 자기검열이 작동했음을 알 수 있다. 일반적으로 밀항이라는 제재 자체가 해방기 이후의 재현의 장에 자주 출현하지는 않는다. 1948년 정부수립 이후 국가경계선이 획정되고 국제적인 냉전 경계가 확고해지면서 상상 지평의 외부로 밀려났다고 해도 좋을 것이다. 오히려 영화에서는 몇 번 다뤄진 셈이다. 문학에서는 대표적으로 손소희의 「현해탄」(『백민』, 1948.10)을 떠올려볼 수 있겠다. 이 작품에는 밀항의 풍경과 밀항자의 내면이 비교적 선명하게 묘사되어 있는데 흥미로운 것은 극심한 가난과 생활고로 일본으로 밀항하여 식민지 시절 자신이 일했던 방직회사의 일본인 사장에게 생계를 의존하려 했던 인물이 바로 그 일본인에게서 조국애(애국심)를 배우고 돌아온다는 설정이다. 밀항이란 사실상 애국과는 무관한 것이지만 해방기의 민족주의적 상상력에 의해 밀항길은 '적국'에서 진정으로 애국하는 법을 학습하는 길로 각색된다. 영화에서는 〈형제〉(1958)에서 밀항 모티프가 나오긴 하나 이것은 범죄행위 후의 도피성 밀항으로 성격이 현해탄 서사의 그것과는 다르다.

그리고 가족 감정의 원활한 교환의 조건을 상호 이해와 협조를 통해 만들어내야 한다는 점이다. 한국인과 일본인 어느 누구도 가족의 이별로 울어서는 안되며 밀항을 해야만 하는 '불법적 존재'가 되어서는 안되는 것이다. 이렇게 현해탄 서사는 가족주의적 감상성을 기반으로, 서로를 더 이상 적대시할 수 없는 관계로 전환시켰다. 〈귀국선〉, 〈현해탄의 구름다리〉, 〈뜬구름아 말물어 보자〉, 〈슬픔은 파도를 넘어〉가 가족적 친밀화의 효과를 발휘한 텍스트로 함께 묶일 수 있을 것이다.

〈귀국선〉에는 같은 밀항선을 타고 일본에 입국한 세 인물이 나온다. 두 여성 인물(명희, 정순)의 가족 상봉이 서사의 주된 줄기라면, 또 하나의 줄기는 한국인 남성(헨리 장)과 일본인 여성(에미코) 사이의 인간적 이해이다. 인물들은 일본에 있는 어머니와 남편을 가까스로 만나지만 결국에는 송환선에 오르면서 다시 눈물의 이별을 한다. 이들이 전형적인 가족주의적 감상화를 통해 현해탄의 자유로운 이동을 역설하고 있다면, 에미코는 헨리를 도우면서 서로의 아픔을 이해하게 된다. 그녀 역시 '현해탄의 불화'로 인해 가족과의 이별을 경험하고 있기 때문이다.

> 헨리 : 정말 이 은혜는 평생 잊지 못할 겁니다.
>
> 에미코 : 자, 어서!
>
> (…중략…)
>
> 에미코 : 우리 아버진 지금 부산에 있는 일본인 수용소에 억류당하고 있어요. (…중략…) 고기잡이 하러 평화선을 넘어갔다가 한국 경비선에게 붙잡혔어요.

헨리 물끄러미 에미꼬를 바라본다

에미꼬 : 그래서 저는 한국 사람이 무척 미워요

헨리 : 그 심정 잘 알 것 같습니다.

(…중략…)

에미꼬 : 한국도 혁명 후엔 많이 달라졌다죠?

헨리 : 네. 놀라울 정도로 변모됐습니다. 모든 분야마다 혁명정신을 받들어 자랑스러운 일이 많습니다.

에미꼬 : 네. 고생하시는 아버지 생각을 하면 ……. 우리 아버진 언제쯤 돌아오시게 될까요?

헨리 : 글쎄요, 곧 돌아오시게 될 겁니다.[45]

위 장면은 한국과 일본의 경계에 놓인 인물들의 심정을 보여주면서 이들의 행복한 만남이 가능해질 것이라는 기대를 제시하고 있다. 〈뜬구름아 말물어 보자〉, 〈슬픔은 파도를 넘어〉 역시 아버지와 어머니를 찾아 국경을 넘는 소년들의 서사다. 전자의 경우 일본에서 태어난 소년 가네야마가 아버지를 찾아 현해탄을 건너 남한으로 들어온 후 갖은 고생 끝에 아버지를 찾게 된다는 이야기다. 〈슬픔은 파도를 넘어〉 역시 이와 유사한 패턴을 보인다. 단 이 작품은 한국인 소년 경수가 몇 차례의 밀항 시도 끝에 오오사카에서 어머니와 해후하지만, 결국에는 혼자 한국으로 돌아올 수밖에 없는 상황을 그리고 있다. 울면서 배에 오르는 소년 그리고 아들과의 이별에 오열하는 어머니를 통해

45 〈귀국선〉(시나리오), 10쪽. 이 가운데 에미꼬의 "한국도 혁명 후엔~"부터 헨리의 "네 놀라울 정도로~"는 오리지널 대본에는 없던 대사이다.

영화는 누가 이들의 슬픔을 해결할 수 있을 것인가를 묻는다.

마지막으로 〈현해탄의 구름다리〉는 또하나의 흥미로운 자료라 할 수 있다. 여기에서 가족은 이미 혼성적인 형태를 띠고 있다. 개봉 당시 이 영화는 '국경을 넘는 인정담', '국경을 넘은 인간애'를 다루고 있다는 평가를 받았었다. 8·15 이후 조선에서 부모를 잃고 남겨진 일본인 소녀가 한국인 부부의 보살핌 속에서 성장한 후 일본의 가족을 찾게 되지만 한국의 양부모와 계속 한국에서 살기를 선택한다는, 말하자면 '한국의 딸'이 된 일본인 여성("미도리"에서 "소영"으로)에 관한 이야기다. 일본인 소녀와 한국인 부모의 관계를 통해 나타나듯이, 남한은 '관대하고 관용적인 보호자'의 위치로 설정되고 궁극적으로는 일본인 딸에게 미덕과 은공을 보상받는다. 이러한 상상은 앞서 살펴본 현해탄 서사 재현 전략의 대표적인 방식이라 할 수 있을 '전위'와 '전치'의 문법을 그대로 따르고 있다. 그리고 이에 더하여, 한일 혼성가족의 국경을 넘는 '진정한 결속감'을 통해 현해탄의 가족적 정감화의 가능성을 낙관하고 있는 것이다.

4. 기술로서의 '공포'와 '위기'

지금까지 1960년대 초중반을 중심으로 불/안전국가의 문화정치와 포스트콜로니얼 문화상품으로서의 영화가 맺고 있는 관계를 현해탄 서사를 통해 살펴보았다. 현해탄 서사는 서사 외적으로나 내적으로 당시의 정치적, 문화적 조건과 환경에서 가능했던 수준의 트랜스내셔널리티를 구가하고 있었다고 볼 수 있다. 제작적 측면에서는 주로 해외 합작, 인적·기술적 교환, 촬영상의 월경적 시도 등을 통해 이러한 움직임이 진행되고 있었다. 그리고 또 한편으로는 '불법적'이거나 '명시적'이지 않은 경로의 모작, 표절, 각색 등 다양하고 무원칙적이며 산만한 문화번역으로도 이루어지고도 있었다. 컨텐츠 상으로는 의식적으로 선택된 표상이나 의미화 체계를 거치면서 국경을 넘나드는 유형의 감각과 상상이 생성되고 있었다.

하지만 식민화의 경험과 그 긴 문화적 여파로 인해, 일본으로의 월경은 늘 애매하고 양가적인 성격을 가질 수밖에 없었다. 그리고 규율의 제일원리였던 배일주의에 영화산업 자체의 상품논리까지 이리저리 얽히면서 애매성과 양가성=불안정성은 더 강화된 듯하다. 문화시장쪽에서는 '흥행'(또는 작품성)을 위해 일본 삽입을 노렸지만 국가의 문화정치쪽에서는 '민족문화보호'를 위해 일본 삭제를 요구하는, 즉 하나의 대상이 서로 다른 기준으로 겨냥되는 상황을 그려볼 수 있다. 그리고 여러가지 계기로 상품논리가 확대될 수밖에 없었던 60년대의 정황에서, 거의 관습과 관례 수준으로 작동해온 오랜 규율 기제가 불규칙하게 여기저기서 생겨나는 일본 호출의 장소들을 완전히 장악하지 못하는 양상 역시 확인하게 된다. 바로 이 규율 체계의 완고성으로 인해, 이런저런 예외를 허용할 경우 시스템 자체가 현장 통어력을 상실하고 자체 붕괴하고 말 것이라는 우려도 커질 수밖에 없었을 것이다. 일본 호출을 통해 '조국'의 성장과 미래를 긍정하려 했던 텍스트들을 허용하면서도 이 과정에서 호출된 일본을 애써 삭제하려 했던 정책은 불/안전국가의 문화정치 작동의 구조, 즉 자기 붕괴의 상상과 공포를 통해 기계적으로 과잉 작동하는 구조 자체를 드러낸다. 당시의 문화정치와 문화상품의 접촉 장소에서 확인하게 되는 규율의 강박적 강고성과 적용의 산만한 몰체계성은 이러한 구조에서 비롯된 것이라 하겠다.

현해탄 서사의 마지막 사례를 통해 이 점을 다시 한 번 확인할 수 있을까? 일본 사회에서 소외되어 온 한 재일조선인 청년의 고통과 그를 둘러싼 한일 청년세대의 인간적 교류, 감정적 연대의 가능성을 다루고 있는 〈현해탄의 가교〉를 잠시 살펴보자. 이 영화는 재일조선인 청년과 일본인 여학생을 중심으로, (결코 성애화되지 않는 '건전하고 바른') '우정'을 통해 양국이 윗세대의 식민주의적 관계를 극복하고 미래지향적인 동반자 관계를 형성할 수 있을 것이라고 역설한다. 직접적인 소재가 된 이진우 사건을 둘러싸고 한국에서만도 이미 세 개의 시나리오가 나와 제작을 준비하는 중이었고[46] 일본의 대중문화계(영화와 드라마)에서도 실제적인 반응이 일어나고 있었다.[47] 이진우 사건 자체가 쌍방적인 것이었을 뿐만 아니라 그 문화적 반영물인 시나리오 역시도 요시오 시라사카의 「타인의 피」를 번안한 것으로, 교통적인 것이었다. 영화는 재일조선인이 처해 있는 열악한 삶의 조건을 휴머니즘적 시각에서 고발하면서 여학생 "큥꼬"의 "슈이찌상"(수일)을 향한 적극적인 옹호, 변호, 연대의식을 전경화하는 계몽적인 관점을 취하고 있다. 그녀는 "어른들의 상처

46 시나리오로 인해 일어난 문제에 대해서는, 『동아일보』, 1962.11.20 참고.

47 이진우 사건은 일본에서도 적지 않은 반향을 불러일으켰다. 요시오 시라사카의 〈타인의 피〉는 영화 제작 전에 드라마로 만들어질 계획이었으나 중단되었다고 한다. 이에 대해서는 『동아일보』, 1962.11.20 참고. 1968년 오시마 나기사는 이 사건을 전면화하여 전쟁과 사형이라는 이름으로 "살인"을 정당화하는 일본국가에 대한 급진적 비판을 담아 〈교사형〉을 만든다. 오시마 나기사 영화에 나타난 조선 인식은 신하경, 「1960년대 오시마 나기사 영화 속의 재일조선인 표상」, 『일본문화학보』 제45집, 한국일본문화학회, 2010 참고.

는 아물기가 힘들겠지요. 허지만 젊은 사람들의 자라라는 살은 쉬이 아물 수가 있어요 꼭 아물어야만 살게 아녜요?"라고 하면서, 고통스런 기억과 경험을 가진 부모 세대와는 달리 젊은 세대는 새로운 관계맺음의 주체가 될 수 있다고 강조한다(중꼬의 어머니는 인양자로 조선에서 남편이 살해되었고, 수일의 변호사는 일본에서 아내와 가족을 잃은 것으로 설정되어 있다).

그러나 이 영화가 제작되었는지는, 이후의 기사들을 보건데, 확실치 않다. 1962년 무렵 〈현해탄의 가교〉를 포함하여 7~8편의 영화들이 일본로케를 기획했으나 "공식적인 일본로케가 난망시되어 모두가 좌절되고 비공식적으로 일본 풍경을 촬영, 그것을 인서트로 삽입하는 것같은 궁상스런 변통을"[48] 하고 있었다. 3개월 여 뒤의 또다른 기사는 〈현해탄의 가교〉를 비롯하여 이진우 사건을 다루려고 하는 영화들이 제작 허가를 받지 못하고 있음을 전하면서 "우선 경작이 붙었다는 것과 일본 로케 등의 문제가 끼어 있어 당국이 신중히 고려하고 있는 것"[49]이라는 설명을 덧붙인다. 현해탄 서사의 전형적이고 대표적인 기능은 한일 간의 새로운 감정적 연대의 창출에서 벗어나지 않는 상상체계를 (재)생산하는 것이었다. 그럼에도 불구하고 많은 현해탄 서사가 규율의 장에서는 이처럼 우여곡절을 겪게 된다. 현해탄 서사가 불/안전국가를 자기 절멸의 위험과 위기로 빠뜨리는 것이 결코 아니었음에도 불구하고 공포과 위기를 원료로 자가발전(發電)하는 체제는 늘 과민할 수밖에 없었다고 한다면, 이는 단지 우리가 후대의 시선을 취하고 있기에 가능한 사후적 해석일 것인가.

48 『한국일보』, 1962.8.23.
49 『동아일보』, 1962.11.20.

참고문헌

1. 자료

『문교월보』(『문교공보』) 『주간서울』, 『주간문학예술』, 『국제영화』, 『동아일보』, 『조선일보』, 『세대』, 『신문기사로 본 한국영화』, 한국영상자료원(KMDB)

『문화공보 30년』, 문화공보부, 1979.

2. 논문

고선희, 「1960년대 매체전환의 한 양상」, 『대중서사학회』 제19호, 대중서사학회, 2008.

권혁태, 「'재일조선인'과 한국사회 – 한국사회는 재일조선인을 어떻게 '표상'해 왔는가」, 『역사비평』, 2007 봄.

김예림, 「1960년대 중후반 개발 내셔널리즘과 중산층가정 판타지의 문화정치학」, 『현대문학의 연구』 제32집, 한국문학연구학회, 2007.

김혜인, 「현해탄의 정치학 – 제국의 법질서와 식민지 주체의 정화술」, 『어문론총』 제52호, 한국문학언어학회, 2010.

변장호, 「한국의 영화통제와 그 변천에 관한 연구」, 연세대 석사논문, 2003.

서곡숙, 「한국 영화검열과 코미디 영화」, 『영화연구』 36권, 한국영화학회, 2008.

신하경, 「1960년대 오시마 나기사 영화 속의 재일조선인 표상」, 『일본문화학보』 45, 2010.

윤석진, 「한운사의 방송극 〈현해탄은 알고 있다〉 고찰」, 『비평문학』 제27호, 한국비평문학회, 2007.

이경숙, 「한운사의 "아로운 3부작" 연구」, 『한국문학이론과 비평』 제33집, 한국문학이론과 비평학회, 2006.

이봉범, 「1950년대 문화 재편과 검열」, 『한국문학연구』 제34집, 동국대 한국문학연구소, 2008.

______, 「검열의 내면화와 그 정치적 발현」, 『상허학보』 21집, 상허학회, 2007.

이영재, 「신화의 창출, 무법의 창출」, 『사이間SAI』 8권, 국제한국문학문화학회, 2010.

이호걸, 「김내성의 〈청춘극장〉과 한국 액션영화」, 『대중서사학회』 21, 2009.

木村洋一郎,「張勉政權下 韓日關係 硏究」, 연세대 석사논문, 1998.

3. 단행본

김윤식,『일제말기 학병세대의 체험적 글쓰기론』, 서울대 출판부, 2007.
오승욱,『한국 액션영화』, 살림, 2003.
함충범 외,『한국영화와 4·19』, 한국영상자료원, 2009.

사카이 나오키, 최정옥 역,『일본, 영상, 미국』, 그린비, 2008.
Barbalet, J. M.(ed.), 박형신 역,『감정과 사회학』, 이학사, 2009.
Williams, Raymond, 이일환 역,『이념과 문학』, 문학과지성사, 1982.

국가와 시민의 밤

경찰국가의 야경, 시민의 야행

1. 경찰국가의 미시통제와 위반의 위상학

한국 시민의 존재는 어떻게 논의되고 성찰되어 왔을까. 현대적 시민의 탄생 혹은 시민 역량의 발현이라는 논제와 관련하여 1960년대는 특히 중요한 의미를 갖는다. 4 · 19의 에너지가 5 · 16의 폭력에 포말이 되어 사그러드는 과정을 거치면서 시민은 부침(浮沈)의 역사로 접어든다. "민주화가 이루어진 이후에조차 한국의 시민은 수줍은 또는 망설이는 모습으로 매우 소극적으로 표현"될 뿐 그 의미조차 "명확하게 정의되지 못한 채로 부유하고 있다"[1] 해도 틀리지 않을 만큼 그 시간은 길고 지난했다. 수십 년에 이르는 시간대에서 1960년대는 '자유와 권리를 보장받는/보장받기를 요구하는 공화국의 구성원'이라는 시민 상을 둘러

1 최장집, 『민중에서 시민으로』, 돌베개, 2009, 203쪽.

싸고, 양화와 음화가 모두 강렬하게 제출된 시기다. 1960년 초 불현듯 나타나 뚜렷한 행동을 취했던 능동적 시민은 쿠데타, '재건'의 환상, 민정의 유예, 군부 독재의 확립 와중에 어디론가 사라진 것으로 알려졌다.

빛나는 모습으로 있다가 없어져 버린 시민. 그들의 자취를 좇거나 재림을 기대하는 움직임이 출현한 것은 이런 맥락에서다. 1960년대 후반에 제출된 시민론은 대표적인 담론적 실천이라 할 수 있다. 주요 논자였던 김주연과 백낙청은 소시민 혹은 시민이라는 이름으로, 스산한 계절을 사는 깨어 있는 주체를 찾으려 했다. 김주연은 "소시민 의식은 그것 자체로서는 기뻐할 혹은 비판받아야 할 아무런 규준의 속에 있지 않"지만 현실에 대한 그릇된 판단이나 허황된 파악을 피하게 해준다는 점에서 의미를 갖는다고 보았다.[2] 이에 대해 백낙청은 「시민문학론」에서 "소시민과 대비시켜 미래를 위한 이상으로 내걸려는 시민"을 "프랑스 혁명기 시민계급의 시민정신을 하나의 본보기로 삼으면서도 혁명 후 대다수 시민계급의 소시민화에 나타난 역사의 필연성은 필연성대로 존중해주고 그리하여 그러한 필연성을 기반으로 하여 우리가 쟁취하고 창조하여야 할 미지 미완의 인간상"이라 논하면서 자유·평등·우애 이념의 한국적 번역을 시도했다. 추구해야 할 "시민의 길"로 그가 강조한 것은 "사랑"(="자유")이다. "플라톤적 설득의 원칙으로서의 이성, 그 움직임의 추진력으로서의 사랑, 이 이성과 사랑의 역사적 구체화로서의 시민의식"을 한국의 문화(문학)적 계보에서 찾는 것이 그의 목적이었다.[3]

2 김주연, 「소시민의식과 낭만주의의 가능성」, 『사상계』, 1968.10, 264쪽. 그는 1960년대 작가 의식의 핵심을 "소시민 의식"으로 파악하면서 이것이 곧 "현대문학이 지향하는 개성적 인간의 현현"과 이어진다고 보고 있다. 이에 관해서는 「새시대 문학의 성립」, 『아세아』, 1969.1 참고.

대략적으로 살펴보았지만, 1960년대 말의 시민(문학)론이 직간접적으로 발언하고 있는 것은 시민과 소시민의 존재론적 위계, 경계, 관계에 관해서라 할 수 있다. 시민의 충만한 존재 증명과 역능의 구현이 위축될 때 그들에게는 '소시민화'의 길이 주어진다. 그렇다면 존재 증명과 역능의 구현은 어떻게 실현될 수 있을까. 그/그녀를 어떻게 부르든, 주체가 세계와 맺는 관계에서 핵심은 발리바르를 빌자면 "정치의 가능성"에 있다. 그는 정치의 가능성을 "저항의 실천"에서 찾는다. 이 때 저항은 "단지 기성질서에 대한 반대와 정의의 옹호같은 부정적 의미의 저항일 뿐만 아니라 능동적 주체성과 집합적 연대가 형성되는 '장소'라는 적극적 의미의 저항이기도 하다."[4] 시민(문학)론을 전개한 논자들의 입장은 표면적으로는 달라 보이지만 이런 의미에서의 저항의 의미를 나름대로 설정하고 모색하려 했다는 점에서 서로 만난다. 저항이 없다면 정치의 가능성은 열릴 수 없다. 저항 부재의 상태라면 주체는 비정치화 혹은 몰정치화를 유도하는 극단적인 폭력을 경험하고 있는 것이다. 물론 발리바르는 극단적인 폭력에도 불구하고 절대 무화될 수 없는 주체의 "억압불가능한 최소"를 역설한다. 이 점에서 시민의 '큰' 윤리 혹은 소시민의 '작은' 윤리에의 천착은 폭력과 폭력에 맞서는 자 사이의 역학에 관한 사유이기도 했다.

이 글에서는 폭력, (소)시민, 저항을 둘러싼 질문을 특히 1960년대 통행금지 시절의 야경으로 가져와 생각해 보려 한다. 당시 조성된 사회

3 백낙청은 "실로 사랑이 있는 곳이면 어디든지 시민이 있고 사랑이 없는 자는 어디서 무엇을 해도 시민이 못된다고 잘라 말할 수 있는 역사적 조건의 성숙"을 강조한다. 백낙청, 「시민문학론」, 『창작과비평』, 1969 여름, 509쪽.

4 Étienne Balibar, 진태원 역, 『폭력과 시민다움』, 난장, 2012, 118쪽.

적·인식적 정황으로 인해, 통행금지라는 미시통제를 둘러싸고 복합적인 반응과 첨예한 성찰이 제출될 수 있었다. 나의 목적은 통행금지의 역사를 선형적으로 파악하고 1960년대를 그 과정상의 한 단계로 놓아 부분화시켜 살펴보는 데 있지 않다. 이 시기는 어떤 단계가 아니라 한국 국가와 시민의 상관 구조를 압축하여 보여주는 단면으로 상정될 필요가 있다. 1960년대를 정치(화) 메커니즘의 전모를 드러내는 절편으로 간주하여 관찰한다면, 이를 통해 통치와 피통치자의 동태(動態)에 접근하는 것이 가능할 것이다. 불안 및 공포와 더불어 생존을 계속하는 동안 한국은 강력하게 경찰국가화 되었고 그 과정에서 특유의 시간 통제 시스템이 오랫동안 유지, 활용되어 왔다. 시간의 통제는 물론 공간의 통제이기도 했다. 경찰국가의 야경은 칠흑같이 어둡다. 이 어두운 시공간을 살고 있던 자들의 일상이 어떠했을지 추측은 가능하지만, 그 현상과 심층의 구도는 막상 잘 보이지 않는다. 야간통행금지가 처음으로 실시된 해방 후부터 폐지에 이른 1982년에 이르기까지, 밤시간을 두고 벌어진(혹은 벌어지지 않은) 국가와 시민 사이의 일은 무엇이고 또 어떻게 의미화할 수 있을까.

나는 앞에서 폭력, (소)시민, 저항을 둘러싼 문제들을 다룰 것이라 했는데 좀더 정확히 표현하면 정치의 역학 또는 정치 가능성의 구도를 천착하는 데 결정적인 이 의미소들이 얼룩처럼 번져 불분명해지는 국면에 주의를 기울이고 있다. 다음 절에서 자세히 살펴보겠지만, 일상이 전면적으로 통제될 때 통제하는 폭력과 주체 사이에는 발리바르가 말한 바 '저항'이라는 의미 계기로는 설명하기 어려운 모호한 응대 구조가 성립한다. '저항'으로 범주화되기 어렵다면, 저항 저편의 이질적인 무엇에 우리는 눈돌리고 있는 것일까. '위반'이 그것이다. 위반(가능성)은 한국의 일반적인 보통 사람들의 삶과 자기 형성에 항상적으로 주어졌던 상황이다. 조밀한 규율과 금기의 망을 설치하여 곳곳에서 적발의 계기를 양산하는 것이 곧 경찰국가 체제의 필연이기 때문이다. 경찰국가는 개개인의 사적 영역을 국가의 것으로 접수하면서 이에 응하지 않는 모든 경우를 '위반'으로 간주한다. 현실이 그러했다면 도처에 깔린 위반 가능성에 접해 있던 무수한 잠재적 위반자의 의식과 품행이 갖는 애매성을 재고해 봐야 한다. 위반(가능성)이라는 계기와 더불어 이것에 부대끼며 존재하고 행위한 자들의 주체성과 수행성을 살펴보는 일은 한국 통치성에 내재된 폭력과 피통치 집단(=시민) 사이의 역학을 탐구하는 일이 될 것이다.

그간 야간 통행금지에 대한 논의가 충분히 이루어지지는 않았다. 해방과 국가형성 그리고 군사정권 시기를 관통하면서 지속된 지배적인 치안기제였음에도 불구하고, 의외로 주목의 대상이 되지 못한 셈이다. 이 문제를 다룬 본격적인 연구로는 정상천(1963)[5]과 심연수(2010)[6]의 논문이 있다. 정상천은 통행금지 제도의 연혁 및 성격 그리고 관리 방식 등을 자세하게 살펴보고 있는데, 기본적으로 이 제도가 질서유지를 명목으로 국민의 기본권을 침해하고 있는 만큼 폐지되어야 한다는 입장을 취하고 있다. 이런 관점은 당시로서는 특이한 것이 아니었으며 오히려 일반화된 공론이기도 했다. 이 점에서 정상천의 논문은 역사 자료

---

5 정상천, 「치안행정에 있어서의 야간통행금지제도의 연구」, 서울대 석사논문, 1963.

6 심연수, 「야간통행금지제도와 밤 시간의식 형성에 관한 연구—1971~1990년 동아일보 기사를 중심으로」, 이화여대 석사논문, 2010.

로서의 의미도 갖고 있다. 심연수의 연구는 비교적 최근에 나온 것으로, 통행금지를 압축 근대화의 전형적인 반영태로 파악하면서 이 제도가 당대인의 밤 시간의식에 어떤 영향을 미쳤는지를 문화사적으로 규명하고 있다. 이 논문에 힘입어, 감시와 통제의 시간이 생활하고 욕망하는 주체에 의해 변주되는 양상을 풍속적 차원에서 포착할 수 있을 것이다. 그 외, 통행금지 자체가 주된 분석 대상은 아니지만 통행금지 실시 기간 내내 '공인된 예외'였던 크리스마스에 초점을 맞춰 통행금지 메커니즘을 비판적으로 되묻는 작업도 주목할 만하다.[7]

나는 지금까지의 연구 성과를 바탕으로 하되 접속하는 각도를 좀 달리 하여 '위반'이라는 문제틀을 제시하려 한다. 이 틀 안에서 밤을 통제하는 메커니즘을 분석하고 통제당하고 있는 자의 실감 및 실행이 시사하는 바를 재고할 것이다. 이 글은 당시의 용어를 따르면 '소시민'화된 시민의 삶을 겨냥하는 것으로 보일 수도 있겠지만, 시민과 소시민이라는 사회역사적 정체성의 질적 층차를 따지는 것이 목적은 아니다. 궁극적인 관심은 연성폭력에 응하는 주체의 장소가 갖는 의미를 고찰하는 데 있다. 따라서 통행금지 제도로 드러나는 치안의 논리와 생활영역 장악의 힘을 살피면서 전체 통치의 지형도에서 '위반(자)'의 의미론적 위치를 묻게 될 것이다. 이를 위해 우선 통행금지의 법제적 측면을 검토하고 이어 신문기사, 에세이, 소설을 포괄하는 관련 문헌들을 참

7 두 글 모두 크리스마스의 사회문화적 의미를 밝히는 것이 초점이다. 크리스마스로 상징되는 서구문화가 한국인의 풍속으로 내면화되는 양상을 최인훈의 소설을 통해 살펴본 글로는 서은주, 「'한국적 근대'의 풍속」, 『상허학보』 19집, 상허학회, 2007 참고. 그리고 한국 크리스마스 문화의 역사를 훑는 글로 강준만, 「한국 크리스마스의 역사–'통금해제의 감격'에서 '한국형 다원주의'로」, 『인물과사상』 통권 105호, 2007.1.

고한다. 신문기사는 통행금지를 둘러싼 당시의 현실적, 담론적 상황을 세밀하게 보여주는 자료로 반드시 참조해야 할 영역이다. 그리고 또다른 핵심적인 분석 대상으로 최인훈의 텍스트를 선택했다. 통행금지의 투명한 막에 쌓여 있던 공화국과 시민을 향해 가장 날카롭고도 사려깊은 시선을 던진 것은 최인훈이었다. 그의 작품에 대한 독해를 거쳐 '밤에 나다니는 자'를 크로키하고 금지와 위반의 시대화(時代畵)를 작성할 것이다.

2. 야간통행금지 법제와 운용의 구도

야간통행금지는 1945년 9월 8일 발령을 거쳐 시행되기 시작했다. 당시 내려진 통행금지령은 군정포고 1호에 근거한 것으로 그 요지는 9월 8일 이후 경성과 인천을 대상으로 오후 8시부터 다음날 오전 5시까지 몇몇의 특수한 경우[8]를 제외하고는 통행을 금하며 어길 경우 엄중하게 처벌한다는 것이었다. 이 제도는 군정이 끝나고 정부가 수립된 이후에도 계속 유지되었다. 통행금지제도가 군정포고령이라는 기원을 떠나 새로운 법적 근거와 지위를 갖게 된 것은 1954년 4월에 제정된 경범죄처벌법에 의해서다. 경범죄처벌법 자체는 식민지 시기의 경찰범처벌규칙에 뿌리를 두고 있다.[9] 이 경찰범처벌규칙이 장기 존속되어

---

8 여기에 해당하는 특수한 경우란 경찰관 등의 치안세력, 왕진의사, 직무상 통행자(증명서 소지) 등이다.

9 식민지 경찰범처벌규칙의 '범죄행위' 해당 항목은 총 87가지에 달한다. 식민지 통치와 경찰범처벌규칙에 대해서는 김철수, 「일제식민지 시대 치안관계법규의 형성과 적용에

오다가 1954년에 폐지되고 경범죄처벌법이 대체입법된 것이다.[10] 경범죄처벌법 제1조에는 총 45가지의 경범죄 대상이 제시되어 있는데 이 가운데 43호가 바로 '야간통행제한위반'이다.[11] 계보를 정리하자면 통행금지제도는 군정과 분단 그리고 한국전쟁을 거치면서 군정포고령에 기반하여 존치되다가 1954년에 이르러 그 법적 기반이 경범죄처벌법으로 바뀐 것이다.[12] 경범죄처벌법이 공포되었을 때 "경범죄처벌법 마침내 공포. 광범도 한 대상 45항목. 몸 한번 잘못 놀리면 협의대상 될 위험. 조심 또 조심"[13]이라는 가십성 논조가 형성된 것을 통해서도 알 수 있듯이, 경범죄처벌법은 국민의 일상적인 행동과 주의를 관장하는 지배 장치다. 실제로 새로운 법 제정과 함께 한달여 동안 경범죄로 적발된 경우는 엄청나게 늘어났다. 단속 자체가 강화되었기 때문일텐데, 1954년 6월 '쏟아지는 경범죄'라는 제목의 기사에 의하면 4월부터 5월말에 이르기까지 경범 총수는 4569건에 이르며 이 가운데 4,143건

관한 연구」, 『한국사회학』 29권 1호, 한국사회학회, 1995 참고.

10 이선엽, 「경범죄처벌법의 역사적 변천–제도의 경로, 동형화」(『한국행정사학지』 제 25호, 한국행정사학회, 2009)에 따르면 경찰범처벌규칙이 1945년 이후에 지속될 수 있었던 것은 군정법령21호에 의거하여 1945년 11월 2일에 발표한 "앞으로 새로운 명령이 내려질 때까지 혹은 앞서 폐기된 것이 아닌 모든 현행법과 과거의 한국정부가 공표한 규정, 명령, 지시 및 각종 문서들로서 1945년 8월 9일까지 유효했던 것은 합법적 당국에 의하여 폐지될 때까지는 계속 발효한다"(9쪽)는 원칙에 의해서다. 이렇게 해서 살아남은 식민지법이 다수 있는데, 경찰범처벌규칙도 그 하나였다.

11 이는 "전시 천재지변 또는 기타 사회에 위험이 발생할 우려가 있을 때 내무부장관이 정하는 야간통행금지제한에 위반한 자"를 뜻한다(변우창, 『輕犯罪處罰法釋義』, 首都文化社, 1954, 154쪽).

12 변우창은 경범죄처벌법의 의의를 그간 유지되어 오던 구식민지 법제를 폐지하고 "주권국가의 독자적인 견지에서" 새로운 자주적 법률을 갖게 되었다는 점에서 찾는다(위의 책, 1~2쪽). 통행금지 제한 주체는 경범죄처벌법 제정 이전에는 각 시도지사였지만 제정 이후에 내무부장관으로 바뀐다. 이에 대해서는 정상천, 앞의 글, 10~15쪽 참고.

13 『경향신문』, 1954.4.8.

이 야간통행위반이었다.[14]

야간통행금지의 실시 목적은 당연히 '치안'에 있었다. 치안의 논리는 군정기를 지나 단독정부 수립으로 이어지는 과정에서 집회, 소요, 폭동 등 정치적 불안 요소를 진압하거나 예방하는 다양한 내치 도구를 통해 구현되었다. 야간통행금지는 그 가운데 아주 중요한 도구였다.

> 경찰에서 비상사태에 대비하여 각종범죄를 미연에 방지함으로써 치안을 확보할려는 것이 근본목적이므로 경찰은 주야를 물론하고 제일선에서 경계를 하고 있다는 것을 일반은 이해하고 통행금지 시간중에 경찰관의 심문에 대하여 공손히 자기의 신분을 명확히 하여주기를 바라는 바이며 절대로 경찰관에 반항적 태도를 하지 말기를 바란다.[15]

"비상사태"하에서 혹은 "비상사태"에 "대비"하여 경찰력은 주민의 일상으로 언제든 돌입했고 전적인 복종을 "이해"와 협조의 이름으로 강요하곤 했다. 아감벤은 경찰을 단지 법을 집행하는 행정기능이 아니라 주권자의 형상을 특징짓는 폭력과 법의 인접성이 선명하게 드러나는 장소로 파악한다. 주권자가 예외상태를 공포하고 법의 효력을 중단시킴으로써 폭력과 법의 비구분 지점을 표시하는 자라면, 경찰은 항상 그런 예외상태에서 움직이는[16] 존재다. 이들이 역설하는 '공공질서'나 '안전'이란 결국 폭력과 법이 구분되지 않는 비식별역에서 날조되는 어

14 『경향신문』, 1954.6.5.
15 『경향신문』, 1948.4.17.
16 Agamben Giorgio, 김상운·양창렬 역, 『목적없는 수단』, 난장, 2009, 116쪽.

떤 것이다. 인용문에 명시되어 있듯이 분단 와중에 형성된 국가는 자기 상황을 상시적인 비상사태로 인식했으며 또 이 비상사태의 긴박성을 이용하면서 법의 얼굴로 폭력을 정당화했다. 일상화된 비상사태 그리고 그 체현자로 밤마다 출현하는 경찰(력)에 대해, 통제와 적발의 대상이 된 자들은 불평과 '짜증'을 토로하기도 했다. 통행금지가 불편한 것은 물론이거니와 특히 금지 시간을 알리는 싸이렌 소리는 악몽같은 전쟁의 기억을 건드린다는 것이다. '불안'과 '불쾌감'. 이것이 야간 통행금지의 불가피성을 인정하지 않을 수 없는 상황에서 피통치자들이 갖는 심경이었다.

> 해방 이후 우리는 새로운 것을 많이 가졌다. 통행금지 시간이라는 것도 그 중의 하나다. 치안이 문란하고 세태가 불안하니 통행금지도 해야겠고 또 평화시와는 다른 군정아래 있는 만큼 무엇이든지 엄격한 것은 이해한다. 언제나 통행금지가 해제될는지? 일반의 고대는 자못 크다 더구나 요지음의 요란한 싸이렌 소리는 마치 그 지긋지긋한 전시하의 공습 경보와도 같어 불안과 불쾌감이 신경을 찌른다. 자동차를 타고 달리던 신사 숙녀도 괴로우리라. 밤 열시 이후 정거장에 나리는 손님들은 손에다가 스탬프를 찍히어서 집으로 간다. 파출소 앞마다 그놈을 보이고 또 보이고 짜증이 날 지경이다.[17]

분단과 전쟁을 거치는 시기에, '지금은 비상사태'라는 서사 또는 '우리는 비상사태를 맞고 있다'는 서사가 단지 주권자의 픽션만은 아

17 『경향신문』, 1947.4.9

니었던 듯싶다. 피통치 집단 또한 어떤 경위로든 공유하고 있는 상황 인식이었다. '어쩔 수 없음'의 인정과 그럼에도 불구하고 유발되는 '짜증' 사이에서 경찰국가의 시민들은 밤을 왕래한다. 이들이 느끼는 거부감은 법이나 제도 자체의 부당성에 대한 인식에서 비롯됐다기보다는 단속의 방법적 무리나 절차적 번잡에 대한 판단에서 나왔다고 하는 편이 타당할 것이다. 좌우 갈등과 각종 정치적 사건들 그리고 전쟁이라는 일련의 크고 작은 대내외적 동요로 인해 통치자와 피통치자는 비상사태를 둘러싼 공통체험과 감각을 나눠 갖고 있었고, 이를 바탕으로 한 합의의 구조에서 야간 통행금지의 필요는 어느 정도 수긍될 수 있었다. 물론 1950년대에 통행금지에 대한 문제제기가 없었던 것은 아니다. 특히 1950년대 중반을 넘어서면서부터 비판의 발언들은 이전 시기에 비해 뚜렷해진다. 휴전협정 이후 전시 상태에서 벗어나 안정을 찾게 되었다는 파악이 일반화되었기 때문으로 보인다. "8 · 15 이후 치안확보가 어려워 사회의 안녕질서를 유지하기 위하여 통행금지 시간이 생겨난 것은 어찌할 수 없는 임시조치인줄 안다. 이제 남북통일의 성업이 완수되지 못한 채 반신불수의 휴전이 되었다고들 하나 휴전은 어디까지나 휴전이고 전쟁상태의 계속은 아니다. (…중략…) 만민평등이란 민주주의의 원칙을 확립하기 위해서라도 통행금지 시간은 철폐하거나 단축 · 완화할 필요"[18]가 있다는 논리가 이를 대표할 수 있을 듯하다.

그러나 통행금지 제도에 대한 비판의 역사에서 무엇보다도 중요한

18 『경향신문』, 1955.6.16. 동일한 입장에서 휴전 이후 야간통행금지 실시 배경을 살피면서 전폐의 필요성을 논하는 기사로는 『동아일보』, 1955.6.29.

시기는 1960년대라 할 수 있다. 1960년대는 분단과 전쟁 경험이 초래한 합의 구조, 즉 공포와 불안의 정치체가 구가해온 공통감각 체계가 1950년대와는 달리 일부 와해된 시점이라 할 수 있다. 이는 1950년대와 1960년대를 가르는 중요한 분계선이기도 하다. 불합리한 구체제에 대한 전면적 불신과 항의의 표출이 1960년대 벽두를 장식했고, 이러한 집단적 거부에의 체험은 지배 권력에 반하여 정의를 요구할 권리와 이 권리 자체를 표현하고 실행할 권리를 학습하는 계기가 되었다. 체제에 대항해 본 경험은 자유와 민주에의 감각을 현저하게 예민하게 만들었다. 이에 따라 야간통행금지의 문제화 수준이나 방식, 경로도 달라지는 현상이 나타나는데, 그 초입의 장면을 살펴보도록 하자.

발단이 된 것은 3·15 선거와 부정을 규탄하는 시민집회였다. 부정선거는 민주주의에 대한 인식과 요구를 폭발시키는 결정적인 계기였다. 통행금지 시간은 정치권의 비민주적 행위가 자행되는 '불법의 시간'이라는 사실이 뚜렷하게 인지된 것이다. 부정선거를 획책하는 측에 의해 야간통행금지 시간이 이용되고 있다는, 의문스런 밤의 정치를 고발하는 기사들이 실리곤 했다. 선거가 끝나고 마산에서 데모가 일어났다. 4월로 들어서면서 통행금지는 집회와 소요를 막기 위한 기제로 다시 그 '유서깊은' 역할을 발휘하기 시작한다. 마산에서는 3월 이후 일어난 2차 데모를 처리하기 위해 통행금지 시작 시간을 저녁 7시로 앞당겼다. 수많은 시민들의 통행이 어처구니없이 금지되고 사소한 행동조차 의심받는 현상이 속출한다. 과잉 감시에 대한 비판은 다음과 같이 신랄하게 이어졌다.

물동이를 이고 가던 아낙네가 붙잡혔다. 집앞에 쓰레기를 버리러 나갔던 사나이도 채웠다. 품팔이 일을 하러 갔다오던 길에도 끌려갔다. 이것이 십삼일부터 통행금지시간을 하오 일곱점 반부터 그 이튿날 상오 다섯점까지 연장한 뒤에 마산서 생긴 희비극일속이다. 이통에 십오일 현재로 무려 천여 명의 시민이 통금망에 거려들었다고 한다. 그래놓고나서 덮어놓고 "너도, 너도 '데모'대에 참가했거나 하려는 자가 아니냐고 다짐을 받는 모양이다. (…중략…) 그러나 옥석을 구분하는 그러한 행위는 어쩐지 듣기에 불쾌지극하다. 불쾌하다기보다는 인권을 유린하는 것도 정도 문제다."[19]

데모의 물결이 마산을 넘어 전국으로 확대되면서 서울, 부산, 대구, 광주, 대전 등 주요 도시에 경비 및 비상계엄령이 선포된다. 언제나 그래왔듯 야간통행금지 시간은 당겨지고 "준수"와 "엄벌"이 강조되었다.[20] 이것이 4·19 즈음의 정황이다. 계엄령 하의 4월 21일 밤거리를 묘사하고 있는 기사 「인적 끊긴 20일 밤의 서울」에 주목해 보자.

계엄령 선포에 따른 야간통행금지 시간이 연장된 지 24시간이 경과한 서울거리엔 물을 껴얹은듯 조용한 가운데 전차의 요란한 소리와 함께 불안한 표정이 짙어가고 있다. 밤 7시. 종전 같으면 한창 퇴근시간으로 인파로 뒤끓는 시간이련만……. 거리엔 이미 어둠이 다가서면서 시민들의 그림자는 보이지 않는다. (…중략…) 계엄령 선포로 군대가 진주하고 야간통행금지

19 『동아일보』, 1960.4.18.

20 『동아일보』, 1960.4.20. 비상계엄의 포고문은 현재진행중인 집회 즉각 해산, 일체의 옥외집회 불허, 계엄내 지구 학생의 등교 중지, 통행금지 시간제한 준수(저녁 7시부터 익일 5시), 언론출판보도 등 사전조취, 유언비어 날조유포 엄금을 명하고 있다.

시간이 종전보다도 5시간이 연장되어 시민들의 발이 억매여진 채 통행금지 시간을 알리는 싸이렌 소리를 미처 듣지 못한 시민들은 불안과 초조한 표정으로 중무장을 한 군대들이 노려보는 앞을 그대로 달려가며 ○○○도 하고……. (…중략…) 지축을 뒤흔드는 전차소리가 고요한 밤의 정적을 깨우고 '4 · 19'와 '계엄령'과 '야간통행금지시간' — 이 한밤은 또 이렇게 흘러가고 있다.[21]

4 · 19와 계엄령과 야간통행금지. 기사는 저녁에서 밤으로 넘어가는 거리에 시민이 부재하는 20일의 정경을 묘사하고 있다. 이 장면은 통치권에 의해 철저하게 장악된 밤의 고요와 적막을 보여준다. 하지만 단지 '4월 몇 일'이 아닌 '4 · 19혁명기'의 저항은 강압적인 억압기술과 충돌하면서 통제된 밤시간의 경계를 넘어 소요의 순간을 열어놓고 있었다. 4월 20일 광주에서는 "하오 8시 통행금지 싸이렌이 불었으나 데모대는 애국가와 해방의 노래를 부르며 경찰이 연발하는 최루탄과 공포소리를 무릅쓰고 계속 데모를 감행"[22]한 바 있다. 또 4월 26일 역시 200여 명의 교수들과 "그들의 행렬을 뒤따르던 일부 학생을 포함하는 많은 시민들"이 거리를 행진했는데 그 가운데 만여 명의 "군중"은 새벽까지 "삼엄한 군의 경비속을 뚫고 그침없이" 심야 데모를 계속했다.[23] 4 · 19를 야간통행금지라는 각도에서 잘라보면, 이 시기는 통행이 금지된 밤의 경계선, 기껍게든 아니든 오랜 시간 집단적

21 『동아일보』, 1960.4.21.
22 『동아일보』, 1960.4.20.
23 『동아일보』, 1960.4.26.

반발 없이 지켜져 온 그 경계선이 거대한 변혁 운동의 흐름 속에서 집합적으로 위배된 드문 경우라 할 수 있다.[24] 물론 이 때 통행금지 자체가 항의의 대상이 된 것은 아니었으며,[25] 타락한 정권에의 도전이라는 상위의 목적을 위해 의사표시를 하던 중에 계엄령 하의 조치가 무시된 것이다. 치안이 안정됨에 따라 통행금지 시간이 단축되고(9시부터) 5월(4일)로 들어서면서는 자정에 시작하는 것으로 원상복귀되는 과정이 알려주듯이, 시간의 경계를 능동적으로 붕괴시킨 것은 잠시 열렸다 닫힌 포문같은 것이었다.

하지만 4·19와 더불어 열린 이 틈의 경험이 사후적으로 발휘한 효과는 적지 않았다. 상승하는 자유와 민주에의 열망에 힘입어, 통행금지 제도의 철폐가 강하게 요구될 수 있었다. 신정부의 탄생이라는 사회정치적 쇄신의 기회를 맞아, 여론은 악법을 폐지하자는 공통된 의견을 제출했다. 불필요하고 실효성도 없으며 더구나 민권을 억압하고 정치공세에 악용되기 일쑤인 통행금지제도를 시민증 제도와 더불어 조속히 폐지해야 한다는 입장이 공론화되었다.[26] "이것을 폐지하면 범죄예방과 간첩색출에 지장이 있다고 할지 모르지만 그것은 어디까지나 경찰능력부족의 문제이지 그것 때문에 전시민의 불편과 바꾼다는 것은 관

---

24 통금시간을 넘긴 심야데모는 대통령 선거가 있던 1956년 5월의 대구시 개표중단사건 때도 있었다. 자유당의 부정을 규탄하는 시민들이 밤 1시까지 시위를 벌였으며 시위군중 200여 명이 통금시간 위반으로 연행되었다. 관련기사는 『경향신문』, 1956.5.27 참고.

25 『동아일보』(1960.4.23)에는 비상계엄 선포에 문제제기하는 논조의 기사가 실린다. 야간통행금지 확대강화에 관해서는 "성문법상의 근거"를 찾기 어려우며 "조리상 납득하기 어렵다"는 견해를 보인다. 통행금지 확대 조치가 시민의 교통질서의 원활함을 저해하여 오히려 치안계엄의 목적에 위배되며 나아가 시민의 영업의 자유마저도 침해하는 위헌적 결과를 초래한다는 것이다.

26 『경향신문』, 1960.9.3. 그리고 『경향신문』, 1960.11.1. 통행금지와 시민증의 폐지는 민주당의 공약이기도 했다. 이와 관련해서는 『동아일보』, 1960.9.5.

존사상의 단적인 표현이라고밖에 볼 수 없다"[27]는 비판이 그 어느 때보다도 명확하고 강하게 나타났다. 요구가 높아지자 정부에서도 통행금지 폐지를 고려해보겠다고 했던 것으로 보인다.[28] 하지만 이 제도는 없어지지 않았다.[29] 쿠데타의 발발이 폐지 가능성을 완전히 닫아버린 계기가 되었음은 말할 것도 없다.

통행금지 폐지 주장은 이후로도 계속된다. 5·16 무렵 통행금지 준수를 강조하는 논조가 잠시 등장하긴 했지만, 통행금지 제도에 대한 일관되고 일반화된 비판의 지평에서 보자면 이것은 군사 쿠데타와 더불어 잠시 나왔던 관변 논리에 불과했다. 통행금지가 왜 문제인가에 대해서는 몇가지 이유들이 제시되었는데 주목할 만한 지점은 다음과 같다. 우선 당시의 공론장에서 가장 빈번하게 지적되었던 바는 통행금지가 시민의 자유를 제한하고 침해한다는 것으로, 법적 근거도 없을 뿐 아니라 헌법에도 위배된다는 점이다.[30] 통행금지는 "죄악적 규제"와 "민주 역행"[31]의 표식에 불과한 것이다. 정부에서 내세우는 치안 효과는 별달리 없는 듯하며 오히려 일반 시민의 생업을 방해한다는 현실적 이유도 거듭 제출된다.[32] 제주의 통행금지 시간을 없애기로 한 1964년 그리고 충북지역의 야간통금 해제 방침을 공표한 1965년 등, 일부 지역의 통금이 해제될 때[33] 또 이런저런 '기념'으

---

27 『동아일보』, 1960.9.5.

28 『동아일보』, 1960.10.18. 『동아일보』 10월 28일 기사에 의하면 내무장관은 시도민증은 사찰을 이유로 당분간 존속시키지만, 통행금지시간은 되도록 없애는 방향으로 노력하겠으며 치안이 확보되는대로 시간적으로 단축하는 조치를 취하겠다고 표명했다.

29 통금전폐 시기상조론에 대한 당시의 정리로는 『경향신문』, 1964.1.17.

30 『경향신문』, 1962.5.5; 『경향신문』, 1963.1.4.

31 『동아일보』, 1964.1.17 ; 『동아일보』, 1964.1.18.

32 『동아일보』, 1962.4.22.

로 단기 해제가 실시될 때[34] '이번 기회에 통금해제를 전국으로 확대하면 좋을 것'이라는 논의들이 나오곤 했다. 이처럼 반복되고 공명(共鳴)되고 있는 폐지론에서 흥미로운 것은 시민의 "자율성"에 대한 언급이다. 주로 시민의 자유와 권리 보장이 제일의적 사안이었기 때문에 "자율성"을 이 시기 폐지론의 핵심어라 하기는 어렵겠지만, 폐지 이후에 새롭게 요청되는 집합적 도덕을 "자율"로 포착하고 명명한 현상은 주의를 기울일 만하다. 아래 인용문을 통해 당시 상상되고 있던 자율의 의미를 파악할 수 있다.

> 문제는 국민의 자율성의 정도여하에 달려있다. 국민의 자율성이 강하면 통금시간이 없더라도 밤늦게까지 거리를 헤매는 사례는 드물 것이며 국민의 자율성이 약하면 통금제가 있어도 모두 통금시간 직전에 가야만 귀가하게 될 것이다. 우리나라 국민들도 이제는 사회생활에 대한 상당한 훈련이 쌓여져서 어느 정도의 자율성을 인정하여도 무방할 정도가 되었다고 생각한다.[35]

> 우리나라 국민이 그렇게 자율성이 없는 무자각한 국민이라고는 생각할 수 없다. 동방예의지국으로 이미 20년 가까운 민주주의의 훈련을 받았으므로 이제는 통금을 해제하여도 별사고가 없을 것이다. 우리는 혁명정부

---

33 단계적이고 부분적인 통금해제 정책의 추이와 문제점에 대해서는 『경향신문』, 1966.7.13.

34 광복절 등 국경일에도 통금해제가 되곤 했지만 주권자를 기념하기 위한 날도 있었다. 예를 들어 이승만 정권기에는 "이대통령 81회 탄신일"을 맞아 경축식을 열었는데 이 날 통행금지가 해제되었다. 관련 기사는 『동아일보』, 1956.3.24. 유사한 경우로 1962년 "혁명1주년"을 맞아 시행되었던 경우도 들 수 있다. 이에 관해서는 본문에서 언급한다.

35 『경향신문』, 1962.5.5.

가 영단을 베풀어 통금제도를 철폐해 주기를 바란다. 우리 국민은 결코 그 신뢰에 어긋나지 않을 것이며 나아가서는 좀더 자각적으로 질서를 유지할 것이다.[36]

위의 기사들을 통해서도 알 수 있듯이, 공론장에서 가끔식 발견되고 있는 자율의 이념은 통일된 것도, 체계적인 것도 아니었다. 그리고 무엇보다도 이들이 당위적으로 상정하고 있는 자율성은 '규율의 내면화'에 가까웠고 결국에는 국가가 요구하는 집합 도덕의 성실하고 자발적인 수행을 뜻했던 것으로 보인다. 그래서 "밤 늦게까지 거리를 헤매는" 것은 여전히 해서는 안 될 행동으로 전제되고 있었고, 시민들은 나름의 조절능력을 갖추고 있으므로 정부의 신뢰를 배반하는 일은 결코 하지 않을거라는 기대가 가능할 수 있었다. 이들이 폐지 요구의 근거로 들고 있던 자율성은 통치권에서도 공유하고 있던 덕목으로, 그 쪽의 용어로 번역하자면 "자각성"과 통한다. 1962년 김종필 중앙정보부장은 야간통행금지 전폐 여부에 대해 "국민의 자각성을 측정하는 단계이므로 아직 언급할 시기가 아니"[37]라고 단정지었다. 그리고 한달여 후 "치안 이유로 통금 전폐는 당분간 곤란"[38]하다고 결론내린다. 결과적으로 보면 "자율성"을 갖춘 국민의 자유와 인권을 보장하라는 (다소 착종된) 공론은 국민의 "자각성"과 국가 치안을 염려하는 통치권에 의해 줄곧 묵살되어 온 셈이다.

---

36 『경향신문』, 1963.1.4.
37 『동아일보』, 1962.5.9.
38 『경향신문』, 1962.6.1.

통행금지라는 이 집요한 법제의 본질은 대체 무엇일까. 통행금지가 풀리는 '특별한 날들'이 없지는 않았다. 군사정권이 시민에게 선사한 유사 자유의 날들 가운데 특히 인상적인 것은 "혁명1주년"을 기념하여 갖가지 행사를 벌였던 1962년 5월 무렵이다. 당시 정부는 "5 · 16 한 돌"을 맞아 5월 5일부터 20일까지 야간통행금지를 전면 해제했다. "해방 후 처음으로 보름동안 장기간 해제"[39]되었던 이 5월은 "한국관광의 달"이기도 했다. 즈음해서 아시아 반공지도자 대회, 아시아 영화제 등 국제 행사가 계획되어 있었기 때문에 적어도 5월의 15일간은 '축제'와 '국제화'라는 이름의 생경한 인공 무대가 상대적으로 오랫동안 주어졌던 것이다. 이후 특히 외국인을 대상으로 하는 관광사업 촉진 방침은 통행금지 제도의 문제를 논하거나 실제로 몇몇 지역의 통금을 폐지하는 데 중요한 근거가 되었다.[40] 1960년대는 관광산업 개발이 본격화된 시기다. 제2공화국은 관광사업 진흥을 위한 삼개년 계획을 수립하고 1961년을 "한국방문의 해"로 정하기도 했다.[41] 관광 정책은 5 · 16 이후로 이어지면서 본격화되기 시작한다. 1961년 8월 관광사업진흥법과 시행령이 제정 공포되었고 1963년에는 교통부 관광과가 관광국으로 승격되어 여러 정책을 입안한다. 이 과정에서 숙박시설, 교통시설 등 제반 관광 환경의 개선을 꾀하기 시작했다. 1965년의 한일국교정상화도 관광객 증가와 관광사업 확대를 자극하는 촉진제가 되었다.[42]

---

39 『동아일보』, 1962.5.5.

40 1966년 5월 중순부터 동래, 해운대, 경주, 온양, 유성 등 5개 관광도시의 야간 통행금지가 해제된다(『동아일보』, 1966.4.29).

41 『동아일보』, 1961.2.10.

42 이에 대해서는 한동윤, 「한국 관광호텔의 성장과정에 관한 고찰—1960년대 이후를 중심으로」, 『문명연지』 1권 2호, 한국문명학회, 2000 참고. 한일국교정상화 전후로 크게 늘어난

국토의 관광지화와 관광의 국가사업화는 군사정권이 심혈을 기울여 수행한 정책이었는데, 정부가 과거와는 달리 통행금지를 다소간 완화하게 된 것은 결국 관광사업 및 그 주요 대상인 외국인을 염두에 두었기 때문이다.[43]

전체적으로 보면 통치권이 자기 필요에 따라 편의적으로 조금씩 밤을 열게 된 것은 치안이라는 안보(security)의 논리, 관광이라는 경제개발의 논리, '혁명' 기념이라는 도덕의 논리에 따라서였을 뿐이다. 이러한 경로는 자유, 인권, 민주 (그리고 한계 많은 자가당착의 이념이었지만 '자율') 등 시민의 장에서 직간접적으로 강조된 가치와는 전혀 무관한 것이었다. 이 배리(背離)의 양상은 경찰국가 작동 기제의 핵심을 드러낸다. 단적으로 말하면 그것은 시민으로부터 통치권을 보호하는 것,[44] 곧 시민으로부터 국가를 보호하는 것이다. 이와 같은 체제에서는, 통치권의 입지에서 보면 통치해야 하는 시민 자체가 곧 긴급한 비상사태다. 그래서 통치권은 가능한 한 시민이라는 비상사태를 정상화시켜야 하는데, 정상화의 여러가지 방법 가운데 하나가 이들을 외곽으로 몰아내 보이지 않게 하고 국가의 영역을 넓혀가는 것일 터이다. 비상(非常)의 존재

일본인 및 재일교포 관광단, 각종 단체 방문, 사업가의 왕래 동향에 대해서는『동아일보』, 1965.7.8;『동아일보』, 1965.12.4;『경향신문』, 1966.4.2;『경향신문』, 1966.4.18 등.

43 1961년 6월 1일 교통부장관의 담화에 따르면 관광사업 진흥 정책에는 "국내 외국인의 관광여행을 적극장려하며 관광여행을 하고자 하는 외국인에게는 만반의 편의를 제공"하는 것, "주한 유엔군 휴가장병의 국내관광여행과 휴식, 오락에 불편이 없도록 만반의 준비를 갖"추는 것, "관광사업진흥법 및 기타 여러 가지 법령을 최단시일내에 정비"하는 것, "관광사업을 위한 외자도입과 차관을 적극 권장"하는 것 등이 제시되어 있다.『경향신문』, 1961.6.2.

44 정부를 국민으로부터 보호하는 것 혹은 국가를 국민의 저항으로부터 지켜내는 것이 바로 경찰국가의 이념이자 원리다. 이에 대해서는 이선엽, 앞의 글; 浅田光輝,「法を超える国家ー現代国家と警察国家」,『現代の眼』14(6), 1973 참고.

자체를, 국가가 원할 때면 언제나 물리적으로 감금하는 기술. 야간통행금지는 바로 이 추방 혹은 비가시화 기술의 체현이라 할 수 있지 않을까. 이들이 표방한 '공공의 안녕'이란 결국 국가=통치권의 안녕을 위해 시민을 상대로 벌인 치졸하고 강박적인 시공간 탈취전의 레테르였던 것이다.

3. 몰수된 밤, 시민의 정서와 품행

통치권으로부터 적대시되는 피통치자에게는 어떤 가능성이 주어질까? 그들은 적대를 위해 개발된 정치, 경제, 문화적 장치들과 절합하면서 수용, 내화, 협상, 거부 등 복잡한 선택과 행위를 하게 된다. 이런 맥락에서 생각해볼 때 일상의 구체적인 생활 영역에 실핏줄처럼 퍼져 있는 미시 통치의 전략과 효과는 특이하다. 즉 그 자체는 말단의 세세한 지점을 일일이 겨냥하고 있다는 점에서 극단적이지만, 일반적으로 이에 접속되어 있는 피통치 집단으로부터는 어떤 극단적인 대응도 끌어내지 않는다는 점에서 그러하다. '경범(법)'의 세계란 그런 것이다. 경범죄처벌법은 "형법같은 다른 법률 가운데서는 미처 다루지를 않고 있는 경미한 사항 중에서도 특히 명랑한 시민생활을 해나아가기 위해서는 피차간 꼭 지켜야만 될 일상다반사의 최소부분"[45]을 담당한다. "일상다반사의 최소부분의 여행(勵行)"을 "강권적으로 요망"하고 있는 것

45 변우창, 앞의 책, 2쪽.

인데, 이렇게 여기저기 널린 그물망에 걸려 있는 불특정 다수의 운신의 기척과 강도는 결코 '폭발적'이지는 않은/못한 것이다.

경범(죄)의 "경미함"이나 "일상다반사"의 메커니즘을 염두에 둘 때 통행금지의 역사에서 새삼 주목하게 되는 것은 이것이 의식적인 대항이나 불복종의 대상이 된 경우는 없다는 사실이다. 1954년 이후의 경범죄처벌법은 잔잔한 물결무늬를 만들면서 사회에 퍼지고 스며들었다. 약한 파동으로 생활의 전면(全面)을 적시고 들어왔기 때문에 특별히 '사건화' 되지는 않았다. 민주주의 수호를 외치며 야권과 시민이 연대하여 벌인 신보안법 반대 데모(1959) 같은 것을 떠올려보면,[46] '가볍고 소소한 것'을 장악하는 법제에 대한 시민의 대응은 확실히 달랐음을 알 수 있다. 생활 통제의 법규범은 시민의 저항권이든 불복종의 권리든 어느 편에 의해서도 크게 감지되거나 포착되지 않는 성질과 방식으로 존속하고 기능했다. 그러나 '경미한' 사안을 다루는 법제라 해서 그 자체가 경미한 것은 절대 아니다. 특히 경찰국가가 애호하는 세밀하고 절대적인 자기보호책이라는 점에서 이것은 피통치자에게는 중대한 폭력임에 틀림없다. '국가 절멸을 기도하는 중대범죄'를 다루는 보안법과 경범법은 주지하듯 구조적으로 상호 연계되어 있었다.[47] 그럼에도 불구하고 의식적인 불복종의 대상이 된 적이 없다는 사실은 적어도 두 가지 것에 대해 생각하게 한다.[48] 하나는 내화된 폭력의 소리없이 깊고 강

46 각 지역에서 일어난 시위 보도 그리고 국보법 개악과 시위방해 및 탄압에 대한 비판으로는『경향신문』, 1959.1.1;『동아일보』, 1959.1.3;『동아일보』, 1959.1.11;『경향신문』, 1959.1.12;『동아일보』, 1959.1.13 등 참고.

47 일본의 '파괴활동방지법'에 대한 분석을 통해, 치안법과 경범법의 상호부조 및 전환 메커니즘을 규명하고 있는 글로는 浅田光輝, 앞의 글 참고.

48 경범죄처벌법 공포 및 실시에 즈음하여 경범법에 대한 문제제기가 이루어지고 있었다.

한 침윤력이고 또다른 하나는 이러한 법제가 제공하는 '위반'이라는 주체 조형틀이다.

한나 아렌트는 "상당수의 시민들이 변화를 이루어낼 정상적 통로가 더 이상 가능하지 못하고 불만이 더 이상 청취되지 않거나 처리되지 않는다는 확신이 들 때 또는 그와 반대로 정부가 그 적법성과 합헌성이 심각히 의심스러운 방식으로 어떤 변화를 꾀하거나 정책에 착수하고 추진한다는 확신이 들 때" 시민 불복종 행위가 수행되는 것으로 파악한다. 시민불복종은 "현상에 대한 필요하고 바람직한 변화 또는 필요하고 바람직한 보존이나 회복을 지향"하므로, 단순한 범죄적 불복종과는 다르다. 한나 아렌트가 공공의 눈을 피하려는 범죄자의 범법 행위와 공개적인 저항 차원에서 법(의 준수)을 무시하는 시민불복종자의 범법 행위가 결코 같을 수 없다고 강조한 것은 이런 맥락에서다. '위반을 공적으로 수행'하는 불복종의 범법행위와 '은밀하게 하는 범법행위'의 차이는 분명하다.[49] 불복종 시민은 특정한 법이나 결정사항을 향해 집단의 이름으로 거부를 표하고 실천한다. 사회정치적 차원에서 보면, 불복종은 따르고 싶지 않은 혹은 따라서는 안되는 부당한 법에 대하여 의도적 위법 행위를 감행하는 주체의 중대한 역량을 의미한다.

일반적으로 시민불복종은 국가 자체의 기본적인 존중 혹은 상위 법체계에 대한 준수를 대조건으로 한다. 즉 특정한 개별 법이나 제도에 대한 부정이란 뜻이다. 따라서 국가의 헌법질서 자체를 지키거나 부정

관련하여 『경향신문』, 1954.4.22.

49 Hannah Arendt, 김선욱 역, 『공화국의 위기』, 한길사, 2011. 특히 「시민불복종」의 116~119쪽 참고.

하는 수준의 저항이나 혁명과는 다른 위상을 갖는 행위인 것이다.[50] 물론 시민불복종은 실제 수행 과정에서 그 추이나 효과가 늘 유동적일 수밖에 없기 때문에 이론적 정위와는 다른 양상으로 번지거나 변형될 여지 또한 충분하다. 성격이나 위상의 차이에도 불구하고 여타의 집단적 항의나 거부 행위와의 구별이 어려워질 가능성은 언제나 있는 것이다.[51] 시민불복종의 스펙트럼을 어떻게 놓든 통행금지제도와 관련해서 살펴보면, 인권(민권)침해라는 지적이 공개적으로 이루어지고 폐지가 요구되는 상황이 계속되었음에도 불구하고 부당한 규제를 거부하는 집합적 불복종 행위 같은 것은 출현하지 않았다. 발리바르가 강조한대로 집합적인 불복종 행위는 불복종이라는 공적인 발의를 통해 자신들의 시민권을 재창조하는 정치적 가능성을 드러낸다. 그리고 개인적인 결정에 토대를 두고는 있지만 개인들의 고립된 양심의 표시로 남지 않고 집합적 행동 및 사태의 추이가 변화할 가능성을 열어놓는다는

---

50 법질서에 저항하는 행위라는 점에서 저항권과 시민불복종은 동일하다. 그러나 시민불복종은 일반적 의미에서의 법질서의 정통성이 인정되는 데 비해 저항권은 이와는 좀 다르다. 즉 저항권이 쓰이는 맥락은 압정으로부터의 해방과 기본적인 인권의 수호로, 기존 법질서를 대상으로 한다. 시민불복종의 경우에는 실정법화된 인권의 수호보다는 정책 변경이라는 정치적 의도가 큰 역할을 점한다. 寺島俊穗, 『市民的不服從』, 風行社, 2004, 22쪽.

51 아렌트는 혁명가와 불복종시민 사이의 차이는 꽤 그럴싸하지만 불복종시민과 범죄자의 차이보다 주장하기 어렵다고 본다. 이에 대해서는 Hannah Arendt, 앞의 책, 119쪽 참고. 시민불복종과 구별되어야 하는 개념으로는 대중시위, 양심적 복종거부, 군중폭동, 저항권, 혁명이 있는데, 이 사슬들의 경계는 이론적으로는 비교적 뚜렷하지만 실제 상황에서는 약해질 수 있다. 이에 대해서는 윤명선, 「시민적 불복종의 법리」, 한국법철학회 편, 『법치국가와 시민불복종』, 법문사, 2001. 이 글은 시민불복종을 "양심적 복종거부와 혁명적 행동 중간에 위치한 일종의 항의행위"(161쪽)로 파악한다. 비폭력성은 시민불복종의 중요한 성격으로 특징지어지지만, 시민불복종에서 폭력성의 문제를 재정위하려는 시도 역시 브라이언 스마트(Brian Smart)와 조셉 라츠(Joseph Raz)에 의해 이루어진 바 있다. 이에 관해서는 Bedau, Hugo Adam(ed.), *Civil Disobedience in Focus*, Routledge, 1991; 오현철, 『시민불복종—저항과 자유의 길』, 책세상, 2001 참고.

점에서[52] 의미를 갖는다. 이런 견지에서 보면 한국의 통행금지 제도와 이에 의해 통제되는 주체들의 생활의 장은 뚜렷한 의미론적 범주화가 어려운 애매한 형상을 띠고 모호한 성격을 보인다. 지속적으로 부당성과 무용성이 공론화되어 왔지만 단 한번도 집합적이거나 의식적인 반대 행위에 직면해본 적 없이 공고하게 존속해온 법. 하지만 또한편으로는 '부주의'하거나 '소심한' 주체에 의해 산만하게 개별분산적으로 흔히 위반되어 온 규율. '불복종'하지 않고 단지 '위반'해 온 사람들이 있는 것이다.

이 복합적인 애매함이 한국 시민의 존재론 및 형성사를 둘러싸고 제기하는 문제가 있다면 그것은 '위반'이 갖는 정치적 의미다. 따지고 보면 한국 시민의 정체성과 수행성은 많은 부분 미시적인 생활통제 법제에 신체, 감각, 의식 모두를 부대끼면서 형성되었다. 따라서 군부 독재의 통치 시스템, 작동, 효과를 규명하고 여기에 연루되었던 피통치 집단의 삶의 상태를 규명하기 위해서는 혁명적 전복이나 불복종 행위라는 능동적 역능의 장 못지않게 '위반'이라는 일종의 일탈 행위의 장에 주목할 필요가 있는 것이다. 미시 통치가 강박적으로 작용하는 환경에서라면, 주체의 운신은 위반과 비위반(준수) 사이에서 영위될 것이다. 이와 같은 상황은 주체에게 어떤 행위와 감정을 초래했을까. 보통 연성화된 법=폭력은 그것을 어기고 있지 않을 때는 별다른 감정을 불러일으키지 않는다. 위반하지 않고 뭔가를 지키고 있다는 의식이 당당함이나 자부심 같은 것을 갖게 하지는 않는다는 의미다. 그/그녀는 단지, 위반하

52 Étienne Balibar, 진태원 역, 『정치체에 대한 권리』, 후마니타스, 2011(인용은 25 · 29쪽).

지 않으므로 적발될 이유도 없다는 안전의 (무)감각계에 있는 것이다.

그렇다면 문제는 다시 위반이다. 통행금지 시대의 내면을 보여주는 1960년대의 문헌들 가운데 주목할 만한 몇몇 기록을 통해, 위반을 둘러싼 감정이나 의식의 무늬를 들여다 볼 수 있다. 통행금지를 주요 테마나 특별한 이슈로 삼은 텍스트는 많지 않지만 그래도 그 문화적 파문을 파악할 수 있는 자료가 전무한 것은 아니다. 우선 위반하지 않기 위해 행위하는 경우에 대해 생각해 보자. 누군가, 단지 위반하지 않기 위해 움직인다. 위반에의 염려는 지킬 때는 뚜렷하게 실감하지 못하는 감시의 시선을 불현듯 경험하거나 예감할 때 생겨난다. 의식된 감시의 시선은 우려와 불안을 자극한다. 우려와 불안을 피하기 위해 지켜지는 규율이 상존하는 체제, 우려와 불안을 피함으로써 비로소 일상적 안전을 체험하는 주체가 편재하는 체제가 들뢰즈가 말한 "슬픔의 체제"임은 분명하다. 쫓기는 심정으로 바삐 걸어가는 나를 불러세우는 '단속'이라는 구도가 말해주듯, 그것은 "나쁜 마주침"으로 가득한 세계고, 나쁜 마주침을 피하려는 사람들로 가득한 세계다.[53] 통행금지 시간이 가까워올 무렵의 마음의 정경을 묘사하는 텍스트에서 우선적으로 읽히는 것은 초조함이지만, 그 뒤로 더 여실히 드러나는 것은 초조를 안고 사는 "서글픔"이다.

그리고 나는 통금위반에 대한 지나친 공포감 같은 것을 가지고 있어서 어

53 들뢰즈의 정동론에 관해서는 Gilles Deleuze, 서창현 외역, 『비물질노동과 다중』, 갈무리, 2005, 특히 「정동이란 무엇인가」 참고. "슬픔의 체제"에 대해서는 같은 글, 103~104쪽. 그리고 "나쁜 마주침"에 대해서는 52쪽과 95~96쪽.

느 모임에 앉아있건 밤 10시가 지나면 안절부절하군 해서 친구들에게 핀잔을 받은 일도 여러 번 있었다 (…중략…) "인전 살았구나" 하는 안도의 한숨이 절로 흘러 나왔다. 그리고 왜 통금시간이 있어서 내가 이런 괴롬을 느껴야 하나 하고 그런 서글픈 생각도 드는 것이었다. 사실상 통금시간이 없다해도 우리 가난한 살림에서는 한 밤을 즐거히 지낼 수 있는 재력이 없고 보니까, 밤이 이슥해지면 발길은 절로 집으로 향하게 마련인 것이다.[54]

통행금지 시간이 닥쳐올 때 거리에서 느끼는 "공포감"은 실제로 계층적인 것이었다. 소위 "특권층"은 금지나 단속으로부터 자유로웠기 때문에, 시간 제한에 걸릴까봐 허우적댈 일은 없었다.[55] 그래서 통행금지 시간을 피해 바삐 집으로 향하는 자들의 초상에는 자기의 궁핍하고 내핍하는 삶을 확인하는 모습이 그려져 있다. 허덕거리면서 도망치듯 뛰어야 하는 삶의 궁핍이자 이런 삶을 반복하면서 감내해야 하는 내핍인 것이다. 결국 이들이 서글픈 것은 밤마다 생의 위축이라는 것을 절감하기 때문이다. 정해진 시간을 넘기면 안된다는 소소한 불안에 사로잡혀 매일매일 자기의 초라한 진실을 뚜렷하게 목도해야 하는 상황이 서글픔이라는 특수한 시대적 감정을 형성한 것이다.

이어령의 감상의 뿌리도 여기에 닿아 있는 게 아닐까. 그는 "당신은

---

54 박화목, 「통금위반」, 『신사조』, 1964.1, 29~30쪽.

55 통행금지가 서민층에만 적용되고 있다는 비판은 『경향신문』, 1955.6.16; 『경향신문』, 1958.10.27; 『동아일보』, 1964.1.29; 『경향신문』, 1968.10.23. 한편 박영준의 소설 『형관』에는 이러한 현실이 두 인물의 대화를 통해 드러나고 있다. 여성 인물이 "통행금지 시간 십 분이나 이십 분 전쯤 되면 가슴이 콩알만 해 지는데 통행시간에 부자유를 안느끼는 분은 정말 살맛이 있을 거"라고 하자 검사인 남성 인물은 "통행시간의 자유를 그렇게까지 바라는 사람이야말루 살맛을 모르는 사람"이라며 "그게 뭐 그리 큰 문젠가"라고 되묻는다(『동아일보』, 1956.1.9).

알 것이다. 지금 내가 당신에게 갈 수 없다는 것을. 그리고 또 나는 알 것이다. 지금 당신이 내게로 올 수 없다는 것을……. 그때 우리는 말할 것이다. 밤입니다. 지금은 통행이 금지된 시각. 녹슨 철조망처럼 어둠이 낙하하는 시각 길은 사람의 발자국 소리를 감시할 겁니다 라고. 술집 등의 창문이 닫치는 것을 볼 것이다. 오분전의 아슬한 시간 위에서 초조하게 서두르는 그 얼굴들을 볼 것이다. 시장의 천막들이 걷치는 소음과 침묵으로 말려들어가는 침울한 발걸음 소리들을 들을 것이다. 우리는 통금시대에서 살고 있다. 차단된 거리에서 젊음과 사랑을 작별한 그런 시대의 사람들이다"[56]라고 썼다. 넓게 보아 이런 감수성을 일반적인 의미의 밤의 서정으로 받아들일 수도 있겠지만, 그렇다 하더라도 경찰국가 특유의 강요로 인한 밤시간의 형질전환을 근원으로 한다는 점에서 이 애상은 분명한 사회적 기원을 갖는다. 통금 "오분 전의 아슬한 시간"에 배어나오는 정서적 분비물이 우수나 멜랑콜리의 질감을 띠는 것은 통행금지를 언급하고 있는 텍스트들이 보여주는 공통된 특징이기도 하다. 이처럼 체제의 억압을 그에 응하는 감정으로 번역하여 환기시키는 글은 주로 '위반하지 않기 위해 애써야 하는 일상'의 그늘을 드러낸다.

위의 텍스트가 위반선을 넘지 않음으로써 지켜지는 초라한 '무탈한 삶'을 보여준다면, 위반선을 넘는다는 것은 과연 어떤 의미일까. 위반은, 위반하지 않기 위해 행위하는 것과는 다른 뜻과 효과를 가질 것이다. 위반의 정치학을 천착한 것은 최인훈이었다. 그는 통행금지 시간

56 이어령, 『통금시대의 문학』, 1966, 삼중당, 3쪽.

에 잠행하는 자의 형상을 통해, 국가와 시민의 밤의 역학을 그 누구보다도 깊이 파고들었다. 최인훈이 그린 야경을 좇아가면 조밀한 통치망에 걸려 있는 주체의 장소에서 어떤 사건이 일어나는지 고찰할 수 있다. 『크리스마스 캐럴』 연작 가운데 특히 다섯 번째 이야기는 이 문제를 전면화하여 다루고 있다. 여기에는 "금지된 산책을 해야 하는 운명"의 한 인물이 등장한다. 그의 야행은 국가가 통행을 허락하지 않는 보통의 시간대와 가끔 허락했던 시간대 모두에 걸쳐 있다. 그러나 애초 그의 야간 산책이 위험과 불안을 감수한 위반의 형식으로 시작되었다는 점은 반드시 기억해 두자. 국가가 허용한 '통행가능한 날'인 크리스마스나 새해 며칠이 끼어 있긴 했지만, '금지당하고 있다'는 것은 인물에게 주어진 근본적인 조건이자 상황이었다. 그러므로 「크리스마스 캐럴 5」는 위반을 도모하는(도모하지 않을 수 없는) 주체의 의식과 기술에 관한 기록인 된다.

1959년 여름의 어느 날 밤, 갑작스레 생겨난 겨드랑이의 고통을 달래기 위해 '나'는 밤거리 산책을 시작한다. 밤거리를 누비고 다녀야만 고통이 가시는 그에게 야간통행은 절박한 '치료'의 의미를 갖지만, 곤혹스럽게도 그의 상태는 공적으로 전혀 인정될 수 없는 것이다. 정해진 규율을 위반하지 않는다면 온전히 살 수 없으므로 그는 위반의 기술을 고안하지 않을 수 없다.

> 내가 의료적인 이유로 산책을 강요당하게 되는 시간이 행정상의 통행 제한의 시간과 우연하게도 겹치는 점이었다. 고민했다. 나는 부르조아의 썩은 미덕을 가지고 있었다. 관에서 정하는 규칙은 따라야 한다는 것이 그것

> 이다. 열두시부터 네시까지는 모든 시민은 밖에 나다니지 말기로 되어 있다. 모든 사람이 받아들이는 규칙이니까 페어 플레이를 지키는 사람이면 이것은 소형의 도덕률일 수밖에 없다. 그러나 이 도덕률을 지키는 한 내 겨드랑은 요절이 나고 나는 죽을는지도 모른다. (…중략…) 시름에 잠긴 나는 괴로웠다. 그 때 나는 통행금지가 아니라 통행 제한이라는 사실에 나의 주의를 이끌었다. (…중략…) 위급한 환자! 나는 눈앞이 확 트였다. 나는 환자가 아닌가! 떳떳한 환자가 아닌가. 그러나 다음 순간 나는 곧 실망하였다. 나는 환자임에는 틀림없었으나 만일 거리에서 경관에게 검문을 당하는 경우에 어떤 설명을 해야 하는가.[57]

이처럼 야간통행 허용 대상에 속하는 '위급한 환자'라는 명목을 찾아내긴 하지만, 이는 스스로도 제대로 증명하지 못할 '불충분한' 정체다. 국가가 이 이상한 '환자'를 환자로 인정하여 통행을 허락해줄 리는 만무하다. 그래서 그는 이도저도 아닌 단지 '위반자'로 서울 거리를 거닐며 밤의 고현학을 시작한다. 이와 같은 위반자의 탄생에서 주목해야 할 것은 그가 나름의 절박한 사유와 근거를 갖고 있음에도 불구하고 이 사유와 근거가 국가의 납득과 허용을 끌어낼만한 수준으로 번역될 수 없다는 점이다. 그래서 소통불가능하며 철저하게 사사화된다는 점 역시 중요하다. 통행금지 제도가 인정하는 '예외 경우'로 묶일 수도 없고 또 호소하여 받아들여질 특별한 언어도 갖고 있지 못한 자. 이렇게 애매한 존재가 바로 위반자고, 그가 하는 일이 곧 위반이다. '들키지 않기'

---

57 최인훈, 『크리스마스 캐럴』, 문학과지성사, 2001, 130~131쪽.

가 필사적으로 도모되고, 산책이 계속되면서는 도피와 숨기의 솜씨도 늘어간다. 이 인물을 통해 최인훈은 긴장과 쾌감을 동반하는 밤의 위반의 의미 그리고 이제 '치료라는 공리적인 이유'가 아니라 그 이상의 이유를 갖게 된 위반의 의미를 찾아나간다. "공화국의 시민"이 공화국의 도덕률에서 벗어나 위반자가 된다는 것은 무엇을 뜻할까.

> 공화국의 시민이 어찌하여 그런 엄청난 변모를 할 수 있었는지 모를 일이다. 나는 정치적으로 백치나 다름없는 감각을 가진 사람이다. 위에서 레닌과 김구를 같은 유에 놓은 것만 가지고도 알 만한 것이다. 그런데 경관이 지나가는 순간에 내가 혁명가였다는 것도 분명한 사실이다. 혁명가라고 자꾸 하는 것이 안 좋으면 간첩이래도 좋다. 나는 그 순간 분명히 간첩이었던 것이다. 그런데 내가 간첩이 아닌 것은 역시 분명하였다. 도적놈이래도 그렇다. 나는 분명히 도적놈이었으나 분명히 도적놈은 아니었다. 나는 아주 희미하게나마 혁명가, 간첩, 도적놈 그런 사람들의 마음을 알 만해지는 듯 싶었다.[58]

공화국의 시민은 위반을 통해 공화국을 위협하는 내부의 적이 된다. "혁명가", "간첩", "도적놈". 이들은 특히 '밤'에 공화국의 전복을 획책한다고 알려져 온 대표적인 위험 분자들이다. 통행금지가 한결같이 표방한 "적성"(適性)의 존재들인 셈인데, '나'가 경관을 만날 때 "공화국의 시민"이라는 안전한 정체성이 깨지고 이런 식으로 자기를 정체화하게

58 위의 책, 137쪽.

되는 것도 그러므로 무리가 아니다. 통치권의 입장에서 위반(자)이 위험한 것은 그가 단지 명령을 어겼기 때문이라기보다는, 명령을 어김으로써 국가가 전유하여 비밀로 만들어버린 무엇인가를 보게 되기 때문이다. 야간통행금지는 국가가 밤시간을 장악하여 이 장에 적대적인 누군가가 들어오는 것을 막는 것이다. 아무도 접근할 수 없다는 점에서 이 텅 빈 시공간은 덮여 있는 비밀이고 국가의 사유재산이다. 따라서 금지된 시간에 거리를 쏘다니는 행동은 감춰진 구역에 무단침입하는 짓이고 거기에 숨겨져 있는 무엇을 훔쳐보는 짓이다. 투명한 장막이 거치면서 나타나는 것은 비밀구역을 만들어 활용하고 있는 공화국 그 자체며 여기서 펼쳐지는 공화국 시민의 삶이다. 공화국의 실태이자 시민의 실태라 할 수 있을텐데, 국가는 자기보호와 폭력에 고착되어 있고 시민은 존재 자체가 적대시되고 있는 게 그 실상이다.

「크리스마스 캐럴 5」에서 인물이 조우하게 되는 중요한 밤의 현장으로는 4 · 19의 밤, 5 · 16의 밤 그리고 "페스트처럼 난만하게 번지"는 크리스마스의 밤을 꼽을 수 있다. 이 밤의 풍경들은 서로 다른 의미를 갖지만 셋 모두를 연관 지으면 국가와 시민의 밤의 역사와 구조가 뚜렷이 합성되어 현상된다. 이제는 "꿈"이 되어버린 4 · 19의 시청 앞 광장에서 그가 본 것은 좀비가 된 (젊은) 시민들이었다. 죽어버린 혁명의 주체들은 흉하게 일그러진 그로테스크한 모습으로 살아나 어수선하고 소란스러운 "밤의 의식"을 치르다가, 얼마 후에는 울면서 어두운 시청 광장에 다시 나타난다. "눈물과 피로 뒤범벅이 돼서 차마 볼 수 없도록 무서"운 얼굴을 하고 그들은 "엉엉 울고 있"다. 인물이 1961년 초에 목격한 이 살아있는 시체들의 밤의 의례는 '죽은 시민의 사회'를 상징하는 축도라 할 수 있다. 이어서 그는 반혁명의 주인공들이 밤시간을 위반하여 세계를 점령하는 순간을 포착한다. 살아있는 시체들이 출몰했던 밤의 시공간은 앞으로 내내 이들에 의해 점거될 것이었다. 이 집단의 담대하고 폭력적인 밤시간 위반을, 숨어다녀야 하는 한 명의 위반자는 놓치지 않고 기록하고 있다.

> 1961년 5월 16일. 새벽. 오늘 새벽에 나는 한강 모래사장을 걷고 있었다. 갑자기 총소리가 울렸다. 한강 다리 위에는 총알이 이끌고 가는 불빛이 보였다. 나는 크게 놀랐다. 어떻게 된 일인가? 나는 그저 지켜보는 수밖에 없었다. 총소리가 멈추고 한 떼의 병력이 시내로 들어가는 것이 보인다. 나는 재빨리 둑을 넘어 그들의 뒤를 밟았다. 나는 몹시 궁금하였다. 이 간덩이 굵은 통행 제한 위반자들은 대체 누구일까? 무엇보다 그들의 방법이 나의 것에 비해 떳떳하고 남성적인 것은 확실했다. 나는 어떤 부끄러움을 느꼈다. (…중략…) 자기의 취미, 혹은 고통을 위해서 여럿이 힘을 모아 무기를 갖추고 통행 제한의 규칙을 어길 만한 용기가 나한테는 없다.[59]

군부에 의한 밤의 횡령과 "심야의 산책을 즐기는 시민"의 외로운 야행은 힘에 있어 등가가 아니다. 차이에 대한 인식은 국가를 점령한 절대적 세력 뒤에서 "부끄러움"을 남긴다. 이 "부끄러움"은 밤을 틈타 민주주의와 권리를 훔친 "간덩이 굵은 통행 제한 위반자들"에 대한 대항이 불가능하다는 데서 비롯된 것일지도 모른다. 그가 마지막으로 보고

---

59 위의 책, 152~153쪽.

경험한 야경은 크리스마스의 그것이다. 인물은 통행금지가 해제된 크리스마스 밤에 산책을 나서지만, 날개의 성화는 식지 않는다. "거리에 넘치는 사람의 물결" 속에서 그는 오히려 심한 고통에 시달리고 이후 크리스마스 밤에는 거리에 나가지 않는다.

통행금지 제도 덕분에 역으로 더 특별한 날이 될 수 있었던 크리스마스는 밤을 전유한 통치권이 공개적이고 공식적으로 던져준 '자유'의 날이었다. 그러나, 이렇게 받은 이상한 '자유'란 무엇일까. 사실, 억압하는 자가 제공해준 금지 해제의 밤은 결국 통치의 '관용' 자체가 전시되고 공연되는 위선적인 밤이었다. 따라서 상시적인 통행금지 체제에서 크리스마스를 누리는 시민은 결국 통치자가 주최하는 밤의 전시회에 단지 즐거워하라고 동원된 것이나 마찬가지다. 특정한 날 제공되는 무대가 있고, 잠시잠깐 허용된 이 무대에서 시민들은 '자유'와 '해방'을 공연하고 있는 셈이다. 이와 같은 관제 전시의 구조를 알지 못한 채 생경하게 차려진 무대 위로 몰려 나와 "공동변소처럼 버글거리는" 무리를 '나'는 마다하고 있는 것이다. 크리스마스의 유흥문화와 '홍청망청' 풍속에 대해서는 비판적인 지적이 계속 있어 왔지만 「크리스마스 캐럴 5」의 '나'가 느끼는 거부감은 절제없는 소비문화에 대한 염오라는 식으로는 충분히 해명되지 않는다. 그날의 군중이 어떤 성격을 갖고 무엇을 누리든, 모든 것이 처음부터 '부당하게 선사받은' 무대에서 펼쳐지는 한순간의 연극에 불과하다는 점을 '나'는 간파하고 있다.

시청 광장의 살아 있는 시체들에게서 느꼈던 "떨림", 밤을 가로질러 국가를 접수한 자들을 보며 느꼈던 "부끄러움" 그리고 위장된 해방을 즐기고 있는 인파에 대한 "마다함"은 단독적인 위반자가 가진 복합감정의 핵심이라 할 수 있다. 밤 산책자의 감정은 경찰국가의 통치권과 시민의 관계를 향한 비판적 통찰에서 생겨난 것이다. 따라서 '나'의 산책이 "심야의 집단 산책자"의 그것과 정반대의 양상을 띠는 것은 당연하다. 정권을 장악한 군부든 아니면 이들과는 정반대로 보이는 기념일의 향유객이든 모두 "심야의 집단 산책자"의 속성을 공유하고 있기 때문에, 이에 대한 대응으로 위반자는 오직 혼자 어기며 숨어 다니는 어두운 버릇을 들일 뿐이다. 이렇게 「크리스마스 캐럴 5」는 국가가 벌이는 연행(演行)의 이면을 훔쳐보는 자를 좇고 있다. 그의 행로를 따라가면서 우리는 공화국의 생리와 이를 위반하는 시민의 게임이 지닌 의미를 묻게 된다. 폭력적으로 탈취되어 더 이상 내 것이 아니게 된 밤이라면, 국가의 재산이 된 그 밤을 향한 은밀한 침범은 부당하게 회수된 것을 되찾으려는 개인적 시도일 것이다.

이러한 시도가 실제로 집단적이지도 거대하지도 않았고, 또 현실적으로나 논리적으로 그러할 수도 없었음은 지금까지 본 바 그대로다. 하지만 밤을 가로질러 정권을 잡은 통치권과 그들이 전유한 밤이라는 시공간을 '자기의 것으로 수행'하는 행위는 이 시대에 가능했던 가난하고도 절박한 윤리가 아니었을까. 밤을 자기의 것으로 '수행'한다고 표현하면서 내가 강조하고 싶은 것은 '수행'과 '소유'의 차이에 관해서다. 밤을 자기의 것으로 수행한다는 것과 자기의 것으로 소유한다는 것은 다르다. 말할 것도 없이 밤이란 그 누구에 의해서도 독점될 수 없는 것이다. 문제는 사유될 수 없는 것을 국가가 나서서 독점하려 했다는 데 있고, 이러한 기도가 모든 이의 공통의 밤을 강제로 다 가져가는 '몰수'의 방식을 취하게 된다는 데 있다. 따라서 밤을 자기의 것으로 소유한다는 것은 전적으로 국가와 통치의 논리다. 그러나 수행은 다르다. 수행은 기본적으로 소유와 무관하다. 소유가 '갖는' 것이라면 수행은 '가져오는' 것이다. 밤 시간 공공장소를 돌아다니며 지금까지 겪지 못했던 것을 보고 경험하는 '나'의 행위는 단지 밤을 자기의 것으로 '소유'하는 것이 아니라 밤을 자기의 것으로 '수행'하는 것이다. 그 시공간을 '행위'하는 자에 의해, 밤은 국가 전유의 주술에서 풀려나 전혀 다른 방식으로 개개인이 위치하고 있는 장소로 접속해 들어올 수 있었다. 국가=통치와는 다른 '수행'의 경로를 취하고, 이를 통해 시대를 덮고 있던 '소유' 논리의 막에 흠집내는 일. 경찰국가에서 형성된 위반의 형태학과 위상학은 이러한 맥락에서 재고할 수 있을 것이다.

4. 작고 흐릿한 풍속도 앞에서

통행금지 시대에 형성되었던 감정 구조를 논하면서 나는 "서글픔"이라는 정서에 관해 잠시 언급했었다. 이는 결국 민주주의와 자유가 부재하는 시대에 느끼는 불행감일 것이요 또 이렇게 매일매일을 살아가야 하는 초라하고 궁색한 삶에 대한 연민일 것이다. 최인훈 역시 통행금지가 "우리를 슬프게 한다"고 썼다. 『크리스마스 캐럴』 연작 이후 수년이 지난 1969년에서 1970년대 초에 걸쳐, 그는 다시 한번 통행금지 시대의 우울을 적어 내려갔다. 『소설가 구보씨의 일일』은 그 내용을 담고 있다.

> 야간통행제한이 우리를 슬프게 한다. 밤의 시간. 삶의 절반을 몰수당한 우리의 시간이 우리를 한없이 슬프게 한다. (…중략…) 행복한 사람들이 잠자리에서 그들의 아내와 자식들과 함께 잠들었을 때 교만하게 이 도시의 불결한 거리를 걸어볼 수 있는 자유를 빼앗긴 밤. 그 밤 속에 있는 것들이 어찌 이쁜이랴 (…중략…) 이름 모를 사람들이 독점하고 있는 우리들의 것이어야 할 밤이 우리를 슬프게 한다. 언제든지 쩨쩨한 우리들의 소시민을 떨쳐버리고 잠깐 동안의 김립(金笠)이 되어볼 수 있는 시간을 빼앗긴 삶의 초라함이 우리를 슬프게 한다.[60]

구보씨가 작성하고 있는, 통행금지를 놓고 느끼게 되는 슬픔의 목록은 길다. 이 탄식의 기록은 통행금지가 불가능하게 한 것이 무엇인지에 관한 뛰어난 성찰을 담고 있다. 시공간을 독점함으로써 자기를 유지하는 체제에서는 저당 잡힌 밤을 어떤 식으로든 되가져오는 것 혹은 되가져올 가능성을 생성하는 것이 정치의 핵심일 것이다. 국가에 의해 사유화된 것을 "우리들의 것"으로 되돌이키는 일은 그러나 쉽게 실현되지 않았다. 국가의 밤을 시민들에게 잠시 분배하는 짧은 기회를 결정한 것도 통치권이었고, 특정 지역의 밤의 불하를 판단한 것도 마찬가지로 통치권이었기 때문이다. 1982년 초에 비로소 실현된 야간통행금지 철폐 배경에는 개방과 국제화를 표방하는[61] 군사 정부의 '자유화' 조치가 깔려 있었다. 통행금지 제도는 아시안게임과 올림픽 등 국제적인 행사를 앞둔 상황에서 시급히 폐지해야 할 구악으로 공인되었다. 어딘가 해묵

60 최인훈, 『소설가 구보씨의 일일』, 문학과지성사, 2010, 205~206쪽.
61 『경향신문』, 1982.1.4.

은 데자뷔 현상처럼 느껴진다면, 1980년대 초반의 군부정권이 내세우고 추진한 바가 '국제적' 감각에서 관광사업 본격화를 시도한 1960년대 군부정권의 그것과 유사하게 겹치기 때문일 것이다.[62]

40여 년 가까이 통치권에 의해 신중하게 고려되어 본 적 없던 시민의 '일신상의 자유'가 국제화와 경쟁력이라는 목표를 위해 국가와 자본의 요구 속에서 이렇게 열린 현상은 주어진 자유가 가질 수밖에 없는 한계와 역설을 보여준다. 역사를 돌이켜 볼 때 중요한 것은 국가와 자본의 상호 연동과 조율 속에서 시민은 줄곧 소외되어 있었다는 점이며 이러한 상황은 1980년대 초반 통행금지가 전폐될 때도 여전히 지속되고 있었다는 점이다. 1960년대의 현실적·담론적 정황을 통해 한국의 경찰국가적 통치와 시민의 위치를 사유할 수 있다는 것 자체가 오히려 고질적으로 계속되어 온 구조적 '반복'을 일깨운다는 점에서, 1960년대의 밤풍경은 특히나 더 무겁게 다가오는 게 아닐까.

위반자가 갖는 정치적 위상에 대해서는 이미 살펴보았지만, 당시의 현실적인 상황을 좀더 고려볼 때 이들의 윤리는 '큰' 윤리가 아니라 '작은' 윤리라 부를 수 있을 성질의 것이다. 실제로 위반은 집합적 목적과 의도를 갖고 의식적으로 행해졌다기 보다는 개인의 불가피한 사정이나 부주의한 실수에 의해 일어나는 법이다. 하지만 국가의 부당한 독점

62 "더욱이 우리는 오는 86년 아시안 게임과 88년 올림픽이라는 범세계적 스포츠 제전을 유치해 놓은 주최국의 입장에 서 있다. 지난 해 바덴바덴 IOC 총회장에서조차 한국의 통금이 거론되었을 정도이고 한국을 찾는 외국인 관광객의 대부분이 통금을 나쁜 이미지로 받아들이고 있다는 점에서도 통금해제 조치가 갖는 의의는 충분하다고 본다"는 입장이 그러하다(인용은 『경향신문』, 1982.1.4). 1981년~1982년의 기사들을 조사해보면 시민의식과 "양식"을 갖춰 무분별한 방종이나 '방임'이 아닌 '진정한 자유'를 누리자는 논의를 쉽게 찾아볼 수 있다.

체제에 구멍을 내는 일이었다는 점에서 이것은 '경범(죄)'이라는 일상 통제의 장에 생겨난 일종의 임계점이라 할 수 있다. 희미하여 잘 파악되지 않는 임계점을 관찰하기 위해서는 산재하는 위반의 '뜨뜻미지근한' 온도 혹은 허술해 보이는 위반자의 신체에 퍼진 미열의 의미를 신중하게 되물어야 한다. 같은 의도에서, 1960년대 초반 한 작가가 그린 통행금지 시절의 짧은 사랑 이야기를 떠올려 봐도 좋을 듯하다. 백인빈의 「반짝이는 것과 빗소리」(1964)가 그것이다. 이것을 사랑 이야기로 읽는 것은 너무 성급하거나 과도한 것일지도 모르겠다. 왜냐하면 이 소설에서 사랑은 잘 표현되지 않는 수준과 모양으로 그려졌고 그래서 사랑한 사람들의 기록이라기 보다는 사랑할 수도 있었을 사람들의 기록이라고 하는 편이 맞을 것이기 때문이다. 그러나 어쨌든 대단한 것도 아니었지만 그렇다고 아무것도 아닌 것은 결코 아니었던 두 남녀의 만남과 이별의 행로를 따라가 보자.

나와 선옥은 통행금지 시간을 넘겨 잡혀들어온 무리 속에서 처음 만난다. 야경원에게 걸려 파출소로 실려온 그와 통금 시간을 오분 넘겼다는 이유로 끌려온 그녀는 비좁고 퀴퀴한 보호소에서 비 내리는 밤을 함께 보낸다. 보호소는 여기저기서 단속당해 들어온 사람들로 가득하다. 사람들의 소란과 형사의 훈계로 잠시 시끌시끌하던 분위기는 시간이 흐르면서 곧 조용하게 잦아든다.

> 그는 고래고래 소리치다가 제풀에 사그러지는 것이었다. 종알거리던 여자들도 끼리끼리 어깨에 머리를 얹고 눈을 붙이었다. 으르렁대던 두 청년도 잠잠해졌고 찔찔 울던 여인도 애기를 안은 채 머리를 파묻는 것이었다. 퀴

> 쿼한 방안은 다시 조용해졌다. 빗소리와 허리부러진 낙숫물통 두드리는 소리가 다시 방안을 채워가고 있었다. 나는 덜 깬 술 때문에 눈이 아물거렸지만 꼿꼿이 서있어야 했다 (…중략…) 방안이 아득해지고 꿍겨누운 사람들이 누더기 뭉치로 되어 보였다.[63]

"비가 억수로 쏟아지"는 날의 어두운 보호소에 "누더기 뭉치"처럼 모여 있는 사람들의 형상은 '경범자'들의 보잘 것 없은 세상을 보여준다. 하룻밤 흘러들어왔다가 다시 어디론가 뿔뿔이 흩어져 나가는 인연아닌 인연으로 스치게 된 나와 선옥은 그날 이후 몇 번을 더 만난다. 하지만 그녀는 곧 서울을 떠나 고향으로 돌아간다. 서울역에서 선옥을 보내고 돌아오면서 그는 "어렸을 때 마당에서 보던 산골짜기의 그 반짝이는 것을 생각"한다. "그것이 유리조각인지 물방울인지 보석인지 다른 무엇인지 모르면서도 그 반짝이는 것에 온 마음을 빼앗기었던" 기억을 말이다. 그는 반짝이는 것에 매혹되었던 것처럼 "선옥이를 잘 알지 못하면서도 그녀에게 끌려들어가고 있는 것"을 느낀다. 그러나 이제 그녀는 없다. 일자리를 찾아 서울로 왔던 선옥이 고향 회덕의 어디에 사는지 그는 전혀 알지 못한다. 연락이나 재회의 약속도 없이 둘은 헤어졌다. 미처 시작하기도 전에 끝난 이 미지근한 만남 혹은 흐릿한 사랑의 서사는 줄곧 쏟아지는 비를 배경으로 한다. 그와 그녀는 통행금지 단속이 아니었다면 만나지 못했을 것이고 우중충한 경찰서 보호소의 밤을 공유하지도 않았을 것이다. 이렇게 조우하여 마음으로

63 백인빈, 「반짝이는 것과 빗소리」, 『청맥』, 1964.9, 110~111쪽.

짧게 교신한 자들, 이들의 진정성 있지만 실현 가능성은 없는 인연과 감정의 끈은 백낙청이 말한 위대하고 뜨거운 시민의 사랑 즉 "단지 하나의 감정으로서가 아니라 우주 전체를 움직이고 이끄는 힘으로서의 사랑"[64]과는 많이 다를 것이다. 그것은 완성되지 못한 채 흩어지거나 사라지고 서로 열렬하게 반응하지도 못하며, 그래서 '공통'의 것으로 크게 번져나가지도 못한다. 그러나, 두 사람의 각각의 혼자만의 기억으로 고여 있다가 언젠가 되돌이켜 본다면 마음을 울리는 조용한 파문이 일 것이다.

본의 아닌 위반으로 무수한 모래알이 하나의 규율과 처벌의 공간에 모였다가 사라지지만, 이 과정에서 가난한 애정과 연대의 관계가 생겨나기도 한다. 이 짧은 소설이 통행금지 위반자들의 밤과 낮으로 이어지는 만남을 통해 소묘하고 있는 삶의 풍경은 고즈넉하고 조용하다. 이 텍스트를 1960년대 회색빛 경찰국가를 사는 보통 사람들의 내면을 그린 풍속도로 기억할 수 있다면, 우리는 국가와 통치가 '사소한 것'을 담당하기 위해 발휘한 기술에서 어떤 질감의 삶-감각-능력이 파생되었는지 그리고 여기에 담긴 '미진함'과 '쓸쓸함'이 어떤 사회적, 존재론적 의미를 갖는지 좀 더 섬세하게 성찰할 수 있을 것이다.

---

64 백낙청, 앞의 글, 509쪽.

참고문헌

1. 자료

『경향신문』, 『동아일보』, 『조선일보』, 『사상계』, 『아세아』, 『창작과비평』, 『청맥』, 『신사조』

2. 논문

강준만, 「한국 크리스마스의 역사—'통금해제의 감격'에서 '한국형 다원주의'로」, 『인물과사상』 통권 105호, 2007.1.

김철수, 「일제식민지 시대 치안관계법규의 형성과 적용에 관한 연구」, 『한국사회학』 29권 1호, 한국사회학회, 1995.

서은주, 「'한국적 근대'의 풍속」, 『상허학보』 19집, 상허학회, 2007.

심연수, 「야간통행금지제도와 밤 시간의식 형성에 관한 연구—1971~1990년 동아일보 기사를 중심으로」, 이화여대 석사논문, 2010.

윤명선, 「시민적 불복종의 법리」, 박은정 외, 『법치국가와 시민불복종』, 법문사. 2001.

이선엽, 「경범죄처벌법의 역사적 변천—제도의 경로, 동형화」, 『한국행정사학지』 제25호, 한국행정사학회, 2009.

정상천, 「치안행정에 있어서의 야간통행금지제도의 연구」, 서울대 석사논문, 1963.

한동윤, 「한국 관광호텔의 성장과정에 관한 고찰—1960년대 이후를 중심으로」, 『문명연지』 1권 2호, 한국문명학회, 2000.

淺田光輝, 「法を超える國家—現代國家と警察國家」, 『現代の眼』 14(6), 1973.

3. 단행본

변우창, 『輕犯罪處罰法釋義』, 首都文化社, 1954.

오현철, 『시민불복종』, 책세상, 2001.

이어령, 『통금시대의 문학』, 삼중당, 1966.

최인훈, 『크리스마스 캐럴』, 문학과지성사, 2001.

______, 『소설가 구보씨의 일일』, 문학과지성사, 2010.

최장집, 『민중에서 시민으로』, 돌베개, 2009.

Arendt, Hannah, 김선욱 역, 『공화국의 위기』, 한길사, 2011.
Balibar, Étienne, 진태원 역, 『정치체에 대한 권리』, 후마니타스, 2011.
_____________, 진태원 역, 『폭력과 시민다움』, 난장, 2012.
Deleuze, Gilles, 서창현 외역, 『비물질노동과 다중』, 갈무리, 2005.
Giorgio, Agamben, 김상운 · 양창렬 역, 『목적없는 수단』, 난장, 2009.
Thoreau, Henry David, 강승영 역, 『시민의 불복종』, 은행나무, 2011.

寺島俊穂, 『市民的不服従』, 風行社, 2004.
Bedau, Hugo Adam(ed.), *Civil Disobedience in Focus*, Routledge, 1991.

‘심리적’ 존재에서 ‘영혼’의 존재로

깊은 피로 혹은 산업노동자의 존재론

1. 노동자 그리고 언설의 체계들

일반적으로 노동자 글쓰기는 1970년대 후반에 시작되어 1980년대를 거치면서 본격화된 것으로 파악된다. 연대기를 이렇게 작성하는 것은 노동운동사와 문예운동사를 함께 고려하지 않으면 노동자 글쓰기 문화사가 온전히 구성될 수 없는 맥락이 있기 때문이다. 노동자의 글쓰기 문화를 추동한 저변의 에너지가 현실 변혁적 실천운동이었다는 점은 명백하며, 이 점이 하위계층 쓰기 문화의 독특성을 형성한 게 사실이다. 실제적인 전개와 이 과정에서 획득된 특수한 성격을 존중한다면, 1980년대를 정점에 놓는 노동자 글쓰기의 거시사에 이의를 제기하기는 쉽지 않다. 따라서 오늘날 이 문화에 접근하고자 할 때 중요한 것은 1980년대를 정점에 놓는 구도를 부정하는 게 아니라 이 정점 전후의 현장을 발견하는 일일 것이다. 무엇인가가 크게 시작되기 전 혹은 크게 번성한 후, 어떤 일이 있었는지를 묻는 일 말이다. 이 질문을 통해 우리는 거시사가 놓치는 지점들, 거시사의 영역에서 가시화되기 힘든 사금파리 같은 존재에 눈돌릴 수 있다. 분산되어 있고 산포되어 있는 파편텍스트들이 강한 흡입력과 통어력을 갖는 중심관(管)으로 모두 빨려들어갈 수 있는 것은 아니며, 또 실제로 그렇게 되지도 않았다. 노동운동(사)과 문예운동(사)이 서로 긴밀하게 결합하여 노동자 글쓰기 문화(사)를 자극하며 견인해 나갈 때, 주변에는 이 힘에 동승하여 함께 가지 못한 조각들이 떨어지기 마련이다.[1]

이런 관점에서 나는 1980년대 노동자 글쓰기의 '전사'에 해당하는, 1960년대~1970년대에 쓰여진 글에 초점을 맞추고자 한다. 구체적인 논의 대상은 전태일과 석정남 그리고 유동우의 글이다. 이들이 남긴 글의 문화적, 정치적 중요성은 이미 노동운동 및 문예운동 안팎에서 공인되어 왔지만 텍스트의 인식론적 효과에 집중한 읽기는 그리 풍부하지 않다. 이러한 현상은 삶과 글이 분리불가능하게 밀착되어 있는 노동자 글쓰기 고유의 특징에서 비롯된 것일 수 있다. 수기나 생활글로 범주화되는 유형의 글은 보통 '글'이 아닌 글을 쓰는 '주체'를 읽는다는 직접성의 감각을 강하게 유도한다. 노동자의 글은 더더욱 그러했다. 1980년대에는 "생활과 문예의 통일"이라는 점에서 가치부여되기도 했던[2]

1 이러한 문제의식 하에 나는 1970~1980년대의 노동자 글쓰기 문화가 오늘날 어떻게 이어지고 있는지 분석하면서 산업자본주의와 금융자본주의 시대의 노동자 자기기술의 양상을 살펴보았다. 이에 대해서는 김예림, 「노동의 로고스피어—산업・금융자본주의 회랑의 삶-언어에 대하여」, 『사이間SAI』 14권, 국제한국문학문화학회, 2013 참고.

2 김경숙 외, 『그러나 이제는 어제의 우리가 아니다』, 돌베개, 1986, 4쪽.

노동자 글은 텍스트 내적인 의미 생성 측면보다는 양식 자체가 갖는 정치적 형식성에 더 주목하게 만들었다. 하지만 이제는 좀 다른 해석의 가능성을 탐색해야 하지 않을까 생각한다. 특정한 문화의 의미는 이 문화를 어떤 지평에 무엇과 함께 연접시켜 놓는가에 따라 새롭게 찾아질 수 있다. 그러므로 배치의 방법을 바꾼다면 다른 해석의 가능성도 열릴 수 있을 것이다.

지금까지 주로 현실변혁 운동과의 관계 속에서 노동자 글쓰기가 갖는 전복성과 실천성에 주목해 왔다면, 이 글에서는 복수의 노동자 정향 언설이 각축하며 공재하던 지평에 노동자 글쓰기를 위치시켜 그 위상을 검토하고자 한다. 우선 1960~1970년대에 노동자를 향한 인식과 지식의 체계가 어떤 계기를 통해, 어떤 개념과 입장들로 편직되고 있었는지를 탐구한다. 이 시기 앎의 지형에 대한 파악을 바탕으로 궁극적으로는 노동자 글쓰기의 응대성에 대해 논할 것이다. 즉 특정한 인식과 지식의 체계가 노동자에 관한 이해의 지형 및 한계를 만들어내고 있었을 때 노동자 글쓰기가 과연 어떤 반응과 행위의 장소로, 어떻게 생성되어 운동하게 되었는지를 고찰할 것이다. 압축한다면 이것은 노동자에 관한 서로 각축하는 인식과 지식의 체계들, 즉 언설들의 편제 및 편제 변동의 문제이며 또 대항언설이 보여준 가능성의 문제라 할 수 있다.

구체적인 분석에 앞서 언설 대상과 언설의 관계에 관해 환기해야 할 점이 있다. 먼저, 대상과 언설의 출현 및 출현의 조건에 대해서다. 푸코가 언급했듯이, "사람들은 아무 시대에나, 무엇에 관해서나 말할 수 있는 것이 아니며 새로운 무엇을 말하는 것은 쉬운 일이 아니"다.[3] 이런 점에서 대상과 언설 모두 복합적이고 다층적인 조건이 맞물리면서 일어난 '사건'이라 할 수 있다. 대상과 언설이, 대상을 통해 언설이, 언설을 통해 대상이 (재)구성, (재)생산, (재)절합되는 현장에 접근한다는 것은 "어떤 언설의 대상이 나타나기 위한 조건들, 사람들이 그에 대해 무엇인가를 말할 수 있고 많은 사람들이 그에 대해 상이한 말들을 할 수 있기 위한 역사적 조건들"[4]에 접근한다는 것이기도 하다.

다음으로 고려해야 할 것은 대상과 언설의 역학이다. 누군가는 언설 대상의 위치에 놓이고 또다른 누군가는 언설 생산의 위치에 놓인다. 따라서 누가 말하는 (자의) 장소에 가 있는지 그리고 그 말들이 무엇을 계기로 진리주장을 전개하고 승인받는지 되물어야 한다. 이 역장에는 주체와 타자 사이에 힘의 차이가 작용하며 이로부터 발원하는 다기의 움직임이 있다. "누가 말하는가?"가 결정적인 사안인 까닭은 이 배치 자체가 구성된 것이기 때문이다. "모든 말하는 개인들의 집합 속에서 이러한 종류의 언어를 취할 수 있는 지위를 부여받은 사람은 누구인가? (…중략…) 그와 같은 언설을 발언할 수 있는 권리를 가지는 개인들의 지위는 무엇인가?"라는 물음이 언설(화)의 양태를 이해하기 위해 던져야 할 '첫 번째 물음'으로 제시된 것을 우리는 기억하고 있다.[5]

언설 대상과 언설의 일반 관계론을 참조틀로 삼아 한국의 1960~1970년대의 상황으로 다시 돌아와 보자. 이 시기에 노동자의 언설적 대상화가 앞선 시기와는 현저하게 다른 수준과 방식으로 일어나고 있

---

3 Foucault Michel, 이정우 역, 『지식의 고고학』, 민음사, 1995, 76쪽.
4 위의 책, 같은 곳.
5 위의 책, 83~84쪽.

었다는 점은 충분히 조명받지 못한 듯하다. 사회적 실존으로서의 노동자가 처한 현실을 분석하는, 지금까지 이루어진 많은 연구를 떠올려 볼 때 그러하다. 자본주의 정치경제문화의 주변부를 형성하는 (하층)노동자는 오랫동안 누군가에 의해 호출되고 언급되는 위치에 있었다. 국면의 차이는 있겠지만 제국주의 시스템에서든 국민국가 시스템에서든 이러한 질서는 마찬가지로 공고했다. 이들은 거대하고 불투명하며 알기 어려운 존재로 다가왔다. 하지만 바로 그렇기 때문에 반드시 확인되고 규명되어야 할 존재이기도 했다. 좀처럼 명쾌하게 포착되지 않는 노동 집단을 겨냥한 다양한 접근은 불가해한 집단을 향해 움직이는 앎의 욕망을 고스란히 반영한다.

대상화된 무엇인가를 알기 위해서는 혹은 어떤 용도에서든 앎을 축적하고 체계화하기 위해서는 이 모든 일을 가능하게 하고 정교하게 할 도구를 계발해야 한다. 앎의 구축과 장치의 고안은 동시에 일어난다. 긴 노동자 언설화의 역사에서 1960년대~1970년대라는 단위를 특화할 수 있다면 바로 이 점에서 획기적인 변화와 동요가 일어났기 때문이다. 노동자는 과거와는 다른 방식으로 아주 중요하게 떠올랐다. 적어도 두 가지 면에서 그러했다. 즉 이들은 타자에 의해 과거와는 다른 방법으로 접근되고 있었다. 동시에, 이 집단 자체가 자기 언술을 시도함으로써 자기에게 접근하고 있었다. 이러한 변화의 전모를 파악하기 위해서는 인식과 상상 체계의 구축에 지배적인 영향을 미치는 국가-자본-지식 운용의 주체와 더불어 노동자 주체를 탐문해야 한다. 이들은 모두 동일한 대상을 향해 전진하고 있었고, 이 과정에서 의도성이나 상호 공감 여부를 떠나 자기 시대의 가장 민감하고 결정적이며 중대한 대상을 갈등과 경쟁 속에서 (재)구성했다. 이렇게 공통의 것을 분유했으므로 그리고 분유를 통해 극심한 균열과 차이를 드러냈으므로, 함께 불러 맞대놓을 수 있을 것이다. 의미는 두 영역 각각에서도 나오지만 서로 대면시키고 접견시킬 때 선명해지는 거리, 불일치, 단절에서도 나오기 때문이다. 노동자 정향 인지 지평의 형성 및 갱신에 관여했던 그러나 요철이 잘 맞지 않는 퍼즐조각처럼 어석거리는 언설들을 한 자리에 배치하지 않는다면, 복합적인 환경과 작용 속에서 나온 노동자 글쓰기의 위상과 의미도 잘 가늠되지 않을 것이다.

노동자 글쓰기는 노동자가 자기(집단)를 구성하여 드러내는 하나의 언술 행위며, 그들 아닌 집단이 그들을 구성하고 드러내는 언술 행위에 상응하는 것이다. 물론, 자기에 대해 말하면서 노동자는 끝없는 착취와 비참으로 삶을 몰아붙이는 자본주의의 폭력성에 문제제기하고 저항했다. 저항은 몸과 에너지를 산화하는 분신, 집회, 봉기 등의 형식으로 실행됐다. 그러나 누군가는 또 글을 써서 자기를 (재)생산하는 작업을 했다면, 실제의 투쟁만으로 노동자 집단의 잠재성과 수행성이 다 설명될 수는 없을 것이다. 그러므로 글쓰기라는 언설 행위를 통해 인식-상상의 체계를 주조하면서 다른 인식-상상 체계에 응하거나 반한 양상을 좀더 구체적으로 물을 수 있고 물어야 한다. 글을 통해 공적 발언의 주체가 된 노동자는 자기를 기록하는 언설적 사건을 주도하면서, 같은 시대에 제출되어 퍼지기 시작하던 노동자 해석 체계에 이질성과 차이를 기입하는 역할을 했다. 이 운동과 충돌이 신생의 것이기도 했고 무척 격한 것이기도 했다는 점에서 1960~1970년대의 상황은 인상적이다.

국가-자본-지식의 고리들이 서로 맞물리면서 낸 통치 실천의 협화음을 탐색하기 위해 『정경연구』, 『기업경영』, 『산업과노동』을 검토했다. 기업계와 학계의 다양한 발화자들이 대거 참여했던 언설의 장을 경유하여, 이 넥서스가 노동자라는 문제를 어떻게 설정하고 생산했는지 파악할 수 있기 때문이다. 이들이 구축한 인식과 지식의 체계 그리고 그 내부를 유영하는 각종 개념어들은 노동자 언설화의 양상을 읽어내는 데 중요한 의미를 갖는다. 그 외 다른 방향에서 노동과 노동자 문제에 접근했던 『대화』를 살펴보았고 당시의 산업사회론 및 노동문제를 둘러싼 지적 편제의 양상을 보여주는 학술서를 참고했다. 그리고 전태일의 『내 죽음을 헛되이 말라』, 석정남의 「인간답게 살고 싶다」와 「불타는 눈물」, 유동우의 『어느 돌멩이의 외침』[6]을 주된 분석 대상으로 삼는다.

2. 노동하는 인간의 발견-'경영'의 장과 산업심리학

공동체의 한 시절을 풍미하는 시대어가 어떤 과정을 거쳐 발원하는지는 단순하게 설명될 수 없겠지만, 적어도 통치 권력이 유포하여 공기에 스며들면 이 말은 사람들의 욕망과 기대를 타고 진짜로든 가짜로든 공유될 것이다. 중요한 것은 통치 권력이 제조한 시대어는 자본의 수혈을 받아 조직과 부피를 갖춘 몸 = 실체가 되어 거대하게 드러난다는 점

6 서지사항은 다음과 같다. 전태일, 『내 죽음을 헛되이 말라』, 돌베개, 1988; 석정남, 「인간답게 살고 싶다」 「불타는 눈물」, 『대화』, 한국크리스찬아카데미, 1976.11~12; 유동우, 『어느 돌멩이의 외침』, 청년사, 1984(이후 인용할 때는 제목과 쪽수만 밝힘).

이다. 1960~1970년대 국가 운영의 이념적 축으로 설정된 것은 '산업화'였다. 박정희는 연두교서에서 2차 5개년계획이 시작되는 1967년을 "위대한 전진의 해"로 정하고 "공업입국 전면작전"의 시작을 알린다. 산업화라는 제일의적 원칙이 구성원의 삶과 가치체계를 관통하는 사회에서, 공장 또는 공업단지는 집합적 꿈과 소망이 응집되어 실체화되는 상징적인 장소가 되었다. 공업단지 조성 계획이 시작된 것은 1963년부터로, 초기의 민간 건의 차원을 넘어 정부가 적극적으로 개발 사업을 추진하여 구로동 공업단지(1단지)를 완공한 것이 1967년이었다.[7] 공장과 공단의 탄생은 발전이 가속화되고 국부가 늘어날 것이라는, 물리적으로 선명한 메시지에 다름 아니었다.[8] 이렇게 한국은 "산업화를 향하여 긴 여행을 시작"[9]한다.

산업화, 공업입국이 장기지속될 시대적 과제로 거듭거듭 표명되고 고층빌딩과 도로로 혹은 공장과 공단으로 생생하게 실체화되고 있을 때, 인식과 지식의 장에서는 자기 사회를 좇아 해석하고 규명하려는 일련의 계열 개념들이 등장한다. 이러한 움직임은 현재적인 혹은 아직은 오지 않았지만 곧 도래할 삶의 형식을 예기하는 이론적 모델링, 즉 자기 설명의 체계를 생산한다. 당대인이 어떤 렌즈를 통해 1960~1970년대를 인식했는지 돌이켜볼 때 핵심이 될 만한 것이 바로 '대중사회'나 '산업사회'라는 조망틀이다. 대중이나 산업이라는 용어 자체는 통시대적으로 편재해왔고 흔히 쓰였다. 하지만 이 일반화된 명사들이 복

7 이병호, 「공업단지의 필요성과 전망」, 『정경연구』 제1권 1호, 한국정경연구소, 1965.1, 120~121쪽 참고.
8 『정경연구』에는 공장 탐방 기사가 지속적으로 실린다.
9 『동아일보』, 1962.2.28

합어로 갱신되면서 사회, 문명의 유형과 단계를 성격화하는 수준으로 전환되고 또 이것이 자기 정체화 시도에 적극 수용되는 국면이 열린 것은 이 시기를 거치면서다. 두 개념 모두 1970년대를 넘어 1980~1990년대로 연장되면서 깊숙이 내화되고 일반화되었음은 물론이다. 따라서 역사의 뒤쪽에서 1960~1970년대의 이론적, 현실적 용례를 돌아보면, 이들이 '너무 빨리 온 개념'으로 여겨질지도 모른다. 그러나 이 시대가 실제로 '얼마만큼' 대중사회였거나 산업사회였는지를 따지는 일은 그다지 의미있어 보이지 않는다. 중요한 것은 자기들의 시공간을 이렇게 파악하고 예상하고 움직이게 한 시대감각이며, 이로부터 파생되고 구체화된 특정한 인지의 생산이다. 두 틀의 정착에 한 가지 표면적인 차이가 있다면 대중사회라는 이해틀이 여러 논자들에 의해 논쟁의 형식으로도 검토되었던 데 비해 산업사회론의 경우는 그렇지는 않았다는 점이다.[10]

일정 수준의 산업화 없이 대중사회 또한 진행될 수 없다는 전제는 당시에도 공유되고 있었기 때문에 근대화, 산업화(공업화), 도시화는 대중사회를 설명해주는 기반어이자 연관어로 함께 나열되곤 했다. 하지만 근대화, 산업화, 도시화라는 수행적 일반명사와는 달리 산업사회론은 사회, 국가, 체제를 규명하는 견고한 이론들로 무장된 별도의 체계를 형성한 장이었다. 산업국가론은 계속 수용되고 있었다. 갈브레이스의 경우 그의 경제론이나 산업국가론이 번역 출간된 것은 말할 것도 없거니와 직접 쓴 소설들도 저널에 게재되곤 했다.[11] 레이몽 아롱의 산

10 1970년대 대중 및 대중사회론에 대해서는 송은영, 「1960~1970년대 한국 대중사회논쟁의 전개 과정과 특성」, 『사이間SAI』 14권, 국제한국문학문화학회, 2013.

업사회론 역시 꾸준히 수용되었다. 1961년 『지식인의 아편』이 출간된 이후, 특히 1970년을 지나면서는 산업사회론이 번역되기 시작했다. 『민주주의와 전체주의—공업사회의 정치체제이론』(1970), 『산업사회의 비교연구』(1973)가 그것이다.[12]

산업사회론이 산업화의 길을 가는 한국의 언설 공간에 지속적으로 받아들여진 데에는 한국의 현실과 서구이론 사이의 현격한 간극에도 불구하고 다분히 그럴만한 근거와 맥락이 있었다. 그런데 갈브레이스나 레이몽 아롱으로 대표되는 일군의 산업사회론은 개발의 이론, 성장 모델, 국가-정치 체제 나아가 자본주의와 사회주의의 경제-사회 체제 등을 논하는 매우 거시적인 수준의 것이었다. 이들의 이론이 산업사회의 거대구조와 심층원리를 알고자 하는 의지를 지원하고 있었다면, 다른 한편에서는 산업화의 가장 중요한 실제적 구현인 산업체와 기업체에 대한 실용적인 성격의 언설이 왕성하게 성장하고 있었다. 이 구역에는 빠른 속도로 산업화를 추진하는 한국 사회의 현실과 이념이 훨씬 더 직접적으로 반영되어 있다. 바로 여기 '경영'이 있고 '경영'의 부상이 있다. 1960년대 초반부터 경영이라는 문제가 돌출하고 이에 대한 논의가 증가한 것은 산업화를 추진하는 살아있는 현장을 어떻게 운영할 것인지에 대한 지대한 관심 때문이었다.[13] '경영'해야 하는 산업-

---

11 갈브레이스의 『경제논쟁의 이론과 실제』는 1959년에 을유문화사에서 발행되었다. 이후 『경제발전의 전망』(사상계사,1962), 『후진국(後進國)을 위한 재정금융정책론집(財政金融政策論集)』(동아출판사, 1966), 『새로운 산업국가』(장문각, 1971)가 출간된다. 『새로운 산업국가』에 대한 서평으로는 이승윤, 「산업사회(產業社會)의 변이(變異)—갈부레이스의 『신산업국가론(新產業國家論)』을 중심으로」, 『사상계』, 1968.6 참고.

12 레이몽 아롱은 1976년 방한하여 서울대에서 강연회를 갖는다. 관련기사는 『경향신문』, 1976.6.22 참고. 1980년에는 『산업사회(產業社會)와 사회계층(社會階層)』(범조사)이 간행된다.

기업체가 번성하는 현실이 펼쳐졌고, "여기저기서 경영"을 이야기하는 시대가 열렸다. 이에 따라 경영의 이론과 실제에 대한 언설이 축적되기 시작한다.[14] 그 한가운데 한국생산성본부가(1957)[15] 있고 『기업경영』(1958)과 같은 매체가 있다. 그리고 이 매체에 그치지 않고 퍼져 일반화되는, 생산성과 능률의 극대화 및 합리화를 설명하고 정당화하는 지식과 개념들이 있다.

'경영'의 부상이 동반한 주목할 만한 현상은 이를 계기로 생산 현장에서 산업사회를 움직여 나가는 '일하는' 인간이 언설 공간에서 돌올하게 입체화되기에 이르렀다는 점이다.[16] "경영은 인간문제이며 인간관계를 콘트롤하는"[17] 문제라는 맥락에서, 경영을 논하는 것은 결정적인 의미에서 '종업'하는 인간 즉 "종업원"을 논하는 것이다. 당시 경영이 발견한 인간은 넓게는 통치권에서 호출한 계발과 개발 대상으로서의 인간에 닿아 있다. 1966년 정부는 인력개발위원회 설치를 계획하고 "인력자원의 효율적인 관리를 위해 인력수급 계획, 이를 위한 교육

---

13 경영담론을 통해 휴가정치를 규명하는 연구로는 김영선, 『잃어버린 10일』, 이학사, 2011. 이 연구는 1970년대부터 1990년대까지를 다루고 있다. 1960년대에 비추어볼 때 1970년대에는 산업화의 규모 자체도 커졌고 공장새마을운동, 노동운동 등 서로 길항하는 노동계의 움직임이 본격화되었기 때문에 이 시기를 논의의 출발로 삼은 듯하다. 그 외, 한국 경영이데올로기가 갖는 정치권력과의 유착 관계에 대해서는 배규한, 「한국의 경제성장과 경영이데올로기」, 『한국사회학』 20권, 한국사회학회, 1987, 106~107쪽 참고.

14 1950~1960년대 경영 이데올로기의 현황과 작동을 테일러리즘과 대중사회에 초점을 맞춰 분석한 연구로는 황병주, 「1950~1960년대 테일러리즘과 '대중관리'」, 『사이間SAI』 14권, 국제한국문학문화학회, 2013 참고.

15 생산성본부에 대해서는 위의 글 참고.

16 경영의 주체인 경영자 및 관리자 역시 "종업자" 못지않게 경영 논리를 구성하는 핵심적인 존재다. 기술인력뿐만 아니라 경영인과 관리인 양성이 인력개발 차원에서 계속 강조된 된 점 또한 주목할 만한 사항이다. 관련해서는 김치선, 「한국적 인력정책」, 『산업과노동』 3권2호, 노동청, 1969.6.

17 「경영에 있어 인간성의 갈등」, 『기업경영』, 1962.4.

훈련 및 활용방안 등을 연구토록"[18] 했다. 그리고 1967년 연두교서는 "인간개발"을 공표한다. 박정희는 2차 경제개발계획의 시작을 알리면서 "인간개발을 교육에서 기대하지 않을 수 없"음을 강조했고, "기술교육 발전에 역점을 두면서 도의를 존중할 줄 알고 협력할 줄 아는 민주시민을 만드는 인간 교육"[19]의 중요성을 역설했다. 여기 나열되어 있는 말들 가운데 "민주시민을 만드는 인간교육"은 특히나 허망한 어사였지만 이를 제외한 기술교육과 국가"도의"라는 목표는 분명한 실행력과 효과를 갖는 것이었다. 현대 산업사회가 "경제발전의 요인을 물적 측면에서뿐 아니라 인간적 측면에서 찾게 되"고 "물적 자원 못지않게 기술을 가진, 경영 능력을 가진 인간"[20]을 요구하고 있다는 파악은 노동청의 모든 정책을 아우르는 전제이자 원리이기도 했다. 인간의 인적자원화는 결정적이고 지배적인 흐름이 되고 있었다.[21]

통치가 노동하는 인간을 집합성, 보편성, 규칙성[22]을 지닌 거대한 '인구'라는 총체로 상정한다면 경영은 이들을 구체적이고 실제적인 기업 및 산업 현장 단위로 미분하여 인식한다. 이와 같은 연동-변위

18 『동아일보』, 1966.5.25.

19 『경향신문』, 1967.1.17.

20 김윤환, 「경제성장과 인력개발」, 『산업과노동』 3권2호,1969.6, 12쪽. 필자에 따르면 한국에서 인력개발계획이 수립된 것은 제1차 과학기술진흥 5개년 계획(1961~1966)을 통해서다. 그리고 처음으로 직업훈련법이 제정공포된 것은 1967년 1월로, 사업내 및 공공의 직업훈련을 조직화하고 기능검정을 제도화하려 했다. 또 인력개발 차원에서 인재양성론과 교육투자론이 강조되었다.

21 1964년 "과학자, 기술자, 기업가의 정담"이 "지능자원을 개발하자"는 테마로 열린다. "지능자원이라는 어려운 말"은 "인간자원" 혹은 "인적자원"과 동의어라고 하고 있다. 관련 내용과 기사는 『경향신문』, 1964.1.6. 인적자원 및 인력개발의 현황, 나아갈 길에 대한 자세한 논평으로는 이동우, 「제3차 인력수급계획의 제문제」, 『정경연구』 62, 한국정경연구소, 1970.3 참고.

22 Foucault Michel, 오트르망 역, 『안전, 인구, 영토』, 난장, 2011, 121쪽.

의 코스를 따라, 종업자군 가운데 생산 라인에 있는 노동자도 줌인해 들어오는 시선에 포착되었다. 노동자는 더 이상 '인구'라는 덩어리진 수준에서 정체화될 수 없는, 보다 미세한 분할과 미시적인 접근이 요구되는 존재인 것이다. 그렇다면 노동자는 어느 정도 가까이에서 포착되었을까. 무엇이, 어떤 방식으로, 이 집단을 향한 최대한의 밀착을 가능하게 한 것일까. 이 문제를 규명하기 위해서 우리는 당시 한국에 수용, 유통되고 있던 첨단의 인식-지식-실용의 체계에 눈돌려야 한다. 산업심리학이 바로 그것이다. 산업심리학은 1900년대 초반 미국에서 탄생한 후 1, 2차 대전을 겪으면서 군사 및 산업 부분에 필수불가결한 분야로 크게 발전했다. "산업심리학은 필요에 의해 생겼고 발전되어 왔다. 긴급한 해결을 필요로 했던 어떤 실제적인 문제가 이 분야에 최초의 자극을 주었고 위기와 필요성의 계속적인 요구"가 그 "성장과 영향력을 촉진"[23]시킨 것이다. "심리학적 방법, 사실, 원리를 직장인에게 적용하는"[24] 이 응용심리학의 인지체계는 한국의 경우 1960년대 초반부터 서서히 부상하기 시작한 것으로 보인다.

"기업과 정부조직에 성공적으로 기여함으로써 널리 인정받고 존중받는 전문분야"[25]가 되었다는 기원과 내력이 말해주듯이, 이 영역은

---

23 Duane P. Schultz, 이훈구 역, 『산업 및 조직심리학』, 법문사, 1985, 21쪽. 1차 대전 당시 군당국이 많은 수의 신병을 뽑을 때, 능력과 지능에 따라 신병을 선발하고 훈련시키기 위한 검사가 필요했다. 이 과정에서 지능검사 방법을 고안해 실시했고 이 경험을 바탕으로 인간을 분류하고 선발하는 공공기관, 기업체, 학교조직, 그 외 여러 기관에서 산업심리학적 방법론을 활용하기 시작한다.

24 위의 책, 19쪽.

25 위의 책, 25쪽. "산업심리학의 주요 범위"를 ① 과학적 방법 ② 종업원 선발 ③ 성과평가 ④ 훈련 ⑤ 통솔력 ⑥ 직장생활의 동기와 질 ⑦ 조직심리학 ⑧ 작업조건 ⑨ 공학심리학 ⑩ 사고-술-약물, 심리학과 소비자로 정리한다.

기본적으로 통치-경영 친화적인 쓸모를 갖고 있다. 한국에서도 경영 원리에 이론적, 방법론적 자원을 제공하여 직간접적으로 공헌하는 지적 장치로 기능했다. 1960년대는 산업화라는 과제를 주도하거나 감당하기 위한 첨단의 분과학문들이 왕성하게 생겨나기 시작한 때다. 경영학은 "매우 새로운 연구 분야"로 "하나의 큰 관심사"[26]로 뚜렷하게 부흥하고 있었고 이제 막 소수의 연구자들이 개척을 시작한 산업사회학 또한 앞으로 중요성이 더 커질 분야로 전망되고 있었다. 산업심리학도 이들과 인접하여 생장중인 신생 학문이었다. 이것은 통치의 '인구'에 응하고 경영의 '인간'에 응하며 최종적으로는 작업장의 '노동자'에 응하는 분야였다. 산업심리학에 특히 초점을 맞추는 이유는 이것이 노동자를 향한 최대 접근을 실행하여 특정한 노동자 상을 구축하는 데 지배적이고 '독보적'인 역할을 했기 때문이다.

산업사회의 제반 현상을 다루는 복수의 해석과 설명의 분과들 가운데 이 부분에 시선을 고정시켜야 하는 이유는 충분해 보인다. 가장 중요한 이유는 통치권의 '인구'에서 경영의 '인간'으로 초점화된 노동자가 산업심리학의 인지틀에서 다시 한번 그 모습을 또렷하게 드러냈다는 데 있다. 이는 별다른 실체감 없이 추상되던 노동자가 바로 산업심리학의 인지 공간에서 비로소 구체화되어 현상했음을 뜻한다. 이러한 변화는 산업사회를 해석, 설명하거나 기획하는 지금까지의 언설적 기

26 한국 경영학의 현황을 정리하고 있는 기사에 따르면 경영학은 해방전과 한국전쟁기까지는 도입기의 성격을 지닌 수준에 불과했다. 1950년대 후반에 대학의 독립된 분과학문으로 제도적으로 안정되고 규모도 커진다. 1958년에 연세대와 고려대가 경영실무자를 위한 강습회를 연 이후, 한국생산성본부를 비롯한 여러 기관에서 강좌를 마련한다. 유세환, 「'합리화'라는 별명의 학」, 『정경연구』 45, 한국정경연구소, 1968.10 참고.

도(企圖)에 '획기적'이고 '비약적인' 전환을 가져왔다. '산업'과 '심리학'이라는 개념적, 영역적 결합이 말해주듯이 이 분야는 기원에서부터 무엇보다도 산업 혹은 산업사회 인식틀의 "인간학"적 전환을 시도하고 있었다. 이러한 이유로, 마찬가지로 인간을 향하고 있던 경영의 이념에 유효하고 필수적인 의미소를 제공하는 매개가 된 것이다. 그렇다면 산업심리학은 이 인간학적 전환을 어떻게 실행했을까? '노동자는 '내부' 즉 '심리'를 가진 자'라는 전제를 내세움으로써 수행했다. 전반적으로 1960년 무렵까지의 한국의 인지 지평에서, 산업체든 기업체든 작업장에서 일하고 있는 노동자를 뚜렷한 구심으로 삼는 언설을 찾기란 쉽지 않다. 산업심리학은 말하자면 그간 '텅 빈 중심'이었던 존재를 중대하고 핵심적인 것으로 만든 것이고, 평면처럼 여겨지던 존재에 '깊이'를 부여해 입체화한 것이다. 이 점은 노동자 정향 언설의 양상을 파악하고 그 너머에 다른 무엇이 있었는지를 찾기 위해 우선적으로 참조되어야 할 사항이다.

산업심리학에 주목해야 하는 두 번째 이유는, 이 영역이 노동자를 언설 지평에 가시화하면서 특정한 경로로 노동자 상을 주조했다는 데 있다. 노동자는 크게 두 측면에 초점을 맞춰 설정된다. 먼저, 가장 중요한 것은 이들이 노동의 '주체'라기 보다는 경영의 '대상'이라는 점이다. 따라서 적절하게 검시되고 다뤄져야 한다. 또하나는 일터에 나와 직접 작업을 하고 생산을 하는, 조금은 '까다로운' 존재라는 점이다. 노동자는 기계가 아니므로 여러가지 변수에 영향 받는다. 작업시에는 자기의 일과 관계 맺지만, 작업장에서는 다른 동료들과도 관계 맺는다. 관계맺음이 어떤 조건과 환경에서 이루어지는가에 따라 노동자의 업무능력, 태도, 심신의 상태가 달라진다. 노동자가 겪는 여러가지 변화가 궁극에는 산업-기업체에 영향을 미치기 때문에, 산업심리학은 노동 조건과 환경을 실험하고 인간 행동과 심리를 조사하면서 생산성과 능률 제고를 위해 조정해야 할 부분이 무엇인지를 찾아낸다. 그래서 일터의 노동자와 그의 노동을 관찰, 실험, 측정하여 분석하고 양화하는 작업은 필수적이다. 관찰, 실험, 측정은 지식체계로서의 산업심리학을 성립시키는, '과학성'을 담보한 핵심적인 방법론이었다. 결국 산업심리학의 언표와 문법의 망을 따른다면, 노동자란 가변적인 여러 속성, 흥미, 동기, 성취 욕구 등 '내부'를 갖고는 있지만 어느 것이든 체계적인 분석을 통해 해명될 수 있고 더 중요하게는 환경을 달리하거나 자극을 제공하여 경영자가 원하는 수준으로 조율될 수 있는 자인 것이다.

인간의 운용과 노동력의 활용이라는 중요한 과제를 만난 한국에서, 산업심리학의 인식론적 토대와 방법론적 코드는 꾸준히 소개되었다. 산업심리학 체제의 내화는 넓고 두텁게 이루어지고 있었다. 이 현상은 단지 아카데미 내부의 학술 지평에 이론적으로 한정된 것이 아니었으며 노동 및 인력 행정에 관여하는 공공기구를 통해서도 담론과 실행 양면에서 모두 유효하게 진행된 것이었다. 국내 학자에 의해 『산업심리학의 실제』와 같은 개론서가 출간된 것은 1963년인데 저자들은 산업심리학을 "생산에 있어서의 기술과 인간과의 새로운 대결에 대하여 또 노사간의 충돌에 대하여 어떻게 생각해야 하며 어떠한 해결책이 있겠는가를 고구하는 학문"[27]으로 정의하고 있다. 이들이 알려주는 정보에 의존하자면, 1960년대 초반 당시 산업심리학 분야는 대학에 강좌가 설치되고 학생들과 기업체가 관련 참고서를 찾기 시작하는 상황이었던 것으로 파악된다. 하지만 산업심리학적 사안들의 출현은 더 이른 시점에 이루어졌다고 봐도 좋다. 『기업경영』은 이미 1960년경부터 산업심리학의 수용 장면을 뚜렷하게 보여주고 있다. 인사관리, 인력개발, 직장 (정신)건강관리, 인간 구조 분석으로서의 적성검사, 공장의 작업환경 실험과 안전관리 문제, 모럴 서베이 기법과 효과, 종업원의 권태와 피로, 노동의욕과 작업능률, 작업과 대뇌생리, 인간 과오의 최소화 등, 산업심리학 분야의 핵심적인 아젠다와 주요 개념어 및 이론의 뚜렷한 이슈화[28]가 이러한 경향을 증거하고 있다.

더불어 이 분야의 주요 조사법의 한국적 적용이나 실행이 사업장 현장에서 이루어지고 있었다는 점 역시 확인가능하다.[29] 이와 관련해서

---

27 이근희 · 강석인, 『산업심리학의 실제』, 일조각, 1963, 3쪽.

28 산업심리학의 언어, 문법, 의제가 당시 한국에서 어떤 식으로 수용, 전개되고 있었는지를 파악하기 위해 『기업경영』의 담론장을 조사했다. 직접적으로 관련된 기사의 목록을 제시하면 적성검사를 논하는 「인간구조분석의 필요성」(1960.6), 「직장인의 정신」(1961.7)을 비롯한 네 편의 번역글, 산업심리학계의 대표적인 실험과 논제를 기사화한 「공장조명의 실제」와 「모랄서베이의 기법과 효과」(1962.1), 한국에서의 현황을 말해주는 「경영의 장기적 발전을 위한 복리후생시설」(1963.3), 모럴과 산업피로의 문제를 다루는 「종업원의 권태의식을 해소시키려면」(1962.4), 인성과 적성 문제를 다루는 「당신의 회사에 필요한 사람」(1962.4), 안전관리와 연관하여 한국의 실태를 알려주는 「공장의 작업환경과 안전관리」(1962.5), 역시 모럴 및 산업피로와 관련된 「산업보건과 산업의욕」(1962.6), 「사고 방지를 위하 공장의 안전관리」(1962.5), 산업피로와 산업심리학을 직접 언급하고 있는 「고용의 안전보장과 직장의 사기」(1962.7), 노동의욕과 피로, 권태, 작업환경을 이슈화한 총 6편의 특집 〈무엇이 노동의욕을 좌우하나〉와 좌담 〈노동의욕과 작업능률〉(1963.6), 「피로여유의 결정요인」(1963.7), 한국 심리조사 및 적성검사의 현황을 알려주는 「인력개발과 적성검사」(1963.8), 의학자의 작업장 조사를 바탕으로 노동에 대한 생리적 분석을 취하고 있는 「작업과 대뇌생리」(1967.2), 직장인의 사기 문제를 다룬 「동족 회사에 있어서의 직장의 모랄」(1967.3), 한국의 산업심리학적 관심의 현황을 알려주는 「인간의 과오는 제거될 수 있다」(1967.10) 등이 전형적인 사례들이다.

29 각주 28에서 밝힌 자료들 및 「경영의 장기적 발전을 위한 복리후생시설—복리후생시설 조사 실태(『기업경영』, 1962.1); 한국산업심리학회, 『綜合進路適性檢査—實施要綱 : 中, 高, 大學, 一般用』(1968); 노동청, 『한국기능공의 기능실태와 기능검정과제의 타당

는 특히 산업 보건 및 안전재해가 가장 중요한 문제였던 것으로 보인다. 작업장 환경에 대한 관심이 높아진 근거도 여기에서 찾을 수 있다. 전체적으로 "계속된 매일의 작업은 인체구조상, 신체활동의 능률을 감소시키므로 양호한 작업환경을 베푼다면 작업의 마지막 시간에 작업능률 및 속도 감소는 능히 방지하고도 남음이 있다"[30]는 논리가 바탕이 되었다. "산업보건"도 같은 선상에서 인식되고 강조되었다.[31] 궁극적으로 "기업성장과 인간개발"이라는 두 축을 중심으로 하는 산업심리학의 인지틀은 생산성 향상이라는 경영의 제일의적 원칙과 사기 진작을 통한 노동윤리를 강화, 보조하는 데 활용되었다.[32] 1960~1970년대를 거치면서 산업심리학의 중요성이 더 크게 인식되고 보다 실제적인 차원으로 옮겨갔을 것임은 충분히 추론 가능하다. "어떠한 조직체건 가장 중요한 자원은 인적 자원이다. 기업의 흥망은 직원을 얼마나 잘 선발하고 훈련시키고 또 활용하는가에 달려있다. 이러한 인적 자원의 중요성이 점차 인식되어감에 따라 산업심리학의 중요성도 커진"[33]다는 진단은 더 이상 새롭거나 특별한 것이 아니게 되었다. 근로보건 관련 장치도 강조되고,[34] 산업 및 기업체와 긴밀하게 링크된 사업심리학 특유의 기

성』(1970) 등을 통해서 파악할 수 있다.

30 옥영방, 「사업장의 환기문제」, 『산업과노동』 3권2호, 노동청, 1969.6.

31 이데올로기적 기반과 현실적 관심을 반영하고 있는 자료의 하나로, 좌담회 「건강, 노동 및 생산성」(『산업과노동』 3권1호, 1969.5)을 들 수 있다. 이 좌담회에는 바타위(아시아 지역 산업보건전문가), 이열모(경제평론가), 이근희(대한산업안전본부 사무총장, 한양대 교수), 이태준(대한산업보건협회 훈련부장, 카톨릭 의대 교수)이 참여했고 노동청 산업안전과장이 사회를 맡았다.

32 『매일경제』, 1975.2.6. 산업심리학자 헨스버그의 조사를 언급하면서 "종업원 또는 인간을 목표대로 이끌 수 있는 치밀한 프로그램 작성이 중요"함을 강조한다.

33 『매일경제』, 1972.2.11

34 '보건의 달 행사기간 실시지침'(『산업과노동』 3권1호, 1969.5, 59쪽) 을 통해서도 이러한 움직임을 포착할 수 있다. 안전보건 점검의 항목들을 보면 재해가 빈번히 발생하는

술 즉 근로자의 동기 유발, 사기 진작 프로그램이나 카운슬링도 점차 활용 범위가 넓어진 것으로 보인다.[35] "근대화의 물결을 타고 새로운 공업사회가 형성되고 기업 장면이 증가하고 있"는 상황에서 "생산에 공헌하는 인력개발의 문제는 근대화가 공업입국을 지향한다면 자연자원을 계몽하는 것에 못지 않은 비중을 차지할 것이다. 경영에 대한 합리화를 제창하는 소리가 고조해가고 있다. 위와 같은 모든 분야에 전문적으로 종사하는 사람들이 그 분야의 인간적인 요인을 최대한으로 합리적으로 활용하기를 기대한다"[36]는 입장은 지속되었다.

위에서 잠시 언급했지만, 작업장의 인간을 '염려하는' 산업심리학이 중요하게 다룬 인간적 지표 가운데 하나가 "산업피로"다. 노동자가 노동 과정에서 겪는 신체적, 심리적 피로는 이 분야가 집중한 중심 사안이었다. 산업재해 역시 산업피로와 결코 무관하지 않다. 모럴(사기) 문제 또한 빼놓을 수 없는 부분이다. 모럴의 저하든, 산업피로든, 산업재해든 핵심은 인간과 노동 환경의 불균형에 있으므로 경영자는 노동하는 자에게 최적의 환경을 제공할 필요가 있는 것이다. 물론 산업심리학이 소개되고 그 자체가 다뤄지는 방식을 보면 교묘하다는 느낌을 피할 수 없다. 산업심리학의 인간-노동 인식은 산업과 경영의 "인간화"를

유해위험부서의 위험시계점검, 안전표지 설치 및 보호구착용, 보건관리자 및 안전관리자의 사업장 배치, 각종 예방업무 이행, 무료건강상담, 재해 통계 산출 등, 전반적으로 수행성을 갖는 것들이다. 이것이 어느 정도 철저하게 지켜지고 실행되었는가와는 별개로 산업심리학의 주요 항목이 실행의 층위에서 유효화되고 있음을 알 수 있다. 이밖에 『산업과노동』에 실린 산재보상사업과 산업안전사업 관련 자료들을 통해서도 경향성을 파악하는 것이 가능하다.

35 "종업원에게 동기를 부여함으로써 그들이 지니고 있는 잠재능력을 현재화해서 경영효율을 증대"시키는 무결점운동, 목표관리, 자발적 참여방식 등이 신수법으로 널리 소개되고 있다는 기사를 확인할 수 있다. 『매일경제』, 1971.10.15.

36 정양은, 「기초심리학에 오해 있다」, 『정경연구』 45, 한국정경연구소, 1968.3, 150쪽.

추구한다고 하면서 결국 분석과 조절 가능한 인간이라는 사이보그의 인간상을 생산한다. 또, 인간의 행동과 의식을 생산성 증가와 노동 적합성에 맞춰 조종하기를 시도하는 동시에 그러기 위해서라도 필요한 노동환경의 개선과 같은 도구적 합리성의 달성을 말하기도 한다. "산업심리학이 목적으로 하는 바는 개인 개인의 직무에의 적합과 직무에 대한 만족감을 증진시키기 위하여, 즉 인간관계를 개선키 위하여 인간의 행동을 표현하고 예지하고 콘트롤하는 데 있는 셈"[37]이라는 압축적 설명에서 드러나듯이, 기본적으로 산업심리학은 자본과 생산 그리고 경영의 질서에 인간을 적응시키고 또 그 적응 능력 자체를 높이기 위한 방법을 찾는 데 기울어져 있다.

1960~1970년대 산업심리학 채널의 '이식'이 중요하다면 그것은 이 인지틀이 정치적으로 올바르기 때문이 결코 아니다. 산업심리학은 애초부터 이미 국가주의적 노동윤리와 발전주의를 떠받드는 방향을 취한 것이었다.[38] 그러므로 이 인지 체계의 중요성은 다른 데서 찾아야 한다. 이 시기에 돌출해 점점 커지고 있는 산업심리학의 틈에 눈을 갖다댈 때 그 안쪽으로 펼쳐지는, 다소 뿌옇지만 구도를 잡아가기 시작하는 어떤 장면을 볼 수 있다는 점이 그것이다. 이 광경에는 과거와는 달리 새삼스레 주목받으며 불려나온 노동자의 신체 안팎에 새겨지는, 관리와 보호의 이중 나선이 그려져 있다. 노동자의 발견이 이곳에서 이렇게, '적절하게 적응하고 최선으로 적합해지기 위해 연마되고 계발되어

---

37 강석인, 『산업심리학』, 일조각, 1975, 2쪽. 이 책은 1963년 『산업심리학의 실제』(이근희・강석인, 일조각, 1963)의 개정증보판이다.

38 산업심리학에 대한 비판적인 논의로는 Harry Braverman, 이한주 외역, 『노동과 독점자본』, 까치, 1998, 특히 1부 참고.

야 하는 자원'의 측면에서 진행되었다는 점은 이들이 달리 발견된 가능성을 찾아보기 위해서라도 확인되어야 할 것이다.

3. '영혼'을 말하고 실행하기

경영에 '종업'하는 산업심리학의 언어로 투명하게 막을 두른, '이상적이고 적절한' 노동자의 탄생 장면을 그려보자. 그/그녀는 다소 규모가 큰 새롭게 조성된 깨끗한 공장이나 기업에 근무할 것 같다. 직장에 들어와 임무를 맡기 전에 적성과 업무 능력은 이미 테스트 받았다. 그/그녀는 작업에 없어서는 안 될 기계나 장치에 밀착하여 능숙하고 절도 있게 일한다.인간이기에 가끔 피로와 권태감이 밀려올 수도 있겠지만, 실험적으로 증명된 적정 노동시간 덕분에 신체적, 정신적 불균형에 빠지는 것은 피할 수 있다. 그리고 일과를 마치면 여가 시간이 주어져 자기 계발에 힘쓸 것이며 이러한 안정적이고 친절한 환경 덕에 자기 존중감과 성취욕도 높아질 게 분명하다. 그래도 있을 법한 불편함이 성가시다면 상담소나 조합을 통해 합리적인 해결을 시도할 수 있다. 그/그녀가 블루칼라건, 화이트칼라건 상관없이 말이다. 이것이 바로 "경영"이라는 제목이 붙을 법한, "노동인격"[39]을 갖춘 노동자가 등장하는 산업사회 대중 유토피아의 꿈의 영상이다.

우리는 꿈의 이론적, 기술적 자원을 산업심리학의 언어들이 구체적

---

39 이근희, 앞의 책, 184쪽.

으로 제공하고 있음을 살펴보았다. 언설 생산자들은 산업심리학이 "널리 산업사회에 있어서의 노동자의 인간적 만족과 성장을 도모하고 나아가 그 주체적 참여를 통하여 노사가 상호 신뢰, 협조하여 산업의 평화와 발전을 이루게 하는 이른 바 '민주와 평화의 과학'이 되어야 한다"[40]고 언급하기도 했다. 산업사회는 필연적으로 노동복지의 문제를 불러일으키기 마련인데, 이 시기 몇몇의 산업심리학자들의 인식구조에도 '(많이) 생산하도록 (가능한 한) 배려한다'는 두 축이 양립하고 있었음을 얼핏얼핏 보게 된다. 앞서 관리와 보호의 양면성을 말한 것은 이런 맥락에서였다. 하지만 당시의 현실적, 언설적 정황을 고려하여 이 양립 상태 자체의 경사를 가늠해보면, 구조적이고 근원적인 문제를 발견하지 않을 수 없다. 측정되거나 배치되거나 경영될 의지와 능력을 표하지 않는다면 노동자는 결코 꿈의 무대에 들어설 수 없다는 점이 그것이다. "산업사회의 주축"을 "노동자, 사용자, 정부"라 한다면,[41] 이 메커니즘에서 설계자는 경영 이념을 궁글리는 정부와 사용자다.

통치의 논리와 경영의 원리가 서로 동의, 교감하면서 노동자 상을 구축하고 있을 때 그 주변 어딘가에서 전혀 다른 구도로 그려진 노동과 노동자 풍경이 나타난다. 이 풍경은 '법'과 '경영' 외부에 있던 자들로부터 작성되었다. 지그문트 바우만은 복지정책 덕분에 노동자가 자본-고용주가 정한 질서를 더 잘 받아들여 내화하게 된 맥락을 논하면서, 복지로 유인하지 않아도 쓰고 버릴 노동력이 넘쳐나는 오늘날의 지구적 상황을 설명한 바 있다.[42] 이러한 현상은 국가 내부적으로

40 위의 책, 3쪽.
41 김윤환, 「한국 노동운동의 역사와 전망」, 『대화』, 한국크리스챤아카데미, 1968.3, 13쪽.

도 나타난다. 당시 노동 복지라는 용어 자체나 이념은 경영론에서도 아주 가끔씩 등장하고는 있지만 여러 가지 면에서 볼 때 무의미한 기호에 지나지 않았다. 행정 상의 공표와 실제 사이에는 큰 간극이 존재했다. 게다가 보호와 복지를 고려해야 할 존재나 규모가 있는 반면 그럴 필요가 없는 경우가 있는 법이다. 많은 노동자들이 후자의 조건에 있었고 영세공장의 노동자는 특히 그랬다. "근로기준법이 제정공포된 이래 근로자의 복지 증진을 위하여 최저근로 조건 확보와 실현에 계속적인 노력을 하여 왔으나 소기의 성과를 거두었다고 볼 수는 없다"는 판단 하에 미불임금 일소, 8시간 근로제 실시, 여자와 소년 근로자 특별보호, 민원사건 미연 방지 등을 근로기준사업의 "중요사업"으로 정하기도 했지만[43] 이 모든 것에서 영세공장은 철저하게 배제되어 있었다. 영세공장은 법제나 행정이 가닿는 구역이 아니었다. 이미 근로기준법 자체가 16인 이상의 종업원을 둔 사업체를 적용 대상으로 삼고 있는 법이었다. 16인 기준이 재고되어야 할 사안으로 공론화된 것, 영세 사업체의 현실이 문제적으로 인지되기 시작한 것도 전태일의 죽음을 계기로 해서였다.[44]

---

42 Zygmunt Bauman, 이수영 역, 『새로운 빈곤』, 천지인, 2010, 특히 2장 2절 참고.

43 「근로기준사업」, 『산업과노동』 3권1호, 1969.5, 47쪽.

44 「보호권 밖의 영세 근로자 그 실태와 문제점」, 『매일경제』, 1970.11.21; 김낙중, 「중소 및 영세기업의 존립조건과 노동문제」, 『정경연구』 73, 한국정경연구소, 1971.2 참고. 필자는 전태일의 죽음을 언급하면서 "고도성장의 음지에서 독점자본의 위협에 신음하는 중소 및 영세기업과 그 속의 노동문제는 어떻게 규정되어야 하는"지 고찰하고 있다. 그는 중소영세기업의 노동문제가 사용주에 대한 근로감독 강화나 압력의 가중 정책으로 해결될 수 없다는 점을 강조한다. 그리고 대기업 재벌 위주의 경제정책을 바꿔 중소영세기업이 건전하게 성장할 수 있는 보호육성 정책과 같은 근본적인 처방이 이루어져야 한다고 주장한다. 전태일 사건 이후 근로기준법 확대 적용과 관련된 논의는 당시 신문기사를 통해서도 폭넓게 확인할 수 있다.

이와 같은 현실은 대부분의 노동자 집단이 전반적으로 무법 또는 몰법의 사각지대에 방기되고 있었음을 말해준다. 그래서 이들은 전적인 격절 상태에서 전혀 다른 노동=삶의 장면을 묘사했다. 자기를 말하려는 의지와 역능을 지닌 예외적인 몇 명에 의해 기술(記述)이 시작되었다. 노동자 글쓰기로 인해 노동자를 둘러싼 언설의 장에는 지각 변동이 일어난다. 지각 변동은 시간이 지날수록 격해지고 또 퍼질 것이었지만, 노동자를 언설적으로 구성하는 주도권을 어느 한 편이 전일적으로 소유하고 있던 상황에서 출현한 노동자 글은 특별한 의미를 갖는다. 노동자 글쓰기의 등장은 노동자에 대해 말하고 인식하는 언설 주체들이 분열되고 있고 분열의 조건들이 형성되고 있음을 뜻하며, 따라서 복수의 진리주장이 경쟁하기 시작했음을 뜻한다. 누가 말하는가라는 문제와 관련해서 이 시기에 일어난 동요는 그간 산업노동자를 둘러싸고 형성되어 온 지배적인 인식-지식 체계의 한계 혹은 (그 안의) 외부를 드러냈다.

이들이 어떤 과정에서 자기를 쓰고 말하게 되었는지를 일관되게 설명하기는 어렵다. 글쓰기란 쓰는 주체 고유의 내발적 동기와 내밀한 계기에서 시작되기 마련인 바, 어떤 공식적이거나 제도적인 기회가 중요한 역할을 했을지라도 반드시 이 차원에 '기원'을 돌릴 수는 없기 때문이다. 1960년대~1970년대의 정황은 더 그러하다. 특히 전태일의 경우 어떻게 글을 쓰기 시작했는지, 사유를 구성하는 자원들을 어디서 얻었는지 추적하는 게 쉽지 않다. 개인적인 독서와 공부의 흔적이 텍스트에 직간접적으로 나타나 있기는 하지만, 이 목록도 고독한 독학자가 지녔던 앎의 층에서 글을 쓰는 순간 잠깐잠깐 표면에 튀어오른 몇몇에 지나지 않을 것이다. 단, 그보다 뒤에 공식적인 매체와 관계할 수 있었던 석정남과 유동우의 경우를 통해 노동자 언설 생산과 유통의 실제적인 계기를 확인할 수는 있다. 1970년대 중후반 노동자의 글이 공적인 존재성을 획득하고 사회적 공유의 장에 등장하게 되기까지 결정적이고 지대한 역할을 한 것은 산업선교다.[45] 도시빈민, 노동자 등 사회 주변부를 향한 기독교의 움직임이 산업선교의 방식으로 본격화되기 시작한 것은 1950년대 후반부터다.[46] 이후 산업선교는 노동현장과 노동자를 향한 실천운동을 지속적으로 전개해 나간다.[47]

1970년대의 노동운동이나 노동자 문화의 일면은 전반적으로 이러한 배경 안에서 이해할 수 있을 터인데, 특히 노동자 글쓰기의 공공화를 처음 실행한 크리스천 아카데미의 『대화』는 주목할 만하다. 1960년대 중반 크리스천 아카데미는 기독교와 아카데미의 실천적 연대를 주장하며 "아카데미 운동"을 주도했다. 이 운동의 목적은 "외부로부터 온 변동 때문에 통합이 결여된" 한국사회가 "복합사회요 한계사회"로서 직면하고 있는 여러 문제를 "마음과 마음을 교환하는 깊은 커뮤니케이션"[48]을 통해 공유하자는 것이었다. 크리스천 아카데미는 한편으로는 산업선교를 지속하고 또 한편으로는 크고 작은 학술모임을 열면서 "대

---

45 1980년대에는 야학문집, 노조회보, 노동자문학회 그리고 출판운동 등을 통해 노동자 글쓰기 문화가 대규모로 형성된다.

46 1957년 3월 동남아시아 기독교협의회 산업선교부 총무인 헨리 존스(Henry D. Jones)가 내한하여 산업선교 운동을 소개하고 이에 대한 관심을 환기시킨 것이 계기가 되어 같은 해 4월에 초대 산업선교회가 조직되었다. 이것이 한국 산업선교 운동 조직의 첫출발이다. 이에 대해서는 한영숙, 『한국 산업선교에 관한 연구』, 이화여대 석사논문, 1973, 62쪽.

47 당시 산업선교의 방향과 실제에 대해서는, 「산업선교의 현황과 전망」(좌담), 『기독교사상』, 1969.3 참고.

48 김경동, 「아카데미 운동의 방향」, 『대화』, 한국크리스챤아카데미, 1965.11, 16쪽.

화"의 장을 넓혀갔다. 아래와 바깥을 향해 연대한 종교계와 학계는 산업사회 저변의 노동자 및 노동자 문제에 운동과 이론 두 방향에서 실천적으로 접근했다. "인간으로서의 노동자"[49]의 권리와 노동조합 조직을 위한 여러 방면의 탐색과 개입은 국가, 자본, 경영 논리의 공허를 가로지르면서 이루어졌다. 석정남과 유동우 글의 게재는 노동하는 자들의 목소리를 직접 담으려는 아카데미 운동의 입장과 의지의 표현이기도 했다. 이렇게 해서 수년 후 본격적으로 만개하게 될, 노동자가 자기를 쓰고 말하는 문화의 씨가 뿌려진 것이다.

노동자는 그가 아닌 자들에 의해 형성된 것과는 전혀 다른 노동자 상을 구성했다. 이들이 제출한 내용은 '심리'라는 것을 가진 노동자를 설정하고 그들의 작업 현장을 관찰하고 있던, 거의 유일하게 '살아있는' 노동자를 말한 산업심리학의 지식-인식 지평을 배반하는 것이었다. 동시에 국가와 자본이 주도하는 경영원리 및 노동윤리와 결별하는 것이기도 했다. 물론 궁극적으로는 배반이고 결별이었지만 과정적으로 보면 이들이 경영원리와 산업심리학이 주시한 어떤 사안들에 정면으로 대꾸하고 있었다는 점에서는 잠시 같은 문제를 나눴다고도 할 수 있다. 두 언설 공간 사이에서 교류되고 있던 것은 무엇보다도 '산업피로'와 모럴 저하였다. 이것은 산업심리학이 집중적으로 탐색하고 어떤 식으로든 원인을 규명하여 주체를 회복, 복구시켜야 하는 것으로 설정한 대표적인 항목이었다. 노동자에 의한 노동자 언설은 이 문제를 자기설명과 자기주장의 중요한 기제로 삼았다. 탈진의 지경에 이르게 하는 극

49 박용헌, 「조직 내 인간으로서의 노동자」, 『대화』, 한국크리스챤아카데미, 1968.3, 19쪽.

도의 피로, 작업장의 참담함은 노동과 노동자의 비참을 말해준다. 이들은 자신들의 비참에 관해 쓰면서, 누군가는 결코 측정될 수 없는 수준의 산업피로에 소진되어 가고 있음을 이야기한다. 석정남과 유동우도 공장과 작업장에서의 피로에 대해 간략하게 쓰긴 했지만 이 문제를 뛰어난 통찰력으로 기록한 것은 역시 전태일이다.

> 지금 내가 하고 있는 일 이외에는 무아지경이다. 아니 내가 하고 있는 일 자체도 순서대로 지금 이 순간에 알아야 될 행동만이 질서정연하게 자동적으로 행하여지고 있는 것이다. 실재의 나는 일의 방관자나 다름없다. 내 육신이 일을 하고 누가 시키는 것이 아니라 이때까지의 영감과 이 소란스러운 분위기가 몇 인지(치), 몇 푼을 가르키는 것이다. 다 긋고나면 나라시가 되고 다 되면 또 재단기계를 잡고, 그은 금대로 짜르는 것이다. 누가 짤랐을까? 이렇게 생각이 갈 때에는 역시 내가 짤랐다. 왜 이렇게 의욕이 없는 일을 하고 있는지 나 자신도 모르겠다.[50]

> 만약에 그 기름에 저린 운전수 모자를 벗겨버린다면 그 사람은 당장에 그 자리에서 쓰러져 바보가 되지 않으면 죽어버릴 것 같네. 그만큼 그 모자는 그 사람을 부처같이 어떻게 표현할 수 없는 그런 얼굴을, 그 사람 전체를, 육체의 맨 위인 머리에서 거해 감독하고 이 그 사람을 속세의 사람과 같이 만들어 버렸어, 지금 현재 삽질을 하고 있으니까 말일세. 사실 그 사람이 삽질을 하고 있는 것이 아닐세. 그 띠(절)긴 모자가 하고 있는 걸세.[51]

---

50 전태일, 『내 죽음을 헛되이 말라』, 113쪽.

51 위의 책, 120쪽. 전태일이 공장에서 해고당한 후 공사장에서 일할 때의 경험을 적은 것이

> 남자들보다 신체적으로나 정신적으로 약한 여공들이 더구나 재봉일이라고 하면은 모든 노동 중에서 제일 고된 노동일세. 정신과 육체의(를) 조금이라도 분리시키면 작업이 안되네. 공사판에 인부들은 육체적 힘을 요구하고 사무원은 정신적 노동을 요구하지만 재봉사들은 양자를 다 요구하거던. 그 많은 먼지 속에서 하루 14시간의 작업을 마치고 집으로 돌아가는 직장인들의 모습은 정말 너무 애처롭네.[52]

"기계노동은 신경계통을 극도로 피곤하게 만들며 동시에 근육의 다양한 움직임을 억압하고 모든 자유로운 육체적 정신적 활동을 몰수해 버린다"고 한 엥겔스를 빌어 마르크스가 알려준 대로, "노동자가 노동조건을 사용하는 것이 아니라 거꾸로 노동조건이 노동자를 사용하"[53]는 자본주의 기계노동에서 노동자는 자본-기계에 완전히 종속되어 마모된다. 폭력적으로 강요되는 노동에 관해 적으면서 전태일은 도저히 벗어날 수 없는 산업피로와 일상적 재난에 방기되어 있는 자기 집단의 고갈 상태를 드러냈다. 이들의 피로는 개선의 여지가 없는 것이다. 영세공장의 노동자에게는 균형이나 적절성이라는 것이 주어지지 않는다. 일자리 자체가 있다가 쉽게 없어지며, 일감 역시 걱정스럽게 없거나 절망스럽게 많거나 둘 중 하나다. 극심한 노동도 괴롭지만 일없는 시간 또한 견디기 힘들다. 그래서 "아무리 힘이 드는 일이라도 일을 하여야 이 무의미하고 바람없는 해변처럼 단조로움 보다는 나으리라"(전

다. 공장노동자가 언제든 일용노동자로 쉽게 전환되는 구조에서, 노동의 비참은 그가 어디 있든 연장되기 마련이다.

52 위의 책, 123쪽.

53 Karl Heinrich Marx, 강신준 역, 『자본』 1-2, 길, 2008, 570쪽.

태일, 『내 죽음을 헛되이 말라』, 86쪽)고도, 또 "내일도 일감이 없어 이렇게 논다면 지루해서 어쩌나 미리부터 걱정이 된다. 어서 빨리 원단이 들어와 작업에 들어갔으면 좋겠다. 놀고 있으니 쓸데 없는 생각만 하게 된다"(석정남, 「인간답게 살고 싶다」, 『대화』, 180쪽)"고도 판단한다. 고용의 불안과 실직의 위험이라는 산업사회 하층의 피해갈 수 없는 조건으로 인해, 이들은 일이 있을 때는 물론이거니와 일이 없을 때도 괴롭고 두려운 것이다.

중요한 점은 노동자 언설이 통치-자본-경영의 관심사를 향해 자기 집단의 실상을 전하면서, '같은 수준에서 답하기'를 넘어선다는 데 있다. 즉 노동자는 바로 비참한 공통의 조건에서 무엇인가를 선택하는 자로 나타나는 것이다. 어차피 이들의 고조되는 피로와 저하되는 사기는 아무도 측정하지 않으며, 이들이 종업하고 있는 업체 어디에서도 심신 '갱신'의 계기를 제공하지 않는다. 물론 이처럼 측정하지 않고 제공하지 않는 상태는 그들이 자발적으로 선택한 것도 원한 것도 아닐 것이다. 그러나 관리와 보호라는 경영의 범위 바깥에 있던 이들은 단지 관리-보호되는 자리를 바라는 것 이상의 선택을 취하게 된 것이다. 무엇을 선택하는지 적음으로써, 이들의 언설에서 노동자는 계측되거나 조율되기를 기다리는 자가 아니라 다른 가능성을 찾고 실행하는 자로 드러난다.

선택의 양상은 언설 주체의 개인적, 사회적 조건에 따라 조금씩 달랐다. 전태일은 모범업체의 설립을 꿈꿨다. 그는 노동자와 함께 있는 경영자의 위치에 자기를 가져다 놓았다. 그가 기획한 이상기업은 "타사와 달리 철저한 품질 관리와 생산원가를 고객 여러분에게 솔직하게 알려

드리고 생산과정을 소개하"며 가격은 "생산원가를 뺀 얼마간의 이익을 부처주면 되"는 기업이다. 그리고 "이윤은 기업주와 종업원이 공평하게 분배"하고 누군가의 "자녀분들인 종업원을 건강보호로부터 교육에까지 철저하게 관리"한다. 이것은 "종업원을 기업주와 하등의 차이도 없이 대우하고도 사업을 해나갈 수 있다는 기본을 보이기 위한 기업체"로 "모든 기업체의 모범이 될"(『내 죽음을 헛되이 말라』, 132쪽) 것이다. 그는 종업원에서 고용주라는 위치로 자신을 상상적으로 이동시킴으로써, 당시 통용되던 경영이라는 개념을 공유하면서도 그 이념의 방향을 틀었다. 고용주와 생산성 중심주의에 입각한 통치-자본의 경영 원리에 대응하는 다른 경영의 원리를 꿈꾼 것이다. 하지만 이 계획은 "J 자신도 자기 자신이 정말 그렇게 되는 줄로 잠시나마 생각하다가 자기만이 느끼는 사회 환경에 몸서리치면서"[54] 다 사라진다.

꿈의 파산을 겪는 과정에서(혹은 파산 여부와는 무관하게) 전태일이 실행한 것은 노동자 근로 조건 실태 조사였다. 유일한 해결과 지원의 장소로 믿었던 '관'과 '법'의 장에 접속해 들어가기 위해, 그는 저편에서 남발해 온 공적 언어와 방법을 구사하면서 궁극적으로는 이를 자기 집단을 이야기하기 위한 언어와 방법으로 치환시켰다. 전태일이 구사하는 어떤 언어나 화법은 시대의 '도덕'을 내화하고 있었고, 그런 점에서 시대환경의 지평에서 완전히 자유로운 것은 아니었다. 그러나 의미는 공유라

54 자신의 상황과 사업계획을 소설 초안으로 작성한 부분이다. 주인공 J는 자신의 꿈이 현실성 없이 "너무 과장"된 것임을 깨닫고 희망없는 상태에서 "마지막을 위한 환경 정리"를 하는 것으로 설정된다. 이야기의 마지막에 해당하는 19번 메모의 내용은 "친구들이 J를 대구에서 기다린다. 약속 일자는 4월 19일. 여기에 날아드는 유서 한 장뿐"(전태일, 『내 죽음을 헛되이 말라』, 151쪽)이다.

는 조건에서 찾을 게 아니라 공유를 깨고 나타나는 균열과 차이화의 힘에서 찾아야 할 것이다. 모범업체 설립 계획, 설문조사서, 노동청에 보내는 진정서, 대통령과 근로감독관에게 쓴 편지 등을 구성하는 언어, 화용, 인식은 국가-자본이 결합하여 쏟아낸 통치의 문법 혹은 통치권에 의해 전유되고 상투화된 가치를 그가 어떻게 탈환하고 있는지 보여준다. 제도권에의 접속이 전혀 가능하지 않다는 것을 절감한 후의 일은 우리가 익히 알고 있는대로, 유일하게 신뢰하고 기댔던 얼룩진 언어의 차원을 벗어나 오직 하나 남은 최후의 언어 즉 몸이라는 언어를 쓰는 일이었다.

석정남과 유동우는 좀 다른 방향에서 읽어볼 수 있을 듯하다. 노조운동이 발흥하기 시작한 1970년대의 환경에서 이들은 노동조합을 만들고 지키기 위한 집단 투쟁을 선택을 할 수 있었고 이 경험을 자기 언설의 주요 소재로 가져올 수 있었다. 무엇보다도 이들의 기록은 노동자가 공장에서 할 수 있는 것이 노동만이 아니며, 갖게 되는 의욕이 일할 의욕만이 아님을 뚜렷하게 말하고 있다. 비인간적 조건에 속박된 노동자들은 노동에의 복무를 그만두고 회사가 전혀 원하지 않는 방식의 활동을 시작한다. 산업선교에 나가고, 써클 활동을 하며 노동법을 공부하고 조합 활동을 한다. 이 과정에서 여기저기서 모임을 갖고 "소란스러운" 일을 벌이고 또 동료들과 "뭐라 수군거리"며 몰려다닌다. 결국에는, 작업장으로 가지 않고 "노동조합을 향하여 달음질"친다.

> 이때부터 나는 열심히 노동관계법을 연구하면서 한편으로는 현장동료들과 더불어 모임을 만들기 시작하였다. 그동안 내가 읽고 열심히 연구해온

근로기준법을 놓고 이런 법이 있어 근로자의 최저근로조건을 보호하고 있는데도 우리는 법에 보장된 최소한의 권리조차 찾지 못하고 있다면서 우리의 의식이 각성되어야 한다는 것을 역설하였다. 처음에는 회사에서 눈치를 채지 못하게 은밀히 이 일을 추진해 나가지 않으면 안되었다. 현장 동료들 중에서 신뢰할 만한 사람을 중심으로 3~4일에 한번씩 우리 방에 모여 같이 근로기준법을 공부하였다.[55]

"안 돼, 우리도 저리로 가야지, 우리만 일하면 안 돼" 누군가가 이렇게 말했을 때 모두들 약속이라도 한듯 혹은 혼자 떨어지면 죽기라도 하는 듯 무리가 된 우리들은 노동조합을 향하여 달음질쳤다. 몇 명의 경비들이 앞을 막았으나 넘어지고 쓰러진 동료들을 일으켜서 함께 노동조합으로 달려갔던 것이다. 거기에 모여 있던 동료들은 달려온 우리들을 껴안고 눈물까지 흘렸다. 나는 분명한 이유도 모르면서 어쩐지 내가 이리로 달려온 게 잘한 짓인 것만 같고 장한 일을 한 것만 같았다. 함께 노래 부르고 남하는대로 큰소리로 외쳤다.[56]

전태일 역시 근로기준법을 공부하고 친목회를 결성했으며 나중에는 규모가 어떠하든 운동조직을 만들었다. 그리고 국가에 알리고 개선을 요구하기 위해 자기 집단의 노동환경을 스스로 설문하고 조사했다. 이러한 움직임은 글에서는 여러 수준과 방식으로 불규칙하게 드러난다. 이 과정이 일관된 이야기로 구성된 것은 조영래에 의해서인데, 어쨌든

---

55 유동우, 『어느 돌멩이의 외침』, 59쪽.

56 석정남, 「불타는 눈물」, 『대화』, 한국크리스챤아카데미, 1976.12, 231쪽.

전태일이 남긴 텍스트에 비한다면 석정남과 유동우의 경우는 공장에서 자신들이 행한 '노동 외'의 활동을 자세하게 기록하고 있다. 이들에게 공장에서의 과도하고 부당한 노동은 일방적으로 던져진 조건 그 이상도 이하도 아니었다. 그러므로 중요한 것은 이 열악한 조건의 서술을 통해 자기를 설명하는 것이 아니라 다른 경로를 선택하여 자기를 설명하는 것이었다.

석정남과 유동우의 텍스트에서 분명하게 나타나듯이, 이들은 공장과 작업장에서의 노동을 시야 바깥으로 밀어내면서 공장의 의미를 바꿔버린다. 공장은 '공업입국'을 위해 노동에 열중하는 자들의 공간이기 보다는 이곳에서의 노동 자체를 사유하게 하는 공간이며, 노동하기 위해 출근하는 공간이기 보다는 노동하기 위한 권리를 찾기 위해 회합하는 공간이다. 그리고 매끄러운 조업이 이루어지기보다는 일탈적인 사건과 충돌이 일어나는 공간이다. 전태일에게서도 공장-작업장이 마찬가지의 의미론적 전환을 겪었음은 물론이다. 그에게 공장은 자신뿐만 아니라 어린 여공들이 겪는 고통을 거듭거듭 확인하게 될 뿐인 장소다. 이런 점에서 노동자에게 공장은 자신이 무엇을 해야 할지 최종적으로 결정하도록 자극하는, 혼란스럽고도 생성적인 장소가 된다. 공장이 국가와 기업을 위한 것이라는 통치-자본-경영의 환상은 여지없이 붕괴됐다. 자기들만의 공장-작업장의 체험을 연장하여/연장하기 위하여 이들은 산업선교의 허름한 초가집으로, 동료의 자취방으로, 술집으로, 다방으로 몰려다녔다.[57]

---

57 석정남은 『공장의 불빛』에서 노동자 교회를 "나무간판이 곧 쓰러질 듯한 다 낡은 초가집"(『공장의 불빛』, 일월서각, 1984, 20쪽)이라고 묘사하고 있다. 1년여 후에 초가집은

노동자가 자신의 존재론적 조건과 직접적인 체험을 자원으로 삼아 자기 집단을 언설화하는 과정에서 궁극적으로 성취한 바가 있다면, 그것은 노동자를 정부와 자본의 경영논리가 기대하고 산업심리학이 구현한 "심리(학)"적 존재가 아닌 다른 존재로 새롭게 구성했다는 점일 것이다. 이러한 정체화는 국가-자본-지식이 '경영'을 발견하고 이를 모든 존재와 사물 운용의 제일의적 준거로 삼으려 할 때 이 시좌에서 벗어나는 방식으로 자기 서사를 구성했음을 의미한다. 노동하는 인간의 내면과 행동을 조절 가능한 것으로, 극효율성에 맞춰 마모되지 않게 처우해야 하는 것으로 파악한 경영의 인간학에 대응하여, 노동자의 인간학은 이렇게 구성된다. 즉 노동자는 심한 곤경의 체험으로 인해 너무 많은 감정과 마음 그리고 너무 강한 다른 바람과 욕망을 갖게 되어서, 충실하고 온순하게 오직 많이 생산하도록 갱신되고 조종되는 것은 불가능하다고 말하는 방식으로. 그리고 왜 이렇게 일해야 하는지, 왜 법은 준수되지 않고 권리는 보장되지 않는지 등등 너무 많은 질문과 의문에 휩싸여 있기 때문에 도저히 생산하는 일에만 집중할 수 없다고도 말하는 방식으로. 더불어, 상황이 이러하므로 우리는 결사(決死)하거나 결사(結社)하는 것이라고 자기를 설명하는 방식으로 말이다.

그렇다면 이제 우리 앞에 놓인 질문은 노동자가 구성한 노동자를 무엇이라 명명할 수 있을 것인가이다. 이렇게 복잡하고 '산만하며' 용감해 보이는 자들을 "영혼"의 존재라고 부르면 적절할까. 제이슨 스미스

없어지고 교회는 "반듯한 2층 건물"로 옮긴다. 유동우는 동료들과의 친목을 도모하기 위해 공장 밖의 일상적 공간에서 어울리곤 했다(『어느 돌멩이의 외침』, 60쪽). 전태일의 바보회는 모일 곳이 마땅치 않아 첫모임을 동화시장 은하수다방에서 갖는다(조영래, 『전태일 평전』, 아름다운전태일, 2009, 148쪽).

에 따르면 영혼은 "세심함 즉 타자에게 말을 걸고, 타자를 보살피며, 타자에게 호소할 수 있는 능력"을 뜻한다. 그에 의하면 영혼은 신체들 내부에 숨어 있다기 보다는 신체들 사이에 있으며 복수의 신체들이 함께 지니고 있는 친밀성이다.[58] 모든 것에서 좌절한 전태일은 죽음으로써 "불쌍한 내 형제의 곁으로, 내 마음의 고향으로, 내 이상의 전부인 평화시장의 어린 동심 곁으로" "꼭 돌아가야 한다"(『내 죽음을 헛되이 말라』, 172쪽)는 약속을 수행했고, 석정남과 유동우는 개인적으로 많은 것을 잃으면서도 동료들과 함께 투쟁의 현장에 있었다. 이들의 언설에 기록되어 있는 관계맺음, 즉 자기가 자기와 맺고 또 타인과 맺은 관계 그리고 그 관계의 실행 의지는 어떤 식으로든 설명되어야 할 것이다.[59] 우정과 우애의 연대 혹은 고조된 정념의 활성은 큰타자가 설정하고 기대한 "심리(학)"적 존재에게서는 결코 일어날 수 없는 사건이다. 이런 점에서 노동자에 의해 언설적으로 구성된 노동자는 "영혼"의 존재라 해도 좋은 것이다.

프랑코 베라르디는 포스트산업사회의 노동자와는 달리 산업노동자는 영혼과 정동적 능력면에서 노동 과정과 거리를 두었으며 그 결과 신체의 노예화에도 불구하고 자유로울 수 있었다고 파악한다. 조립라인 노동자들은 같은 동작을 반복할 수밖에 없었지만 적어도 그들의 에너

---

58 Berardi Franco, 서창현 역, 『노동하는 영혼』, 갈무리, 2012, 15쪽.

59 전태일의 '순교'의 서사가 이후의 노동자들의 독해와 자기기술에서 어떻게 변화되는지를 분석한 글로는 신형기, 「전태일의 죽음과 대화적 정체성 형성의 동학」, 『한국현대문학연구』, 한국현대문학회, 2014 참고. 필자는 전태일 이후 노동자의 자기인식에서 "경건한 기원의 자세는 삭제"되고 "다른 노동자들의 성찰과 각성을 이끌고 실현하는 지도자로서의 활약"이 전면화되는 현상에 주목한다. 초기의 희생과 고뇌의 서사가 인격적 지도에 의해 품성의 공동체를 이루려는 의지(유동우)로 그리고 과학적, 전위적 노동전사의 당위로 전환되는(1980년대) 과정을 비판적으로 검토하고 있다.

지를 이용할 수 있었다. 피로와 슬픔이 압도하지 않는 한, 자유롭게 사고하는 두뇌를 지니고 있었기 때문에 기계 소음에도 불구하고 토론을 하고 자율과 반란의 과정을 시작할 수 있었다는 것이다.[60] 이러한 분리와 연접의 기술을 글쓰는 노동자들은 선명하게 보여주고 있다. 이들이 피로와 슬픔에 압도되지는 않았기 때문에 에너지를 발휘할 수 있었다고 말할 수는 없을 것이다. 텍스트 바깥에서 일어난, 텍스트 이후의 삶을 알고 있는 입장에서는 더더욱 그러하다. 이들의 언설에서는 두 개의 표정으로 존재하는 얼굴, 즉 고통으로 일그러진 표정과 의지로 상기된 표정을 함께 가진 얼굴을 분명히 볼 수 있다. 자신들이 "영혼"을 가지고 있으며 또 지키고 있다는 점이 노동자 글쓰기의 전언이 아닐까 싶다. "심리(학)"적 존재에의 요구에 "영혼"의 존재라 답하고, 노동윤리에의 권유에 노동권리에의 보장이라 답하는 것, 이 대척의 응답 구조가 1960~1970년대 노동자 언설의 노동자화가 갖는 의미를 파악하는 데 핵심이 될 것이다.

4. 비판의 자리를 탐색하기

1960~1970년대에 만들어진 노동자의 언설을 대항언설이라 할 수 있다면, 이들의 비판 행위의 핵심적 성격이 무엇인지도 생각해보아야 한다. 푸코에 따르면 비판이란 "자신이 명확이 알지도 못하고 또 스스

60 Berardi Franco, 앞의 책, 160쪽 참고.

로 그렇게 되지도 못할 미래 혹은 진실을 위한 수단이자 방법"이다. 그리고 "그것이 잘 관리하고자 하는 영역, 하지만 그것이 법칙을 제정할 능력은 없는 영역에 대한 시선"[61]이기도 하다. 명료하게 요약되어 있듯이 그의 비판론의 핵심은 "이런 식으로, 이를 대가로 해서는 통치당하지 않으려는 기술"이다. 여기에서 숙고하고 싶은 것은 이 간명한 정리보다는 그 앞을 흘러가는 문장들이다. "알지도 못하고 되지도 못할 미래 혹은 진실" 그리고 "잘 관리하고자 하지만 제정할 능력은 없는 영역"이라는 표현은 어딘가 잡힐 듯 말 듯한 의미를 띤 듯하다. 즉, 비판은 어쩌면 원하는 것을 얻을 수 없을 거라는 일종의 심원한 비관, 혹은 실패를 동반할지도 모른다는 예감과 함께 이루어지는 것이라는 의미말이다. 만약 그렇다면 비판은 저변에 잠재되어 있는, 실현불가능성과 실패가능성의 깊은 받아들임을 상정하고/상점함에도 불구하고 행하는 것일 터이다. 이 말은 비판 행위가 성공의 확신과는 무관하게 일어나며 그런 점에서 진정으로 윤리적인 행위라는 뜻일 수도 있다.

어떤 의미에서든 나는 '실패가능성의 깊은 받아들임'이라는 면을 강조하고 싶은데, 왜냐하면 지금까지 분석의 대상으로 삼은 언설적 구성물로서의 노동자에게 이런 결이 나있는 듯 보이기 때문이다. 노동자 글쓰기가 강한 신념을 갖고 목적론적으로 전진했던 1980년대, 많은 문예비평가들이 '노동자에 의한 노동문학'의 의의를 강조하면서 그 출발점으로 중요하게 거론한 것은 석정남의 『공장의 불빛』(1984)과 유동우의 『어느 돌멩이의 외침』이었다. 석정남의 초기 일기와는 다르게, 『공장

61 Foucault Michel, 이상길 역, 「비판이란 무엇인가」, 『세계의문학』, 1995, 101쪽.

의 불빛』은 노조 운동의 추이와 투쟁 과정을 상세하게 서술한 텍스트다. 유동우의 『어느 돌멩이의 외침』은 70년대 말에 대화지에 실렸던 연재본을 그대로 묶은 것인데, 이 역시 삼분의 이 가량이 노조투쟁의 기록이다. 이런 까닭에 뚜렷한 목표를 가진 1980년대의 '후예'들에게 두 텍스트가 지닌 의미는 당연히 클 수밖에 없었다. 그에 비해 전태일의 글은 누구나 읽고 간직한, 압도적인 '만인의 글' 이었음에도 불구하고 후대의 노동자 글쓰기의 일반적인 계보에서는 잘 언급되지 않는다. 여기에는 그럴만한 이유가 있다. 그가 노동자 글(쓰기)에 대한 어떤 발견이나 지지도 없던 시절에 오직 혼자 놀랄 만큼 탁월한 글을 쓴 극히 예외적인 존재라는 점은 부인할 수 없다. 이 예외성, 특이성, 돌발성으로 인해, 그의 텍스트는 모두에게 심원한 영향을 미쳤음에도 불구하고 후대의 집합문화로서의 노동자 글쓰기의 역사에서는 자리를 부여받지 않은 채 붕 떠 있는 것이다. 물론 이 붕 떠있음의 상태는 텍스트뿐 아니라 그의 존재 자체가 준 울림 그리고 이것이 지닌 근원적인 영향력을 의미하는 것일 수 있다. 한 자리에 속할 수 없는, 파동적이고 지속적인 힘이라는 점에서 그렇다.

어쨌든 전반적으로 1960~1970년대 노동자 글쓰기를 대상으로 이루어지는 1980년대의 일련의 자기 역사 만들기에서 발원의 지점은 석정남의 초기 일기, 전태일의 글이 아니고 석정남의 1980년대 투쟁기이고 유동우의 투쟁기였다. 이 텍스트들의 문법과 서사 그리고 이로부터 탄생한 노동자 상이 당시 의미 있고 유효한 것이었기 때문이다. 백낙청의 표현을 빌자면 "각성된 노동자의 눈"을 보여주는 존재가 이 언설 공간에 또렷하게 거주하고 있었다. 논자들의 관점에 따라 분화하며 대립하기도 했지만 그럼에도 불구하고 노동문학과 노동자 글쓰기의 의의를 주장하는 1980년대의 목소리는 각성된(혹은 각성되어 가는) 노동자, 의식 있는 노동자, 변혁 의지로 무장한 노동자, 당파성을 담보한 노동자를 애호했다. 이것이 1980년대의 변혁 운동의 장에서 기대하고 구축하고자 했던 지배적인 노동자 상이었다. 현실정세 그리고 이와 맞물려 있는 경제-정치-문화 해석의 틀이 급격하게 변하면서 노동자 언설화의 계보에서도 내부적인 가치화와 재배치가 일어난 것이다.

노동자를 둘러싸고 뚜렷한 자기 확신, 의지적 역사관, 혁명적 투쟁관, 과학적 세계관을 강조하는 경향이 강해지고 이러한 틀에 호응하는 언설적 구성이 일어나면서, '범위'에서 빠져나가는 질감의 것들도 결정된 듯하다. 쓸려나간 것들 가운데 주된 것이 반드시 집합적으로 환원되지는 않을 미세한 심정, 순진한 꿈, 번민과 비감, 비참함의 솔직한 토로, 용기 없음의 부끄러움, 자기 자신도 잘 알지 못하는 열망과 같은, 주체를 계속 흔들리게 하고 갈등하게 하는 내면이 아니었을까 싶다. 1960~1970년대의 기록들이 전해 주듯이 이들은 어딘가 헤매면서 뭔가를 선택했고, 자기도 모르는 사이에 감응하여 동조하는 힘을 냈으며, 자신이 이룰 수 없고 할 수 없는 것들에 대해 애석해 하면서 다른 무엇인가를 찾아 나갔다. 무엇을 해야 하는가에 대해서도 늘 확신에 차있는 것은 아니어서 주저와 망설임이 없지 않았다. 게다가 선택의 결과가 개인에게 행복만을 가져다 준 것도 아니었다. 이들은 존재의 사회적 거처로서의 인정관계에서 사랑(우정)과 유대(동료 혹은 동지)라는 지반은 얻었지만, 이 사랑과 유대를 거치면서 주장하고 확보하고자 했던 권리인정의 면에서는 언제나 유보되고 존중받지 못했다.[62]

이에 대한 솔직한 고백에서 나타나는 내면은, 이후 이것이 어떠한 경향의 노동자 구성력에 의해 대체되었는지를 검토하기 위해 눈여겨 봐두어야 할 부분이다. 1980년대에는 적/동지의 뚜렷한 설정, 역사 진보에의 확고한 믿음, 진리 정초자이자 실행자라는 확신을 바탕으로 자기를 구성하는 코드가 배타적으로 정당화되었다. 이러한 노동자 구성은 강한 힘을 발휘했고 따라서 보지 않으려 했던 것 또는 자기 구성법의 한계에 대해서는 상대적으로 무감해도 좋았다. 이 점에서, "인식론적이고 존재론적인 지평의 한계를 드러내"며 "그런 한계를 드러낼 방식으로 자기 자신을 만드는 것"이 "실천으로서의 비판"[63]이라는 전언은 노동자 글쓰기의 역사적, 현재적 의미를 묻는 자리에서 신중하게 참조되어야 할 듯하다. 이 작업은 특정하게 형성된 지평 혹은 그어진 한계의 외부에 흔적으로 남은 것들을 수집하는 방식으로 이루어질 수 있다. 이 '외부'는 이제 1980년대를 포함하여 더 깊이 탐문되어야 할 것이다.

---

62 사랑, 권리, 연대라는 사회적 인정관계의 구조에 대해서는 악셀 호네트, 문성훈 외역, 『인정투쟁』, 사월의책, 2011, 특히 2부 참고.
63 Judith Butler, 양효실 역, 『윤리적 폭력비판』, 인간사랑, 2013, 34쪽.

참고문헌

1. 자료

『기업경영』, 『대화』, 『사상계』, 『산업과노동』, 『정경연구』

『경향신문』, 『동아일보』,『매일경제』

『綜合進路適性檢査 : 實施要綱 : 中,高,大學,一般用』(한국산업심리학회 제작, 1968).

『한국기능공의 기능실태와 기능검정과제의 타당성』(노동청, 1970).

2. 논문

김예림, 「노동의 로고스피어 – 산업, 금융자본주의 회랑의 삶-언어에 대하여」, 『사이間SAI』 14권, 국제한국문학문화학회, 2013.

배규한, 「한국의 경제성장과 경영이데올로기」, 『한국사회학』 20권, 한국사회학회, 1987.

송은영, 「1960~1970년대 한국 대중사회논쟁의 전개 과정과 특성」, 『사이間SAI』 14권, 국제한국문학문화학회, 2013.

신형기, 「전태일의 죽음과 대화적 정체성 형성의 동학」, 『한국현대문학연구』, 한국현대문학회, 2014.

이동우, 「제3차 인력수급계획의 제문제」, 『정경연구』 62, 한국정경연구소, 1970.3.

황병주, 「1950~1960년대 테일러리즘과 '대중관리'」, 『사이間SAI』 14권, 국제한국문학문화학회, 2013.

Michel, Foucault, 이상길 역, 「비판이란 무엇인가」, 『세계의문학』, 1995.

3. 단행본

강석인, 『산업심리학』, 일조각, 1975.

김경숙 외, 『그러나 이제는 어제의 우리가 아니다』, 돌베개, 1986.

김영선, 『잃어버린 10일』, 이학사, 2011.

석정남, 『공장의 불빛』, 일월서각, 1984.
유동우, 『어느 돌멩이의 외침』, 청년사, 1984.
이근희 · 강석인, 『산업심리학의 실제』, 일조각, 1963.
전태일, 『내 죽음을 헛되이 말라』, 돌베개, 1988.
조영래, 『전태일 평전』, 아름다운전태일, 2009.
한영숙, 『한국 산업선교에 관한 연구』, 이화여대 석사논문, 1973.

Aron, Raymon, 심상필 역, 『산업사회의 비교연구』, 일조각, 1973.
Bauman, Zygmunt, 이수영 역, 『새로운 빈곤』, 천지인, 2010.
Braverman, Harry, 이한주 외역, 『노동과 독점자본』, 까치, 1998.
Franco, Berardi, 서창현 역, 『노동하는 영혼』, 갈무리, 2012.
Galbraith, John Kenneth, 이기욱 역, 『새로운 산업국가』, 장문각, 1971.
Marx, Karl Heinrich, 강신준 역, 『자본』 I -2, 길, 2008.
Michel, Foucault, 이정우 역, 『지식의 고고학』, 민음사, 1995.
________, 오트르망 역, 『안전, 인구, 영토』, 난장, 2011.
Schultz, Duane P., 이훈구 역, 『산업 및 조직심리학』, 법문사, 1985.

초출일람

「'노동'의 제국」, 『사이間SAI』 13, 국제한국문학문화학회, 2013.
「치안, 범법, 탈주 그리고 이 모든 사태의 전후」, 『대중서사연구』 24, 대중서사학회, 2010.
「'배반'으로서의 국가 혹은 '난민'으로서의 인민」, 『상허학보』 29, 상허학회, 2010.
「현해탄의 정동」, 『석당논총』 49, 동아대 석당학술원, 2011.
「포스트콜로니얼의 어떤 연애의 풍경」(원제 : 포스트콜로니얼의 어떤 복잡한 월경적 연애에 관하여), 『서강인문논총』 31, 서강대 인문과학연구소, 2011.
「국가와 시민의 밤」, 『현대문학의 연구』 49, 한국문학연구학회, 2013.
「불/안전 국가의 문화정치와 문화상품의 장」(원제 : 불/안전 국가의 문화정치와 포스트콜로니얼 문화상품의 장), 『현대문학의연구』 42, 한국문학연구학회, 2010.
「'심리적' 존재에서 '영혼'의 존재로」(원제 : 어떤 영혼들), 『상허학보』 40, 상허학회, 2014.